Ellen Gunderson Traylor
JERUSALEM – die Stadt Gottes

Ellen Gunderson Traylor

JERUSALEM – die Stadt Gottes

Leuchter-Verlag eG · Erzhausen

Titel der Originalausgabe: JERUSALEM – THE CITY OF GOD
Übersetzung: KH. Neumann
Umschlaggestaltung: Dieter Illgen, Hannover

1. Auflage November 1996

ISBN 3-87482-187-0

Gesamtherstellung: Schönbach-Druck GmbH, 64390 Erzhausen

Gewidmet meinem Gatten
– Richard Schulz –
der das Herz eines Archäologen hat!

„Erbittet für Jerusalem Frieden,
wer dich liebt,
sei in dir geborgen!“

Psalm 122,6

Inhalt

Prolog

Das Zentrum der Erde
12 000–10 000 v. Chr.

Es gab immer noch Zeiten, da bebte die Erde, aber sie wurden immer weniger und die Beben schwächer, als sie noch vor fünf Generationen gewesen waren.

Der Boden wurde härter, als er gewesen war, da die Wasser begannen, sich zurückzuziehen. Die Magma und der Schlamm, die noch vor nicht allzulanger Zeit eine blubbernde weiche Masse gewesen waren, hatten nun feste, solide Form angenommen. Das schreckliche Aufbäumen des Erdinneren und das erneute Zusammenbrechen erstarrender Formen hatte auf der weiten, vorher mit Wasser überfluteten Ebene Berge und Täler gebildet. Aus der dicken Wasserdampfatmosphäre waren einerseits sich verflüchtigende Wolken geworden, die nun über den Himmel dahinzogen, und andererseits hatte sich das Wasser in tiefen Tälern und in Höhlen niedergeschlagen und bildete Teiche, Seen und unterirdische riesige Grundwasserbecken. Wenn die Wolken brachen, fiel das Wasser auf die Erde, bis von den Bergen überall kleine Bächlein flossen, die sich zu einem Fluß vereinigten.

In jenen Tagen gab es keine menschlichen Augen, die diese Entwicklung beobachtet hätten. Es gab Menschen auf der Erde, doch sie lebten weit entfernt von diesem Land.

Die Erde hatte gerade ihre größte Katastrophe überstanden. Der aus einer dicken Wasserlufthülle bestehende Lufthimmel war zusammengebrochen und die unterirdischen Wasser, auf dem die früher einmal aus einem riesigen Kontinent bestehenden Erdmassen schwammen, waren ausgebrochen und hatten das Land in Stücke zerteilt. Dieses Ereignis wurde später als die große Flut bekannt. Nur wenige Menschen hatten diese Katastrophe überlebt, und sie würden nie begreifen und mit ihren Worten schildern können, welch riesige Naturkräfte da bewegt worden waren.

Was das Land der gelben Erde und seinen Fluß anging, so gab es sicherlich viel schönere Gegenden auf dem Planeten. Und in dem Teil der Welt, in dem die wenigen Menschen überlebt hatten, waren die Berge viel höher und die Ebenen weitgestreckter. Und ein mächtiger Strom stürzte ins Tal hinab und vereinigte sich mit einem noch größeren.

Obwohl noch keine Menschen die Neuformung dieses Teils der Erde beobachteten, wehte doch der Wind jeden Tag darüber. Die Tiere, die nach hier einwanderten, die Höhleneulen, die Wölfe, die Bären und Hyänen verspürten den Wind. Am Morgen kamen sie nicht aus ihren Höhlen, bis sich die Luft bewegte, und am Abend verschwanden sie in ihren Schlupfwinkeln, ehe der Wind sich legte.

Sie spürten wohl auch, daß dieses Land irgendwie lebendig war. Da war immer noch Bewegung in der Erde. Doch es war mehr als das, was sie spürten, es war eine Art Pulsschlag tief in der Erde, der ihnen die Haare zu Berge stehen und sich ängstlich verkriechen ließ. Sonst wären sie wohl aktiver gewesen.

Doch die Art des Landes hatte sie angezogen. Es gab hier so viele schöne Höhlen, und große junge Wälder wuchsen wieder. Überall blühten Blumen, und zahlreiche kleine Quellen ließen das Wasser aus der Erde fließen. Es war wie ein großer Garten, deshalb fühlten sich die Tiere so wohl.

Ein hoher Punkt an der Kammlinie, die sich durch das ganze Land zog, war besonders seltsam. Dieser Berg hatte oben als Abschluß eine lange und breite Felsplatte, die wie eine riesige Tafel beschaffen war. In jedem Jahr um die

Sommersonnenwende herum gab es auf dieser riesigen Tafel keinerlei Schatten, weil am Tage die Strahlen der Sonne und nachts das bleiche Licht des Mondes sie erhellten. Irgendwie spürten die Tiere, daß dieser Platz etwas ganz Besonderes war.

Im Laufe der Zeit kamen auch Menschen in dieses Land und entdeckten den Tafelberg, der sie tief beeindruckte. Fragte man sie, konnten sie auch nicht sagen, warum dieser Berg einen solchen Eindruck auf sie machte, er schien irgendwie in besonderer Weise mit dem Himmel in Verbindung zu stehen, obwohl niemand sagen konnte wieso. So kam es, daß sie diesen Platz *heilig* nannten; und bald sprachen sie davon, es sei der „Mittelpunkt der Erde“.

TEIL I

DIE TAGE MELCHISEDEKS

8000–1900 v. Chr.

1. Kapitel

Die ersten Wanderer, die das Land betraten, blieben nicht, sondern zogen nur durch. Sie kamen von weit her und strebten dem Meer zu. Sicher haben sie die Schönheit der Gegend bestaunt, zogen aber zur Küste weiter und gründeten dort nach und nach die Städte Tyrus und Sidon und das Land Phönizien.

Doch die Reize des gelben Landes und des Tafelberges waren nicht vergessen. Als die Leute, die nun an der Küste siedelten, davon Nachricht zu ihren im Osten zurückgebliebenen Verwandten und Freunden sandten, kam eine Schar von ihnen gezogen, und sie fanden alles so, wie ihnen erzählt worden war. Rund 800 Meter über dem Fluß, der das Land durchzog, reckte sich dieser besondere Berg empor, und von dem aus konnte man bis zu den grünen Wäldern des Nordens und den blumengeschmückten Tälern schauen.

Es war der Sohn eines phönizischen Patriarchen, der das Land als erster in Besitz nahm. Melchisedek war sein Name, sein Vater war Sidon, der Gründer jener Küstenstadt. Melchisedeks Großvater war der demütige und fromme Kanaan, und Kanaans Großvater war der berühmte Noah, der mit seiner Familie die große Flut überlebte.

Wie Melchisedek zum *Zentrum der Erde* kam, ist eine Geschichte, die durch viele Generationen seiner Gefolgsleute, von denen er alle überlebte, weitergegeben wurde. Melchisedek selbst lebte so lange, daß er mehrere Generationen seiner Zeitgenossen überlebte und sich deshalb dann die Legende verbreitete, er habe keinen Vater und keine Mutter gehabt, sondern sei der Erde selbst entwachsen.

Es war jedenfalls ein sehr menschlicher Melchisedek, der als junger Mann oben auf dem ebenen Fels des Berges stand und von hier aus das Land rundum betrachtete. Müde von der langen Wanderung aus dem Land seiner Geburt, dem Land Ararat, sehnte er sich nach Frieden und einem Ort, an dem er bleiben konnte.

Er war im Herzen ein Hirte, doch schon in jungen Jahren war der Mantel des Führers auf ihn gefallen. Schon der Name, den sein Ur-Ur-Großvater Noah ihm gab, war wie eine Bürde. *Melchi-Sedek* „König der Gerechtigkeit" hatte man ihn genannt. Als sein Cousin Nimrod, der König des Südens, sich gegen ihn wandte, hatte es Jahre des Blutvergießens zwischen den Städten des Nordens zu Füßen des Ararat, auf dem die Arche ruhte, und den vereinigten südlichen Stämmen gegeben. Das vom Krieg zerrissene Land der Arche fand endlich Erleichterung, als Nimrod mit seiner Gefolgschaft noch weiter nach Süden zog und das Königreich Schinar gründete, das man später Sumer nannte. Doch es war ein trauriger Tag für Noahs Nachkommen, als der junge König verkündigte, er fühle sich ebenfalls gerufen, in dem sagenhaften gelben Land, das in der Nachbarschaft Sidons lag, eine neue Nation zu gründen.

Vom Ararat her zogen mehrere hundert Gefolgsleute mit ihm; Nachkommen von Noahs drei Söhnen Sem, Ham und Japheth. Die Kinder Hams waren vom Stamm Kanaan, von dem auch Melchisedek selbst kam. Es waren wohl 1400 Kilometer unerforschten Landes, durch das sie zogen. Die ersten 800 Kilometer waren die schlimmsten, weil es da durch das gefährliche Bergland der heutigen östlichen Türkei ging, bis sie in das Land kamen, das später einmal Syrien wurde. Doch das Vertrauen seiner Nachfolger in den jungen König war so groß, daß es unterwegs kein Murren gab.

Es kam der Tag, da standen die Wandernden auf dem letzten großen Berg, den wir heute Hermon nennen, und schauten nach Westen zum heutigen Libanon hin und nach Südwesten und Süden über die grünen Berge, Hügel und Täler Galiläas hinweg. Nachdem sie eine ganze Weile dem Fluß gefolgt waren, der das Land durchzog, vorüber an dem heutigen See Genezareth, näherten sie sich den grünen Hügeln und Tälern, über denen der heilige Berg Wache hielt.

Sie stiegen nicht sofort zu der großen Felstafel hinauf, sondern rasteten im Schatten des gegenüberliegenden Berges, an dessen Hängen unzählige wilde Olivenbäume wuchsen. Während die Frauen ausruhten, sammelten die Kinder eifrig die heruntergefallenen reifen Oliven.

Der König hatte die Männer zu sich gerufen und stieg mit ihnen den Hang hinunter ins Tal, das den Ölberg von dem Felsplateau trennte. „Seht", sagte er, „wie leicht sich dieser Berg verteidigen läßt. Oben ist er ganz eben, während er nach drei Seiten steil abfällt."

Die Jahre des Krieges im Araratgebiet hatten den König gelehrt, daß ein leicht zu verteidigender Platz sehr wichtig war. Dieser Tafelberg fiel nicht nur nach Osten hin steil ab, sondern ein ebensolcher steiler Felshang zog sich um den Südteil des Berges herum und weit nach Westen. „Ich glaube, wir werden nur die Nordseite stark befestigen müssen, wenn die Zeit einmal kommen sollte ..." Den Rest ließ er mit einem Seufzer in der Luft hängen, weil er hoffte, daß eine solche Zeit nie kommen würde.

Vor seinen Augen sah er eine Stadt entstehen mit fleißigen Handwerkern und ebenso fleißigen Bauern rundum, wie sie Noah und seine Söhne in der Gegend des Ararat an mehreren Plätzen aufgebaut hatten. „Eines Tages", so fuhr er nun fort, „wird es hier eine große Straße geben, auf der unsere Freunde von Norden und auch von Osten kommen, um nach Westen ans Meer zu ziehen, wo die, die vor uns das Land um den Ararat verließen, schon Städte gebaut haben."

Die Männer, die mit ihm gekommen waren, schauten sich aufmerksam nach allen Seiten um und nickten zustimmend mit den Köpfen. Einer von ihnen, Tala mit Namen –

er war kein Junge mehr, aber auch noch kein richtiger Mann –, lehnte sich plötzlich vor und legte wie lauschend eine Hand hinter sein Ohr. „Herr“, rief er dann, sich an den König wendend, „hörst du es auch? Es klingt wie Wasser!“

Alle lauschten nun aufmerksam. Es stimmte – von der südöstlichen Ecke der Felswand her war das Plätschern von Wasser zu hören. „Kommt!“ rief Melchisedek und eilte voran, ins Tal hinunter. Sie folgten ihm wie eine Herde durstiger Hirsche und hielten dabei Ausschau nach dem Ort, von dem das Wassergeräusch kam, das immer lauter wurde. Als sie die Grotte im Fels erspähten, aus der das Wasser schoß, war es schon wie ein Rauschen. Staunend betrachteten sie, was sie sahen.

„Eine Quelle!“ rief Tala. „Eine mächtig sprudelnde Quelle!“

Melchisedek, der am weitesten in der Grotte stand, trat wieder in den Sonnenschein hinaus, hob die Augen dankbar zum Himmel empor und betete. Dann gab er der Quelle, wie es üblich war, einen Namen. „Gihon“, soll sie heißen, erklärte er, „wie der Fluß, der durch den Garten Eden strömte.“

Ehrfürchtig standen die Männer und betrachteten das lebensnotwendige Wasser. Doch ihr König war noch nicht am Ende. Er blickte die Felswand hinauf zu dem Tafelberg über ihnen und sah dort im Geist eine Stadt entstehen. „Salem“, rief er wieder, „Friede soll der Name unserer festen Stadt sein, denn hier sollen die Menschen wahre Brüderlichkeit lernen und die Werkzeuge des Krieges beiseite legen!“

„Salem“, rief Tala, „welch schöner Name, Herr! Und wie soll der Name des Landes rundum sein?“ fragte er dann.

Melchisedek sah sich nach allen Seiten um. „Hier wird ein Volk wohnen, das sich über dieses ganze Land ausbreitet“, erklärte er. Dann überlegte er einen Augenblick und fügte hinzu: „Mein Großvater Kanaan lebte unter einem Fluch, weil sein eigener Vater rebellierte.“ Er dachte daran, wie schamlos sich Ham gegenüber seinem Vater Noah benommen hatte. „Doch von allen Männern in unserer Familie war Kanaan der gerechteste. Deshalb soll der Name des Landes Kanaan sein, und der Friede *Salems* soll in seinen Grenzen regieren!“

2. Kapitel

Salem begann als ein schnell errichtetes Lager aus Zelten und Holzhütten, wie sie von den Einwanderern auch während ihrer langen Reise benutzt worden waren. Doch diesmal würden sie erst wieder abgebrochen werden, wenn sie durch solidere Bauten aus Steinen und Lehm ersetzt würden, was nach und nach geschah, als die Stadt wuchs und der Handel mit anderen Siedlungen und Städten begann.

Die Einwanderer, die aus dem Land der Arche gekommen waren und hier nun die kleine Stadt gegründet hatten, waren nie Nomaden gewesen. Es gab Stämme, die nicht seßhaft wurden, sondern immer weiter von einem Ort zum anderen zogen, die Häuser aus Stein verabscheuten und ein Lagerfeuer unter freiem Himmel mitten unter ihren Herden vorzogen. Aber die Leute Melchisedeks waren von anderer Art.

Es schien ein wenig Ironie darin zu liegen, daß Melchisedek als Junge selbst ein Hirte gewesen war und in seinem Herzen immer noch ein wenig Liebe für dieses Leben bewahrt hatte. Doch seine Berufung hatte ihn nach Salem geführt, und auf seinem Leben hatte von Geburt an die künftige Aufgabe eines Königs gelegen. Sein Hirtenstab war nun zum Zepter geworden, erinnerte ihn aber immer an seine Jugendzeit.

Salems Gründer waren Bauern und Hirten, die Olivenhaine, Weinberge, Getreide- und Gemüsefelder anlegten und mit ihren Erzeugnissen mit Nomaden Handel trieben, die mit ihren Herden von Zeit zu Zeit auf den freien Gebieten westlich der Stadt lagerten. Eine ganze Anzahl der Nachfolger Melchisedeks waren im Araratgebiet auch Handwerker und Kaufleute gewesen und nahmen ihre Berufe nun wieder auf. Sie trugen ebenfalls zum Wachstum und zum Wohlstand der Stadt Salem bei.

Außerdem sprach sich die Schönheit und Fruchtbarkeit Kanaans – als solches bezeichnete man mittlerweile das Land vom Jordan bis zum Meer und vom Hermongebirge südwärts bis zum Ende des Jordans – immer mehr herum, so daß innerhalb einiger Jahrzehnte, nachdem Salem gegründet war, eine ganze Reihe anderer Siedlungen und Städte in Kanaan entstanden. Es gab kein Volk *Kanaan,* sondern eine Sammlung verschiedener Gruppen und kleinerer Stämme. Doch es gab schon eine ganze Reihe Könige in ähnlicher Weise, wie Melchisedek einer war.

Wir müssen verstehen, daß diese Veränderungen über eine Zeit von Jahrzehnten, ja sogar von Jahrhunderten vor sich ging. Die Tatsache, daß Melchisedek ein so langes Leben hatte, brachte ihm doch einen enormen Einfluß auf die Geschichte des Landes. Wenn die Leute von den *Tagen Melchisedeks* redeten, sprachen sie von einer sehr, sehr langen Zeit mit großen Veränderungen und Entwicklungen.

Der König war nicht über all diese Entwicklungen glücklich. Als sie noch im Lande Ararat gelebt hatten, gab es dort Spaltungen unter den Menschen, weil viele von ihnen nicht mehr dem Gott Noahs dienen wollten, sondern sich andere Götter der Erde und des Himmels suchten. Dies war auch einer der Hauptgründe gewesen, daß Melchisedek mit seinen Anhängern das Land verlassen und die Stadt Salem gegründet hatte. Doch nun dienten auch schon die meisten Menschen, die sich nach und nach in Kanaan niedergelassen hatten, fremden Göttern, und Salem stand als Zentrum des Glaubens an den einen ewigen Gott fast allein.

Doch während nun unter diesen verschiedenen Städten und Stämmen Feindschaft und Kriege ausbrachen und sie sich gegenseitig bekämpften, blieb Salem durch seinen

Glauben an Gott das, was sie von Anfang an hatte sein wollen, eine Stadt des Friedens. Und während Salem sich nach allen Seiten von der großen Felsplatte des Berges herab beständig weiter ausbreitete, war es doch immer noch unbefestigt, während die anderen Städte sich zum Schutz vor ihren Feinden mit Mauern und Türmen umgaben und Festungen glichen.

Doch endlich sah sich auch Melchisedek vor der Notwendigkeit, Befestigungen zu errichten. Es war die große flache Felsplatte, der obere Abschluß des Berges, die sie zuerst so angezogen hatte, die nun dazu führte. Begonnen hatte es mit einem einfachen Streit unter einigen Familien, in den einige Bauern verwickelt waren, die im Westen der Stadt wohnten. Da die Felder reiche Ernten trugen, hielten alle nach mehr Land Ausschau, und das führte zu Grenzstreitigkeiten.

Der Streit entzündete sich an einem Stück Land, das einem Familienpatriarchen gehörte, aber durch seine Beschaffenheit günstig als Tenne zum Getreidedreschen genutzt werden konnte. Dieses Landstück war auch bisher immer dafür genutzt worden. Doch nun meinte der Patriarch, man könne darauf viel besser Getreide anbauen und pflügte es um.

Die anderen Bauern wurden darüber zornig, als ihnen ihr Gewohnheitsrecht genommen war, und beschlossen, die Angelegenheit vor den König zu bringen. Melchisedek, der stets Frieden halten wollte und ihnen sagte, er werde sich bemühen, einen anderen geeigneten Platz für sie zu finden, wurde von ihnen mißverstanden. Sie legten seine Haltung als mangelndes Interesse aus und beschlossen, ihre Getreideernte auf dem öffentlichsten Platz zu dreschen, den sie finden konnten, nämlich auf dem höchsten Punkt Salems, auf der flachen Felsplatte.

Sie hatten keinesfalls vor, gegen ihre Religion zu handeln und den heiligen Felsen zu entweihen. Obwohl der König auf diesem höchsten Punkt auch immer die Opfer zu

Gott darbrachte und dem Felsen den Namen *Moriah* gegeben hatte, was *Lehrer der Weisheit* hieß, war dort oben doch nie ein Tempel oder ein anderes Bauwerk für Gott errichtet worden, außer dem einfachen Steinaltar. Was konnte es also schaden, wenn die Bauern, um ihrem Protest Ausdruck zu verleihen, dort oben auf der Felsplatte ihr Getreide droschen?

Es war in einer mondhellen Nacht, daß sie mit ihrer Arbeit begannen. Tala, der Diener Melchisedeks, war im Hause des Königs der erste, der ihm von dieser frechen Herausforderung berichtete. Er erwachte vom Gesang der Arbeiter und dem Lärm des Dreschens. Als er zum Fenster hinausblickte und sah, was vor sich ging, rannte er wie ein Pfeil zum Schlafgemach des Königs.

„Herr! Gott!" stammelte er, während er durch den Flur lief, „Herr, Gott, die Söhne Nimrods sind zu uns gekommen!"

In Salems bescheidenem Palast kam man mit sehr wenigen Zeremonien aus, um zum König zu gelangen. Tala aber ließ auch diese noch beiseite, pochte heftig an des Königs Tür und rief laut: „Herr, laß mich hinein!"

Der König öffnete überrascht und schlaftrunken die Tür, da er Talas Stimme erkannte. Dieser rannte an ihm vorbei zum Fenster, schob die Gardinen beiseite und rief: „Sieh, Herr, die Entweihung! Das ist Gotteslästerung! Die Söhne Nimrods sind über uns!"

Als der König zum Fenster hinausblickte, war auch er von dem überrascht, was er sah. Im bleichen Mondlicht erblickte er mehr als ein Dutzend Männer, die in einer Art rituellem Tanz zu sein schienen, bei dem sie auch noch laut sangen. Ihre Bewegungen und die Arme, die immer wieder auf und nieder gingen, und der Gesang dazu, ließen an eine Art heidnische Zeremonie denken. So ähnlich war es auch unter den Götzendienern im Lande Ararat zugegangen, die sich von Noah und seinen Leuten getrennt hatten und mit Nimrod davongezogen waren. Deshalb war es naheliegend, zu glauben, es seien Leute Nimrods oder Götzendiener aus einer der anderen Städte Kanaans nach Salem gekommen. Denn für die Bewohner Salems, die dem einzig wahren Gott dienten, war ein solches Benehmen undenkbar.

Während der König noch am Fenster stand und die im Mondlicht schattengleichen Tänzer beobachtete, sammelten sich vor seinem Zimmer andere Angehörige seines Haushalts. Auch in den engen Straßen sah man bald Menschen, die besorgt ihre Meinungen austauschten und dann zum Palast blickten in der Hoffnung, der König würde etwas unternehmen.

Doch Melchisedek war auch deshalb ihr Führer, weil er sich durch einen kühlen Kopf auszeichnete und nicht durch Hitzköpfigkeit. Er blickte noch genauer hin und lauschte auch aufmerksam auf den Gesang, der ihm irgendwie bekannt vorkam. Dann wurde ihm klar, daß es sich um ein Lied handelte, das beim Dreschen von Getreide gesungen wurde. Da bekam alles plötzlich ein anderes Bild. Die seltsamen Bewegungen und immer wieder emporgeworfenen Arme kamen daher, daß dort Männer beim Getreidedreschen waren, und andere warfen mit Schaufeln das gedroschene Getreide in die Luft, damit der Wind die Spreu davontrieb.

Mit einem leichten Lächeln schob er die Gardine ganz beiseite, beugte sich aus dem Fenster und rief den Leuten auf der Straße zu: „Männer und Frauen von Salem, werdet nicht ängstlich. Die Leute, die ihr auf der Felsplatte seht, sind eure Brüder und Söhne. Denkt nicht böse von ihnen, denn sie dreschen, was sie geerntet haben. Nichts anderes geschieht dort!“

Die meisten Leute waren sehr erleichtert und wären still in ihre Häuser zurückgegangen. Doch es gab auch einige, die damit nicht zufrieden waren. „Sie entweihen den heiligen Berg!“ protestierten sie. „Moriah ist keine Tenne zum Getreidedreschen, wie es bei den Götzenbildern der Heiden üblich ist.“

Sie dachten dabei natürlich an die unmoralischen Handlungen, die bei den Götzendienern gerade während der Erntezeit besonders getrieben wurden. Viele Fruchtbarkeitsrituale gingen dabei Hand in Hand mit der Anbetung der Götter der Sonne, des Mondes, des Wetters und der Ernte.

Melchisedek blickte wieder zu den Arbeitern hin und hob dann die Hand. Die Drescher waren auch aufmerksam geworden, hielten in ihrer Arbeit inne und kamen näher. Sie hatten den Ärger der Leute nicht mitbekommen und hofften, ihre Mitbürger würden mit ihnen sympathisieren. Alle warteten auf Melchisedeks Worte.

„Es soll unter uns kein Streit entstehen im Blick auf die Notwendigkeit, eine neue Tenne zum Dreschen zu finden“, rief der König. „Ich sehe, daß ihr euch selbst noch nicht geeinigt habt, wo die neue Tenne sein soll, deshalb werde ich mich nun selbst darum kümmern.“ An die Arbeiter gewandt, fügte er noch hinzu: „Kommt morgen dieserhalb wieder zu mir, aber benutzt nie wieder den heiligen Berg zu diesem Zweck.“

3. Kapitel

So begann man also in Salem, die Heiligkeit Moriahs zu verteidigen. Melchisedek erließ eine Verordnung, daß Moriah nicht durch profane Arbeit oder andere Dinge entweiht werden dürfe. Das war zwar noch kein militärischer Schutz, aber doch eine starke moralische Barriere.

Die meisten Leute in Salem hatten immer eine hohe Ehrfurcht vor der großen Felsplatte gehabt. Der König brachte dort die Opfer für Gott. Und obwohl noch immer kein Tempel da oben stand, wurde der Berg doch irgendwie mit dem Himmel und mit Gott in Verbindung gebracht. Bisher war das ein ungeschriebenes Gesetz gewesen, doch nun erließ der König eine erste, wenn auch recht kleine Verordnung.

Als der König sich am nächsten Tag mit den Männern traf, die auf Moriah gedroschen hatten, bestimmte er einen Platz ein Stück westlich der Stadt, auf dem Hirtenhügel, als zukünftige Tenne. Salems Grenzen wurden dadurch wieder ein Stück erweitert. Bisher hatten meistens Nomaden auf dem Hügel gewohnt. Doch sie hatten im Land immer noch reichlich Raum und zogen freiwillig und ohne Streit von dem Hügel fort.

Doch ein anderes Resultat dieser Verordnung war, daß eine unausgesprochene Distanzierung der Bauern und Hirten von der Stadt und dem heiligen Berg stattfand, weil sie jetzt so weit westlich von der Stadt dreschen mußten. Die Stellung der Menschen in Salem änderte sich nach und nach, je nachdem, ob sie nahe am Berg wohnten oder weiter entfernt. Die dem Berg am nächsten wohnten, ob durch Zufall oder Entscheidung, wurden als Privilegierte angesehen, und ihre Grundstücke waren die wertvollsten. Nach und nach wurden sie die einflußreichste Klasse der Stadt. Die entfernter Wohnenden wurden die normalen Bürger. Diese Vorstellung prägte sich über die Generationen den Bürgern so ein, daß es ein Zeichen besonderer Würde und Berufung war, in der Nähe des Berges zu wohnen.

Natürlich entwickelte sich diese Einstellung nicht von heute auf morgen, sondern erst über Generationen, so daß der erste Anlaß dazu, nämlich ein Streit über einen Platz zum Getreidedreschen, dabei schon längst vergessen war.

Einer der Arbeiter, die auf dem Berg im Mondlicht gedroschen hatten, war ein Mann namens Inri. Er war in Salem geboren und aufgewachsen und verehrte Melchisedek von der Zeit an, als er zu verstehen begann, was ein König war. Als Kind hatte er Geschichten von den Kriegen im Land Ararat gehört und wie sein eigener Urgroßvater zu denen gehört hatte, die mit Melchisedek deshalb dieses Land verließen und Salem gründeten.

Für Inri wie für alle anderen war der Moriah so heilig wie der Ararat, und er war sicher noch mehr ein Wohnplatz Gottes als der Berg der Arche. Inri liebte Gott wirklich aus tiefstem Herzen. Doch als Melchisedek ihnen die neue Tenne zum Dreschen zuwies, die so weit von der Stadt entfernt lag, fiel ein kleines Samenkorn der Bitterkeit in sein Herz und schlug dort Wurzeln.

Inri war sehr still, als er vom Palast des Königs nach Hause zurückkehrte. Er fand es schwierig, die Begeisterung der anderen über die Entscheidung Melchisedeks zu teilen. Während sie sich freuten, daß sich der König ihrer Sache angenommen hatte, sah Inri das anders. Er empfand, der König habe sie von der Stadt hinweggestoßen. Es war kein Raum mehr in der Stadt für ihre Arbeit.

Als er sein bescheidenes Haus erreichte, verschwand er schnell im Inneren und nickte seinen Freunden nur kurz zum Abschied zu. Seine stattliche und freundliche Frau fragte ihn, wie die Sache ausgegangen sei. Er zuckte nur mit den Achseln und brummte, es sei wohl gut genug gewesen. Doch den Rest des Tages verbrachte er schweigend und nachdenklich. Er hatte kein Interesse am Spielbedürfnis seiner fünf Kinder.

Als der Mond aufging, schlief die ganze Familie fest. Inri erhob sich leise, um niemand zu wecken. Er blickte sich in seiner Hütte um, die nur aus einem Raum bestand, und dachte an Melchisedeks Palast. Gewiß, Salems Königspalast war bescheiden, verglichen mit dem in Jericho oder in anderen kanaanitischen Städten. Aber er war viel komfortabler als die bescheidene Hütte eines Bauern am Rande der Stadt. Auch die meisten Bewohner im Stadtinneren hatten bessere Häuser. Doch Inri wollte auch seiner Armut entfliehen, obwohl das Land, das er bearbeitete, nicht sein Eigentum war.

Er war zu erregt, um zu schlafen, deshalb verließ er leise den Raum und nahm an der Tür noch seinen Umhang mit. Draußen im Mondlicht blickte er über die Felder hinweg, die er bearbeitete. Er schaute auch zu dem fernen Hügel hin, den Melchisedek ihnen als Tenne zugewiesen hatte. Wie er wohl beschaffen sein mochte, fragte er sich. Und obwohl es ungefähr einen Kilometer bis dahin war, machte er sich im Mondlicht auf den Weg. Der kräftige Stock, den er mitnahm, würde ihm helfen, sollte er einem wilden Tier begegnen.

Als er ein Stück gegangen war, drehte er sich um und blickte auf Salem zurück. Die Mauern und Häuser strahlten weiß im hellen Mondschein, und aus vielen kleinen Fenstern leuchtete noch Licht. Nach Norden hin erhob sich im silbernen Mondlicht der große Fels. Auf ihm war keinerlei Licht irgendeiner menschlichen Behausung zu sehen.

So etwas wie Schuldbewußtsein wollte in ihm aufsteigen, als er jetzt weiterging. Doch dann dachte er daran, wie der König ihnen heute statt der Tenne in der Stadt eine neue so weit außerhalb zugewiesen hatte. Das empfand er immer noch als Unrecht und schüttelte deshalb das leise Schuldbewußtsein ab. So konnte man mit ihm und den anderen Erntearbeitern nicht verfahren. Inri schritt nun schneller, und dabei begann er das alte Erntelied zu singen.

Als er es beendet hatte, war ihm, als höre er es aus der Ferne wie ein Echo zurückklingen. Überrascht blieb er stehen und lauschte. Ja, jetzt hörte er es deutlicher. Doch es kam nicht von Salem her, sondern von der Richtung, in die er ging. Der Weg führte gerade einen Hang hinauf. Als er oben war, sah er in der Ferne, von wo das Lied herüberklang, eine Anzahl kleiner Lichter. Dort mußte eine andere Stadt auf einem Berg liegen, von der er bisher noch nichts gewußt hatte.

Wieder blieb er stehen und blickte zu den fernen Lichtern hin. Natürlich wußte er, daß es in Kanaan noch andere Ansiedlungen gab. Doch immer hatte er gehört, es seien böse Städte, in denen man falschen Götzen diente. Nie hatte er den Wunsch gehabt, eine von ihnen zu besuchen. Doch heute war eine besondere Nacht, und so entschloß er sich, diesen Lichtern zu folgen.

Je näher er kam, um so deutlicher hörte er die kanaanitischen Erntearbeiter singen. Es war eine fremde Sprache, in der sie sangen, aber die Melodie war wie bei ihnen, nur schien der von Musik begleitete Gesang sinnlicher zu sein als in Salem.

Endlich ging er die Straße hinauf, die zu dem starken Stadttor führte. Es war noch nicht Mitternacht, und da man das Erntefest feierte, standen die Tore offen. Inri blieb eine Weile im Schatten des Tores stehen und beobachtete die in leuchtend bunte Gewänder gekleideten Feiernden, die tanzten, sangen und sich vergnügten. Doch dann zog es ihn zu den Feiernden wie die Motte zum Licht.

Inri kam sich in seiner einfachen Kleidung unter den bunten Feierkleidern etwas seltsam vor. Doch weil er von allem so beeindruckt war, bemerkte er die verwunderten Blicke nicht, mit denen man ihn betrachtete. Wie lange er durch die Straßen ging, Gasthäuser und Bordelle bestaunte und sich immer mehr dem höchsten Punkt der Stadt näherte, von dem das Erntelied zu hören war, wurde ihm nicht bewußt. Je näher er dem Gesang kam, um so wilder wurde dieser; und auch die Erregung der Menschen schien zuzunehmen.

An einer Straßenecke erregte er die Aufmerksamkeit einer Gruppe besonders stark bemalter und geschminkter Frauen, die dort auf Kunden warteten. Es war unter den kanaanitischen Männern üblich, zum Erntefest ein Bordell zu besuchen. Man glaubte, damit den Fruchtbarkeitsgöttern einen besonderen Gefallen zu tun und sich ihren Segen für das nächste Erntejahr zu erwerben.

Obwohl Inri einfache Kleidung trug, vom Wind zerzaustes Haar hatte und staubig war, fiel er den Prostituierten wegen seiner kräftigen Statur und weil er ihnen unbekannt war, besonders auf. „Du bist an der Reihe, Reba", kicherten sie und schoben ein besonders schönes Mädchen aus ihrer Mitte nach vorn.

Das Mädchen stellte sich Inri so plötzlich in den Weg, daß dieser überrascht zwei Schritte zurückwich und sie erstaunt betrachtete. Noch nie hatte er eine solche Frau gesehen. Ihr schlanker Körper wurde durch eine nahezu durchsichtige leuchtende Robe betont, und das dunkle Haar hing ihr in prächtigen Locken um das Gesicht. Während sie sich ihm verführerisch näherte, hörte man den feinen Klang kleiner Glöckchen, die sie um ihre Knöchel gebunden hatte.

Doch Lust war nicht das einzige Gefühl, das Inri ergriff, während er die Frau betrachtete, sondern gleichzeitig auch eine tiefe lähmende Furcht. Er hatte von den Sünden der Söhne Nimrods gehört, durch die sie sich von den Nachfolgern Melchisedeks getrennt hatten. Und er wußte, daß die Einwohner der kanaanitischen Städte an diesen Sünden festhielten. Auch war ihm klar, was diese Frau beabsichtigte.

Inri fühlte sich plötzlich wie zwei Männer. Der eine schien in die Falle der verführerischen Frau zu gehen, während der andere vorsichtig beobachtete.

Die Frau ergriff seine Hand und zog sie durch ihren Arm. „Du siehst einsam aus“, flüsterte sie. „Bist du hier fremd, und bist zu unserem Fest gekommen?“

Inri versteifte sich und murmelte: „Ich weiß nicht, warum ich gekommen bin.“

Solche Worte reizten die Frau nur noch mehr, denn diesen Mann schien ein Geheimnis zu umgeben. „Der Mond hat gewechselt“, sagte sie betörend. „Es ist jetzt der Erntemond. Gibt es in eurer Stadt denn kein Fest?“

„Während der Erntezeit tanzen und singen wir auch“, antwortete er. „Aber nicht so wie hier.“

Die Frau spürte den Tadel in seiner Stimme und fragte: „Von welcher Stadt kommst du?“

Als Inri jetzt an Salem dachte und an die gottesfürchtigen Bewohner der Stadt, versteifte er sich noch mehr und entzog der Frau seinen Arm. „Ich bin von der Stadt Melchisedeks“, sagte er, während er wieder einige Schritte zurücktrat. „Ich werde jetzt wieder gehen.“

„Schalim!“ rief die Frau erregt. Sie sprach den Namen auf ihre Weise aus. „Schalim, das Heim des Abendsterns!“

Inri blieb verwundert stehen. „Was sagtest du eben?“ fragte er.

„Der Abendstern“, wiederholte sie. „Du mußt von Schalim sein.“

„Salem“, korrigierte er sie.

„Ganz gleich“, unterbrach sie ihn. „Es ist der Name des Abendsterns. Betet ihr ihn auf eurer Tenne an?“

Empört antwortete Inri: „Wir beten zu niemand anderem als zu Jahwe, dem einzig wahren Gott; und sein Berg ist nie entheiligt worden.“ Trotz seines Ärgers erkannte er, daß er damit Melchisedeks Ansicht bestätigte, gegen die er sich noch während des Tages aufgelehnt hatte.

Die Frau hob beruhigend die Hand. „Ich wollte dich nicht ärgern“, beschwichtigte sie ihn. „Ich habe gehört, der Atem der Götter wehe über euren heiligen Berg. Dann ist es nur recht, wenn du dort betest.“

Inri zog sein Gewand fester um sich. „Du sprichst falsch!“ fuhr er sie an. „Es ist nicht der Atem vieler Götter, sondern nur der des einzigen Gottes, Jahwe ist Sein Name, der über unseren heiligen Berg weht. Es gibt keine anderen Götter.“

Die Frau kicherte amüsiert. „Einem so selbstsüchtigen Gott dienst du, der Seine Macht mit niemand teilen will?“ Sie trat wieder dicht an ihn heran. „Ich hoffe, du bist nicht so selbstsüchtig. Willst du nicht diese Nacht mit mir teilen?“ lockte sie.

Plötzlich war alles rundum zu viel für ihn. Inri warf sich herum und lief die Straße hinunter und dem Tor zu, so schnell es der vielen Menschen wegen ging. Ohne sich nochmals umzusehen, durchquerte er die Ebene, wobei er sich wie eine Gazelle fühlte, die vor ihren Jägern floh. Als er die eigenen Felder erreichte, fiel er auf sein Angesicht. „Reinige meine Gedanken“, flehte er und blickte zum Himmel empor. „Gib mir neuen Glauben und bewahre mich vor den Versuchungen.“

4. Kapitel

Es gibt eine Theorie unter Historikern, die besagt, wenn ein Gedanke erst einmal geboren ist, setzt er sich in den Herzen anderer fort wie die Samen, die vom Wind überall hingetragen werden. So war es auch mit den Auseinandersetzungen um den Berg Moriah.

Inris Erlebnis in der Nachbarstadt war für ihn genug gewesen, sich wieder fest an die alten Überlieferungen zu halten, doch es gab andere Einwohner Salems, die sich von solchen Dingen leichter beeinflussen ließen. Und obwohl Inri nie etwas von seinem nächtlichen Ausflug in die fremde Stadt erzählte, dauerte es nicht lange, daß andere Bauern aus Salem von den fremden Lichtern angezogen wurden, die man von der neuen Tenne aus in der Ferne sehen konnte.

Bald wurde klar, was solche Besuche mit sich brachten. Manche Salemiter trafen nicht nur die Prostituierten der Nachbarstadt, sondern ließen sich mit ihnen ein. Bei manchen wurden diese Besuche bei den Prostituierten ein Beweis ihrer Männlichkeit.

Solche Ausschweifungen fanden zuerst in den Kreisen der Bauern statt. Sie arbeiteten ja draußen am Rand von Salems Gebiet auf der Tenne am nächsten zu der Versuchung. Die Menschen, die in der Nähe des Berges Moriah wohnten, waren nicht so leicht in Versuchung zu bringen. Doch das Gefühl der Trennung zwischen denen, die draußen und denen, die in der Nähe des Berges wohnten, wuchs dadurch immer mehr. Doch solange die Bewohner Salems solche

Unreinheit und Sünde in ihren Mauern nicht duldeten, wurde diese Trennung aufrechterhalten und noch vertieft.

In den folgenden Jahren wurde die Heiligkeit von Moriah ein Dorn im Fleisch aller, die anderen Göttern dienten. Und diese Trennung von den anderen Städten, der Heiligkeit Gottes wegen, hatte manchmal bei den anderen schon zu kriegerischer Stimmung geführt.

Eines Tages, Jahre nach Inris Besuch in der fremden Stadt, beobachtete Melchisedek, dessen hohes Alter an grauen Strähnen in Haar und Bart zu erkennen war, vom Palast aus eine Beerdigungsprozession in den Straßen unter ihm. Während seines langen Lebens hatte er schon viele miterlebt, als Menschen, deren Geburt er gesehen hatte, alt wurden und starben. Doch diesmal war es anders. Denn es wurde nicht ein Gestorbener zu Grabe getragen, sondern eine ganze Reihe junger Männer, die in der Blüte ihrer Jahre in der Schlacht gefallen waren.

Die toten Krieger wurden nun in kleinen Höhlen an der Seite des Berges Moriah beerdigt, und die Eingänge der Höhlen wurden mit Steinen verschlossen. Von unten her hörte man das Klagen und Weinen der Frauen, die ihre Männer oder Söhne verloren hatten.

Tala, der neben Melchisedek stand, meinte: „Sie sind nicht vergebens gestorben, Herr. Keiner, der unsere heilige Stadt verteidigt, stirbt umsonst.“

Melchisedek nickte seufzend. Er blickte zum Moriah hin und sagte: „Du hast ja recht, mein Freund. Aber es war mein großer Wunsch für Salem, daß es für immer eine Stadt des Friedens sein sollte. Doch jetzt scheint der Felsen selbst, der über unsere Stadt wacht, die Ursache von Tod und Elend zu werden.“

Hätte Tala den König nicht so gut gekannt, hätte er in diesen Worten vielleicht eine Gotteslästerung gesehen. Doch er kannte den Kummer des alten Mannes und sagte tröstend: „Würdest du das tatsächlich glauben, hättest du nicht unser Heer ausgeschickt, um Moriah zu verteidigen. Du würdest dann auch die Reichtümer der Stadt nicht dafür ausgeben, die große Mauer und den Turm zu bauen, die wir vor uns wachsen sehen."

Tala zeigte auf die gewaltigen Bauarbeiten, die man vom Palast aus gut übersehen konnte. Vom südlichen Ende Moriahs am oberen Ende des östlichen Tales, des Kidrontales, entlang wuchs eine gewaltige Mauer, mehr als zwei Meter dick würde sie am Ende etwa so hoch wie vier Männer sein. Am nördlichen Ende der Mauer würde ein mächtiger Wachturm stehen, dessen Fundamente auch schon gelegt waren.

„Sicher", stimmte Melchisedek seufzend zu. „Doch es macht mich traurig, daß diese Bauten notwendig sind. Als wir vom Ararat weggezogen sind, hatte ich gehofft, der Notwendigkeit des Krieges zu entkommen."

„Vielleicht werden wir durch diese Befestigungen in Zukunft Kriege vermeiden können", überlegte Tala. „Wenn wir nicht mehr so verwundbar sind, werden unseren Feinde uns und den heiligen Berg vielleicht in Ruhe lassen."

Für einige Zeit schien sich Talas Voraussage zu bewahrheiten. Die Befestigungen schreckten Angreifer ab und wurden bald *Ophel* genannt, was *mächtige Zitadelle* heißt. Der Respekt der benachbarten Städte vor Melchisedek, der seine Stadt so lange ohne Befestigungen gelassen hatte, wuchs wieder, und die Stadt konnte in Frieden leben.

Während dieser friedlichen Zeit blühte Salem wie nie zuvor. Der Marktplatz mußte vergrößert werden, und man sah eine ganze Anzahl zwei- und dreistöckiger Gebäude in der Stadt. Die Bewohner baten Melchisedek immer wieder: Baue einen Tempel auf Moriah. Wenn die Heiden ihren Göttern Tempel von Gold und Silber bauen, sollte Jahwe auch einen Platz der Verehrung haben, den alle sehen.

Doch Melchisedek weigerte sich, weil er glaubte, daß Anbetung und Verehrung mehr mit dem Herzen als mit einem bestimmten Platz zu tun habe. Als er eines Tages wieder einmal mit Tala über den Berg ging, bemerkte dieser, daß der König im Schatten eines Felsens lange verweilte, um zu beten. Diese Gelegenheit nahm der Diener wahr und sagte: „Herr, ich weiß, daß du ein sehr geistlicher Mann bist."

„Ich hoffe es", nickte Melchisedek.

„Und du glaubst, man kann Gott überall finden."

„Sicher", bestätigte Melchisedek.

„Doch ich bemerke, daß du auf diesem Berg hier öfter und länger betest als an anderen Orten", fuhr Tala fort. „Warum ist das so?"

„Weil ich hier die Gegenwart Gottes mehr verspüre. Geht es dir nicht auch so, Tala?"

„Sicher", bestätigte der Diener. „Und allen anderen geht es auch so. Und doch ist dies nur ein Felsen und kein Gott. Würden deshalb Menschen, die weniger geistlich sind als du, vielleicht dadurch, daß ein Tempel auf diesem Berg steht, die Gegenwart Gottes noch viel mehr verspüren? Du, der du so in der Gegenwart Gottes lebst, hast das vielleicht nicht nötig, doch andere brauchen einen Platz, an dem sie sich noch mehr auf unseren großen Gott konzentrieren können."

Überrascht blickte Melchisedek seinen Diener an. „Von dieser Seite habe ich die Sache noch gar nicht gesehen", meinte er.

„Ich denke, es ist Zeit, unseren Bürgern ein Haus der Anbetung zu geben, damit sie unseren Feinden sagen können: *„Hier ist der Platz des einzig wahren Gottes, des Schöpfers von Himmel und Erde, ein Ort, an dem es keinen Raum gibt für andere Götter", drängte Tala.*

Es war ein schlichter Bau, den Melchisedek auf Moriah errichten ließ. Manche Einwohner Salems beklagten sich, daß der Tempel nicht so groß und prächtig war wie die Tempel der Heidengötter. Doch es war ein Bauwerk, das sich großartig dem heiligen Berg anpaßte und das trotz seiner Schlichtheit doch schön und edel wirkte.

Der Tempel war nicht höher als ein Haus von zwei Etagen. Melchisedek hatte die besten Bauleute seiner Zeit mit dem Bau beauftragt. Am Eingang standen zwei Säulen aus feinem Marmor. Die Verzierungen rund um den Eingang und am oberen Mauerabschluß waren aus Gold. Am Eingang hing ein dicker in vielen Farben gewobener Vorhang herab. Und obwohl der Tempel die Höhe von zwei Etagen hatte, gab es darin doch nur einen einzigen Raum, in den der König, der gleichzeitig auch ihr Priester war, zum Gebet hineinging.

Wenn Melchisedek den Tempel betrat, herrschte in der Stadt Ruhe, denn die Einwohner wußten, ihr König würde mit Antworten zu Problemen aus dem Tempel zurückkehren, die sie alle bewegten.

Vom ersten Jahr des Eintreffens im Land Moriah an hatte der König auf der Spitze des Berges jährlich ein Opfer zur Versöhnung ihrer Sünden dargebracht. Dieses Opfer war das einzige Ritual, das auf dem Felsen stattfand. Der Tempel wurde nicht unmittelbar auf der Spitze des Berges gebaut, sondern ein wenig nördlich davon, deshalb konnte das jährliche Versöhnungsopfer weiter auf der Spitze des Berges stattfinden, wobei alle in der Stadt es beobachten konnten.

Mit der Errichtung des Tempels wurde der Berg noch berühmter, und überall im Lande sprach man davon.

Doch am berühmtesten blieb der Tag, an dem das Versöhnungsopfer gebracht wurde. Wenn der König mit wenigen Begleitern und einem makellosen weißen Lamm zu dem Altar auf der Spitze des Berges stieg, schauten alle mit angehaltenem Atem zu. Und wenn dann der Rauch vom Altar zum Himmel aufstieg, brach in der Stadt Jubel aus. Es wurde ein Tag des Lobpreises zu Gott und voller Musik und Tanz und Freude.

Es war etwas Besonderes um Salems Berg und seinen Tempel. Und es gab kaum einen Menschen, der in die Stadt kam oder auch nur vorüberzog, der sich der Heiligkeit, die von dort ausging, ganz entziehen konnte.

5. Kapitel

Für viele Jahre hielt der kleine Tempel auf dem Moriah Wache über der Heiligen Stadt. Während andere Städte, Stämme und Staaten kamen, wuchsen und wieder untergingen, weil sie sich gegenseitig bekriegten, bewahrte sich Salem Frieden in seinen Grenzen. Der Tempel schien der Einwohnerschaft noch mehr als früher das Gefühl einer auserwählten Gemeinschaft zu geben. Doch während die Zeit voranschritt, wurde es immer unvermeidbarer, daß Salem, als Insel der Gerechtigkeit, von der Bosheit der götzendienerischen Kanaaniter rundum bedroht wurde.

Das dritte Jahrtausend vor Christus, wie Menschen später die Zeitrechnung nennen würden, neigte sich seinem Ende zu. Melchisedek war schon so lange König von Salem, daß die dann lebenden Menschen nicht mehr sagen konnten, wann er geboren war. Die Berichte von der großen Flut, von Vater Noah und der Arche auf dem Ararat wurden in vielen Stämmen und Völkern schon legendenhaft ausgeschmückt und ihren Göttern zugeschrieben.

Nur wenige Menschen wußten noch genau, wie es damals gewesen war. Und Melchisedek wußte es noch am genauesten.

Auch im Lande Kanaan hatte es viele Veränderungen gegeben. Die jetzt im Lande Herrschenden waren Völker aus dem Norden und dem Süden, die Assyrer und die Ägypter. Beide Völker waren mit ihren bronzenen Waffen und Kriegswagen Meister der Kriegführungen und beherrschten die Völker in Kanaan schon seit mehreren Generationen.

Die beiden herrschenden Völker, die um Kanaan kämpften, unterschieden sich sehr voneinander. Die im Süden lebenden Ägypter waren heller und schlanker gebaut und waren sehr stolz auf ihre hohe Kultur und große Kriegskunst. Ihre assyrischen Gegner im Norden waren dunkler und kräftiger gebaut und hatten der Kriegskunst der Ägypter mehr die Wildheit und Tapferkeit ihrer Kampfesweise entgegenzusetzen.

Während alle anderen Städte und Stämme Kanaans von diesen mächtigen Feinden unterdrückt wurden, bewahrte allein Salem in dieser wilden Zeit seine Freiheit. Keine Fremden waren bis dahin als Sieger über die Schwelle ihres Tempels gezogen. Deshalb wunderte sich auch niemand, daß man überall im Land von *der Zeit Melchisedeks* sprach, wenn man diese Periode meinte. Denn der greise König Salems war ein Symbol für die Heiligkeit Gottes und wurde überall respektiert.

Wer jeweils in den benachbarten Städten und Stämmen regierte, wurde für Melchisedek immer unbedeutender. Er hatte schon so viele Kulturen und Herrscher kommen und gehen sehen, daß er darauf nicht mehr viel Gewicht legte, sondern sich immer fester an den einen wahren Gott klammerte, von dem er wußte, daß nur Er der wahre Beschützer des Friedens von Salem war.

Doch auch der ehrwürdige Melchisedek mit dem Einfluß seiner geheiligten Persönlichkeit konnte es nicht verhindern, daß auch Salem mehr und mehr mit Elementen des rundum wuchernden Heidentums konfrontiert wurde. Fast unmerklich, aber stetig anwachsend, fand man auch in der Stadt immer mehr Spuren heidnischer Bräuche, und es wurde sogar versucht, solche Bräuche in den Gottesdienst für Jahwe mit einzuschmuggeln.

Die schlimmsten heidnischen Greuel ereigneten sich, als Tala, des Königs treuer Diener, längst gestorben war und der König selbst sich auch schon im zehnten Jahrhundert seines Lebens befand. Die Ehrfurcht der anderen vor seinem hohen

Alter und seiner Heiligkeit brachte es mit sich, daß die Menschen immer mehr Abstand von ihm hielten und er deshalb immer einsamer wurde. Wenn er von den großen Werten redete, die in früherer Zeit das Leben geprägt hatten, geschah es, daß ihn selbst die Bewohner Salems nicht mehr recht verstanden und sich fragten, ob Melchisedeks Ansichten noch in ihre Zeit paßten.

Es war der Nachmittag vor dem jährlichen Versöhnungstag, an dem der König mit hochgestellten Begleitern auf die Spitze des Berges Moriah ging, um Jahwe ein Opfer zu bringen. Der König saß in Gedanken versunken an einem offenen Fenster seines Palastes und blickte über die Stadt. Welchen Wert hatte wohl das Versöhnungsopfer noch, wenn die Menschen nicht mehr mit ihren Herzen dabei waren, überlegte er gerade, als ihn ein gellender Schrei, der aus der Richtung des Ophels herüberdrang, aus seinen Gedanken riß.

Als Melchisedek in die Richtung blickte, aus der der Schrei gekommen war, sah er dort große Rauchwolken aufsteigen, die andeuteten, daß ein riesiges Feuer brennen mußte. Er rief seine Diener und befahl: „Lauft und seht, was dort Schreckliches geschieht, ich komme nach, so schnell ich kann!“

Er nahm seinen alten Hirtenstock, der ihm früher als Zepter gedient hatte, und ging, so schnell er konnte, südwärts hinab zur Unterstadt. Unterwegs schlossen sich ihm andere Bürger an, die ebenfalls aufgeschreckt waren, weil von dort her immer neue furchtbare Schreie herüberklangen. Nur Melchisedek von allen erinnerte sich noch daran, wie er zum ersten Mal mit seinem Stamm in dieses Tal gekommen war und sie dort die Quelle entdeckt hatten, die später *Gihon* genannt wurde. Damals waren sie voller Freude gewesen, als sie die Quelle entdeckten, doch heute war sein Herz voller Sorge.

Einer der vorausgesandten Diener kam ihm atemlos den Hang herauf entgegen. „O König“, rief er, „kehre wieder um! Deine Augen sind zu heilig, als daß du ansehen könntest, was einige törichte Einwohner deiner Stadt dort tun!"

Überrascht blieb Melchisedek stehen. „Was geschieht dort? Sprich!" forderte er. „Kann eine Sünde so groß sein, daß unser Gott sie nicht vergeben könnte?"

„Ich ... ich kann es nicht sagen, Herr", stammelte der Diener. „Nur du selbst kannst urteilen. Aber es gibt Sünden so groß, daß der gerechte König, der heilige Priester von Salem, nicht in ihre Nähe gehen sollte."

Kaum waren diese Worte ausgesprochen, konnte man neue verzweifelte Schreie hören, die von schwächeren, die scheinbar von Kindern kamen, begleitet wurden. Der König schob den Diener beiseite und ging schnell weiter, bis er dann ein mächtiges Feuer vor sich sah, um das Menschen standen.

Auch eine ganze Anzahl Frauen standen dort mit ihren Kindern. Etliche waren aus Salem, wie der König erkannte, andere aus naheliegenden kanaanitischen Städten. Sie alle hatten ein rotes Zeichen an der Stirn, das heidnische Priester ihnen mit ihrem menstrualen Blut gemacht hatten. Sie waren dadurch als Anbeterinnen Molochs gekennzeichnet. Da ihre monatliche Regelblutung mit dem höchsten Festtag des Gottes zusammenfiel, waren sie auserwählt, Moloch als Opfer ihr jüngstes Kind zu bringen.

Der Götze Moloch war schon in den Tagen Noahs von den Anhängern Nimrods, die sich von dem einzig wahren Gott abgewandt hatten, verehrt worden. Moloch war der Götze des Feuers und des Sturmes. Er forderte von seinen Anhängern das Blut von Menschenopfern, und zwar in erster Linie das von kleinen Kindern. Er war kein Gott der Assyrer oder Ägypter, sondern war von den fernen Ländern des Ostens, von Sumer und den Nachbarländern, wohin Nimrod mit seinen Anhängern gezogen war, nun auch nach Kanaan gebracht worden. Und obwohl Moloch ein so unbarmherziger Gott war, oder vielleicht gerade deshalb, hatte er in Kanaan viele Anhänger gefunden.

Im Zentrum der Versammlung vor dem großen Feuer stand ein Molochpriester und ließ sich ein Kind nach dem anderen reichen. Die Kinder wurden den erbärmlich schreienden Frauen aus den Armen gerissen. Obwohl die Frauen mit ihren Kleinen freiwillig nach hier gekommen waren, brachten es die meisten nun doch nicht übers Herz, ihre Kinder herauszugeben, damit sie dem Opfertod überantwortet wurden. Deshalb schrien sie so.

„Durch das Feuer zu Moloch!" rief der Priester immer wieder. „Durch das Feuer zu Moloch! Durch das Feuer zu Moloch!" wiederholten die anderen Priester, die dabeistanden. Wieder warf er ein lebendes Kind in das Feuer, das dabei erbärmlich schrie, ehe es starb. Melchisedek konnte nicht mehr verhindern, daß die Mutter vor Schmerz ihrem Kind in das Feuer nachsprang.

Voller Zorn ging er auf den heidnischen Priester zu, der schon das nächste Kind in den Händen hielt. „Halt, im Namen des allmächtigen Gottes!" schrie er ihn an. Trotz seiner Altersschwäche riß er dem überraschten Molochpriester das Kind aus den Händen.

Der König wandte sich an die Versammelten und fragte mit zornsprühenden Augen: „Wessen Kind ist das?" Eine zitternde Frau mit schamrotem Gesicht trat nach vorn. „Willst du dein Kind den Dämonen opfern?" fuhr er sie an. „Weihe es lieber Jahwe, damit es Ihm sein Leben lang dient!" Damit legte er das weinende Kind in ihre Arme zurück.

Mühsam stieg er auf einen großen Stein und blickte von da auf die Molochanbeter herab. „Wißt ihr nicht, daß dieses Tal unserem Herrn geweiht ist?" rief er. Dann zeigte er mit der Hand auf die hinter ihnen liegende Stadt. „Und dies ist die Stadt unseres Gottes! Ihr Leute von Salem, geht zurück in eure Häuser! Und wehe euch, ihr Kanaaniter, wenn ihr unschuldiges Blut vergießt und euch von der Wahrheit abwendet! Bleibt dem heiligen Berg des Herrn ferne und verführt nicht Mein Volk, sagt Gott! Denn wenn jemand diesen Kleinen ein Leid antut, wäre es für ihn besser, man würde ihm einen Mahlstein um den Hals hängen und ihn in das Meer werfen. Statt dessen wird er in ein größeres Feuer als das Molochs geworfen werden, in ein nie verlöschendes Feuer, das für immer brennt!“

6. Kapitel

So sehr Melchisedek auch hoffte, dem Götzendienst Einhalt getan zu haben, so mußte er doch bald feststellen, daß es nicht so war. Immer wieder wurde er an derselben Stelle von Molochpriestern konfrontiert, die Opfer darbrachten. Deshalb bekam das Tal bald den namen *Gehenna,* aus den beiden Worten *Gihon* und *Hinnom* entstanden. Der Name *Gehenna* bedeutete *Tal der Söhne* oder *Tal der Kinder,* wegen der Hunderte, ja Tausende von Kindern, die hier umgekommen waren.

Dem alten König machte es immer mehr Kummer, mit ansehen zu müssen, wie sich immer mehr Einwohner von Salem dem Molochdienst zuwandten. Doch wenn auch in der Stadt immer mehr heidnische Bräuche um sich griffen, Moriah und der Tempel hatten bisher ihre Heiligkeit bewahrt. Keinem heidnischen Gott war bisher auf dem Berg Verehrung erwiesen worden. Melchisedek betete oft darum, eher zu seinen Vätern zu gehen, bevor ein solcher Tag kommen würde.

Doch immer weniger Salemiten hörten auf seine Warnungen, sondern schlossen sich immer mehr dem Tun der Kanaaniter an. Der alte König meinte, es könne nicht mehr lange dauern, bis man auch den heiligen Berg herausfordern würde. Und sollte der Tag kommen, dann würden die Leute von Salem nicht um ihren Berg kämpfen, sondern ihn bereitwillig den Heiden überantworten, fürchtete er. Er dachte: *Wenn sie Moriah den Heiden ausliefern, werden sie auch noch sagen, was wir tun ist gut und nicht böse.*

Doch er allein war es, der hoffte, zu sterben, ehe solch ein Unheil über die Stadt und ihren heiligen Berg kommen würde. Die Menschen, die jetzt mit ihm lebten, sahen in Melchisedek eher einen Übermenschen. Für sie und für alle, die von ihm gehört hatten, schien er ewig zu leben. Soweit sie wußten, lebte er hier schon immer, und er würde immer hier leben. Deshalb war er allein es, der spürte, daß seine Zeit auf Erden nun langsam zu Ende ging.

Melchisedek wurde des langen Lebens langsam müde. Mehr als früher dachte er jetzt an die weit entfernten Jahre zurück, an den Ort seiner Geburt, das Land Ararat, an seinen Ur-Ur-Großvater Noah und an seinen Großvater Kanaan. Manchmal meinte er, nur die Arme ausbreiten zu müssen, um Salem zu verlassen und aufwärts zu schweben zu seinen lange verstorbenen Lieben.

Doch andererseits war da etwas, ein unklares, nicht beschreibbares Wissen, daß seine Aufgabe auf Erden noch nicht ganz zu Ende war. Und als er wieder einmal darüber nachdachte, spürte er ganz plötzlich die Gegenwart Gottes viel stärker als sonst. Sein Herz begann schneller zu schlagen, und er wußte, der Herr würde jetzt zu ihm reden.

Als dann die Worte kamen, erinnerten sie ihn an die uralte Zeit seiner Kindheit und Jugend am Ararat. Es waren Worte, die zuerst Noah prophetisch, ihm von Gott eingegeben, ausgesprochen hatte. Nun trösteten sie Melchisedek, denn sie waren wie eine Bestätigung des Wirkens Gottes in seinem Leben: *„Gepriesen sei der Herr, der Gott Sems, Kanaan aber sei sein Knecht. Raum schaffe Gott für Japhet. In Sems Zelten wohne er, Kanaan aber sei sein Knecht.“*

Wie ein milder Wind wehte diese Prophezeiung, die Noah vor so langer Zeit ausgesprochen hatte, durch Melchisedeks Seele. Was als Fluch über die Nachkommen Hams begonnen hatte, wandelte sich später in Segen. Denn der gerechte Kanaan hatte seinen Söhnen und Enkeln die Ehrfurcht vor Jahwe ins Herz gepflanzt; und Melchisedek war nun ein mächtiger Herrscher geworden. Er dachte neu über diese alten Worte nach. „Ich bin schon lange getrennt von meiner Familie“, flüsterte er. „Doch wie soll ich ein Diener der Söhne Sems und Japhets sein, wenn ich doch hier in Kanaan ein Herrscher bin?“

Er dachte noch nach, als er Gottes Stimme vernahm, die sagte: „Du bist schon dein ganzes Leben ihr Diener gewesen. Denn aus den Nachkommen Sems, Noahs Erstgeborenem, wird ein Erlöser kommen, der Seine Füße auf den Berg Moriah setzen wird, um die Völker mit Gerechtigkeit und Frieden zu regieren. Und du bist es, mein Sohn, der den Weg dazu bereitet hat, indem du Ihm diese heilige Stadt erbaut hast.“

Zitternd bedeckte Melchisedek sein Gesicht mit den Händen und flüsterte: „Und wann wird diese Zeit kommen, Herr? Ist sie schon nahe? Und wie soll ich den Sohn Sems erkennen, wenn ich Ihn sehe?“

Ihm war, als würde der Berg beben. Doch alles war ruhig, als er sich umblickte. „Richte deine Augen nach Osten“, sagte der Herr, „denn von da wird der Erlöser in die Stadt einziehen. Doch Seine Schritte kann man schon jetzt im Land hören, das Er vorbereitet zum großen Gericht der Völker.“

7. Kapitel

Prophetie ist eine eigentümliche Sache. Sie kann in schlichten Worten kommen und sich in kurzer Zeit erfüllen. Doch öfter ist sie vielschichtig. Ein Teil erfüllt sich in einer Generation, es bleiben aber noch Aspekte offen, die später erst in Erfüllung gehen. So war es mit dem Wort des Herrn, das Er zu Melchisedek gesagt hatte.

Tatsächlich war *ein* Sohn Sems, ein Nachkomme von Noahs ältestem Sohn, vor kurzer Zeit in das Land Kanaan gekommen und hatte sich im ganzen Land schon einen Namen gemacht. Er kam, wie der Herr gesagt hatte, vom Osten und war ein reicher Kaufmanns-Fürst aus der Stadt Ur. Abram war sein Name, ein Sohn Terahs. Er hatte das Stadtleben aufgegeben und war nun ein wandernder Hebräer geworden, ein Hirte, der seinen Herden folgte. Doch sein Wandern war keineswegs ziellos. Er war nach Kanaan gekommen, weil Gott ihn so geführt und eine Verheißung im Blick auf dieses Land gegeben hatte.

Natürlich hatte es immer wieder Menschen nach Kanaan gezogen. Denn das Land war als Drehscheibe des gesamten Handels von Norden, Osten und Süden berühmt geworden. Doch mit Abram war es anders. Er war nicht gekommen, um ein Stück des Landes zu erobern. Er kam nicht mit einer Armee, sondern mit Hirten, die seine Herden und Karawanen beschützten. Er gründete keinen neuen Staat, sondern pachtete ein großes Stück Land bei Mamre, südlich von Salem.

Er allein und sein Stamm von allen, die in das Land

kamen, betete nur den einen großen Gott an, ähnlich wie Melchisedek und die Einwohner von Salem. Auch er nannte Ihn den allmächtigen und einzig wahren Gott, was in einer Welt mit vielen verschiedenen Göttern wirklich selten war.

Nachdem Melchisedek die Prophezeiung vom Herrn erhalten hatte, verfolgte er alle Berichte über Abram mit besonderem Interesse. Er fragte sich allerdings, wie ein so wenig militärischer Mann einmal „die Nationen richten sollte". Als aber dann eine Armee des mesopotamischen Bundes auf der Ostseite des Jordans zur Ebene von Zoar hinabmarschierte, um den Aufstand der reichen Städte südlich des Toten Meeres zu unterdrücken, sah sich Abram gezwungen, gegen diese Armee zu kämpfen. Sodom, die gottloseste und unmoralischste der aufständischen Städte, war der Hauptangriffspunkt der Mesopotamier. Aber in Sodom wohnte auch Lot, der Neffe Abrams. Lot wurde mit vielen hundert anderen Einwohnern Sodoms von den Siegern in die Gefangenschaft geführt.

Abram wollte das nicht hinnehmen. Und obwohl er nur 318 ausgebildete Männer zur Verfügung hatte, machte er sich mit ihnen auf, um seinen Neffen Lot zu befreien. In einem noch nie dagewesenen und an ein Wunder grenzenden Kampf gelang es Abrams kleiner Schar, die siegreiche Armee nördlich des Jordans in einem Nachtangriff völlig zu besiegen. Abram konnte alle Gefangenen befreien und auch die gesamte Beute, die die Mesopotamier gemacht hatten, wieder in seinen Besitz bringen.

Als die Nachricht von Abrams Sieg bekannt wurde, entschloß sich Melchisedek, dem heimkehrenden Sieger entgegenzugehen. Da Abram mit seinen Leuten bei seiner Rückkehr nach Mamre durch das Schawetal, das man später Königstal nannte, ziehen mußte, das in der Nähe von Salem lag, zog Melchisedek ihm bis dahin mit seinen Begleitern entgegen, um ihn dort zu treffen. Zur Verwunderung seiner Begleiter nahm Melchisedek als Geschenk für den Sieger nur ein Tablett mit Brot und Wein mit. Neben seiner Königsrobe trug er auch die Mitra des Priesters. Es schien, als wolle er den heimkehrenden Sieger nicht nur als Repräsentant Salems, sondern auch als Gesandter Jahwes begrüßen.

Als Abram mit seinen Leuten, den befreiten Gefangenen und dem wiedergewonnenen Vieh ins Schawetal einzog, ging Melchisedek ihm entgegen. Auch viele Sodomiter hatten sich hier versammelt, um den Sieger zu begrüßen. Sie sangen:

Abram, Abram von Ur, Befreier unserer Leute,
dein Gott sei gepriesen!
Deine Kinder sollen wie Pfeile
in deinem Köcher sein!
Abram, Abram von Ur, Befreier unserer Leute!

Die Sodomiter wußten zwar nicht, welchen Gott sie priesen, doch darauf kam es ihnen auch nicht an. Melchisedek war von dem Lied der gottlosen Sodomiter durchaus nicht ergriffen. Doch in dem Augenblick, als er den Mann aus Ur auf seinem Kamel erblickte, wurde ihm klar, daß die Prophezeiung Gottes, die er vor wenigen Tagen erhalten hatte, viel weitreichender war, als er bisher geahnt hatte. In Abram, dem er nun hochaufgerichtet entgegenging, erblickte er ein Stück Zeit, die noch weit in der Zukunft lag. Ihm war, als würde er auf eine Zeit hinter der Zeit schauen. „Kommt", sagte er zu seinen Begleitern, „wir wollen ihn im Namen des ewigen Gottes begrüßen."

Abram, der nun unter den Mauern von Salem vorüberzog, hatte nicht erwartet, dem uralten König zu begegnen. Er wußte von Melchisedek, der im Land und weit darüber hinaus eine Legende war. Ihm war bekannt, daß der Uralte sich kaum um andere Könige und Fürsten kümmerte. Warum sollte er also einem Fremden und seiner kleinen Truppe Aufmerksamkeit zuwenden? Doch Abram war bewußt, welche Ehre es war, daß dieser Mann jetzt auf ihn zu kam, noch dazu, da ihm bekannt war, daß Melchisedek, wie er selbst, nur an den einen einzigen und allmächtigen Gott glaubte.

Es war ein entscheidender Augenblick, als Abram von Ur und Melchisedek, der Sohn Kanaans, sich im Schawetal begegneten. Nur der alte Gründer Salems hatte eine Ahnung, wie wichtig diese Begegnung im Ablauf der Geschichte war.

Als Abram Melchisedek erkannte, stieg er sofort von seinem Kamel und ging dem alten Mann voller Ehrfurcht entgegen. Es war, als würden sich Kontinente und Völker begegnen, als die beiden Männer sich nun gegenüberstanden. Die großen Entfernungen vom Ararat und von Sumer nach Salem, dem *Zentrum der Erde,* schienen überbrückt zu sein. Die Zeitalter der Geschichte schienen sich zu vereinen, um die lange getrennten Geschlechter von Sem, Ham und Japhet zusammenzuführen. Doch es war nur der alte König, der die Tragweite dieses Augenblicks so sah und begriff.

Als Abram dem weißhaarigen Priester in die Augen schaute, war ihm, als würde er eine Unendlichkeit der Geschichte und Weisheit erblicken. Bebend vor Ehrfurcht fiel er nieder und rührte sich nicht, bis der alte König ihn bat, aufzustehen. Melchisedek ließ sich von seinem Diener das Tablett mit Brot und Wein geben und bot Abram davon an. Abram zögerte einen Augenblick, weil ihm die Bedeutung dieses Angebots nicht klar war. Doch dann nahm er davon.

Melchisedek, der in diesem jungen Mann einen Kanal der Verheißungen des ewigen Gottes durch die Zeitalter hindurch erblickte, traten die Tränen in die Augen. Er legte seine Hände auf den Kopf Abrams, segnete ihn und sprach: *„Gesegnet sein Abram vom Höchsten Gott, dem Schöpfer des Himmels und der Erde; und gepriesen sei der Höchste Gott, der deine Feinde an dich ausgeliefert hat.“*

Der König öffnete seine Augen und schaute liebevoll auf den Auserwählten Gottes. Dann wandte er sich um und blickte hinauf zur Stadt und zum heiligen Felsen, der sie krönte.

Abram folgte dem Blick des Alten, und als er den Fels erblickte, wurde er erneut von Ehrfurcht ergriffen. Er verstand nicht, was ihn angesichts dieses Felsens so ehrfürchtig machte, er konnte es nicht, denn ihm war noch kein Blick in die Zukunft vergönnt, deshalb wußte er noch nicht, welche Schlüsselposition dieser Platz in der Geschichte der Menschheit einnehmen würde. Doch die Zeit würde kommen, da würde er es besser verstehen.

TEIL II

ADONISEDEK

1410 v. Chr.

1. Kapitel

Eine kleine Schlange schlängelte sich über die Trümmer von Säulen und Mauern und verschwand in einem kleinen Spalt von Salems flachen Felsen. Der Weg der Schlange war leise wie der leichte Wind, der scheinbar traurig über Salems verwaisten Felsen wehte. Die Überlieferung sagte, hier habe einmal ein Tempel gestanden. Doch nur die Reste zweier Säulen und einige Trümmer wiesen noch darauf hin.

Generationen waren gekommen und wieder vergangen, seit Melchisedek sein letztes Opfer hier auf dem Berg gebracht hatte. Der uralte König war für die jetzigen Einwohner der Stadt schon längst zur Legende geworden; und was er am meisten gefürchtet hatte, Opfer für heidnische Götter auf dem heiligen Berg, war seither schon unzähligen Male geschehen.

Es war das Jahr 1410 vor Christus. Die einzigen Erinnerungen an die Tage Melchisedeks, die in der Stadt erhalten waren, fanden sich in einigen Namen – Gihon, Kidron, Schaweh, Moriah und einige andere – und außerdem der Name des derzeitigen Königs. *Adoni-Sedek* hieß er. Wie alle Nachfolger ihres ersten Königs trug auch er in seinem Namen noch das Wort *Sedek,* was *der Gerechte* bedeutete. Auch er führte das Doppelamt des Königs und Priesters, welche Gottheit seine Leute auch immer anbeteten.

Es hatte seit den legendären *Tagen Melchisedeks* schon viele *Sedeks* gegeben – und leider auch viele Gottheiten. Die Könige waren stolz auf diesen Ehrennamen, den sie immer noch auf den einen Gott bezogen, obwohl sie ihn längst vergessen hatten. *Elelion-Sedek, Elschaddai-Sedek, Jahwe-Sedek* und viele ähnliche Namen hatten die Könige der Stadt getragen. Doch die Menschen der Stadt hatten den Gott Melchisedeks lange vergessen. Sie waren eine kanaanitische Stadt geworden wie die anderen Städte auch. Gegenwärtig war Adonisedek ein Vasall des Weltreichs Ägypten, vor dem zur Zeit ganz Kanaan die Knie beugte.

Obwohl Melchisedek nie geheiratet hatte und deshalb keine direkten Nachkommen besaß, folgten die Könige, die unmittelbar nach ihm kamen, noch seiner patriarchalischen Regierungsweise. Doch nach und nach begann der moralische Verfall der Könige und der Einwohner der Stadt. Sie nahmen sich Frauen aus anderen kanaanitischen Städten und brachten dadurch das Heidentum in ihre Mauern.

Das Ergebnis davon waren Könige und Königinnen, die wiederum ihren Nachkommen heidnische Bräuche lehrten und sich immer weiter von der Heiligkeit des einzig wahren Gottes entfernten. Soweit es Adonisedek anging, bedeuteten ihm die alten heiligen Überlieferungen Salems nichts mehr, abgesehen davon, daß er von ihnen seinen Machtanspruch herleitete.

Doch Adonisedeks Einstellung war das Ergebnis vieler Generationen. Sogar der Name *Salem* war im Laufe der Zeit korrumpiert worden und wurde nicht mehr für die Stadt gebraucht, die sich jetzt *Uruschalim* nannte. Man konnte dabei verstehen, daß sie in Frieden gegründet worden war. Allerdings war es auch möglich, den Namen so zu verstehen, als sei sie von der Göttin des Friedens, dem Abendstern, gegründet worden. Jedenfalls war es ein viel kosmopolitischer, weltlicher Name als der Name *Salem.*

Adonisedek selbst stammte von den Amoritern, Nachkommen Kanaans, ab. Der Name *Amoriter* oder *Ammuru* bedeutete *Großgewachsene.* Und Adonisedek selbst kam von der Linie des berühmtesten Ammuru, von Hammurabi dem Großen von Babylon.

Wie Melchisedek in seiner Jugend war auch Adonisedek

ein großer Krieger. Doch während der Hirten-König das Land Ararat verließ, um Frieden zu finden und die Stadt des Friedens gründete, liebte Adonisedek Kampf und Blutvergießen. Unter seiner Herrschaft war Uruschalim eine mächtige Kraft im Lande geworden. Adonisedek selbst war der respektierteste im Bündnis der fünf Amoriterstädte, und neben der Stadt Jericho, dem östlichen Tor nach Kanaan, war Uruschalim die begehrteste Stadt Kanaans für Eroberer.

Obwohl Adonisedek sich wie alle anderen in Kanaan Ägypten unterordnen mußte, dem derzeit mächtigsten Reich der Erde, beugte er sich doch vor niemand anderem. Und gerade in diesen Tagen hatte sich das Verlangen nach Krieg wieder mächtiger in seinem Blut erhoben als seit Jahren.

Der König und seine Berater ritten an diesem Nachmittag über Salems heiligen Berg. Ihre Pferde suchten sich vorsichtig einen Weg durch herumliegende Trümmer und wachsendes Gestrüpp. Der König hatte kein Auge für die Reste der Vergangenheit, sondern blickte nach Osten, wo Rauch und Asche von zwei großen Städten in den Himmel stiegen und sich deutlich vom Horizont abhoben. „Ich würde es nicht glauben“, knurrte er zornig, „könnte ich es hier nicht mit eigenen Augen sehen.“

„Siehst du, Herr König“, meldete sich ein noch sehr junger Mann, der etwas hinter Adonisedek hielt, „du wolltest mir nicht glauben, als ich gestern die Nachricht brachte, Ai sei ebenfalls gefallen.“

Der König runzelte die Stirn. „Lieber kleiner Micha“, sagte er zu dem Sohn einer seiner Nebenfrauen, „hätten mir tausend Boten diese Nachricht gebracht, hätte ich daran gezweifelt. Jericho ist gefallen wie ein Haufen Spielzeugbausteine! And nun auch Ai, eine Stadt, fast so groß wie die unsere! Wer ist dieser fürchterliche Mensch, der in unser Land eindringt und unsere mächtigen Festungen wie Heuhaufen zerstört?“

Natürlich kannte Adonisedek den Namen des Eroberers. Es war Josua, der Stellvertreter und mittlerweile Nachfolger von Mose (dem geflohenen ägyptischen Prinzen, der den Aufstand der israelitischen Sklaven in Ägypten angeführt hatte). Die Israeliten, oder Hebräer, wie sie genannt wurden, waren durch die Länder der Edomiter und Moabiter südlich des Toten Meeres gezogen und hatten dann östlich des Jordans die dort wohnenden Amoriter besiegt.

Nachdem sie durch den Jordan gezogen waren, hatten sie vor kurzer Zeit in einer höchst seltsamen Art der Kriegführung die ungeheuer mächtigen Mauern von Jericho zum Einsturz gebracht und die Stadt dem Erdboden gleichgemacht. Und nun vermischte sich auch der Rauch der stark befestigten Stadt Ai, die mittlerweile als letzte von Josua und seinem Heer eingenommen und zerstört worden war, mit dem der immer noch brennenden Reste Jerichos.

Gewiß, Adonisedek kannte den Namen des Eroberers. Doch was weder er noch die anderen Könige Kanaans verstanden, war die Tatsache, daß ein Volk heimatloser Wanderer ohne König und ohne militärische Reserven einen so organisierten und erfolgreichen Krieg führen konnte. Wenn er fragte: „Wer ist das?“, meinte er eigentlich: *„Welche Macht steht hinter diesem Volk und seinem Führer?“*

Adonisedek stieg vom Pferd, übergab dem jungen Micha die Zügel und rief seine Berater zusammen. Neben zwei Generälen und einigen Fürsten hatte er auch sieben Seher oder weise Männer mitgebracht, die bekannt waren für ihre Fähigkeit, die Zukunft vorauszusagen und in den Sternen zu lesen. An die wandte er sich jetzt, da er spürte, daß das Problem der Israeliten und Josuas etwas mit übernatürlichen Kräften zu tun hatte.

Ernst musterte er die sieben Seher, deren obere Gesichtshälfte und Augen durch große schwarze Hüte verborgen blieb. „Seher unserer Göttin Astarte“, begann er, „ist unsere Herrin die Göttin des Krieges und der Liebe?“

„Sie ist es!“ antworteten sie stolz.

Der König runzelte die Stirn und fragte weiter: „Haben nicht unsere Brüder jenseits des Jordans, wo die Könige Og und Basan herrschten, ebenfalls unsere Herrin Astarte angebetet?"

Verlegen antworteten die Seher: „So ist es."

„Wie kommt es dann", grollte der König, „daß Og und Basan und all unsere Brüder jenseits des Jordans von diesem fürchterlichen Josua besiegt wurden?"

Die Seher steckten die Köpfe zusammen und besprachen sich leise. Dann antwortete der Älteste: „Herr König, die Sterne sind nicht immer leicht zu lesen. Doch wir werden uns die größte Mühe geben, ihre Botschaft zu verstehen."

„Ihr seid nutzlose Ratgeber!" fuhr der König sie an. „Ich bin sicher, daß Astarte Uruschalim liebt. Wird sie uns auch in die Hände unserer Feinde fallen lassen?"

Als die Seher schwiegen, fragte der König: „Was könnt ihr mir sagen? Wißt ihr wenigstens den Namen von Josuas Gott? Ist er mächtiger als unsere Götter? Ist er ein Gott aus Ägypten?"

„Wir haben uns schon die größte Mühe gegeben, das herauszufinden, Herr", antwortete Dagar, der oberste der Priester und Seher. „Doch es scheint so, als wäre es ein unbekannter Gott."

„Unbekannt!" rief der König empört. „Ihr seid völlig nutzlos. Müssen diese Israeliten erst ganz Kanaan überrennen, ehe die Propheten der Astarte etwas über sie herausfinden können?"

Die Seher waren sichtlich verlegen. Doch Dagar faßte sich und mahnte: „Es ist gefährlich, unsere Göttin zu lästern, Herr. Ich möchte dich warnen."

„Mich warnen?" zürnte der König und zeigte zum westlichen Abhang von Moriah, wo ein Tempel der Göttin stand. „Ich möchte dich warnen, heiliger Mann, denn Astarte wird durch eure Unwissenheit verunehrt!" Er wies wieder auf den Tempel und rief: „Geht und betet und studiert eifriger, und kommt nicht wieder in meine Nähe, bis ihr eine Antwort wißt!"

Als die Seher davongingen, wandte sich der König an

seine Generäle: „Euch ist sicher klar, daß Uruschalim Josuas nächstes Ziel sein wird?“ sagte er.

„Das ist anzunehmen“, antwortete einer der beiden.

„Wie sehen eure Pläne aus?“ fragte der König.

Den kleinen Micha interessierten die Pläne der Generäle nicht sehr. Ihn erschütterte mehr, wie beschämt sich die Seher zum Tempel zurückzogen. Er hatte die Göttin immer geliebt und war betrübt über die Demütigung ihrer Priester. Doch sie hätten etwas über den Gott der Israeliten wissen sollen, der so mächtig zu sein schien. Waren es doch die Götter Ägyptens, die den Israeliten beistanden? Die ägyptischen Götter waren sicher mächtiger als alle anderen, sonst würde Ägypten nicht über so viele Völker herrschen.

Während er nachdachte, scharrte er unabsichtlich mit einer Sandale im Staub und stieß dabei an etwas Hartes. Er blickte hin und sah einen schwarzen Gegenstand in der Erde stecken, der seltsame Hörner zu haben schien. Er bückte sich und grub ihn ganz aus. Als er den Gegenstand von der anhaftenden Erde befreit hatte, erkannte er, daß es ein Widder war, der mit seinen Hörnern in einem Busch hing. Die Figur war nicht größer als Michas Hand.

Leute hatten schon manchmal seltsame Dinge hier auf dem Berg gefunden. Einige meinten, sie seien heilig, obwohl niemand sagen konnte, woher sie kamen. Micha überlegte, ob es besser wäre, die Figur wieder in der Erde zu vergraben. Doch er war noch fast ein Kind, und die kindliche Neugier überwog. Schnell steckte er die Figur in den Beutel, den er am Gürtel trug. Er trat wieder zum König und seinen Männern, nahm sich aber vor, wenn sich die Gelegenheit ergab, jemand zu fragen, was die Figur bedeuten könnte.

2. Kapitel

Adonisedek stand vor dem langen Kupferspiegel und betrachtete sich. Was er sah, gefiel ihm. Er war ein stattlicher Mann. Der um die Schultern gelegte Königsmantel, der über der Brust durch eine goldene Spange zusammengehalten wurde, gab ihm die entsprechende Würde. Er mußte bei seinem heutigen Auftritt auch einen entsprechenden Eindruck machen.

Aus dem großen Festsaal im Erdgeschoß des Palastes drang Musik und Gelächter zu ihm empor. Dort hatten sich die Könige, Fürsten und Heerführer Kanaans als seine Gäste versammelt, um zu beraten, was gegen Josua und seine Heerscharen getan werden konnte.

Am Tag nachdem er mit seinen Beratern auf dem Berg Moriah gewesen war, hatte Adonisedek Boten in das ganze Land geschickt. Nach Norden bis zum Libanon, nach Süden bis zum Rand der Wüste, und nach Westen bis zum großen Meer. Die Boten hatten all seine Freunde und auch seine Feinde zu einer großen Konferenz nach Uruschalim eingeladen.

Er war sicher gewesen, daß wegen der Bedrohung durch die Israeliten viele seiner Einladung folgen würden. Doch seine Erwartungen waren noch übertroffen worden. Alle waren gekommen. Sogar seine Feinde hatten ihre Heerführer gesandt. Da waren die Hetiter aus dem nahen Hügelland, die Peresiter aus der Schefela und von der Küste, die Hiwiter vom Berg Hermon, die Kanaaniter und auch alle anderen amoritischen Könige. Sogar die Jebusiter, seine größten

Gegner, die mit ihm um die Vorherrschaft im Land stritten, waren erschienen.

Micha und einige Diener hatten hier und da noch etwas an der Erscheinung des Königs zu verbessern, dann folgte Micha ihm nach unten, wo seine engsten Ratgeber auf Adonisedek warteten. Gemeinsam betraten sie den großen Saal.

Eine farbigere Versammlung hatte es hier noch nie gegeben. Alle Dialekte der Kanaaniter und verschiedene semitische Sprachen hörte man durcheinander. Genauso vielfältig waren die Erscheinungen der Versammelten. Dort dunkelhäutige Karawanenführer in weiten Gewändern, nach Knoblauch riechende Hirtenfürsten, langbärtige Stadtbewohner und die mehr blassen Fürsten der nördlichen Wälder.

Als Adonisedek erschien, erhob sich donnernder Applaus. Nach einiger Zeit hob er die Hände. Als Stille eintrat, rief er: „Meine Herren, meine Herren, eine solche Ehre steht mir gar nicht zu! Ich danke euch allen!"

Nochmals brach Beifall aus. Doch dann trat Stille ein, und alle konzentrierten ihre Aufmerksamkeit auf den Gastgeber.

„Ihr alle wißt, daß ein gemeinsamer Feind unter uns ist", rief Adonisedek.

„Josua und Israel", erklang es von allen Seiten.

„Doch wer kann gegen uns, die Herrscher Kanaans, bestehen, wenn wir einig sind?" fragte der König herausfordernd.

„Niemand!" riefen alle. „Niemand ist so stark wie wir!"

„Wer von euch ist bereit, unser Land zu verteidigen?" rief er. „Männer vom Libanon, seid ihr bereit?"

Eine Gruppe libanesischer Generäle in Lederwesten und kurzen Tunikas sprangen auf und erhoben ihre Weinkelche zum Zeichen der Zustimmung. Beifallsrufe ertönten von allen Seiten.

Der König fuhr fort und zählte einen Stamm und eine Stadt nach der anderen auf. „Tyrus, Sidon, Joppe!" rief er. „Sind die Männer vom Meer bereit?" Wieder sprangen die

Erwähnten auf, hoben ihre Kelche und versicherten ihre Bereitschaft.

„Ihr amoritischen Brüder?“ fragte der König. Noch lauter war die Antwort, denn auch Adonisedek war ein Amoriter. Männer mit weißen Turbanen und langen verschiedenfarbigen Roben hoben ihre Fäuste empor und stimmten zu.

„Hetiter, Peresiter?“ fuhr er fort und wandte sich einer Schar hakennasiger Scheiks zu. Wieder begeisterte Zustimmung.

Nun wandte sich der König an seine Erzrivalen, die Jebusiter. Doch auch sie erklärten ohne Zögern ihre Bereitschaft.

Noch ein Volk war nicht erwähnt. Adonisedek hatte diesen Namen absichtlich bis zum Ende aufgehoben, weil man von diesen Stämmen wußte, daß sie nicht sehr kampflustig waren, sondern Diplomatie und Kompromisse kriegerischen Auseinandersetzungen vorzogen. Doch er hätte sich keine Sorgen zu machen brauchen. Als er rief: „Hiwiter!“, erhoben sich die Patriarchen der drei großen Zeltstädte von Chepirah, Beeroth und Kirjathjearim. Hamor, der älteste von ihnen, schwenkte seinen Kelch nach allen Seiten und rief: „Wir Hiwiter sind dabei!“

Nochmals gab es donnernden Applaus. Doch Adonisedek blickte einen der Hiwiter nach dem anderen an, zählte und zählte nochmals. „Vielen Dank, Freund Hamor“, sagte er dann. „Ich freue mich, daß ihr an unserer Seite steht. Aber bin ich im Irrtum? Mir scheint, eine eurer Städte ist nicht vertreten.“

Hamor senkte seine Augen und wandte sich an die anderen Hiwiter, die ebenfalls beschämt dreinschauten. Dann zuckte der alte Scheik mit den Schultern und meinte: „So sieht es tatsächlich aus. Aber vieleleicht haben sie sich nur verspätet.“

„Verspätet?“ wunderte sich Adonisedek. „Gibeon liegt nur eine halbe Tagesreise von Uruschalim entfernt? Was sollte sie aufgehalten haben?“

Micha, der sich auf einen kleinen Balkon im Saal zurückgezogen hatte und von dort oben alles aufmerksam beobachtete, blickte gerade in diesem Augenblick aus dem Fenster und sah einen Boten auf den Palast zulaufen. Er lief die Stufen hinunter und fing den Boten am Palasteingang ab. „Eine Botschaft für meinen Herrn?“ fragte er.

„Im Namen Astartes für König Adonisedek vom Hof Jasers, des Königs von Gibeon“, erklärte der Bote und legte die versiegelte Rolle in Michas Hand.

Micha begriff, daß es sich um eine dringende Angelegenheit handelte. Er rannte an den Wachen vorbei in den Festsaal, direkt zur Tafel des Königs. Er kniete nieder und übergab dem König die Botschaft. „Hoffentlich hast du einen guten Grund, mich jetzt zu stören“, sagte der König ärgerlich.

„Entschuldige, Herr“, antwortete Micha, „die Botschaft trägt das Siegel von Gibeon.“

Alle warteten, was Adonisedek sagen würde. Ob der Inhalt der Botschaft vielleicht etwas mit ihrer Versammlung zu tun hatte? Das Gesicht des Königs wurde blaß, während er las. Doch dann faßte er sich wieder und machte eine Handbewegung, die andeuten sollte, daß es sich um nichts Besonderes handelte.

Er sagte: „Eine kleine Sache, die ich mit meinen amoritischen Stammesbrüdern zu besprechen habe. Feiert weiter, meine Herren, während ihr uns für kurze Zeit entschuldigt.“ Dann fügte er hinzu: „Hoham, König von Hebron, Piram, König von Jarmuth, Japhia, König von Lachisch, und Debir, König von Eglon, könnt ihr für kurze Zeit mit mir kommen in einen anderen Raum?“

„Vergnügt euch, meine Herren und macht schon Pläne, wie wir Josua am besten besiegen können“, rief er den Zurückbleibenden noch zu, während er mit den vier anderen Amoriterkönigen den Saal verließ.

3. Kapitel

Wie ein zorniger Tiger lief Adonisedek in dem Raum, in den sie sich zurückgezogen hatten, hin und her. Die anderen vier Amoriterkönige blickten ihn besorgt an. Sie erwarteten zu hören, Josua habe Gibeon überrant.

„Warum hast du uns herausgerufen und nicht Hamor und die anderen Hiwiter?“ fragten sie. „Sie sollten doch auch erfahren, welches Unheil Gibeon ergriffen hat.“

„Unheil?“ spottete Adonisedek. „Ihr werdet euch freuen, zu hören, daß es unseren Freunden, den Gibeonitern, gut geht. Das Unheil haben sie uns bereitet.“

Kopfschüttelnd setzten sich die Amoriterkönige. „Was ist denn geschehen?“ fragte Piram. „Ist Gibeon nicht angegriffen worden?“

Adonisedek warf die Rolle auf den Tisch. „Dieser Brief kommt von einem Freund, den wir am Hof des Königs von Gibeon haben. Er teilt uns mit, daß Jaser und die Gibeoniter gestern mit Josua und Israel am Berg Ebal einen Vertrag abgeschlossen haben.“

„Am Berg Ebal?“ staunten die Amoriter. „Das ist vier Tage von Gibeon entfernt. Was tun sie dort?“

Adonisedek erklärte: „Nach der Eroberung Ais zog sich Josua zum Berg Ebal zurück und lagert seither dort. Während wir unsere Konferenz planten und viele unserer Verbündeten mehrere Tage bis zu uns reisen mußten, sind die verräterischen Gibeoniter zum Berg Ebal gereist und haben Frieden mit dem Dämon Josua gemacht.“

Ungläubig schüttelten die anderen die Köpfe. Dann

schlug der König von Hebron mit der Faust auf den Tisch und rief wütend: „Hiwiter! Söhne von Schafen sind sie! Sie fürchten jeden Kampf! Von ihnen ist nichts anderes zu erwarten!“

„Richtig, Hoham“, stimmte Japhia zu. „Aber wie haben sie es geschafft, mit Josua einen Vertrag zu schließen. Was konnten sie ihm anbieten, damit er sie verschont?“

Adonisedek lachte bitter. „Sie haben sich selbst Josua als Sklaven angeboten. Und ohne ihre Zustimmung haben sie das auch für die anderen Hiwiter getan, deren drei Patriarchen unten bei den anderen Gästen sitzen.“

„Bei allen Göttern!“ zürnte Debir. „Sie haben Josua direkt in unsere Mitte geladen!“

„So ist es“, nickte Adonisedek.

Japhia schien die Sache nicht ganz zu glauben. „Wie sollten sie das schaffen? Josuas Späher hätten sie doch aufgegriffen“, zweifelte er.

„Das ist der größte Trick“, erklärte Adonisedek. „Der Brief sagt, ehe die Abgesandten Gibeon verließen, zogen sie fremde sehr abgetragene und schmutzige Kleidung an und nahmen vertrocknete Weinschläuche und Beutel mit sich, so daß es aussah, als wären sie viele Tage gereist. Sie sagten Josua, sie kämen von einem weit entfernten Land und wünschten einen Vertrag mit Israel zu machen. Würde er den Vertrag unterschreiben und bei seinem Gott beschwören, wollten sie für immer seine Sklaven sein.“

„Es wird nicht lange dauern, bis Josua die Wahrheit herausfindet“, meinte Debir. „Dann wird es ihnen erst recht schlecht ergehen.“

„Die Verräter werden sicher sein, während wir um unser Überleben kämpfen müssen“, stöhnte Hoham.

„Komm, komm, Hoham“, widersprach Adonisedek. „Glaubst du, Josua wird den Vertrag halten, wenn er merkt, wie die Gibeoniter ihn überlistet haben?“

Hoham war ein kluger Mann, der mehr über Josua und die Israeliten wußte als die anderen. „Freunde“, sagte er,

„erwähnt der Brief nicht, Josua habe den Vertrag mit den Gibeonitern bei seinem Gott beschworen?"

„Schon", bestätigte Adonisedek. „Aber welcher Gott würde fordern, einen solchen Vertrag zu halten?"

„Habt ihr denn nicht gehört, daß der Gott Israels es sehr genau nimmt?" wunderte sich Hoham. „Er fordert von Seinem Volk größte Aufrichtigkeit. Josua kann gar nicht anders, sondern muß den Vertrag halten."

Der König von Uruschalim hatte aufmerksam zugehört und fragte nun: „Kennst du den Namen dieses Gottes? Ich habe meine eigenen Propheten danach gefragt, aber sie wußten keine Antwort."

Hoham strich sich nachdenklich durch den Bart. „Ich weiß ein wenig, denn ich habe mich bei den Leuten von Og und Basan erkundigt, ehe sie von Israel überrannt wurden. Sie sagen, dieser Gott ist nicht von Ägypten, sondern von sehr viel älterer Zeit. Ein Gott der Hebräer ist es, und die Israeliten beteten schon zu Ihm lange Zeit, ehe sie Sklaven der Ägypter wurden."

Hoham überlegte und fügte dann hinzu: „Sie haben in ihrer Religion einen seltsamen Container, von dem große Kraft ausgehen soll. Sie tragen ihn immer mit sich, auch wenn sie in den Kampf ziehen. Er soll irgendwelche Zauberkraft haben."

„Einen Container?" staunten die anderen. „Sie können ihren Gott in einem Container herumtragen?"

„Es ist eigentlich eine Kiste", ergänzte Hoham. „Sie nennen sie *Bundeslade* oder so ähnlich."

„Eine Kiste?" spotteten die Könige. „Welche Art von Gott wohnt in einer Kiste?"

„Ich sagte nicht, ihr Gott wohnt in der Kiste, sondern daß diese Kiste mächtig ist. Und", warnte Hoham, „ich würde nicht darüber lachen. Sie sagen, diese Kiste zerbrach die Mauern Jerichos."

Es wurde ganz still, bis Adonisedek endlich fragte: „Aber was ist mit dem Namen. Hat ihr Gott einen Namen?"

„Darüber hört man verschiedens“, antwortete Hoham. „Meist reden sie von dem Gott ihrer Patriarchen. Sie sagen, es sei *der Gott Abrahams, Isaaks und Jakobs,* das sind die Gründer ihres Volkes.“

Irgend etwas kam Adonisedek dabei bekannt vor. Doch er dachte nicht weiter darüber nach, sondern drängte Hoham: „Aber hat ihr Gott selbst keinen Namen?“

„Er scheint mehrere zu haben“, erklärte Hoham weiter. „Man fragt sich deshalb, ob sie mehrere Götter haben. Aber sie sagen, es sei nur einer. Sie nennen ihn zum Beispiel *Elohim, El Schaddai, Jahwe* – obwohl ihnen der letzte Namen so heilig ist, daß sie dafür lieber sagen *Jehova.*“

Plötzlich blickte er überrascht auf Adonisedek und sagte: „Ist das nicht seltsam? Das sind alles Namen von früheren Königen deiner Stadt.“

Der König von Uruschalim fühlte einen kalten Schauer den Rücken hinablaufen. Doch ehe er antworten konnte, fügte Hoham verwundert hinzu: „Und manchmal nennen sie Ihn auch *Adoni.* Merkwürdig!“

Die Könige murmelten erstaunt und blickten Adonisedek an. Doch keiner war so verwundert wie er selbst. Ihm war, als habe ein Geist die Hand auf seine Schulter gelegt, und seine Seele zitterte.

4. KAPITEL

Doch die Amoriterkönige waren nicht zum Philosophieren zusammengekommen, sondern zum Handeln. Während im großen Saal die Konferenz weiterging, planten die fünf einen anderen Krieg. Aber nicht gegen Josua, sondern gegen Gibeon.

Da nicht erwartet werden konnte, daß die Hiwiter gegen ihre eigenen Brüder kämpfen würden, informierte Adonisedek sie nicht einmal vom Verrat der Gibeoniter. „Während unsere Verbündeten ihre Truppen sammeln, werden wir schon über die Gibeoniter herfallen", beschlossen die Amoriter. „Wenn unsere Freunde zum Kampf bereit sind, haben wir ihnen schon gezeigt, wie es Verrätern geht. Niemand wird sich dann von unserer Sache zurückziehen."

Während zwei Tage später die Gäste wieder aufbrachen, um ihre Heere zu sammeln, waren die fünf Amoriterkönige schon zum Kampf gegen Gibeon bereit. Mit der Hilfe Michas und anderer Diener legte Adonisedek seine Rüstung an. „Lauf zu Dagar und hole ihn herbei!" befahl er Micha.

Der Junge glaubte, der König wünsche den Segen des Priesters auf seinem Unternehmen, und rannte deshalb eifrig davon. Doch der König wünschte keinen Segen, sondern fuhr den alten Mann an, als er vor ihm stand: „Dagar, du konntest mir nicht helfen, doch ich habe die Namen des Gottes der Israeliten selbst herausgefunden. Wenn ich sie dir jetzt sage, hoffe ich, du kannst mir etwas über Ihn sagen, was mir in unserem Kampf hilft."

Der Seher verbeugte sich. „Ich werde mein Bestes tun", sagte er.

„Es scheint so, als trage dieser Gott die Namen unserer glorreichen Könige“, erklärte Adonisedek triumphierend.

„Der Könige von Urushalim?“ wunderte sich Dagar.

„Genau“, nickte Adonisedek. „Sie nennen Ihn *Elohim, El Schaddai, Jahwe* und sogar *Adoni!*“

Der Priester konnte nur sagen: „So etwas habe ich noch nie gehört.“

Nachdenklich fügte er nach einigen Augenblicken hinzu: „Ich weiß, daß früher unsere Könige nach den Göttern unserer Stadt genannt wurden – zumindest nach einem Gott.“

„So? Und welcher Gott war das?“ wollte der König wissen.

„Er ist ein Rätsel“, seufzte der Seher. „Ich kenne Ihn nicht. Ich weiß nur, daß Er der Gott unseres ersten Königs war und der Gott Abrams, der auf unserem Berg Opfer darbrachte.“

Der Monarch dachte lange nach. „Unser erster König?“ sagte er endlich. „Melchisedek?“

„Ja, ein sehr ehrwürdiger Mann.“

„Und dieser Abram? Könnte er derselbe Abraham sein, den die Israeliten als ihren Patriarchen verehren?“

Überrascht stammelte Dagar: „Das ist ein neuer Gedanke.“ Um nicht völlig unwissend zu erscheinen, fügte er hinzu: „Natürlich wissen wir, daß das höchste Wesen, der Oberste der Götter, viele Namen hat. Vielleicht haben in der Frühzeit auch andere Nationen Ihn bei den Namen genannt, die Er bei den Israeliten heute noch hat. Doch ich würde die Sache nicht zu ernst nehmen.“

Adonisedek schaute den Priester ernst an. „Ich habe dich rufen lassen, damit du mir hilfst“, sagte er. „Morgen ziehe ich gegen Gibeon – und dann gegen diesen Gott, von dem wir gerade gesprochen haben. Wenn du, Prophet der Astarte, mir nicht mehr sagen kannst, welche Hilfe habe ich dann von dir?“

Dagar zuckte hilflos mit den Schultern und blickte zu Boden.

Frustriert seufzte der König: „Dieser Abraham – du hast mir von ihm erzählt, als ich noch ein Kind war und du mich in der Historie von Uruschalim unterrichtetest."

„So ist es", nickte Dagar. „Damals hieß unsere Stadt Salem. Die Überlieferung sagt, dieser Abraham wollte auf Moriah im Gehorsam zu den Göttern seinen einzigen Sohn opfern. Doch die Götter retteten den Jungen, als Abraham ihn töten wollte. Sie brachten Abraham ein Ersatzopfer, ein Schaf – halt, nein, sondern einen Widder, der mit seinen Hörnern in einem Gebüsch hing."

Als Micha das hörte, fuhr seine Hand in den Beutel an seinem Gürtel, wo er die kleine Statue aufbewahrte, die er auf Moriah gefunden hatte.

Der König dachte nach und sagte dann: „Solche und ähnliche Geschichten gibt es viele, in denen die Götter den Glauben der Menschen prüfen. Die Geschichte sagt mir nichts."

„Jedenfalls sind wir in einer Sache nicht korrekt", bemerkte Dagar. „Die Leute zu Abrahams Zeit würden nicht gesagt haben, die Götter haben den Jungen gerettet, sondern es war der eine einzige wahre Gott, den beide, Abraham und Melchisedek, anbeteten."

„Mag sein, doch das hilft mir auch nicht weiter", seufzte der König.

Während der Seher resignierend mit den Schultern zuckte, war Micha überzeugt, es sei kein Zufall gewesen, daß er die kleine Widderfigur auf Moriah gefunden hatte. Er lief zum König und zupfte ihn am Ärmel.

„Was willst du?" fuhr der König ihn an.

„Herr", der Junge zögerte, „ich habe etwas gefunden – ich glaube, es ist für dich."

„Was denn?" brummte der König.

Micha zog die Figur aus seinem Beutel und reichte sie dem König. „Ich weiß nicht, ob sie Gutes oder Übles für dein Unternehmen bedeutet, aber ich bin sicher, sie ist für eine Zeit wie diese."

Beide, der König und der Priester, schauten verwundert auf den kleinen Widder. Vorsichtig fuhr der König mit dem Finger darüber hin. „Wo hast du ihn gefunden?“ fragte er.

„Auf Moriah, und zwar an dem Tag, als du mit deinen Generälen und Beratern dort warst.“

Der König blickte zu dem Priester hin und flüsterte: „Das war der Tag, an dem wir Pläne gegen Josua machten.“

Der Priester griff nach der Figur und warf sie wieder in Michas Beutel. „Bei allen Sternen“, stöhnte er und blickte den König ernst an, „sei vorsichtig, mein Sohn. Josua ist ein Nachkomme Abrahams, und sein Gott mag noch viele Widder im Gebüsch haben.“

5. Kapitel

Was weder Dagar noch Adonisedek über die Geschichte von Abraham und der Opferung seines Sohnes Isaak wußten, war der Zweck und die Belohnung dafür. Die Israeliten, die nun in Kanaan eingefallen waren, sagten, ihr Patriarch sei von Jahwe geprüft worden, ob er würdig sei, Vater einer großen Nation zu werden.

Abraham hatte früher in Mesopotamien gelebt, so sagten sie. Doch der einzig wahre Gott hatte ihn von dort in dieses Land Kanaan gerufen und es ihm und seinen Nachkommen versprochen. Und durch sie sollte die ganze Erde gesegnet werden.

In dieser Probe auf Moriah wurde Abrahams Glaube geprüft. Glaubte er, Gott könne ihm trotzdem noch Kinder schenken, wenn Isaak tot war? Mehr noch: Da Jahwe verheißen hatte, Isaak solle sein Erbe sein, glaubte Abraham, Gott würde Isaak wieder zum Leben erwecken?

Jahre vorher, als Abraham erst begonnen hatte, die Stimme des einzig wahren Gottes zu verstehen, hatte Gott ihm verheißen, seine unfruchtbare Frau Sara würde ihm einen Sohn gebären. Die Zeit ging dahin, ohne daß dies geschah. Abrahams Glaube begann zu wanken, und er nahm auf Saras Rat hin deren ägyptische Magd Hagar und zeugte mit ihr einen Sohn, den er Ismael nannte. Das war in der damaligen Zeit durchaus üblich, wenn die eigene Frau unfruchtbar war.

Ismael, stattlich und stark, war eine Freude für Abrahams Herz. Doch bald zeigte sich, daß die Worte Jahwes, den Jungen betreffend, sich immer mehr erfüllten. „Er wird ein wilder Mann sein“, hatte Jahwe gesagt. „Seine Hand wird gegen alle anderen sein, und die Hand aller anderen gegen ihn.“ Und tatsächlich, der junge Ismael war so streitsüchtig, daß er den Frieden des Stammes störte. Es wurde nötig, nachdem Isaak geboren war, Ismael und seine Mutter aus dem Stamm auszustoßen.

Durch Isaak sollen deine Nachkommen erstehen, hatte Gott gesagt. Deshalb war die Prüfung auf Moriah eine so ernste Probe.

Nachdem die Nachkommen Abrahams vier Jahrhunderte in Ägypten gewohnt hatten, kehrten sie nun zurück, um das Land in Besitz zu nehmen, das Gott ihrem Vater Abraham versprochen hatte. Die Israeliten, sie nannten sich so nach dem Enkel Abrahams, Jakob, den Gott in *Israel – Gotteskämpfer* – umbenannte, waren ein zähes Volk, hart geworden durch 40 Jahre Wanderung in der Wüste. Nun kehrten sie zurück, um dort anzuknüpfen, wo ihr Patriarch Jakob, Israel, vor 400 Jahren aufgehört hatte.

Josua, der Sohn Nuns und Nachfolger Moses, war typisch für das Volk – energisch und stark. Heute saß er auf seinem Rappen auf einem Hügelrücken über Gibeon und blickte in das Tal Ajalon und den kleinen Fluß hinunter, dessen Wasser der Küste zustrebte.

Die ganze Nacht war er mit 30 000 Kriegern und einer großen Anzahl Hilfsvölkern von ihrem Lager Gilgal, in der Nähe des Jordans, bis nach hier marschiert, weil sie ein Hilferuf der Gibeoniter erreicht hatte. „Komm schnell und hilf und rette uns, denn alle Könige der Amoriter, die in den Bergen wohnen, haben sich gegen uns versammelt“, lautete die Botschaft.

Von dem Höhenzug aus konnte Josua bis nach Gibeon sehen, und vom Tal drang Kriegslärm bis zu ihm herauf. Noch deutlicher sah Josua die Lager der Amoriter im Westen, Süden und auch im Norden der Stadt. Überall brannten Felder und auch Zelte. Josuas Augen blitzten. Er wandte sich an das hinter ihm aufmarschierte Heer und rief mit lauter Stimme: „Der Herr hat mir gesagt: Fürchte dich nicht vor ihnen; denn Ich gebe sie in deine Gewalt! Keiner von ihnen kann dir standhalten!"

Sie antworteten: „Es ist der Kampf des Herrn! Für den Herrn und Josua!" Dann stürmten sie ihrem Führer nach ins Tal Ajalon hinunter und stürzten sich auf die überraschten Amoriter, die auf einen Angriff in ihren Rücken überhaupt nicht vorbereitet waren. In den amoritischen Reihen entstand ein heilloses Durcheinander, und nach kurzem flohen die Krieger in Gruppen nordwestwärts in Richtung Beth-Horon oder nach Aseka und Makkeda zu in das Hügelland westlich von Uruschalim. Sie wurden verfolgt von den siegreichen Israeliten und auch von den Gibeonitern, die neuen Mut gefaßt hatten.

Doch was nun folgte, war weit schlimmer als alles, was die Israeliten und die Gibeoniter ihren Feinden antun konnten. Nicht einmal Josua, der von Jahwe immer die Aufträge erhielt, hatte ein solches Eingreifen Gottes erwartet. Als hätten die Israeliten in der Bestrafung der törichten Amoriter nicht genug getan, öffnete sich jetzt der Himmel und Gott ließ riesige Hagelsteine auf die Flüchtenden regnen, so daß die meisten davon erschlagen wurden.

Micha, der junge Diener, stand auf den Palastmauern Uruschalims und hielt Ausschau. Das große Haus Adonisedeks war ungewöhnlich still, da der König fast alle Soldaten und auch einen Teil der Dienerschaft mitgenommen hatte. Das Schlachtfeld von Gibeon war zu weit entfernt, um von dem Kampf etwas zu hören oder zu sehen.

Doch dann waren aus der ungefähren Richtung, in der der Kampf stattfinden mußte, Geräusche zu vernehmen, die dem Toben eines gewaltigen Sturmes glichen. Micha zitterte und flüsterte: „Mächtige Astarte, sei mit meinem König."

Viele Stunden beobachtete der Junge den westlichen Himmel. Während über Uruschalim strahlend die Sonne schien, waren weit im Westen tiefschwarze Wolken zu sehen, aus denen es immer wieder auf die Erde hinabzuzucken schien. Es waren keine Blitze, sondern eher wie tiefschwarze Strahlen. Er wunderte sich über dieses Phänomen, das er noch nie gesehen hatte

Plötzlich hörte er eine Stimme: „Sohn, es wäre besser, du würdest nun von dort herunterkommen!" rief Dagar. Der Junge fuhr herum, stürmte die Stufen hinunter und warf sich in die weitgeöffneten Arme des Priesters. „O Dagar", rief er, „wie mag es dem König ergehen?"

Der Priester schaute zu den Sturmwolken im Westen und seufzte: „Der Himmel ist schrecklich heute. Es ist ein übler Tag für Uruschalim."

Noch mehrmals während des Tages kehrten Micha und Dagar auf die Mauer zurück und hielten Ausschau, doch niemand war zu sehen. Um die Zeit des Abendessens stiegen sie nochmals auf die Mauer und blieben längere Zeit dort. Gerade als sie die Mauer wieder verlassen wollten, sahen sie einen Boten auf die Stadt zulaufen. Als er näherkam, erkannte Micha in ihm den jungen Mann, der am Tag der Versammlung die Botschaft vom Verrat der Gibeoniter gebracht hatte.

„Ich werde ihm entgegengehen", sagte er und wandte sich den Stufen zu.

Doch Dagar hielt ihn am Arm fest. „Warte noch", sagte der Priester. „Sieh doch, er schickt sich an, seine Botschaft laut auszurufen."

Als der Bote sich jetzt dem Palast näherte, blieb er stehen, öffnete eine Rolle und begann laut vorzulesen: „Von Jaser, dem König von Gibeon, an alle, die gegen ihn gezogen sind. Hört folgendes: Der Arm des Herrn hat uns in noch mächtigerer Weise von unseren Feinden gerettet, als er Jericho besiegte. Auf die Bitte Josuas hin blieb die Sonne stehen, um den Kriegern noch länger Tageslicht zu geben. Deshalb sollten sich alle, die sich gegen Israel wenden wollen, vorsehen. So sprach Josua zu Gott: *‚Sonne, bleib stehen über*

Gibeon und du, Mond, über dem Tal von Ajalon!' Da blieben die Sonne und der Mond stehen, so daß Israel genug Zeit hatte, sich an seinen Feinden zu rächen."

Als der Junge seine Botschaft verlesen hatte, lief er weiter, um sie auch in den anderen Städten des Hügellandes zu verkündigen. Doch vorher betrat er noch den Schloßhof und rief: „Was euren König Adonisedek angeht, so ist er mit den vier anderen Amoriterkönigen in die Hügel von Makkedah geflohen. Es hat noch nie einen solchen Tag gegeben wie diesen. Denn der Herr hat für Israel gekämpft!"

6. Kapitel

Die Straße von Uruschalim zur Küste ist eine der schönsten Kanaans. Sie führt durch die sanften Hügel der Schephelah. Rundum findet man überall große Obstgärten und reiche Weinberge.

Obwohl es Frühling war, die schönste Zeit des Jahres, war das Land rundum ungewöhnlich still und einsam. Keine Schafherden weideten in den Tälern, und auf den Feldern sah man keine Bauern. Nur hier und da sah man einen einsamen Esel oder eine verlassene Kuh, deren Euter gefährlich angeschwollen war. Die einzigen Hinweise auf das hier Geschehene waren überall weggeworfene Waffen und Ausrüstungsgegenstände sowie große Blutlachen.

Dörfer, durch die Josua und seine siegreichen Truppen gezogen waren, standen verlassen, und überall konnte man im Erdboden Aushöhlungen sehen, als wären dort Riesengeschosse eingeschlagen. An manchen Stellen lagen tote Tiere oder Soldaten herum, die zerschlagen aussahen. Auch umgestürzte Streitwagen mit zerbrochenen Rädern waren zu sehen.

Der junge Micha lief eilig diese Straße des Schreckens entlang. Er hatte nur einen Gedanken im Sinn: Er wollte seinen König finden. Noch weiter im Süden, doch von seinem jetzigen Standort aus schon zu sehen, zog sich eine Hügelkette die Straße entlang, in der es viele Höhlen gab, die von wilden Tieren bewohnt wurden und bei Unwetter auch den Hirten und ihren Herden Unterschlupf boten. Dorthin, so hatte der Bote aus Gibeon gesagt, sollten die Amoriterkönige geflohen sein. Es waren die *Hügel von Makkedah;* ihr Name bedeutete *Ort der Hirten.*

Als Micha die Hügel erreichte, die etwa auf halbem Weg zwischen Uruschalim und der Küste lagen, pochte sein junges Herz heftig, da er sehr schnell gelaufen war. Von einem Hügel aus konnte er in der Ferne die Häuser der Stadt Makkedah sehen. Viele davon schienen zerstört zu sein, so wie in den Dörfern, durch die er gekommen war.

Von Gibeon, dem Ort der Schlacht, bis nach hier waren es reichlich 30 Kilometer. Es war eine Strecke des Grauens, denn auf diesem Weg war der Hauptteil der amoritischen Heere geflohen, und die meisten von ihnen waren durch die großen Hagelsteine vom Himmel zerschmettert worden.

Es ist unglaublich, überlegte der Junge, *daß die Amoriter, die stärkste Macht im Lande, so besiegt werden konnten.* Auch hier in den Hügeln lagen überall tote Amoriter. Wer nicht durch die Hagelsteine erschlagen wurde, den hatten die Schwerter der Israeliten erreicht. Und Josua und seine Soldaten hatten kein Erbarmen gekannt, denn sie sollten auf Befehl ihres Gottes die Bevölkerung des Landes entweder vertreiben oder ausrotten.

Aber wenigstens sein König hatte fliehen können, so hatte der Bote aus Gibeon berichtet. Also bestand die Möglichkeit, daß Adonisedek nach Uruschalim zurückkehren konnte. Doch wo sollte er, Micha, in diesen Hügeln mit den vielen Höhlen seinen König finden, der sich mit den anderen Königen sicher gut versteckt hatte.

Micha hatte von einzelnen Überlebenden gehört, Josua habe sich mit seinem Heer wieder in das Lager Gilgal zurückgezogen, ohne die fünf Amoriterkönige gefunden zu haben. Das war fast unglaublich. Doch deshalb war anzunehmen, daß er Trupps von Spähern hier in den Hügeln zurückgelassen hatte, die nach den Königen Ausschau hielten, wenn diese sich aus ihrem Versteck hervorwagen sollten. Deshalb mußte er nun besonders vorsichtig sein, um nicht solchen Spähern in die Hände zu fallen.

Vorsichtig bewegte sich Micha zwischen den herumstehenden Felsen, den Büschen und Baumgruppen und den Eingängen der Höhlen vorwärts. Da hörte er plötzlich rauhe Stimmen und lautes Lachen. Er warf sich hinter einem Felsen zu Boden und versuchte zu verstehen, was dort gesagt wurde. Doch die Sprache war ihm fremd. Sicherlich waren es Israeliten, die sich da vor ihm befanden.

Er blieb eine Weile ganz still liegen, bis er endlich genug Mut gefaßt hatte, um vorsichtig weiter zu schleichen. Leise kroch er von einer Deckung zur anderen den Hang des kleinen Hügels hinauf, von dessen anderer Seite er die Stimmen hörte. Auf dem Hügel wuchs eine größere Gruppe sehr dichten Gebüschs. Dort hinein wollte er sich verstecken, um von da aus zur anderen Seite des Hügel hinunterzuschauen.

Endlich hatte er das Gebüsch erreicht. Ganz leise kroch er hinein, um nicht durch knackende Zweige oder ähnliche Geräusche auf sich aufmerksam zu machen. Dann hatte er den gegenüberliegenden Rand des Gebüschs erreicht und konnte hinunterblicken. Was er sah, erschreckte ihn zutiefst.

Unter sich sah er eine Gruppe von bewaffneten Hebräern, die auf großen Steinen saßen, die sie offensichtlich vor den Eingang einer Höhle gerollt hatten, so daß niemand die Höhle verlassen konnte. Die Männer unterhielten sich laut, lachten immer wieder und tranken Wein. Während Micha sie noch beobachtete, stand einer der Männer auf. Er hatte ein Gefäß mit etwas Trinkbarem in der Hand, vielleicht Wasser, das reichte er jetzt durch einen schmalen Spalt zwischen zwei Steinen in die Höhle hinein und sagte dazu einige Worte, über die die anderen Männer laut lachten.

Die Hebräer hatten also Gefangene in der Höhle. Höchstwahrscheinlich die Könige. „O meine Herrin Astarte“, betete Micha verzweifelt, „ist mein König wirklich ihr Gefangener?“

Lange beobachtete er die Hebräer und fragte sich, was sie wohl mit den Gefangenen vorhatten, warum sie diese nicht töteten? Von ihrer Unterhaltung begriff er nichts. Nur ein Wort verstand er, das in letzter Zeit oft gefallen war, nämlich *Josua.*

Micha wurde klar, daß sie auf ihren Führer warteten, dem sie sicher Nachricht gesandt hatten von ihren Gefangenen. Wenn Josua kam, würde er über das Schicksal von Adonisedek entscheiden – und damit auch über das Schicksal von Uruschalim.

7. Kapitel

Die ganze Nacht blieb Micha in seinem Versteck. Zwischendurch war er vor Erschöpfung eingeschlafen. Als er erwachte, war es noch dunkel. Die Männer unter ihm schliefen ebenfalls, nur auf einem höheren Stein stand ein Wachposten. Micha überlegte, ob er etwas zur Befreiung der Könige unternehmen konnte, doch er sah ein, daß ihm dies völlig unmöglich war.

Es mußte schon auf den Morgen zugehen, denn vereinzelt begannen Vögel zu singen, und im Osten erschien ein feiner heller Streifen am Horizont. Da wurde die Wache unter ihm plötzlich sehr lebendig, deutete mit dem Arm nach Osten und rief laut: „Josua!“

Die anderen Männer sprangen auf, kletterten ebenfalls auf Steine und blickten nach Osten. Dann stießen sie Freudenrufe aus und schlugen sich gegenseitig voller Freude auf die Schultern.

Es dauerte nicht mehr lange, da hörte man die Geräusche der heranmarschierenden Armee. Es waren Zehntausende, die nach einer weiteren Zeitspanne geordnet in das Tal einmarschierten. An ihrer Spitze ritt Josua, den die Amoriter einen schrecklichen Dämon nannten. Einige kurze Befehle Josuas an die neben und hinter ihm reitenden Heerführer genügten. Diese ritten zu den einzelnen Abteilungen und wiesen ihnen Lagerplätze zu, wo die Männer, die vom langen Nachtmarsch ermüdet waren, ausruhen konnten.

Nun wandte sich Josua an die Wachen: „Wo sind die Gefangenen?“ wollte er wissen.

„In der Höhle, Herr."

„Räumt die Steine beiseite und bringt die Könige heraus!" befahl Josua.

Micha zitterte am ganzen Leib, denn jetzt würde er seinen König sehen, den er so liebte. Wie mochte er die Gefangenschaft bis jetzt ertragen haben?

Die Soldaten räumten die Steine weg, gingen in die Höhle und zerrten die fünf Könige, die mit Ketten aneinandergebunden waren, heraus. Die Gefangenen waren so schwach, daß sie kaum gehen konnten. Als sie vor Josua standen, rissen die Soldaten an ihren Ketten, so daß die Amoriter vor dem Heerführer zu Boden stürzten, mit den Gesichtern in den Staub.

Als Micha seinen geliebten Herrn und König so gedemütigt vor dem Sieger liegen sah, fing er an zu weinen. Doch niemand hörte ihn, da in dem versammelten Heer jetzt lauter Jubel über die besiegten Feinde ausbrach.

Nun befahl Josua, daß alle Führer des Heeres einer nach dem anderen zu ihm kommen sollten. Jeder von ihnen mußte den fünf im Staub liegenden Amoriterkönigen je einmal mit dem Fuß ins Genick treten zum Zeichen des Sieges Israels über seine Feinde. Die Sonne war gerade aufgegangen, als Josua mit seinem Heer in das Tal einmarschiert war, doch es war schon fast Mittag, als der letzte der israelitischen Führer auf die mittlerweile einer blutigen Masse gleichenden Nacken der Könige getreten hatte.

Nun wandte sich Josua an seine Soldaten und rief mit lauter Stimme: „Fürchtet euch nicht! Seid stark und mutig, denn so wird der Herr, unser Gott, mit all unseren Feinden verfahren!" Dann zog er sein Schwert aus der Scheide und schlug mit fünf kräftigen Hieben den gefangenen Königen die Köpfe ab.

Micha zuckte bei jedem Schlag zusammen. Er hatte seine Hände zu Fäusten geballt und sich zusammengekrümmt. Durch seine verkrümmte Körperhaltung spürte er plötzlich, wie der Beutel, den er am Gürtel hängen hatte, ihn drückte. Er rückte den Beutel zurecht, und dabei spürte er den harten Gegenstand, der besonders gedrückt hatte.

Micha hatte über allem, was sich unten im Tal abspielte, den Inhalt seines Beutels völlig vergessen. Als er jetzt hineingriff und nach dem harten Gegenstand suchte, hatte er die kleine Figur des Widders, der sich mit den Hörnern im Gebüsch verfangen hatte, in der Hand.

Dem Jungen lief es kalt über den Rücken, als er daran dachte, wo und unter welchen Umständen er die Figur gefunden hatte und was der alte Priester dazu sagte. Er fing wieder an zu weinen, als er an seinen toten Vater dachte, der mit den anderen vier Königen dort unten lag.

Intermezzo

Uruschalim war eine glückliche Stadt. Fast alle anderen Städte und Dörfer Kanaans wurden von Josua und seinem Heer bekämpft und besiegt, doch in den Straßen Uruschalims floß kein einziger Tropfen Blut.

In den folgenden Feldzügen Josuas wurden 31 Könige und ihre Städte und Dörfer besiegt und erobert. Ein Bericht der Kämpfe und Eroberungen Josuas las sich wie eine Landkarte Kanaans, nachdem Stadt um Stadt in seine Hand fiel. Im Tal Merom stellten sich ihm mehr als zwanzig Könige mit ihren Heeren gemeinsam gegenüber, um Josua endlich zu stoppen. Es war ein Heer von mehreren hunderttausend Kämpfern.

Doch Gott half Josua auch hier, und innerhalb eines Tages war dieses riesige Heer von Israels Armee geschlagen und restlos vernichtet.

Obwohl Josua alle Verbündeten Uruschalims besiegte und ihre Städte zerstörte, verschonte er doch Uruschalim selbst. Er sagte: „Der Berg des Friedens gehört den würdigsten der Stämme Israels, den Kindern Juda und den Kindern Benjamin."

Die Überlieferung Israels sagte, daß die Söhne Jakobs, als sie nach Ägypten kamen, um wegen der Hungersnot Getreide zu kaufen, ihrem Bruder Joseph begegneten, der im Namen Pharaos über Ägypten herrschte. Joseph, der sich seinen Brüdern nicht gleich zu erkennen gab, wollte Benjamin, den jüngsten Bruder und Lieblingssohn ihres Vaters, als Gefangenen in Ägypten behalten. Da bot sich Juda an, anstelle von Benjamin als Gefangener zu bleiben.

Es war also durchaus passend, daß die Nachkommen von Juda und Benjamin die Stadt des Friedens und den heiligen Berg in Besitz nehmen und beschützen sollten. Josua überließ allerdings die Eroberung der Stadt der Zukunft, die beiden Stämme sollten das selbst tun. Er bestimmte aber, daß Juda das Land um Uruschalim besitzen sollte, und Benjamin die Stadt selbst.

In den Jahren, die dem Tod Adonisedeks folgten, wechselte mehrere Male die Herrschaft in Uruschalim. Zuerst schien es, als würden Kanaaniter aus dem Norden zu Herren der Stadt werden. Dann war es der König von Hazor, der in der heiligen Stadt regierte; und es hatte den Anschein, als könne er seine Herrschaft befestigen. Doch dann ließ er sich auf ein Bündnis mit anderen Königen gegen Josua ein und wurde mit diesen zusammen besiegt, und Hazor selbst wurde von den Israeliten erobert.

Während all dieser unruhigen Zeit gab es einen Stamm, der immer wieder neidisch nach dem heiligen Berg blickte – die benachbarten Jebusiter, die schon früher Adonisedeks größte Rivalen gewesen waren. Als dann Hazors König zusammen mit seinen Verbündeten von Josua besiegt war und vorübergehend niemand anders nach der Herrschaft in Uruschalim strebte, sahen die Jebusiter ihre Chance und besetzten es ohne große Schwierigkeiten, da es nicht verteidigt wurde.

Doch da die Jebusiter weiter Astarte in dem Tempel anbeteten, der am Westhang von Moriah stand, blieb die flache Höhe des Berges weiter unberührt.

Als dann die Söhne Judas und Benjamins sich bemühten, die Stadt einzunehmen, die ihnen bei der Verteilung des Landes von Josua zugesprochen war, mußten sie feststellen, daß die nunmehrigen Herren der Stadt nicht bereit waren, ihnen diese zu überlassen. Die Jebusiter, verwandt mit den alten Hetitern, waren ein mächtiges Volk, und sie hatten die Stadt Uruschalim, die schon von Natur aus überaus schwer einzunehmen war, sehr stark befestigt. Deshalb gelang es den Israeliten nicht, die Stadt zu erobern, obwohl sie es mehrere Male versuchten.

Doch andererseits waren die Jebusiter gezwungen, zu dulden, das die Leute aus den Stämmen Juda und Benjamin neben ihnen lebten.

So entstand eine unsichere und unruhige Koexistenz, die zwar einige Jahrhunderte andauerte, aber immer wieder zu Reibereien und Spannungen zwischen den beiden Völkern führte. Die Jebusiter nannten die Stadt von nun an *Jebus,* und Juda und Benjamin strebten immer wieder nach der Herrschaft über die Stadt, wobei es den Israeliten ganz besonders auch um den Besitz des heiligen Berges ging, auf dem ihr Urvater Abraham schon geopfert hatte.

TEIL III

ABDI-KHIPA

1350 v. Chr.

1. Kapitel

Gerson Ben Jamin, ein stattlicher junger Israelit, stand am Pinienhaintor oberhalb des Palastes von Jebus und überwachte zwanzig schwarze Kassiten, die sich mühten, einen gewaltigen Steinblock von einem Schlitten abzuladen, der bis hierher von Pferden gezogen worden war. Für einen Augenblick dachte er an Ägypten, wo er solche Arbeit ebenfalls schon dirigiert hatte.

Doch hier war nicht Ägypten, und die schwarzen Männer waren keine äthiopischen Sklaven, die vom Pharao zur Arbeit gezwungen wurden. Noch Gersons Großvater hatte auch als Sklave mit anderen solche Arbeit in Ägypten verrichten müssen. Gerson selbst hatte in seiner Kindheit oft solche Geschichten von der Sklaverei der Israeliten in Ägypten gehört, bis sie durch Mose und Josua befreit und in dieses Land hier geführt wurden.

Nun mußte der große Steinblock auf Holzschienen noch ein ganzes Stück aufwärts gezogen werden, um an die dafür bestimmte Stelle zu kommen. Die Kassiten hatten zunächst einmal mit Hämmern Keile unter den Block geschlagen, damit er nicht nach hinten wegrutschen konnte. Und nun mußte er Meter um Meter da hinaufgezogen werden.

Schon die Aufgabe, den schweren Steinblock durch das Haupttor von Jebus immer aufwärts, an der Gihonquelle, der Zitadelle und dem Palast vorbei bis nach hier zu bringen, hatte eine ganze Woche in Anspruch genommen, ganz zu schweigen von den Monaten, die nötig gewesen waren, ihn aus den Steinbrüchen von Megiddo über mehr als hundert Kilometer nach Jebus zu bringen. Diese Arbeit hatten mesopotamische Sklaven tun müssen. Der Rest nun, den Block noch einige Meter höher auf seinen vorgesehenen Standort zu bringen, war die Aufgabe der Kassiten, schwarzer Soldaten aus Pharaos Armee, die in Jebus stationiert waren, um die Oberhoheit des Pharao über das Land Kanaan zu demonstrieren.

Aus dem Steinblock sollte eine Stele, eine Bildsäule werden, zu Ehren des Pharaos Amenhotep IV., der vor einiger Zeit in Ägypten den Thron bestiegen hatte. Jebus befand sich nun schon seit zwei Jahrhunderten unter ägyptischer Oberhoheit.

Für Gerson war die Ankunft des Steinblocks wichtig; allerdings nicht, weil er irgend etwas für die ägyptischen Herren empfunden hätte, sondern weil ihm der Auftrag gegeben worden war, aus dem Block die Stele zu formen. Gerson Ben Jamin war Bildhauer, einer der wenigen Menschen seiner Zeit, die diese Kunst beherrschten. Und er liebte seine Arbeit, deshalb war ihm die Aufgabe so wichtig.

Seine künstlerischen Fähigkeiten hatten ihn reich und berühmt gemacht. Er war im ganzen ägyptischen Weltreich ein gefragter Mann. Durch seine Hände waren etliche der berühmtesten Stelen, Statuen und Grabmäler seiner Zeit entstanden. Er hatte so gut wie alle großen Städte des Reiches schon gesehen, vom Nil bis nach Babylon, und er war mit seinen 35 Jahren einer der berühmtesten Männer seiner Zeit, ganz gewiß aber einer der berühmtesten Israeliten.

Wenn es für ihn Probleme gab, dann war es der Konflikt mit dem Glauben und den Überlieferungen seines Volkes. Gerson war ein Angehöriger des Stammes Benjamin und in seinem Herzen ein überzeugter Hebräer. Manchmal machte es ihm Kummer, daß er seine künstlerischen Fähigkeiten dazu verwenden mußte, fremde Götter zu verherrlichen.

Doch er sagte sich immer wieder, daß er diese Gabe von Gott empfangen hatte und damit sehr gut für den Unterhalt seiner Familie sorgen konnte. Unter den Israeliten selbst gab es keinen Bedarf für einen Bildhauer, da Gott ihnen verboten hatte, Bilder von Gott oder von anderen lebenden Wesen herzustellen. Auch der Bau eines Tempels für Israel war nicht in Sicht.

Die Israeliten waren immer noch die Neuankömmlinge, die Eindringlinge und Außenseiter im Land. Als Eroberer waren sie in den meisten Städten die herrschende Klasse, aber nicht in Jebus. Hier lebten sie in Koexistenz mit den Jebusitern. Und da diese ihre Knie vor Pharao gebeugt hatten, taten dies die Israeliten aus den Stämmen Benjamin und Juda ebenso.

Für Gerson war die Bildhauerei seine große Leidenschaft. Schon als Kind hatte er aus Holz immer wieder Figuren geschnitzt, bis er dann begann, den Stein zu bearbeiten. Sein erstes Geld hatte er sich mit dem Verkauf von Puppen, Tieren und anderen kleinen Kunstwerken verdient, die er hergestellt hatte. Und den ersten Kompromiß mit seinem Glauben hatte er machen müssen, als die Priester der Astarte bei ihm eine Statue der Göttin für ihren Garten bestellten. Es ist doch nur ein Kunstwerk, redete er sich ein, und versuchte zu glauben, die Priester würden nicht davor beten.

Das war schon viele Jahre her, und seitdem hatte er schon viele solche und ähnliche Kunstwerke hergestellt. Als er jetzt das Entladen des riesigen Steinblocks beobachtete, gribbelte es ihm schon wieder in den Fingern, wenn er an die Arbeit daran dachte. Vor seinem geistigen Auge sah er schon, was aus dem Block werden würde.

Plötzlich gab einer der Keile nach, die von den schwarzen Soldaten immer wieder neu eingeschlagen wurden, wenn sie den Block ein Stück vorwärts gebracht hatten. Der Stein stellte sich etwas quer und wollte abrutschen. Nur unter Anspannung aller Kräfte konnten die Kassiten eine Katastrophe verhindern.

„Ihr Narren!“ schrie Gerson wütend. „Paßt doch besser auf! Ihr macht mir noch den Stein kaputt!“

Noch mehr Helfer wurde herbeigeholt, und nach einigen Stunden hatten sie den Stein ohne eine weitere Panne an den vorherbestimmten Platz gebracht. Gerson nickte zufrieden und ging ohne ein Wort des Dankes für die Helfer davon.

2. Kapitel

Während Gerson mit einer Zeichnung in der Hand zufrieden das Werk betrachtete, das er bisher schon geschafft hatte, wehte vom Moriah her ein kühlendes Lüftchen, das ihn erquickte. Der neue Gedanke, den er auf der Zeichnung vermerkt hatte, bedeutete eine erhebliche Verbesserung. Auf diese Weise gab es Raum genug, um über den Köpfen Amenhoteps und seiner Königin eine große Scheibe anzubringen. Zwar rückten dadurch die beiden königlichen Figuren auf der Stele etwas weiter nach unten, um für die Sonnenscheibe Raum zu machen, denn es wurde geglaubt, der Herrscher selbst sei die Sonnengottheit. Und das Opfergefäß, das er zur Sonne emporhielt, brachte ihn direkt mit ihr in Verbindung.

Für Betrachter, die den Sinn nicht recht verstanden, würde Gerson direkt über dem Kopf des Pharaos ein Kartusche mit der Inschrift *Sohn der Sonne* anbringen. Auf dem Gefäß, das er emporhielt, würde stehen: *Lebenspendend zu Ra, der Sonne.* Und danach greifen würden der große Gott Amun und seine Göttin Mut, die hinter der Scheibe hervorblickte.

Vorsichtiges Handeln war scheinbar nicht die Stärke des neuen Pharaos. Er hatte den obersten Gott umbenannt in *Aton,* und beanspruchte nun, selbst die Inkarnation des Sonnengottes zu sein, was die meisten Priester Ägyptens zu seinen Feinden machte. Doch der Politheismus Ägyptens erlaubte immerhin solche Manipulationen, denn das Volk des Niltals betete zu tausend Göttern.

Trotzdem mußte Gerson sich vorsehen, denn er durfte mit seinen Bildern keinesfall den Herrscher oder seinen Gott beleidigen. Während er diesen Gedanken nachhing, als er seine Zeichnung betrachtete, ärgerte er sich über die vielen Zuschauer, die herumstanden und immer wieder Kommentare zu seiner Arbeit abgaben. Er hätte viel lieber allein hinter vier Wänden gearbeitet, aber dazu war der Steinblock zu groß. Außerdem gingen hier alle vorüber, die zum Tempel der Astarte wollten, so daß er sich über einen Mangel an Zuschauern nicht zu beklagen brauchte.

Auch so herrschte rund um ihn genügend Lärm. Nicht sehr weit von seinem Standort wurden die Befestigungen der Stadt verstärkt und erweitert, und auch der Lärm vom nahen Markt drang sehr oft herüber.

Der gegenwärtige König der Stadt war ein Jebusiter; ein Abkömmling der aristokratischen Hetiter, die für einige Zeit die Kontrolle über Uruschalim übernommen hatten, als die Amoriter vernichtet wurden. Der König war nur ein Beispiel für die vielen Kulturen, durch die die Stadt beeinflußt wurde.

Gerson und die anderen Israeliten liebten den König Abdi-Khipa nicht, doch sie tolerierten ihn, wie sie auch die anderen Völker tolerierten, mit denen sie zusammenleben mußten.

Seit einigen Tagen wartete der Bildhauer nun schon, daß der König vorbeikommen würde, um seine bisherige Arbeit zu betrachten. Als nun Trompeten die Ankunft des Königs und seines Gefolges verkündeten, legte Gerson sein Werkzeug beiseite und glättete sein Gewand. Er gab sich Mühe, durch den Besuch geehrt zu erscheinen.

Wie die Sonne, die der Pharao anbetete, liebte es auch sein königlicher Vasall, sich in glänzende goldene Gewänder zu kleiden, und er trug eine ebenso goldene Kopfbedeckung. Er ließ sich von starken sudanesischen Sklaven in einer Sänfte tragen. So sehr er auch allen Glanz liebte, nahm sich Abdi-Khipa doch sehr in acht, sich je mit der Sonne zu vergleichen. Der Pharao hätte darin wohl Blasphemie gesehen und wäre zornig geworden.

Abdi-Khipa war überzeugt, der treueste aller Vasallen Pharaos zu sein. Und dazu hatte er auch allen Grund, denn er hatte den Thron von Jebus nicht durch Herkunft und Abstammung erlangt, sondern war von Pharao selbst eingesetzt worden. Gewiß, er stammte von einer der ältesten Adelsfamilien der Hetiter ab, die ihre Abstammung bis zur Zeit Abrahams zurück nachweisen konnten. Sie waren an der Gründung Hebrons und anderer kanaanitischer Zentren beteiligt gewesen. Doch deshalb war der Pharao noch keinesfalls verpflichtet, den Abkömmling von Provinzadligen auf den Thron von Jebus zu erheben. So wie es war, verdankte Abdi-Khipa dem Pharao alles.

Als der König nahte, kam der Verkehr und das laute Treiben des Marktes zum Stillstand. Auch Gerson sah sich verpflichtet, ihm entgegenzugehen und sich sehr tief vor ihm zu verneigen, obwohl er das verabscheute. Für ihn war Abdi-Khipa ein schlechtes Beispiel wahren Königtums.

Er war von Kind an verdorben und war trotz seiner äußerlich stattlichen Erscheinung verweichlicht und träge. Er liebte alle möglichen Vergnügungen und vieles und gutes Essen, vermied jede Art von Arbeit und hatte noch nicht einmal richtig reiten und den ordentlichen Umgang mit Waffen gelernt, wie es sich für jeden König gehörte.

Auch als Politiker brachte er kaum etwas zustande. Er bemühte sich, durch Schmeichelei die Gunst des Pharaos und der anderen kanaanitischen Stammeskönige zu erhalten, kümmerte sich aber kaum um die große Geschichte und Tradition der Stadt Salem, deren König er jetzt war, auch wenn sie nun Jebus hieß. Sein Name ließ erkennen, daß er ein Anbeter der Göttin Khipa, einer regionalen Gottheit Kanaans, war.

Für Gerson und die anderen Israeliten war Abdi-Khipa ein erbärmlicher Versager, eine Marionette des ägyptischen Herrschers ohne Rückgrat und eigene Überzeugung.

„Seid gegrüßt, Majestät!“ redete Gerson den König an, der ihn aber kaum beachtete.

„Absetzen! Absetzen!“ schrie er den sudanesischen Sklaven zu, die dem Befehl eilig nachkamen, die Sänfte vorsichtig abesetzten, während einer von ihnen sich schon neben der Sänftentür zu Boden warf, damit der König ihn als Trittbrett benutzen konnte, wenn er ausstieg.

Mehr als ein kurzes Nicken war der Bildhauer dem König nicht wert, der sofort zu der rund fünf Meter hohen Stele ging und sie langsam umkreiste; dabei wurde er von einem anderen Sklaven begleitet, der einen Sonnenschirm über ihn hielt.

Gerson folgte den beiden in etwa zwei Schritt Abstand. Als der König sich jetzt herumdrehte, verbeugte Gerson sich nochmals und sagte: „Ich hoffe, meine niedrige Arbeit gefällt meinem ehrwürdigen König.“

„Hmmm, es ist natürlich noch längst nicht fertig“, antwortete dieser mit leisem Tadel in der Stimme.

Voller Erstaunen erwiderte Gerson: „Wie sollte es auch, Majestät, ich arbeite doch erst eine reichliche Woche daran.“

„Natürlich“, nickte Abdi-Khipa. „Also, was die Kartuschen angeht, so werden sie doch in Keilschrift und in Hieroglyphen zu lesen sein?“

„Selbstverständlich! Du hast es so befohlen, Herr, und so geschieht es.“

„Und die Keilschrift wird babylonisch und auch hetitisch sein?“

„Wenn du es wünschst“, stimmte Gerson zu, obwohl er das nicht erwartet hatte. Sofort begann er zu überlegen, wie er so viele Zeichen auf der Stele unterbringen konnte. Doch Abdi-Khipa widmete ihm nicht so viel Aufmerksamkeit, daß er das Zögern des Künstlers bemerkt hätte.

„Das verstehst du doch? Auch unsere Feinde müssen lesen können, daß Pharao sein Siegel auf Jebus gesetzt hat“, erklärte der König barsch seine Forderung.

„Sicher“, räumte Gerson ein. „Doch Abdi-Khipa hat gewiß keinen Feind, der stark genug ist, ihn zu schädigen. Aber ich verstehe. Unsere Feinde im Osten sollen von Pharaos großer Macht in ihrer eigenen Sprache lesen können, so wie du in der deinen und die Ägypter in ihrer."

„Sehr gut", nickte Abdi-Khipa zufrieden. Während er zur Sänfte zurückging, fügte er hinzu: „Und unten an den Sockel sollst du auch noch etwas schreiben."

„Wie du willst", antwortete Gerson.

„Du schreibst in so großen Buchstaben, daß es auch beachtet wird, aber nicht so groß, daß es den Pharao überstrahlt: *Abdi-Khipa, König von Jebus, Wächter der Götter Ägyptens ... Pharaos Sonne ist seine Sonne; Pharaos Götter sind seine Götter.* Hast du verstanden?"

Gerson unterdrückte seinen Ärger. „Ich werde mein Bestes tun, Majestät", bestätigte er. „Es wird sich sicherlich genug Raum finden."

„Da ist genug Raum!" fuhr der König ihn an, bestieg die Sänfte und befahl mit lautem Ruf die Rückkehr zum Palast.

3. Kapitel

Gerson hatte Kopfschmerzen, als er an diesem Abend nach Hause ging. So sehr er auch überlegte, er wußte nicht, wie er des Königs Forderung erfüllen sollte. Die Proportionen auf der Stele würden nicht mehr stimmen. Nun, vielleicht fiel ihm etwas ein, wenn er gut geschlafen hatte.

Gersons Haus lag in einem vornehmeren Teil der Innenstadt von Jebus. Es hatte mehrere Räume für die Familie, und auf dem flachen Dach auch noch ein kleines Gästehaus. Vom Dach aus konnte man den Hauptplatz übersehen und auch nach Moriah hinaufblicken.

Als er an der Zitadelle vorüberging, sah er auf ihren Mauern wie immer Kassi als Wachen patrouillieren. Er hielt den Kopf gesenkt und fragte sich, ob die Kassi ihm Schimpfworte zurufen würden, wenn sie sahen, daß er ein Israelit war. Natürlich würden sie das bei dem königlichen Bildhauer nicht wagen, aber vielleicht war es schon so dunkel, daß sie ihn nicht erkannten.

Die Kassi waren Pharaos gemietete Wachhunde. Obwohl sie auch Ägypten gegenüber in ihrem Herzen nicht immer treu waren, hatten sie für die Israeliten gar nichts übrig, die sie als aus Ägypten davongelaufene Sklaven ansahen.

Als Gerson sein Haus betrat, wurde er vom Duft des auf dem Herd stehenden Abendessens und vom Lächeln seiner Frau begrüßt. Calia lief ihm entgegen, nahm ihm den Umhang ab und erbot sich, auch seine Sandalen auszuziehen.

Während Gerson zuließ, daß sie ihm diesen Dienst tat, bewunderte er ihre dunklen Locken und ihre schlanke Figur.

Sie waren von Kind an verlobt worden, doch Gerson hätte keine bessere Gattin finden können, hätte er auch zweimal lebenslang gesucht.

„Du siehst müde aus“, bemerkte Calia. „Hattest du einen schweren Tag?“

„Nichts, worüber man sich Sorgen machen müßte.“

„Du mußt es mir erzählen“, bat sie. „Aber vielleicht später, denn wir haben einen Gast zum Abendessen.“ Sie zeigte zum Innenhof hin. Dort saß ein anderer junger Israelit auf dem Boden und spielte mit Gersons beiden Kindern.

„Elassar!“ rief der Bildhauer. „Ich freue mich, dich zu sehen!“

Der Besucher erhob sich und umarmte Gerson. Er war eine ähnlich stattliche Erscheinung wie Gerson, man konnte ihm aber den Benjaminiter ansehen, während Gerson vom Stamme Juda war. Sie waren in Jebus nebeneinander aufgewachsen und hätten auch Brüder sein können.

Elassar hatte sich aber fest an die israelitischen Traditionen gehalten, während Gerson durch seine Bildhauerarbeit weit herumgekommen war und sich manchem Interessanten anderer Völker etwas geöffnet hatte.

„Du bist fort gewesen“, stellte Gerson fest. „War es eine Woche oder zwei?“

„Länger. Und ich habe dir viel zu erzählen.“ Sein kurzer Blick zur Küche hin deutete an, daß sie besser erst nach dem Abendessen darüber reden sollten, wenn sie allein waren.

Doch Gerson konnte es kaum erwarten. Er schickte die Kinder zur Mutter und flüsterte: „Warst du bei den Khabiri?“

Der Begriff *Khabiri* oder *Hebräer* hatte in den letzten Jahren eine andere Bedeutung erhalten als nur *wandernde Israeliten.* Nachdem die zwölf Stämme in Josuas Tagen sich über ganz Kanaan verteilt und eine Stadt nach der anderen eingenommen hatten, bezeichnete man mit *Khabiri* die immer noch kämpfenden Gruppen der Einwanderer. Von den schon seßhaft gewordenen Israeliten wurden sie als Helden verehrt, bei den Kanaanitern waren sie verachtet und gefürchtet. Das war ganz besonders in Jebus so, einer Stadt, in der zwar Israeliten wohnten, in der sie aber nicht die Herren waren.

Ellasars Beziehung zu den Guerillas war besonders kompliziert, denn er führte ein Doppelleben. Nach außen hin war er ein reisender Kaufmann und diente den Khabiri dabei als Informant und Spion. „Ja, ich war bei den Khabiri", nickte er. „Und es wird Zeit, daß du uns ein wenig hilfst."

Gerson schnaufte überrascht. „Du weißt, ich würde für euch tun, was ich kann", versicherte er. „Aber du mußt auch die besondere Lage bedenken, in der ich mich befinde." Zu seiner Erleichterung rief Calia sie nun zum Abendessen.

„Der Abend ist warm", sagte Ellasar noch, „laß uns nach dem Essen einen Spaziergang machen."

„Gut", nickte Gerson, „dann erzählst du mir von deinen Eskapaden."

Eskapaden war kaum das richtige Wort für Ellasars Tätigkeit als Spion, sondern es war Hingabe an den einen einzig wahren Gott, die ihn trieb, Gesundheit und Leben für Israel zu opfern. Doch er hatte Geduld mit Gerson, für den er Mitleid empfand. „Du bist ein zweigeteilter Mensch und verkaufst deine Seele", hatte er oft zu seinem Freund gesagt.

Als die beiden im Mondlicht nebeneinander gingen, hoffte der Bildhauer, Ellasar würde nicht wieder predigen. Er blickte sich nach allen Seiten um, ehe er sagte: „Also, Ellasar, was gibt es Neues. Zuletzt hörte ich, der König von Megiddo habe kapituliert. Welch ein Sieg für Israel, wenn es wahr ist."

„Er hat nicht nur kapituliert, sondern ist unser Freund geworden. Er hat jetzt seine Truppen ausgesandt, um Makkedah in unserem Namen zu belagern."

„Wirklich?" staunte Gerson. „Wie ist das möglich?"

„Solche Dinge geschehen in ganz Kanaan, mein Freund", berichtete Ellasar. „Wir wissen von Königen, die ihre Stadt unserer Armee ohne Kampf übergeben haben. Viele Kanaaniter fürchten Jehova mittlerweile mehr, als unsere eigenen Leute es tun.“

Gerson hoffte, daß er nicht gemeint war. Doch Ellasar fuhr fort: „Die Kanaaniter trauen sich gegenseitig nicht mehr. Sie schreiben Briefe an den Pharao und beschuldigen sich gegenseitig der Verräterei.“

„Was macht Othniel?“ fragte Gerson nach dem Mann, den die Israeliten als ihren militärischen Führer sahen. „Man hat in letzter Zeit wenig von ihm gehört.“

Bei diesem Namen wurden Ellasar noch eifriger. Es hatte seit Josua viele mächtige Krieger in Israel gegeben, aber keiner war so gewaltig wie Othniel. Viele Israeliten nannten Othniel ihren Governeur oder *Richter.*

Othniel hatte weder einen Palast noch einen Thron, so wie Israel keine Hauptstadt besaß. Seine Führung war eher geistlicher Art. Doch er übte so viel Einfluß auf die zerstreuten israelitischen Stämme aus wie ein König über einen Stadtstaat. Othniels Kriege waren Israels Kriege, und seine Siege feierten sie als ihre Siege.

Othniel hatte seine großartige Führerschaft schon vor fünfzehn Jahren bewiesen, als er eine Armee aus allen israelitischen Stämmen gegen Eindringlinge aus dem Osten führte. Kurz bevor Abdi-Khipa in Jebus den Thron bestieg, fiel ein Heer aus Mesopotamien unter König Kuschan-Rischatajim in Kanaan ein, eroberte etliche Städte und nahm viele Menschen gefangen.

Othniel sammelte eine israelitische Armee und besiegte König Kuschan-Rischatajim. Die Feinde verließen fluchtartig in Richtung Osten Kanaan. Seit jener Zeit sahen die Israeliten in Othniel ihren Richter. Auch Ellasar und Gerson hatten damals unter Othniel mit gegen die Feinde gekämpft.

„Othniel geht es gut“, versicherte Ellasar seinem Freund. „Wenn er auch selbst nicht mehr mit in den Kampf zieht, so sind es doch seine Pläne, die hinter jedem Sieg Israels stehen. Und er hat auch jetzt wieder einige kühne Pläne.“

Diesmal war es Ellasar, der sich umsah, ob kein Lauscher in der Nähe war. „Und gerade darüber möchte ich mit dir reden", fuhr er fort, „denn wir brauchen dich, mein Freund. Israel braucht dich. Du mußt für uns tun, was du kannst."

Das Gespräch nahm also genau die Richtung, wie Gerson es befürchtet hatte. Aber wenigstens predigte Ellasar nicht, sondern er schien etwas ganz Bestimmtes von ihm zu wollen. „Warum gerade ich?" wandte er ein. „Ich bin nur einer unter Tausenden." Als Ellasar ihn aber jetzt beim Arm faßte, fügte er hinzu: „Also gut, sag mir, worum es geht."

„Endlich", seufzte Ellasar. „Du bist nicht einfach einer unter Tausenden, sondern nur du von allen Israeliten bist nahe bei Abdi-Khipa. Deshalb kannst du eine so große Hilfe sein."

„Was?" Gerson schüttelte den Kopf. „Nahe bei Abdi-Khipa, wie kommst du den auf die Idee?"

„Du bist sein Bildhauer und arbeitest direkt für ihn."

„Das stimmt", nickte Gerson. „Aber deshalb bin ich noch nicht sein Freund und Vertrauter. Ich habe nur zweimal mit ihm selbst gesprochen; und da habe ich meist nur zugehört und er hat mir seine Wünsche erklärt. Er ist der König. Vergiß das nicht."

„König durch Nachlässigkeit", ärgerte sich Ellasar. „Hätten unsere Väter mehr Mut gehabt, Juda und Benjamin würden Jebus längst besitzen. Dann hieße auch der heilige Berg nicht mehr Jebus, sondern Salem, wie es eigentlich sein sollte."

„Schon gut! Schon gut", besänftigte Gerson ihn. „Sprich leiser. Auf den Mauern da oben sind Kassi, wie du weißt."

„Ach ja, die Kassi", Ellasar sprach wieder leise. „Jetzt kommen wir zu dem Grund meines Besuchs."

Überrascht blickte Gerson auf seinen Freund. Er konnte sich nicht vorstellen, was die Kassi mit all dem zu tun haben konnten.

„Hör zu", fuhr Ellasar fort. „Du bist zwar nicht Abdi-

Khipas Vertrauter, aber du hast mehr Zugang zu ihm, als jeder andere Israelit. Gib gut acht:“ Er drehte sich wieder nach allen Seiten um, dann kam er Gerson ganz nahe und flüsterte: „Die Kassi rebellieren.“

„Was?“ rief Gerson überrascht und lauter als beabsichtigt.

„Leise“, mahnte Ellasar. „Es ist so. Die Kassi rebellieren, und zwar auch gegen Abdi-Khipa, aber hauptsächlich gegen ihren eigentlichen Herrn.“

„Gegen ihren eigentlichen Herrn?“ flüsterte Gerson.

Ellasar nickte nur.

„Du meinst – gegen Pharao?“ wunderte sich Gerson.

„So ist es“, bestätigte Ellasar.

Gerson warf einen Seitenblick zu den Mauern der Zitadelle hinauf. Dann zuckte er mit den Schultern und sagte: „Und – was haben die Kassi und ihre Rebellion mit Israel zu tun?“

„Sehr viel“, redete Ellasar auf ihn ein. „Ihre Unzufriedenheit kann unserer Sache helfen. Wir müssen sie nur klug ausnützen.“ Als Gerson schwieg, fuhr er fort: „Erinnerst du dich an den Überfall auf die Karawane, die vor zwei Wochen auf dem Weg nach Ägypten war?“

„Bei Ajalon?“ erinnerte sich Gerson.

„Genau die“, bestätigte Ellasar. „Hast du dich nicht gefragt, wie eine kleine Gruppe Khabiri eine Karawane Abdi-Khipas ausrauben konnte, die von mehr als hundert Kassi bewacht wurde?“

Gerson überlegte. Nachdenklich fragte er dann: „Willst du damit andeuten, daß die Kassi mit den Räubern gemeinsame Sache machten?“

„Genau so“, bestätigte Ellasar. „Mit den Räubern und mit Othniel.“

„Othniel steckt dahinter?“

„Es war sein Plan“, erklärte Ellasar stolz. „Natürlich geht es Othniel nicht um diese Straßenräuberei. Er hat viel größere Pläne. Auf diese Weise versucht er nur, die Kassi für sich einzuspannen." Er schwieg einen Augenblick und fragte dann: „Sag, kannst du ein Geheimnis für dich behalten?"

„Natürlich!" erklärte Gerson in überzeugendem Ton, obwohl ihm dabei nicht ganz wohl war.

„Wir haben aus sicherer Quelle erfahren, daß Jebus' gesamte Kassi-Garnison bald rebellieren will", flüsterte Ellasar.

„Aber dann hat Jebus keine Verteidiger", sagte Gerson atemlos.

„Genau!" Ellasar schlug Gerson auf die Schulter. „Und an diesem Punkt brauchen wir einen Mann wie dich. Wenn du in den Palast kommst oder mit dem König oder seinen Ratgebern sprichst, dann kannst du vielleicht hier und da einen Satz hören, der für uns von äußerster Wichtigkeit sein kann. Israel muß wissen, wenn Jebus' schwächster Augenblick gekommen ist."

„Damit sie dann die Stadt erobern können."

„Sie?" Ellasar schnaufte empört. *„Sie* hast du gesagt? Gehörst du nun zu uns oder nicht?"

Die beiden Männer blieben stehen und blickten sich an. Spannung wollte sich zwischen ihnen aufbauen. Gerson überlegte: Nicht weit entfernt von hier lag die große Stele, die er so gern fertigstellen wollte. Doch es gab noch wichtigeres als das. Er holte tief Atem und sagte: „Ich bin einer von euch, mein Freund. Und ich stehe zu euch."

4. Kapitel

Gerson mochte gehofft haben, das Gespräch mit Ellasar würde für ihn keine weitere Bedeutung haben. Doch weit gefehlt. Es schien in den nächsten Tagen so, als würde eine ganze Flut von Gelegenheiten, Israel zu helfen, über ihn hereinbrechen.

Einige Tage nach Ellasars Besuch war er am frühen Morgen wieder an der Bildsäule, um daran zu arbeiten. Da kam ein Bote vom Palast gelaufen und brachte ihm eine Nachricht vom König. Während der Bote wartete, öffnete Gerson die schmale Rolle und las: „König Abdi-Khipa fordert dich auf, sofort zu ihm in den Palast zu kommen!" Darunter das königliche Siegel.

Gerson wandte sich an den Boten: „Sage dem König, ich werde sofort zu ihm kommen."

Der Bote verbeugte sich leicht und rannte davon. Gerson, der gerade seine Werkzeuge ausgebreitet hatte, packte sie wieder zusammen und ärgerte sich, daß er bei der Arbeit aufgehalten wurde. Doch dann überlegte er, der König habe vielleicht eingesehen, daß es nicht gut war, zuviel Schrift auf der Stele unterzubringen.

Gerson war als Künstler des Königs oft im Palast gewesen, weil er dort auch schon manche Arbeiten ausgeführt hatte. Doch dem König selbst war er noch nicht oft begegnet, was ihm aber nicht viel ausmachte, da er Abdi-Khipa nicht schätzte.

Er zeigte den Wachen die Rolle, die er gerade von dem Boten empfangen hatte, und diese ließen ihn mit einer Handbewegung passieren. Doch es waren heute andere Wachen als üblich. Sonst standen hier zwei schwarze Kassi, heute schienen es Hetiter zu sein, wie der König selbst. Aufmerksam, doch unauffällig, blickte Gerson sich um, während er weiterging. Die gesamte Besatzung schien gewechselt zu haben. Noch gestern hatten Kassi auf den Mauern und Türmen gestanden. Heute waren überall hellhäutige Soldaten zu sehen.

Auch die Unruhe, die herrschte, entging ihm nicht. Überall standen Gruppen von Palastangestellten zusammen und unterhielten sich, und es eilten viel mehr Menschen hin und her als sonst.

Der große Empfangs- und Beratungssaal, zu dem er kommen sollte, lag in der Mitte des Palastes. Als er über den Innenhof ging, wurde er von des Königs oberstem Kämmerer begrüßt. Er war ein freundlicher älterer Herr, der schon unter mehreren Königen gedient hatte und sehr viel Einfluß besaß.

„Herr Ben Jamin, ich freue mich, dich zu sehen“, begrüßte er Gerson. „Komme heute bitte hier entlang.“ Er führte ihn über den Hof zu einer kleinen Veranda, die direkt vor einem Nebeneingang des Beratungssaales lag. „Bitte, warte hier, Seine Majestät wird dich bald rufen lassen.“ Er trat kurz zu den hetitischen Wachen und sagte ihnen etwas, wobei er auf Gerson deutete. Dann ging er kopfschüttelnd davon.

Gerson setzte sich auf eine Bank und blickte sich um. Er spürte, daß etwas nicht so war wie sonst. Da laufend Berater in den Saal eilten oder wieder herauskamen, stand die Tür fast immer ein Stück offen. Dadurch konnte Gerson ab und zu einen Blick in den Saal werfen und bekam auch viel von dem mit, was darin gesprochen wurde.

Noch vor einer Woche hätte der Bildhauer nicht so aufmerksam gelauscht. Doch seit seinem Gespräch mit Ellasar wußte er, daß es vielleicht auf jedes Wort ankam, das er erhaschen konnte. Als die Tür einmal für Augenblicke besonders weit offen stand, konnte er einen Besucher erkennen. Schon am Akzent der Sprache hatte er erkannt, daß Ägypter bei Abdi-Khipa waren, nun sah er Paura, den *Rabis Sarri,* den ägyptischen Statthalter für Kanaan, mit allen Abzeichen seines Amtes bekleidet, in der stolzen und hochfahrenden Art der Ägypter vor dem Thron Abdi-Khipas hin und her gehen. Pauras Gesicht war rot vor Ärger, denn der König sprach in einer Art mit ihm, die der stolze Ägypter nicht gewohnt war.

„Du beschuldigst mich der Rebellion", zürnte der Hetiter und schlug mit der Faust auf die Armlehne seines Thrones. „Aber ich war es nicht, und auch nicht mein Vater oder meine Mutter, die mir die Krone von Jebus gaben, sondern es war der starke Arm des Pharao, von dem ich das Land erhielt. Warum also sollte gerade ich gegen Ägypten rebellieren?"

Die Wachen schlossen die Tür. Doch bald eilten wieder Berater aus und ein, und die Tür blieb offen. „Ich bin nicht euer Feind", hörte Gerson wieder Abdi-Khipas ärgerliche Stimme. „Du solltest besser nach den wirklichen Feinden Umschau halten."

Als er jetzt das Wort *Khabiri* hörte, überlief Gerson eine Gänsehaut. „Du beschuldigst mich der Rebellion", fuhr der König fort, „nur weil ich sage, daß du die Khabiri bevorzugst und den Königen des Landes, die an Pharao Tribut zahlen, Schaden zufügst. Siehst du nicht, daß das Land der Jebusiter und ganz Kanaan ruiniert wird? Früher gab es im Land ägyptische Garnisonen, dann wurden diese abgezogen und durch die verräterischen Kassi ersetzt. Wenn Pharao sich nicht bald mehr um dieses Land kümmert, wird er es verlieren."

Da war es also! Die Khabiri und die Kassi waren in einem Verdammungsurteil zusammengefaßt. Gerson fragte sich, ob er Schwierigkeiten bekommen würde, weil er so vieles mithörte.

Paura warf ein: „Pharao ist über alles, was hier geschieht, informiert. Es ist nicht nötig, ihm laufend diese Briefe zu schicken."

Aha, Abdi-Khipa informierte also den Herrscher Ägyptens über viele Dinge, und das machte den Statthalter nervös.

„Ich würde selbst nach Tell el Armana gehen, um den Pharao in seiner Hauptstadt zu sprechen", hörte er jetzt den König wieder. „Doch ich wage es nicht, Jebus zu verlassen, solange hier keine Garnison stark genug stationiert ist. Doch ich werde den Pharao auf jede mögliche Weise warnen. Denn ohne ägyptische Truppen wird das Land von den Khabiri verwüstet."

„Fühle dich nur nicht so sicher", fuhr Paura den König an. „Denke an deine Position. Es hat dem Pharao nicht gefallen, daß die Karawane bei Ajalon ausgeraubt wurde – eine Karawane, für die du verantwortlich warst."

Abdi-Khipa schrie nun fast, und selbst wenn die Tür geschlossen gewesen wäre, hätte man ihn verstanden. „Du machst mich dafür verantwortlich?" rief er. „Ich bin unschuldig an dieser Sache. Die Kassi haben sich mit den Räubern zusammengetan, das beweisen sie durch ihren Aufstand. Adaya und Othniel sind tatsächlich seltsame Verbündete. Ich nehme an, du wirst mich als nächstes auch noch für den Aufstand der Kassi verantwortlich machen."

Gerson hielt es fast nicht mehr auf der Bank. Adaya war der Befehlshaber der Kassi-Garnison. Ellasar mußte schleunigst wissen, daß man im Palast General Othniel mit Adaya zusammenbrachte. Doch Gerson fand keine Gelegenheit zu gehen. Plötzlich wurde das Tor weit aufgerissen, und Paura stürmte zornig heraus. Hinter ihm eine ganze Reihe ägyptischer Berater und Schreiber. Zornig rief er zurück: „Ich habe mir jetzt genug angehört! Du, König Abdi-Khipa, bist nur für eine Sache verantwortlich. Adaya hat revoltiert. Sieh du zu, daß du die Stadt hältst und sie nicht in seine Hand fällt."

Damit ging der ägyptische Statthalter mit seinem Gefolge eilig davon. Auch der König verließ jetzt den Saal, begleitet von seinen Beratern. Gerson hörte noch, wie einer von ihnen sagte: „Ängstige dich nicht, Majestät, wir werden genügend hetitische Truppen herbeirufen. Jebus wird sicher bleiben. Mache dir keine Sorgen."

Abdi-Khipa hatte nicht einmal einen Blick für seinen Bildhauer übrig gehabt, als er mit seinem Gefolge an ihm vorüberging. Über der ganzen Aufregung im Palast war Gerson wohl für heute vergessen worden. Sogar die Wachen waren verschwunden, als der König gegangen war. Also war es wohl auch für ihn Zeit zu gehen.

Achselzuckend erhob sich Gerson und strebte dem Ausgang des Palastes zu. Eines war jetzt wichtig, er mußte so schnell wie möglich Ellasar finden und ihm mitteilen, was er gehört hatte.

5. Kapitel

Diesmal sprachen Gerson und Ellasar hinter verschlossenen Türen im Hause des Bildhauers miteinander. Calia war in der Küche beschäftigt, und die Kinder spielten draußen.

„Es war, als hätte man ein Buch mit Regierungsgeheimnissen offen vor mir auf den Tisch gelegt, so viel habe ich gehört", versicherte Gerson seinem Freund.

„Adaya hat also rebelliert", wunderte sich Ellasar. „Wir haben es erwartet, aber nicht so bald."

„Und es muß eine sehr stille Rebellion gewesen sein", fügte Gerson hinzu. „Die Kassi haben einfach mitten in der Nacht all ihre Wachplätze verlassen."

„Großartig!" rief der Kaufmann. „Aber wohin sind sie gegangen?"

„Vielleicht gar nicht sehr weit", überlegte Gerson. „Abdi-Khipa brachte sie sehr eng mit den Khabiri zusammen; sie müssen also eine unmittelbare Bedrohung für Jebus sein."

„Und der König bedrängt den Pharao, ihm Verstärkung zu schicken? Ägyptische Truppen?" fragte Ellasar nochmals.

„Das war sein größter Wunsch", bestätigte Gerson. „Doch Paura schien ihm an diesem Punkt nicht helfen zu wollen."

Der Kaufmann überlegte und sagte dann: „Trotzdem kann ich nicht glauben, daß Ägypten Abdi-Khipa allein läßt. Jebus ist zwar nicht Pharaos reichster Vasallenstaat, aber immerhin so etwas wie die Hauptstadt von Kanaan. Deshalb werden sie die Stadt verteidigen."

Gerson nickte. „Wie auch immer“, flüsterte er, „es ist jedenfalls Zeit für Israel, etwas zu unternehmen.“

„Sieh, sieh“, lachte Ellasar, „du sprichst schon wie ein echter Khabiri.“ Dann wurde er wieder ernst und fügte hinzu: „Wenn du das nächste Mal in den Palast gerufen wirst, gib acht auf jedes Wort, ob Truppenverstärkungen unterwegs sind. Mit Hilfe der Kassi werden wir sie überfallen.“

In diesem Augenblick wurde an die Tür geklopft. Gerson zuckte zusammen und sah unentschlossen aus. Doch Ellasar sagte: „Du gehst besser und siehst nach, wer etwas von dir will. Und benimm dich ganz natürlich.“

Ellasar ging in den Nebenraum, und Gerson zum Hauseingang. Als er öffnete, stand draußen der oberste Kämmerer des Königs. Er schnaufte tief, weil er so schnell gelaufen war. „Herr Ben Jamin“, sagte er, „ich bin froh, dich anzutreffen. Ich fürchte, du wurdest heute sehr schlecht behandelt.“

„Ich schlecht behandelt?“ wunderte sich Gerson. „Durchaus nicht.“ Er bat den Kämmerer, einzutreten.

„Ich wollte dich nicht allein lassen“, entschuldigte sich dieser. „Aber die Ereignisse überschlugen sich heute im Palast.“

„Das macht doch nichts“, beruhigte Gerson ihn. „Ich war es doch, der gegangen ist. Aber als du nicht zurückkehrtest ...“ Er zuckte mit den Schultern.

„Du hast ganz recht getan, daß du gegangen bist“, antwortete der Kämmerer. Und in einem klugen Versuch, herauszubekommen, was Gerson vielleicht mitgehört hatte, setzte er hinzu: „Hoffentlich hast du nicht zu lange gewartet.“

„Durchaus nicht“, log Gerson. „Die Wachen schienen zu meinen, du wärest anderweitig aufgehalten worden. Da ging ich und wollte morgen zurückkommen.“

„Das ist eine gute Idee.“ Der Kämmerer war sichtlich beruhigt. „Abdi-Khipa möchte dich wirklich dringend sprechen. Also komme morgen. Ach, noch etwas: Ich habe dem

König gesagt, ich hätte dich wieder weggeschickt. Du verstehst?"

Gerson lächelte leicht. „Sicher", nickte er. „Wie könnte der Kämmerer des Königs es dulden, daß ein einfacher Bürger länger in der Nähe des Beratungssaals bleiben darf."

In der Vergangenheit war Gerson jeden politischen Aktivitäten aus dem Wege gegangen. Er hatte sich um seiner Kunst willen stets an die jeweils Herrschenden und Reichen gehalten. Das hatte er bisher auch mit Abdi-Khipa getan, doch nun trat er in Opposition zu ihm. Zwar hatte ihm des Königs mutige Haltung dem ägyptischen Statthalter gegenüber Respekt abgenötigt, aber trotzdem wollte er sich jetzt für Israels Interessen einsetzen.

Heute stand er im Beratungssaal, vor dem er gestern so lange umsonst gewartet hatte, vor dem König. „Macht die Arbeit Fortschritte, Ben Jamin?" fragte der Hetiter.

„Die Arbeit an der Stele geht so gut voran, wie man es erwarten kann", antwortete der Bildhauer. „Es hat mich einige Mühe gekostet, noch Platz für die dritte Sprache zu finden, doch jetzt ist das Problem gelöst."

„Ah ja, sehr gut", bestätigte Abdi-Khipa mit einem Kopfnicken. „Aber diese dritte Sprache ist es, über die ich mit dir sprechen will. Wir werden den Text doch nicht in Babylonisch brauchen."

Erstaunt und ein wenig frustriert stand Gerson da. Nun hatte er sich so viel Mühe gegeben, auszuknobeln, wie die babylonische Keilschrift doch noch hineinpassen würde, und nun hatte der König seine Meinung wieder geändert. Doch ohne das Gesicht zu verziehen, verbeugte er sich ruhig und antwortete: „In Ordnung, Majestät. Doch darf ich fragen, warum du deine Meinung wieder geändert hast?"

„Das solltest du eigentlich selbst erkennen können, noch dazu, da du ein Israelit bist", erklärte der König bissig.

Gerson fragte sich, was sein Volk damit zu tun haben könnte.

Der König sah, daß Gerson die Antwort nicht wußte, und fuhr fort: „Lieber Mann, ich wollte die Keilschrift anbringen lassen, damit die Mesopotamier von Ägyptens Macht und Größe lesen konnten und es nicht wagen würden, in unser Land einzufallen. Doch die letzten Tage haben mir gezeigt, daß der gefährlichere Feind in unserer Mitte wohnt. Du weißt sicher, von wem ich spreche?"

Plötzlich befürchtete Gerson, der Befehl, in den Palast zu kommen, könnte etwas damit zu tun haben, daß er Israelit war. Er sagte: „Majestät, ich bin ein Mann von Israel. Einige meiner Brüder haben Kanaan tatsächlich Schwierigkeiten gemacht. Aber du nimmst doch nicht an, daß ich, ein Einwohner von Jebus, etwas damit zu tun habe?"

Der König lachte laut: „Sei ganz beruhigt, Ben Jamin. Hätte ich auch nur den geringsten Verdacht gegen dich, hätte ich dich nicht zum obersten Künstler meines Reiches gemacht."

Gerson atmete erleichtert auf, und der König fuhr fort: „Aber weil du ein Israelit bist, kannst du mir jetzt besonders nützlich sein, denn dieselben Warnungen, die ich in babylonischer Keilschrift auf die Stele bringen wollte, sollst du jetzt in Hebräisch daraufsetzen. Es ist doch sehr zweckmäßig, daß mein Hofbildhauer die hebräische Sprache und das ABC kennt. Meinst du nicht auch, Ben Jamin?"

„Da hast du recht, Majestät", räumte Gerson ein.

„Gut!" Der König erhob sich. „Was nun die Worte angeht, die du in den Sockel meißeln sollst: *Abdi-Khipa, König von Jebus, Wächter der Götter Ägyptens ...*"

„Pharaos Sonne, seine Sonne, Pharaos Götter, seine Götter", fuhr Gerson fort.

„Du hast es dir gut gemerkt", lobte der König. „Doch ich möchte, daß sie in viel größerer Schrift angebracht werden, als bisher vorgesehen war."

Bisher war Gersons Hauptproblem die Frage gewesen, wie er die viele Schrift auf der Stele unterbringen sollte, doch nun ging es ihm mehr um die Sicherheit Israels. Wie konnte er noch länger Kunstwerke zum Ruhme der Götter Ägyptens schaffen, und das auch noch in seiner Muttersprache?

Abdi-Khipa, dem dies nicht bewußt war, fragte: „Wie schnell kannst du diese Arbeit ausführen?“

Gerson fragte verwundert: „Ist es denn so eilig, Majestät?“

Zum ersten Mal wurde der König ärgerlich. „Wie kannst du so fragen, wenn unser Reich täglich bedroht wird? Natürlich ist es eilig. Ganz Israel muß wissen, daß Ägypten hinter uns steht; und wenn erst die ägyptischen Truppen eintreffen, werden unsere Feinde merken, wie treu wir zu Pharao stehen.“

Ah, das war ein Hinweis, auf den er gewartet hatte. So harmlos wie möglich bemerkte Gerson: „Die ägyptischen Truppen? Die Kassi kennen doch deine Treue zu Pharao.“

„Ach was, Kassi, Kassi!“ schnaubte Abdi-Khipa. „Was kümmern mich die Kassi! Mache die Worte nur groß genug für die Augen der Truppen, die bald vom Süden her hier eintreffen werden. Wenn es ginge, sollte man sie bis Gaza und Askalon lesen können. Und beeile dich, damit die Truppen, wenn sie eintreffen, nicht sagen können: Wir sind zu einem armseligen König gekommen, der nicht einmal eine Stele besitzt, die von der Macht Ägyptens spricht.“

6. Kapitel

Die erwarteten Truppen aus Ägypten erreichten Jebus nie. Sobald Gerson den Palast verlassen konnte, eilte er zu Ellasar, um ihm mitzuteilen, daß ägyptische Truppen kommen würden. Daraufhin legten sich die Kassi und die Khabiri in der Nähe von Askalon in den Hinterhalt. Unterstützt wurden sie noch von Truppen der Könige von Gezer, Lachisch und Askalon selbst. Auch einige andere kanaanitische Könige kamen noch mit ihren Heeren, als sie hörten, daß sich das Land gegen die Ägypter erhob, so daß eine Armee von vielen tausend Kämpfern auf die anrückenden ägyptischen Soldaten wartete.

In der Nähe von Gaza wurden die Ägypter überfallen und fast alle getötet. Die wenigen Überlebenden flohen nach Ägypten zurück.

Abdi-Khipa schrieb immer neue Briefe an Pharao. „Bitte, Pharao, kümmere dich um dein Land", bettelte er. „Von Gaza bis zum Berg Karmel hast du überall Feinde. Die wenigen Könige, die dir die Treue hielten, wurden erschlagen." In einem seiner letzten Briefe schrieb er klagend: „Wenn aber Pharao keine Truppen senden kann, dann möge er Abdi-Khipa und seine Sippe von hier wegholen, damit wir in Ägypten vor seinem Thron sterben können."

Ein solcher Tod wäre sicherlich besser gewesen als der, den er erleiden mußte, als die Juden und Benjaminiter von Jebus Mut faßten und den Königspalast stürmten. Der gefangene Abdi-Khipa wurde auf die Stadtmauer geschleppt und von dort in das Gehenna-Tal hinuntergeworfen. Seine Berater wurden alle gehängt.

Die Israeliten, die sich an dem Aufstand nicht beteiligt hatten, wurden von ihren eigenen Landsleuten ebenfalls getötet. Endlich war Jebus in israelitischer Hand. Zum ersten Mal seit der Zeit Abrahams wurde Jehova in der Stadt öffentlich angebetet.

Gerson, der sein Leben riskiert hatte, um seinem Volk zu helfen, ging in die Geschichte Israels ein. Seine Stele, die er auf Befehl Abdi-Khipas auf dem Moriah errichtet hatte, stand viele Jahre dort und wurde von vielen bewundert, denn zwischen der ägyptischen und hetitischen Schrift, mit der die Götter Pharaos gerühmt wurden, standen die ungewohnten hebräischen Buchstaben und priesen den Gott Abrahams, Isaaks und Jakobs.

Am Sockel der Stele, wo Abdi-Khipa seinen eigenen Namen und den Ruhm Pharaos hatte sehen wollen, stand nun in hebräischer Schrift: „Geschaffen bei Gerson Ben Jamin, einem Kind Israels – Israels Glaube ist sein Glaube; Israels Gott ist sein Gott!“

Teil IV

Der Sohn Isais

1027–1020 v. Chr.

1. Kapitel

Wie ein Hauch legte sich der Abend über die Hügel südwestlich von Jebus. Es wurde ganz still in der Wüste. Es war die Zeit, da die Geräusche das Tages verstummt waren und die der Nacht sich noch nicht hören ließen. Die Hirten waren diese Stille gewöhnt.

In einer Senke zwischen zwei Hügeln saß eine Gruppe von Schafhirten an einem Lagerfeuer beisammen. Schweigend lauschten sie in die Stille der Nacht, die sich mehr und mehr herabsenkte, ob darin Geräusche zu vernehmen wären, die Gefahr für ihre Herde ankündigten, denn in der zunehmenden Dunkelheit machten sich Löwen, Hyänen und andere Raubtiere auf ihren nächtlichen Beutepfad.

Die Ohren der Hirten waren geübt, die Geräusche der Nacht zu unterscheiden. Ein leises Rascheln im Gebüsch ließ auf eine Schlange schließen, die im Dunkeln ihre Beute suchte. Sollte aber die leiseste Unruhe in der liegenden Herde aufkommen, würden die Hirten sofort ihre Waffen ergreifen und nach der Ursache der Unruhe suchen.

Die Hirten konnten sich nie an ein Leben in der Stadt gewöhnen. Sie liebten den weiten offenen Himmel der Halbwüste hier in den Hügeln von Ephrata. Von hier aus konnten sie Kontakt mit zwei Welten aufrecht erhalten. In nicht allzu großer Entfernung lag die Straße, die Jebus mit der mächtigen Stadt Hebron verband. Diese Straße führte dann weiter südwestwärts nach Ägypten.

Eine nicht allzu weite Wanderung brachte sie in Verbindung mit den Karawanen, die nach Babylon, nach Phönizien und die Länder des Nordens gingen. Sie konnten sich mit Soldaten unterhalten, die zu einer der großen Festungen unterwegs waren oder auf der Straße patrouillierten. Manchmal saßen sie auch in der einen oder anderen Oase und feilschten mit Kaufleuten. Doch ebenso leicht konnten sie sich in die Wadis und Hügel der Halbwüste mit ihren Salbeibüschen und anderen Gewächsen zurückziehen.

Es gab viele Lagerfeuer der Hirten in den Ephratahügeln in dieser Nacht. An dem Feuer, von dem wir schon sprachen, saßen die Söhne von Isai Ben Obed aus Bethlehem in Juda. Sie waren eine prächtige Schar, diese sieben; groß, stattlich, braungebrannt und windzerzaust.

Ehe sie sich später schlafen legten und nur noch einer oder zwei von ihnen Wache hielten, erzählten sie sich nun, wie üblich, noch Geschichten oder berichteten von ihren Erlebnissen, wobei jeder die anderen zu übertreffen suchte. Aber es war nicht in erster Linie Prahlsucht, die sie so reden ließ, sondern der Versuch, die Furcht, die in den dunklen Stunden doch die Seele ergreifen wollte, zu überlagern. Denn ein Mann konnte sich sehr klein vorkommen in der Nacht unter dem weiten offenen Himmel.

Für die Israeliten, die im Land ihrer Feinde überall weit verstreut wohnten, war es recht leicht, sich klein und schwach zu fühlen. Besonders, wenn sie an die Reste der Riesenrassen dachten, die hier und da noch unter den Kanaanitern wohnten, Überbleibsel der alten Völker wie der Rephaim, der Anikim und der Zamsummim, die früher das Land beherrscht hatten.

Als das Volk Israel vor einigen hundert Jahren in Kanaan eingewandert war, nachdem Mose sie aus Ägypten geführt hatte, waren sie solchen Titanen noch häufig begegnet und hatten sich vor ihnen gefürchtet. Doch unter der Führung Josuas und mit der Hilfe Gottes hatten sie diese Riesen erfolgreich bekämpft und besiegt. Doch die Furcht hatte sie in all den Jahrhunderten nie ganz verlassen.

Und nun war eine neue Rasse von riesigen Menschen in

das Land gekommen. Ein seefahrendes Volk vom Westen her, bekannt als die Philister. Etwa zur selben Zeit, als die Israeliten unter Josua den Jordan überquert hatten und von Osten her in Kanaan eingedrungen waren, hatten die Philister vom Westen her, von der Küste des Mittelmeeres, begonnen, einen Teil des Landes zu besetzen.

In den vergangenen drei Jahrhunderten, nach dem Tod des Königs Abdi-Khipas und der Schwächung des ägyptischen Einflusses über Kanaan, waren die Philister immer mächtiger geworden und hatten viele der kleinen Stadtkönige Kanaans besiegt. Genau beschaut waren sie jetzt die eigentlichen Herrscher im Land. Sie waren mächtige und erbarmungslose Krieger. Ein großer Teil ihrer Erfolge war der Fähigkeit zuzuschreiben, daß sie das Geheimnis kannten, Eisen zu bearbeiten, während die Völker Kanaans noch mit Bronze arbeiteten. Eisenwaffen waren wesentlich härter, und das gab den Philistern einen großen Vorteil im Kampf.

Bedingt durch ihre körperliche Größe waren auch ihre Waffen entsprechend groß, und diese riesigen Kämpfer waren deshalb mit einer mystischen Aura umgeben. Deshalb war es kein Wunder, daß bei den abendlichen Erzählungen der Hirten neben Geschichten von Kämpfen mit Löwen oder Bären solche mit den Philistern besonders beliebt waren.

Und tatsächlich waren die Philister gerade wieder einmal auf dem Kriegszug.

Isai von Bethlehem hatte acht Söhne. Doch der jüngste von ihnen saß nicht mit am Lagerfeuer. Er war vor etwa einer Stunde in Richtung Westen davongegangen. Natürlich nicht, um gegen die Philister in den Krieg zu ziehen. Dafür war er mit seinen vierzehn Jahren noch zu jung. Er wollte zu einem nahe gelegenen höheren Berg, um von dort Ausschau zu halten, ob man das Lager der Philister sehen konnte. Gerüchten nach sollten sie im Tal Sokoh, westlich von Bethlehem, ihr Lager aufgeschlagen haben.

Besorgt, weil der Junge ihm schon zu lange fort blieb, musterte der älteste der Brüder, Eliab, die westlichen Hügel.

„Wo bleibt der Bursche nur?“ ärgerte er sich. „Er macht uns mehr Schwierigkeiten als unsere Schafe.“

„Wenn er nicht gerade irgendwo träumt“, lachte Abinadab. „Obwohl ich nicht weiß, was bei ihm schlimmer ist, seine Zerstreutheit oder seine Abenteuerlust.“

Doch wenige Augenblicke später kam der Junge auf das Lager zugerannt und rief: „Eliab! Sammah und ihr anderen, ihr solltet sie euch ansehen! Es sind viele Tausende. Sie lagern nach Asekah zu!“ Das Gesicht des Jungen war voller Eifer, als er jetzt in den Schein des Feuers trat.

Die Männer sahen ihn nachdenklich an, dann schimpfte Eliab: „Sollen wir Vater von deinen Alleingängen erzählen? Wenn du nicht bei uns bleiben kannst, solltest du nicht wieder mit auf die Weide gehen.“

„Ja wollt ihr denn die Philister nicht sehen?“ wunderte sich der Junge.

„Ich möchte jetzt lieber schlafen“, gähnte Raddai. „Morgen früh können wir ja nachsehen, ob die Philister immer noch dort sind.“

Doch der Junge gab keine Ruhe, bis sie sich endlich bewegen ließen, mit ihm auf den Berg zu gehen. „Da, seht selbst!“ rief er. „Es ist genauso, wie ich euch gesagt habe!“

Tatsächlich, wie ein riesiger Heuschreckenschwarm breitete sich bei Sokoh Feuer neben Feuer aus. Eine ganze Weile starrten die Brüder nach Westen, bis endlich Osem sagte: „Ob Goliath auch unter ihnen ist?“

Beim Namen des mächtigsten der Philisterkrieger lief es den Brüdern kalt über den Rücken. Dieser Gigant war rund dreieinhalb Meter groß und stärker als alle anderen Menschen. Überall in Kanaan hatte er seine blutige Spur hinterlassen und jeden Gegner getötet.

„Wenn er dabei ist, dann wohnt er sicher an der Spitze des Lagers“, bemerkte Eliab.

Schamma, der tapferste von ihnen, sagte: „Wahrscheinlich wird der König uns zum Kampf rufen. Ich bin der erste, der geht.“

„Wir können nicht alle gehen“, mahnte Eliab. „Wer würde sich dann um die Herden kümmern?“ Die Herden? Ja, die hätten sie fast vergessen.

„Der Kleine ist noch nicht alt genug, um in den Krieg zu ziehen. Er muß auf die Herden aufpassen. Er darf dann eben nicht soviel träumen“, sagte Elihu.

Doch während sie sich jetzt auf den Rückweg machten, bemerkten sie zunächst gar nicht, daß *der Kleine* gar nicht bei ihnen war. Er stand noch wie ein Wachposten auf der Spitze des Hügels und starrte zum Lager der Philister. Erst als Eliab sein Fehlen bemerkte und ihn rief, folgte er zögernd seinen Brüdern. Isais jüngster Sohn, David, träumte davon, ein großer Kämpfer für Gott und für Israel zu werden.

2. Kapitel

Knapp zehn Kilometer nördlich von Jerusalem stand ein anderer junger Mann ebenfalls auf einem Berg und beobachtete die fernen Lichter des Philisterlagers. Sein Name war Ornan, und der Berg, auf dem er stand, war der Moriah. In einer früheren Zeit wäre er vielleicht König gewesen. Er war Jebusiter und stammte aus der Familie des vor Jahrhunderten regierenden Königs Abdi-Khipa. Doch einen richtigen König gab es jetzt in Jebus nicht mehr.

Ornan war der Herr in Jebus, der allerdings seine Herrschaft mit den Führern der Judäer und Benjaminiten teilen mußte. Nachdem die Israeliten König Abdi-Khipa erschlagen hatten und eine Zeit die Herren in Jebus waren, gelang es den Jebusitern, die Herrschaft nach und nach zurückzugewinnen. Doch mittlerweile war Jebus eine Vasallenstadt der Philister geworden.

Auch der Berg Moriah wurde nicht mehr so geachtet wie früher. Niemand erinnerte sich mehr daran, daß der Fels von Melchisedek und seinen frühen Nachfolgern einst heilig gehalten wurde und daß Melchisedek auf ihm einen Tempel erbaut hatte. An einem Abhang des Berges stand zwar ein heidnischer Tempel, doch das Plateau war jetzt nichts anderes als eine Tenne, auf der die Bauern der Stadt und der Umgebung ihr Getreide droschen.

Ornan war der Besitzer der Tenne, obwohl er kein Landwirt war, sondern der oberste Rat der Stadt und ein Rechtsgelehrter, der sich um die rechtlichen Angelegenheiten von Jebus kümmerte. Doch von Zeit zu Zeit stieg er auch hier einmal auf den Berg, um nach seinem Eigentum zu schauen.

Es war Frühling, und deshalb auch keine Erntezeit. Und die Lichter, die Ornan in der Ferne sah, hatten nichts mit feiernden Erntearbeitern zu tun, sondern mit dem Heer der Philister, das dort lagerte. Es waren die Benjaminiten und ihre Führer, die durch ihr Verhalten die Philister auf den Kriegspfad gebracht hatten. Und nun wurde auch Jebus von ihnen bedroht.

Es war schon mehr als zehn Jahre her, da hatten die Israeliten begonnen, ihren Richter Samuel zu bedrängen, die Regierungsverhältnisse zu ändern. Sie wollten einen König haben wie die anderen Völker, die im Lande Kanaan wohnten, weil sie glaubten, dadurch würde das Zusammengehörigkeitsgefühl der einzelnen Stämme gestärkt.

Samuel hatte sich lange geweigert und das Volk gewarnt, eine solche Änderung würde ihre unmittelbare Abhängigkeit von Jehovah schädigen. Doch schließlich hatte er nachgegeben. Auf Anweisung Gottes hin hatte Samuel einen jungen Benjaminiter, Saul Ben Kisch, zum König gesalbt. Und er hatte prophezeit, daß Saul Israel von der Bedrängnis der Philister befreien würde.

Seit Saul zum König der im Lande verstreuten israelitischen Stämme gesalbt worden war, hatte er sich als fähiger und tapferer Führer erwiesen und hatte den Eroberungsgelüsten der Philister Grenzen gesetzt. Außerdem hatte er mit einer israelitischen Armee die Ammoniter auf der anderen Seite des Jordans besiegt.

Im zweiten Jahr seiner Regierung hatte Jonathan, Sauls Sohn, eine nördlich von Jebus gelegene Garnison der Philister erobert. Danach hatten Vater und Sohn einen Sieg nach dem anderen gegen die Philister errungen. Auch die anderen Feinde Israels, die Moabiter und Edomiter sowie die Zobahiter und Amalekiter und andere hatte er besiegt.

Obwohl Saul ein israelitischer Held war, hatten seine Siege gegen die Philister den benachbarten Kanaanitern auch Ärger gebracht. Die kleinen Stadtstaaten waren es gewöhnt, Vasallen des einen oder anderen großen Reiches zu sein. Deshalb sahen sie auch die Herrschaft der Philister lieber als einen immer wieder ausbrechenden Krieg, unter dem auch sie litten.

Saul, der König Israels, war Benjaminiter, deshalb fühlte sich Jebus besonders bedroht, weil Benjamin einer der herrschenden Stämme in Jebus war. Deshalb hatte Ornan, der Führer von Jebus, guten Grund, besonders vorsichtig zu sein, als er erfuhr, daß die Philister ihr Heer sammelten. Es konnte durchaus sein, daß innerhalb einer Woche hier auf dem Berg das Blut der Jebusiter vergossen wurde.

Ornan dachte an den Tag, als sein Vater ihm das Besitzrecht des Plateaus von Moriah übertragen hatte. Er war damals ein stattlicher Jüngling von zwanzig Jahren gewesen und hatte gerade seine Karriere als Berater in rechtlichen Angelegenheiten begonnen. Er hatte sich wie ein König, wie seine Vorfahren Adonisedek oder Abdi-Khipa, gefühlt, als er das erste Mal auf einem Stück Land stand, das ihm gehörte.

Der glatte Fels war die beste Tenne weit und breit. In der Erntezeit kamen viele Bauern zum Dreschen nach hier, und da jeder von ihnen an den Besitzer eine Gebühr für die Benutzung zahlen mußte, war die Tenne eine gute Einnahmequelle.

Ein kühler Wind wehte jetzt über den Gipfel des Berges. Ornan zog seinen Umhang fester um sich und machte sich mit sorgenvoller Miene auf den Heimweg. Wie würde der Krieg zwischen Israel und den Philistern diesmal ausgehen? überlegte er. Würde Jebus mit unter dem Zorn der riesigen Eroberer leiden müssen? Er wußte keine Antwort darauf.

3. Kapitel

Zum Erstaunen aller Einwohner Kanaans war dieser Krieg der Philister gegen Israel eine ziemlich sprunghafte Sache. Es gab hier und da kleine Scharmützel, kam aber nicht zu einer richtigen Schlacht. Die Philister blieben in ihrem Lager im Tal von Sokoh und bedrohten von dort aus König Saul und die Israeliten, die sich ihnen gegenüber verschanzt hatten.

Es war der Philisterriese Goliath und sein fast ebenso großer Bruder Lahmi, die fortwährend dafür sorgten, daß Israel sich nicht aus dem befestigten Lager herauswagte. Doch es war auch dieser Gigant, durch den die Sache endlich zur Entscheidung kam.

Die Einwohner der umliegenden Städte konnten während dieser kriegerischen Wochen nichts anderes tun, als hinter ihren schützenden Mauern zu bleiben. Sie fragten sich, wie lange das anhalten würde.

So verwunderlich die militärische Zurückhaltung der Israeliten war, so erstaunlich und wuchtig war auch ihr plötzlicher Angriff, als er dann kam. Es mußte ein schneller und totaler Sieg gewesen sein, den sie über die Philister errangen, denn diese waren in heilloser Flucht davongelaufen und hatten fast ihre gesamte Ausrüstung als Beute zurückgelassen.

Was den Israeliten endlich Mut gab und wie sie den Sieg errungen hatten, war eine Frage, die alle Jebusiter interessierte. Ornan, ihr Führer, würde einer der ersten sein, die darüber Näheres hören würden.

Im Hause Ornans war alles voller Eifer. Vorbereitungen für ein großes Fest zu Ehren der zurückkehrenden siegreichen israelitischen Krieger wurden getroffen. Ornan wollte seinem Freund Ahitophel und dessen Sohn Eliam, die beide berühmte Krieger und Führer des Stammes Juda waren, ein umfangreiches Abendessen geben. Der Sieg der Israeliten bedeutete, daß auch Jebus weiter in Frieden leben würde, und das war ein weiterer Grund zum Feiern.

Doch das Festessen wurde nicht nur zu Ehren der beiden Judäer gegeben. Ein anderer Krieger würde an diesem Tag ebenfalls zurückkehren, aber von einem anderen Krieg weit im Norden. Ornans Schwager Uria war für zwei Jahre in Zilizien gewesen, wo ein anderer Teil der Hetiter wohnte, die mit Eindringlingen aus dem Westen gekämpft hatten. Deshalb gab es für das große Festbankett am Abend einen doppelten Grund.

Lisbah, Ornans hübsche rothaarige Frau, arbeitete mit ihren Mägden in der Küche, um das Essen vorzubereiten. Dabei unterhielt sie sich mit ihrer jungen Besucherin, der Enkelin Ahitophels. Bathseba, so hieß das junge Mädchen, hatte ihre Mutter schon vor einigen Jahren verloren und war deshalb oft im Hause Ornans zu Besuch, wenn ihr Vater Eliam und ihr Großvater Ahitophel in den Krieg für Israel zogen.

Die dreizehnjährige Bathseba war für ihr Alter schon sehr entwickelt und sehr hübsch. Man konnte sehen, daß sie eine Schönheit werden würde. Lisba war sehr daran interessiert, für ihren Bruder Uria, der noch unverheiratet war, eine passende Frau zu finden. In Bathseba, die aus einer der führenden Familien der Stadt stammte und sehr schön war, sah sie die Geeignete. Deshalb redete sie dem jungen Mädchen auch zu.

„Uria ist eine sehr gute Partie“, sagte sie zu Bathseba. „Die Frau, die ihn bekommt, erhält einen ungeschliffenen Edelstein.“

„Das ist es, was ich fürchte“, lachte Bathseba. „Uria ist

ein Krieger. Er ist mit seinen Waffen und dem Krieg verheiratet. Im Leben solcher Männer ist kein Platz für eine Frau."

„Bathseba", redete Lisbah auf sie ein, „gerade du solltest an das Leben an der Seite eines solchen Mannes gewöhnt sein. Dein Vater und dein Großvater sind auch sehr oft nicht daheim, weil sie in den Krieg ziehen. Gäbe es viele von ihrer Art in Juda, hätten wir Jebusiter in Jebus schon längst alle Macht und allen Einfluß verloren."

„Siehst du", rief Bathseba, „du gibst mir ja recht, Lisbah. Mein Vater hat wegen der häufigen Kriege keine Zeit für mich, sonst wäre ich längst verlobt. Doch er kann sich nicht um den geeigneten Ehemann für mich kümmern. Ich frage mich, ob ich deshalb unverheiratet bleiben werde. Das ist der Grund, weshalb ich nie einen Krieger heiraten will."

„Man soll niemals *nie* sagen", gab Lisbah zur Antwort. „Lerne meinen Bruder doch erst einmal kennen. Du wirst finden, daß er ein sehr stattlicher und liebenswerter Mann ist. Dann kannst du dich immer noch entscheiden. Versprich mir nur, daß du einmal ernst darüber nachdenken willst. Ich bin schon jetzt sicher, daß er dir gefallen wird."

„Das werde ich sicher tun", nickte Bathseba.

4. Kapitel

In der Küche war es am Nachmittag, nachdem dort die Hauptarbeit getan war, sehr heiß. Deshalb überließ Lisbah den Rest der Arbeit ihren Mägden und zog sich mit ihrer jungen Besucherin in einen schattigen Raum zurück, den Bathseba im Hause bewohnte, wenn Vater und Großvater im Krieg waren.

Lisbah liebte es, anderen Frauen und Mädchen zu helfen, sich fein zu kleiden. Deshalb forderte sie Bathseba jetzt auf, ein Gewand für den Abend auszusuchen. Sie riet ihr zu einem nachtblauen Kleid, zu dem sie einen gelben Schal tragen sollte. „Du siehst großartig darin aus!" rief Lisbah und klatschte begeistert in die Hände. „Urias Herz wird schmelzen, wenn er dich sieht!"

Bathseba drehte sich einige Male fröhlich im Kreis. „Du bist ein richtiger Schmetterling", lachte Lisbah. „Komm, wir wollen nachsehen, ob an der Tafel schon alles in Ordnung ist. Unsere Gäste werden nun bald eintreffen."

Das Essen würde unter offenem Himmel in Ornans prächtigem Patio eingenommen werden. Hier legten die beiden Frauen noch letzte Hand an die Dekoration der Tafel, und Lisbah gab den Dienern noch einige Befehle.

Die Frauen interessierten sich wenig für die militärischen Gespräche, die wohl bald an diesem Tisch geführt würden. Für sie war das Hauptereignis des Abends das Eintreffen Urias. Weit im Norden lebte in Zilizien ein anderer Stamm der hetitischen Rasse, der mehr mit den Aramäern verwandt war als die Kanaaniter. Diese Hetiter kämpften um die Kontrolle der Region gegen einfallende europäische Stämme.

Uria hatte von diesem großen Krieg gehört, der ihn mehr interessierte als die kleinen Auseinandersetzungen kanaanitischer Stadtkönige. Um den Brüdern zu helfen und aus Abenteuerlust war er nach Norden gezogen und hatte als freiwilliger Söldner gegen die Eindringlinge aus dem Westen gekämpft. Nun, da der Krieg siegreich beendet war, kehrte er mit reichem Sold und großer Beute zurück.

Als die Dämmerung nahte und eine lauere Brise sich nach der Hitze des Tages bemerkbar machte, erschien auch Ornan, da die Gäste jeden Augenblick erwartet wurden. „Gehe in den Keller und bringe die Flaschen mit dem besten Wein aus unserem Vorrat", befahl er einem Diener. „Wir haben heute wirklich viel Grund zum Feiern."

Musiker trafen ein, setzten sich in eine Ecke und begannen leise zu spielen. Öllampen wurden entzündet, die mit ihrem milden Schein dem Patio eine ganz besondere Stimmung gaben. Gerade als die Dämmerung so weit fortgeschritten war, daß man am Himmel die ersten Sterne erkannte, hörte man vom Eingang her die Stimmen der ersten Gäste. Bathseba zog sich in eine dunklere Ecke zurück, da sie mit Uria rechnete und nicht wollte, daß er sie sofort sah.

Zu ihrer Enttäuschung waren die ersten Gäste aber ihr eigener Vater und Großvater. Gäste und Gastgeber umarmten sich zur Begrüßung. „Nehmt Platz, nehmt Platz", bat Ornan sie und führte sie zum oberen Ende der Tafel.

„Bruder Ornan", erklärte Eliam, „es ist ein guter Tag für Israel und für Jebus!"

„Ja, Brüder", stimmte Ornan zu. Dann wies er mit der Hand nach Süden. „Man kann den Lärm der feiernden Israeliten von ihrem Lager bis nach hier hören."

Es stimmte. Und noch für Tage danach wurde in ganz Kanaan gefeiert, wo immer man die Geschichte von dem besiegten Giganten Goliath vernahm. Auch die beiden Judäer konnten es kaum erwarten, die Geschichte zu erzählen. Doch immerhin wußten sie, daß zunächst gewissen Vorschriften der Höflichkeit genüge getan werden mußte, deshalb zügelten sie sich und nahmen ihre angebotenen Plätze ein.

Während die Musiker leise spielten, kamen auch die anderen Anwesenden zur Tafel. Auch Bathseba mußte nun aus ihrer dunkleren Ecke hervorkommen. Die Speisen wurden aufgetragen. Es waren mehr als ein Dutzend ausgewählte Köstlichkeiten, die serviert wurden, und man unterhielt sich angeregt, während man den Delikatessen zusprach.

Nur Uria war noch nicht eingetroffen. Doch es war bei einem solchen Fest keineswegs unhöflich, wenn der eine oder andere später kam. Auch die Gastgeber waren nicht verpflichtet, auf jeden einzelnen zu warten. Das Mahl mit den vielen Gängen würde doch einige Stunden dauern.

Eliam wandte sich an seine Tochter und sagte: „Mein kleines Lamm, ich habe dir eine Geschichte zu erzählen, die spannender ist als alle Bettgeschichten, die deine liebe Mutter dir immer erzählt hat. Doch du verläßt uns ja nach dem Essen, deshalb berichte ich dir ein anderes Mal davon."

Ornan unterbrach ihn: „Meine Frau Lisbah legte großen Wert darauf, daß sie und Bathseba heute abend auch weiterhin bei uns bleiben können, um zu hören, wie die Philister so überraschend besiegt wurden."

„Sehr gut", stimmte Eliam zu. Er hob die Hand ein wenig und wollte mit der Geschichte beginnen, als von draußen wieder Stimmen zu hören waren. Ein weiterer Gast war eingetroffen, und aller Augen richteten sich auf die Tür.

Wie eine gewaltige Windboe kam ein Mann hereingestürmt, neben ihm der Butler, der verkündigte: „Herr Ornan, dein Schwager, Uria – der Hetiter!" Die letzten beiden Worte sprach er ein wenig zögernd und mit einem leichten Lächeln um den Mund, als wären sie von ihm gefordert worden.

Ornan erhob sich, und die beiden Schwäger umarmten sich. Bathseba hatte den ganzen Abend auf diesen Augenblick gewartet. Doch nun war sie von dem lauten und sehr protzerhaften Auftreten des Neuankömmlings enttäuscht. Als er jetzt reihum die Gäste begrüßte, kam es ihr so vor, als hielte sich Uria für die wichtigste Person des Abends. Gewiß, er war äußerlich ein stattlicher und attraktiver Mann. Es war nicht sein Aussehen, sondern sein stutzerhaftes lärmendes Wesen, das Bathseba abstieß.

Lisbah, die von Kind an an diese Art ihres Bruders gewöhnt war und ihn abgöttisch verehrte, erhob sich nun, küßte ihn sehr herzlich und zog ihn dann zu Bathseba, die er bisher noch nicht recht wahrgenommen hatte, weil sie so saß, daß sie durch ihren Vater halb verborgen gewesen war. „Mein lieber Bruder“, sagte sie, von der stürmischen Begrüßung noch ganz außer Atem, „dies ist meine Freundin Bathseba Bath Eliam.“

Selbst ein Bulle wie Uria wurde überrascht von dem lieblichen Anblick Bathsebas. Er stand ganz still und musterte sie. Seinem Gesicht war anzusehen, daß er beeindruckt war. Er verbeugte sich ein wenig, was man von ihm kaum erwartet hätte, und sagte: „Welch ein süßes Mädchen.“

„Liebste Freundin“, wandte sich Lisbah nun an Bathseba, „das ist Uria, mein Bruder.“

„Uria, der Hetiter“, wiederholte dieser, wobei er die beiden letzten Worte besonders betonte.

Ornan zog ihn nun mit sich und setzte ihn auf seinen Platz neben den beiden judäischen Kriegern. „So, Bruder“, sagte er und klopfte ihm auf den Rücken, „nun sage uns, was es mit dieser neuen Bezeichnung auf sich hat, auf die du offensichtlich so viel Wert legst. Niemand in Jebus nennt sich mehr Hetiter. Wir überlassen diesen alten Namen unseren nördlichen Verwandten.“

„Das ist sehr schade“, antwortete Uria. „Als ich jetzt bei ihnen war, bin ich sehr stolz geworden auf diesen Teil unserer Herkunft. Die Hetiter des Nordens sind ein mächtiges Volk. Mächtig und stolz.“

Ornan nickte: „Wir möchten gern von deinen Abenteuern hören." Er zeigte auf Eliam und Ahitophel und fuhr fort: „Es ist ein großartiger Abend für Geschichten. Diese beiden Herren sind gerade aus dem Krieg mit den Philistern zurückgekehrt. Ganz Israel und Jebus feiert den Sieg über diese furchtbaren Feinde."

„Ich habe davon gehört", räumte Uria ein. „Kleine Städte wie diese sind wahrscheinlich über einen lokalen Sieg genauso begeistert wie das große Reich der Hetiter über seinen Sieg über die Europäer. Wir werden eure Freude gern mit euch teilen."

Dieser rücksichtslose Kommentar ließ alle anderen am Tisch verstummen. Uria aber schien gar nicht bemerkt zu haben, daß er andere beleidigt hatte. Ohne aufgefordert zu sein ergriff er eine Schüssel nach der anderen und füllte sich seinen Teller mit Fleisch, Gemüse und delikater Soße. Dann begann er genauso stürmisch zu essen, wie er den Raum betreten hatte. „Noch nie habt ihr solche Geschichten gehört, wie ich sie zu erzählen habe", erklärte er eifrig kauend. „Womit soll ich beginnen?"

5. Kapitel

Das Mahl war erst halb vorüber, da stand es für Bathseba schon fest, daß sie nichts mit Uria zu tun haben wollte. Seine großmäulige und alles übertreibende Art machte den Abend zu einem einzigen Monolog seiner wagemutigen Abenteuer und der großartigen Strategie und Kriegskunst der Hetiter. Und obwohl ihr Vater und Großvater höflich zuhörten, sah sie ihnen an, wie enttäuscht sie waren, nichts von ihren Erlebnissen berichten zu können.

Daß Ornan nicht versuchte, seine anderen Gäste in die Unterhaltung hineinzuziehen, erstaunte sie. Außerdem wünschte er doch, von dem Sieg über die Philister zu hören. Dadurch war doch auch Jebus vor Schlimmerem bewahrt worden. Von Lisbah, die ihren Bruder vergötterte, war nichts zu erwarten. Immerhin war Uria zwei Jahre fort gewesen, und vielleicht würde er bald wieder in einen neuen Krieg ziehen.

Bathseba unterdrückte ein Gähnen, weil sie sich bei Urias Geschichten zu Tode langweilte. Sie war schon fast entschlossen aufzustehen und sich mit einer Entschuldigung zurückzuziehen, als Eliam eine Möglichkeit fand, das Gespräch an sich zu reißen.

Immer, wenn vom Krieg geredet wurde, kam das Gespräch auch auf Riesen. Auch Uria berichtete nun, wie er und einige seiner Gefährten in einem engen Tal einem gigantischen Feind begegnet waren. „Ein Riese von einem Mann mit gelbem, ja wirklich, mit gelbem buschigem Haar. Meine Gefährten zügelten ihre Pferde und hielten sich zurück. Doch nicht *ich!* Ich gab meinem Pferd die Sporen und ritt auf den Riesen los."

An dieser Stelle unterbrach Eliam ihn. „Uria", fragte er, „bist du sicher, daß es ein Riese war? Viele Männer sagen, sie seien einem Riesen begegnet, dabei war es nur ein außergewöhnlich großer Mann."

Überrascht, daß man seine Worte in Frage stellte, antwortete er zögernd: „Nun, er war mindestens 2,20 Meter groß, und sein Speer ..."

Ahitopel wischte die Worte mit der Hand beiseite. „Das war doch kein Riese, mein Freund. Dein Feind war im Vergleich zu dem mächtigsten Krieger der Philister nur mittelmäßig. Wenn du wünschtest, mit einem Riesen zu kämpfen, hättest du mit uns im Tal von Sokoh sein sollen. Dort begegnete die Armee Israels dem größten der Riesen – und er wurde besiegt!"

„Größer als 2,20 Meter?" wunderte sich Uria. „Wirklich, einen solchen Burschen möchte ich einmal sehen."

„Das wirst du", sagte Eliam stolz. „Mindestens seinen Kopf bekommst du zu sehen, wenn er vom Schlachtfeld hier nach Jebus gebracht wird, damit alle ihn betrachten können."

„Wie groß war der Kerl denn nun wirklich?" Uria ließ nicht locker. „Vielleicht 2,50 Meter?"

„Du mußt schon noch einiges drauflegen", triumphierte Ahitophel. „Goliath von Gath war ungefähr 3,30 Meter groß. Außerdem hatte er noch einen Bruder, nicht ganz so groß wie er, der mit ihm im Lager von Sokoh war."

Nun konnte Ahitophel erzählen. Was er zu berichten hatte, war so erstaunlich, daß sogar die Kinder Ornans, zwei Mädchen und vier Jungen, wieder ganz wach wurden und aufmerksam lauschten. Ahitophel fuhr fort: „Jeden Tag kam Goliath aus seinem Zelt, trat auf das freie Feld vor dem Lager und forderte uns zum Zweikampf heraus. Er nannte uns feige Hunde, weil kein Israelit gegen ihn antreten wollte. Aber was sollten wir tun?" Ahitophel zuckte mit den Schultern. „In unserer Armee gab es keinen annähernd so großen und starken Mann. Wir sahen unsere Niederlage schon vor uns."

„Aber Israel hat doch gesiegt", warf Ornan ein. „Habt ihr doch noch einen Stärkeren bei euch gefunden?"

„An diesem Punkt beginnt das erstaunliche Wunder", antwortete Ahitophel. „Denn der Israelit, der Goliath besiegte, war ein Junge, etwa doppelt so alt wie dein Sohn hier." Er zeigte auf Ornans Jüngsten. „Und dieser Junge hatte keinen Speer und kein Schwert. Nur eine Schleuder und eine Handvoll Steine."

Nun konnte man auch Uria ansehen, daß er neugierig wurde. Auch Bathseba konnte die Augen nicht mehr von ihrem Großvater abwenden.

„Es war ein großer Tag für Israel und für unseren Gott", ergriff Ahitophel wieder das Wort. „Doch wir alle wurden beschämt und kamen uns wie Feiglinge vor, weil ein vierzehnjähriger Junge Israels Ehre wieder herstellte und keiner von uns es gewagt hatte.

Der kleine Bursche trat plötzlich aus unseren Reihen heraus und marschierte über das Feld, direkt auf Goliath zu. Die beiden waren ein seltsames Paar. Der riesige Goliath mit einer gewaltigen Rüstung und einem Speer, so lang wie ein Weberbaum; die eiserne Spitze des Speeres wog allein rund sieben Kilo. Und daneben der kleine Bursche, mit einem Hirtenstab in der einen und einer Schleuder in der anderen Hand."

Ahitophel versuchte nun nachzumachen, wie der Gigant sich benommen hatte: „Goliath schrie: ‚Bin ich denn ein Hund, daß du mit einem Stecken zu mir kommst? Bei allen Göttern von Gath und Askalon, bei Dagon, Baal und Astarte! Komm zu mir, Junge, ich werde dir deine Glieder einzeln vom Leib reißen und dein Fleisch den Vögeln des Himmels und den wilden Tieren zu fressen geben!'

Der Junge antwortete: ‚*Du kommst zu mir mit Schwert, Speer und Sichelschwert, ich aber komme zu dir im Namen des Herrn der Heere, des Gottes der Schlachtreihen Israels, den du verhöhnt hast. Heute wird dich der Herr mir ausliefern. Ich werde dich erschlagen und dir den Kopf abhauen. Die Leichen des Heeres der Philister werde ich noch heute den Vögeln des Himmels und den wilden Tieren zum Fraß geben. Alle Welt soll erkennen, daß Israel einen Gott hat.'*

Dann griff David in seine Tasche, nahm einen Stein heraus, den er in seine Schleuder legte, und begann zu schleudern. Der Stein traf den Riesen mitten in die Stirn und fuhr in sein Gehirn. Der Gigant stürzte wie eine Säule auf sein Gesicht und blieb reglos liegen."

Man konnte allen Zuhörern ansehen, wie die Geschichte sie gepackt hatte. Niemand sagte ein Wort. Ahitophel fuhr fort: „Der Junge lief zu dem gefallenen Riesen. Er hatte Mühe, dessen Schwert aus der Scheide zu ziehen, denn es war fast zu schwer für ihn. Mit letzter Anstrengung hob er es hoch und schlug Goliaths Kopf ab.

Wir stürmten nun unter Triumphgeschrei auf die Philister los. Diese waren so entsetzt, daß sie kaum Widerstand leisteten, sondern flohen. Wir verfolgten sie bis nach Gath und weiter, bis die Dunkelheit es nicht mehr zuließ. Wir haben Unzählige von ihnen erschlagen und eine riesige Beute gemacht."

Alle Geschichten Urias waren vergessen. Auch er selbst hatte seine Großtuerei abgelegt und sagte: „Bei allen Göttern, ich wünschte, ich wäre dabei gewesen. Wenn es so ist, wie du eben erzählt hast, dann ist dieser Junge ein Wundertäter."

„Er nicht, aber unser Gott", antwortete Ahitophel.

„Jedenfalls ist er ein zukünftiger General, wenn ihr meine Meinung hören wollt", warf Ornan ein. „Wir werden noch von ihm hören."

„Ganz sicher", nickte Eliam. „Er ist nun Sauls Favorit."

Bathsebas Gesicht war noch ganz rot vor Erregung. „Vater, weißt du den Namen dieses tapferen Jungen?" fragte sie.

„Ach“, lachte Ahitophel, „wie konnte ich den vergessen. Sein Name ist David. Sein Vater ist der einfache Hirte Isai aus Bethlehem.“

6. Kapitel

Während die Gäste in Ornans Haus den Geschichten lauschten, nahm in den Straßen von Jebus der Lärm der Feiernden zu. Alle miteinander, Jebusiter, Judäer und Benjaminiter, freuten sich, daß ihre gemeinsamen Unterdrücker, die Philister, besiegt waren. Es war schon gegen Mitternacht, als Lisbah, die Kinder und die anderen Frauen ihre Betten aufsuchten. Die Männer saßen noch einige Stunden zusammen.

Bathseba fühlte noch keine Müdigkeit. Sie blickte aus dem Fenster ihres Zimmers zur Stadtmauer und der Gihonquelle hin. Es war nicht der Lärm der Feiernden auf den Dächern oder Gedanken an Uria, die sie wach hielten, sondern sie mußte an den mutigen Hirtenjungen und den gefallenen Riesen denken. Was sie besonders bewegte war, daß der Junge den Sieg nicht für sich in Anspruch nahm, sondern der Hilfe Gottes zuschrieb.

Bathseba war keine besonders religiöse Person. Sie fühlte sich durch ihre Geburt zu Israel gehörig, nicht durch ihren Glauben. Es wäre vielleicht anders gewesen, hätte ihre Mutter länger gelebt und ihren Einfluß auf das Mädchen stärker geltend machen können. Denn auch bei Vater und Großvater war es mehr ihr Nationalstolz, Israeliten zu sein, als ihr Glaube. Doch hier schien ein junger Mensch zu sein, der sein ganzes Vertrauen auf den Gott Israels setzte, und das war für Bathseba neu.

Ganz neue Gedanken waren es, die ihr zum ersten Mal durch den Sinn gingen. Sie wünschte sich, miterlebt zu haben, was draußen im Sokoh-Tal geschehen war. Ganz sicher würde sie zuschauen, wenn der junge David mit dem siegreichen Heer Israels nach Jebus kam, um den Bürgern den Kopf des Riesen und ihre reiche Beute zu zeigen. Es dauerte noch eine ganze Weile, bis sie endlich einschlafen konnte.

Als Bathseba erwachte, weil heftig an ihre Tür geklopft wurde, schien es ihr, als habe sie erst wenige Minuten geschlafen. Draußen wurde es hell, aber die Sonne war noch nicht aufgegangen.

„Tochter", vernahm sie von draußen die Stimme ihres Vaters, „bist du wach?"

Schlaftrunken ging sie zur Tür, freute sich aber, daß ihr Vater nach einer Nacht mit seinen Freunden an sie dachte. „Komm herein, Papa!" begrüßte sie ihn.

Eliam strahlte über das ganze Gesicht. „Ich muß mit dir sprechen", sagte er, während er sie freudig umarmte. „Der Gott unserer Väter hat uns reich gesegnet."

Eliam sprach stockend und roch nach Wein, woraus Bathseba schloß, daß er mit seinen Freunden die ganze Nacht hindurch getrunken und geredet hatte. Er führte Bathseba zum Bett und ließ sich dort neben ihr nieder. „Das Leben mit deinem alten Papa ist nicht immer leicht für dich gewesen", begann er, „aber heute nacht habe ich vieles wieder gutgemacht. Lebte deine Mutter noch, wäre deine Zukunft längst geklärt und du wärst verlobt. Aber dein törichter Vater hat sich um diese Frage wenig gekümmert. Doch nun, meine liebe Bathseba, ist deine Zukunft gesichert."

Erstaunt hatte das Mädchen den Reden ihres Vaters gelauscht. „Worum geht es, Papa?" fragte sie. „Was hast du getan?"

„Ich habe einen Ehemann für dich", erklärte er. „Einen feinen und stattlichen Mann."

Bathseba schüttelte den Kopf. „Du bist die ganze Nacht Ornans Gast gewesen, wann hast du da nach einem Mann für mich Ausschau gehalten?"

„Das ist ja das Wunder", rief Eliam. „Ich brauchte nicht

zu suchen, sondern er kam zu mir. Es ist sicherlich das Werk Gottes.“

Plötzlich sah sie vor sich eine schlimme Möglichkeit auftauchen. Außer ihrem Vater waren in dieser Nacht nur noch Ornan, ihr Großvater und – Uria im Hause gewesen. Bathseba wurde blaß. „Nein, Vater, du kannst doch nicht meinen ...“

„Sicher, der Hetiter“, bestätigte er. „Ist er nicht ein wunderbarer Mann?“

Das letzte, was Bathseba über die Gefühle ihres Vaters Uria gegenüber wußte, war, daß er ähnlich dachte wie sie selbst. Was geschehen war, seit die Frauen sich zurückgezogen hatten, konnte sie sich nur denken. Der Wein war weiter reichlich geflossen, und die Geschichten waren immer wilder geworden. Zwischen den Männern hatte sich eine Art Kameraderie ergeben, und so war Eliam auf Urias Bitte eingegangen.

„Aber Vater“, rief sie, „ich könnte Uria nie heiraten. Er ist nicht der Mann für mich!“

Erstaunt blickte er sie aus immer noch vom Wein getrübten Augen an. „Was“, knurrte er, „willst du etwa zur Wahl deines Vaters nein sagen?“

Mit zitternder Stimme antwortete sie: „Papa, in meinem Alter darf ich mir schon meinen eigenen Gatten wählen.“

„In deinem Alter?“ Er schüttelte verwundert den Kopf. „Woher hast du so dumme Ideen? Solange ich lebe, wirst du ein solches Alter nie erreichen.“

Eliam packte sie am Arm und führte sie zum Waschgeschirr. „Nun mach dich fertig“, befahl er, „und zieh dein bestes Kleid an! Uria möchte seine Verlobte begrüßen. Ich hole dich in kurzer Zeit hier ab. Benimm dich so gut du kannst, und erfreue das Herz deines hetitischen Mannes.“

7. Kapitel

Nicht nur in Jebus feierte man den Sieg über die Philister, sondern auch im Heerlager der siegreichen Israeliten. In der Mitte des Lagers gab es einen freien Platz, auf dem man die reiche Beute zusammengetragen hatte. Eiserne Helme und Rüstungen, Schilde, Schwerter und Speere lagen da in großen Haufen. Auch Streitwagen mit eisernen Rädern hatte man herbeigebracht, und eine große Anzahl der besten Pferde. In den Zelten der Sieger gab es noch mehr persönliche Beute: Armbänder und Halsbänder, Beutel mit Philistergeld, Ringe und anderes.

Doch unter der Beute fanden sich keine Philistersklaven. Der Prophet Samual hatte von König Saul gefordert, daß alle Philister, die den Siegern in die Hände fielen, getötet werden sollten. Und daran hatten sich die Israeliten gehalten. Doch die schrecklichste Erinnerung an Israels Sieg war der Kopf Goliaths, den man auf seinen Speer gesetzt und in der Mitte des Lagers, in der Nähe von Sauls Zelt, aufgerichtet hatte.

David, der junge Hirte, saß an diesem Abend im Zelt von König Saul. Was weder Eliam noch Ahitophel wußten, und deshalb auch Ornans Gästen nicht erzählen konnten, war, daß der junge David schon mehrere Male im Zelt des Königs Gast gewesen war, seit die Philister bei Sokoh ihr Lager aufgeschlagen hatten.

Davids Brüder hatten ihn immer geneckt, weil er so anders war als sie. Er war ein Tagträumer, und gleichzeitig fortwährend auf Abenteuer aus. Diese Kombination hatte ihn schon häufiger in Schwierigkeiten gebracht als andere Jungen seines Alters.

Er war kein schlechter Bursche, aber zu oft, wenn er auf seine Arbeit achten sollte, hatte er sich in seine Musik verloren, die er auf der kleinen Harfe machte, die er immer bei sich trug. Er spielte das Instrument mit so großer Fertigkeit und Gefühl, daß sein Vatger sagte, er könnte mit seiner Musik auch eine giftige Schlange begeistern. Und die Lieder, die er dichtete und komponierte, waren wunderschön. Die Leute aus Bethlehem kamen oft zum Feuer Isais, um ihm zuzuhören.

Das Problem war, daß er nicht genug auf die Herde achtete, wenn er sich in seine Musik verlor. Manchmal gelang es wilden Tieren dann, sich in die Herde zu schleichen, oder Schafböcke rannten davon, ohne daß er es merkte. Einmal hatte ein Löwe schon ein Lamm gepackt, und erst durch das Schreien des Tieres wurde David aufmerksam. David verwundete den Löwen mit einem Stein aus seiner Schleuder, so daß er das Lamm fallen ließ. Doch das Tier war nicht tot, sondern griff David an, und erst nach hartem Kampf gelang es dem Jungen, den Löwen zu töten.

Ähnlich ging es ihm ein anderes Mal mit einem Bär, der sich auch eine Beute aus der Herde holen wollte, die David bewachte.

Seine Brüder und der Vater staunten, als er nach dem Kampf mit dem Löwen verwundet nach Hause kam. Sie wollten ihm nicht glauben, daß er den Löwen getötet hatte. „Also gut“, knurrte der älteste Bruder, als David sie endlich überzeugt hatte. „Aber sage mir, wie konnte der Löwe in die Herde kommen? War das Feuer ausgegangen? Hast du geschlafen? Oder hast du dich wieder einmal in deine Musik verloren?“

David war dem Weinen nahe, als sein Vater ihm zu Hilfe kam. „Seid nicht so hart mit ihm“, mahnte Isai seine anderen Söhne. „Er hat doch das Lamm gerettet und die Herde weiter behütet. Hast du noch nie ein Schaf verloren, Eliab?“

So war David. Dichter und Kämpfer zugleich. Mit vierzehn hatte er sich in ganz Ephrata schon einen Namen gemacht. Doch erst als der Prophet Samuel eines Tages in Bethlehem erschien, um jemand zu salben, wurde David ein Auserwählter.

Die Philister hatten gerade ihr Lager im Sokoh-Tal aufgeschlagen, das die Söhne Isais von dem Hügel herab gesehen hatten, da kam der Prophet Samuel nach Bethlehem. Er sagte, er wolle Gott hier ein Opfer bringen. Deshalb rief er die Ältesten der Stadt und ihre Söhne zusammen und begann ernstlich zu beten. Dann konzentrierte er sich auf die Söhne Isais.

Als er den Erstgeborenen betrachtete, zog Freude über sein altes Gesicht. Doch ebenso schnell verging sie wieder. Nervös rief Isai den nächsten Sohn, und dann den nächsten, bis alle sieben Söhne vor dem Prophet gestanden hatten. „Der Herr hat keinen von ihnen erwählt", erklärte Samuel. „Sind das alle deine Söhne?"

„Ich habe noch einen, den Jüngsten", stammelte Isai. „Der ist in den Hügeln und hütet die Schafe."

„Laß ihn schnell holen!" befahl Samuel. „Wir werden uns nicht setzen, bevor er hier ist."

An dem Tag wurde David in der Mitte seiner Brüder und vor den Ältesten des Ortes von Samuel gesalbt. Der Prophet nahm ein Horn mit Öl von seinem Gürtel und goß es über Davids dunkle Locken. Zwar wußte niemand, warum das geschah, doch von nun an wurde David mit mehr Respekt behandelt.

Davids Verhalten änderte sich sichtbar von diesem Tag an. Das war nicht nur daran zu sehen, daß er Goliath tötete, sondern schon vorher. Nur wenige Tage nach Samuels Besuch in Bethlehem erschien ein Bote König Sauls in dem Ort. Er überbrachte eine Schriftrolle, in der Saul forderte, Isai solle seinen Sohn David schnellstens in das Zelt des Königs senden. „Der Junge soll seine Harfe mitbringen", stand ausdrücklich dabei.

Isai sandte den Jungen mit Geschenken für den König versehen in das Feldlager Sauls. So kam David ganz in die Nähe des Königs und mußte ihm von Zeit zu Zeit auf seiner Harfe vorspielen. Davids Musik beruhigte den König und erheiterte ihn, wenn er in einen Anfall von Trübsinn verfiel, was oft geschah.

Doch der Sieg über Goliath war der entscheidende Wendepunkt in Davids Leben. Von nun an begann sein Aufstieg. Er wurde der Held des Volkes, und König Saul liebte ihn sehr.

An diesem Abend war David der Mittelpunkt aller Ehren. König Saul hatte dazu sein großes Zelt weit öffnen lassen, und eine Festtafel war aufgebaut. Am oberen Ende saß der König selbst, neben ihm sein Sohn Jonathan, und neben diesem David.

Der große und stattliche König hatte gerade erzählt, wie und warum David damals zu ihm gekommen war. „Seither ist er mir mit seiner Musik immer eine große Hilfe gewesen", schloß er seinen Bericht.

Die Anwesenden spendeten lebhaften Beifall. „Laß ihn für uns singen", baten sie.

„Später, später", vertröstete er sie. „Ich muß zunächst noch von den anderen Fähigkeiten dieses Jungen erzählen, denn niemand von uns hat gewußt, daß er auch Riesen töten kann."

Lautes Lachen und neuer Beifall über diesen Scherz des Königs war zu hören. „Sage den Männern, Freund David, woher du kommst und wessen Sohn du bist", forderte Saul ihn auf.

David war sehr verlegen und fühlte sich unter den Vornehmen Israels sehr klein. Doch dann faßte er sich und sagte laut: „Ich bin der Sohn deines Dieners Isai aus Bethlehem. Und ich bin stolz, dein Krieger zu sein."

Der König ergriff des Jungen Hand und erhob sich mit ihm. „Von diesem Tag an sollst du auch mein Sohn sein, und du sollst von nun an im Haus des Königs wohnen", verkündete er.

8. Kapitel

Nicht nur Bathseba Bath Eliam konnte in dieser Nacht lange nicht schlafen, sondern auch David Ben Isai ging es so. Als das Lager zur Ruhe kam, lag David noch lange wach und betrachtete die Waffen und Rüstung Goliaths, die man in sein Zelt getragen hatte. Er war nun ein Held; zumindest sagten das die Lieder, die man an den Lagerfeuern sang.

Er schloß die Augen und dachte über die letzten Wochen nach. Über die Botschaft Sauls, die ihn zum König rief, über den Tag, an dem der alte Prophet ihn mit Öl gesalbt hatte ...

Gerade als er an Samuel dachte, fiel ein Schatten über sein Zelt und eine Stimme, bekannt und doch ehrfurchtgebietend, rief: „David Ben Isai, erhebe dich, mein Sohn, ich muß mit dir reden!"

Er hatte diese Stimme bisher nur einmal gehört, würde sie aber nie wieder vergessen. Der alte Prophet hatte bei seiner Salbung die geheimnisvollen Worte vom *Erwählten des Herrn* gesprochen, die er bis jetzt nicht verstanden hatte. Samuel hatte damals auch kein Wort zur Erklärung gesagt.

„Ich komme, Herr!" antwortete David, schlüpfte schnell in seine Kleidung und trat nach draußen. Da stand Samuel, wie er ihn auch damals in Bethlehem gesehen hatte. Nicht besonders groß und schon etwas gebeugt vom Alter, aber trotzdem ungeheure Autorität ausströmend. Sein weißes Haar und auch sein Bart fielen ihm fast bis zur Hüfte, sein verwittertes Gesicht war von unzähligen Falten durchzogen. Aber es waren die Augen, die das Besondere an diesem

Mann ausmachten, sie waren von einer ungeheuren Tiefe und Weisheit.

Der Junge verbeugte sich tief vor heiliger Ehrfurcht. „Was verschafft mir diese Ehre, mein Herr?“ fragte er schüchtern.

Der Prophet blickte auf den Jungen hinab. „Ist das der tapfere Krieger“, fragte er, „der gefürchtete Feind aller Philister?“

David richtete sich langsam auf. „Ich bin nicht immer so tapfer“, gestand er. „Ich zittere unter der Hand Gottes.“

„Gut gesagt“, nickte Samuel und staunte über die Demut des Jungen. „Die Nacht ist weit fortgeschritten. Komm mit mir!“

Er nahm seinen Stab und ging nordwärts über das Schlachtfeld davon, ohne sich einmal umzuschauen. David hatte Mühe, dem robusten alten Mann zu folgen, und wunderte sich über seine Ausdauer. Samuel blieb erst stehen, als sie auf einer Höhe der Straße standen und von da aus Bethlehem überblicken konnten.

In einem Feld außerhalb des Ortes stand ein kleines steinernes Gebäude. Es war für ganz Israel ein sehr historischer Ort, denn es handelte sich um das Grab Rahels, der geliebten Frau Jakobs. Immer, wenn er es sah, wurde er an sein Herkommen erinnert, an die Geschichten über die alten Patriarchen und an den Auftrag Israels. David verspürte den Atem der Geschichte, der über diesem Feld lagerte.

„Ich nehme an, du kennst jeden Meter von diesem Feld“, sagte Samuel. Es waren seine ersten Worte, seit sie aufgebrochen waren.

„Diese und andere Felder“, nickte David. „Ich habe mein bisheriges Leben hier verbracht.“

„Auch ich habe das Land bei meinen vielen Reisen kennengelernt“, bemerkte Samuel. „Aber erst als erwachsener Mann. Meine Kindheit verbrachte ich im Haus des Herrn in Siloh.“

David war überrascht, daß Samuel von sich selbst

sprach. „Ich weiß“, bestätigte er. „Die Ältesten sagen, daß deine Mutter dich Gott übergeben hat, als du geboren wurdest. Und der Hohe Priester hat dich erzogen.“

„Eli“, seufzte der Prophet und dachte an den schon lange verstorbenen Priester. „Er war ein guter Mann, aber gleichzeitig auch ein schwacher Mann. Er war wie ein Vater zu mir und erzog mich, so gut er es konnte. Aber er hatte Schwierigkeiten mit seinen Söhnen, die er nicht im Zaume halten konnte.“

David erinnerte sich an die Geschichten über die beiden bösen Söhne Elis, die in einer Schlacht von den Philistern getötet wurden.

Samuel nahm die Wanderung wieder auf und ging nun in Richtung Jebus. Dann sagte er: „Ich nehme an, keinem anderen Jungen ist die Ehre zuteil geworden wie mir, im Haus des Herrn aufzuwachsen, im Heiligtum Jehovas. Jedes Jahr brachte meine Mutter mir an meinem Geburtstag ein neues Gewand. Doch meine eigentliche Familie waren die Männer des Heiligtums. Ich schlief in einem Raum neben dem Elis, sehr nahe beim Allerheiligsten.“

„Hast du je die Bundeslade gesehen?“ fragte David.

Samuel blickte ihn von der Seite an. „Wenn du meinst, ob ich je ins Allerheiligste gegangen bin? Natürlich nicht. Ich wäre nicht mehr am Leben, hätte ich es getan. Nur der Hohe Priester durfte dort hineingehen.“

David erinnerte sich, was er davon wußte. „Ja, Herr“, nickte er. „Und sogar der Hohe Priester durfte nur einmal im Jahr in das Allerheiligste gehen, am großen Versöhnungstag.“

„Du weißt gut Bescheid“, stellte Samuel fest. „Aber um deine Frage zu beantworten: Ja, ich habe die Bundeslade gesehen, wenn sie von Siloh zur israelitischen Armee getragen wurde. Sie wure immer vor ihnen hergetragen, wenn sie in die Schlacht zogen. Bis zu der Schlacht bei Eben Ezer.“

David wußte, daß die Israeliten dort von ihren Feinden geschlagen wurden und daß die Bundeslade dabei in die

Hand der Philister fiel. Die Philister brachten die Bundeslade dann in verschiedene Tempel ihres Landes. Doch überall stürzten die Götterbilder vor ihr zu Boden, und die Einwohner der Stadt, wo sie gerade war, wurden von schweren Krankheiten geplagt. Deshalb gaben die Philister den Israeliten die Bundeslade zurück. Sie stand seitdem im Haus des Leviten Abinadab in dem kleinen Dorf Kirjath-Jearim und wurde von ihm und seinem Sohn Eleaser betreut.

Jebus war nun sehr nahe. „Komm!" sagte Samuel und wies mit dem Stab auf die östliche Anhöhe, hinter der nun bald die Sonne aufgehen würde. „Ich will dir etwas zeigen."

Sie umgingen Jebus im Süden, durchquerten das Kidrontal und stiegen auf den Ölberg hinauf. Von hier konnten sie Jebus sehr gut übersehen. Samuel ließ sich auf einem großen Felsblock nieder und sagte: „Komm, setz dich neben mich."

„Warum sind wir hier?" fragte David.

„Bist du noch nie hier gewesen?" wollte Samuel wissen.

„Noch nie, Herr", antwortete David. „Die Herden meines Vaters weiden in den Hügeln von Ephrata."

„Und Isai hat dich und deine Brüder nie nach hier gebracht, um dich über die Wege des Herrn zu belehren?"

Verwirrt schüttelte David den Kopf. „Macht es einen Unterschied, an welchem Ort wir über diese Dinge belehrt werden?" fragte er verwundert.

Nachdenklich nickte Samuel. „Es kann einen Unterschied machen, vor allem für jemand wie dich, der zu großen Dingen berufen ist."

„Du sprichst von der Stadt uns gegenüber?" fragte David.

Samuel lächelte: „Du begreifst sehr schnell."

„Ich weiß, daß Jebus – Salem – eine heilige Stadt ist", bemerkte David. „Wenigstens sagt man so. Und Moriah ist ein heiliger Berg."

„So ist es." Samuel wunderte sich über das Wissen des Jungen. „Hat dein Vater euch das gesagt?"

„Er hat oft gesagt, daß es eine Schande für Juda und Benjamin und alle anderen Stämme Israels sei, daß die heilige Stadt noch in den Händen der Heiden ist. Er sagt, eines Tages wird sie uns gehören, und sie wird einmal die Krone aller Völker sein."

„Dein Vater ist ein guter und gerechter Mann", bestätigte Samuel befriedigt. „Nicht in allen Häusern unseres Volkes wird so geredet."

„Manchmal, wenn ich allein in den Feldern war, habe ich nach Moriah hinübergeschaut und habe gedacht ..." David verstummte.

Schweigen folgte, bis Samuel ihn ermunterte: „Was hast du gedacht, mein Junge?"

„Ich habe an die Geschichte Abrahams gedacht, als er Isaak opfern wollte."

„Ja", bestätigte Samuel, „das hat dort drüben stattgefunden." Er zeigte mit seinem Stab auf die Tenne Ornans.

„Ich weiß", fiel David eifrig ein. „Auch Jakob hat dort geschlafen und in seinem Traum die Himmelsleiter gesehen und die Engel, die auf und nieder stiegen."

Samuel sah dem Jungen jetzt tief in die Augen. „Du brauchst kaum noch einen Lehrer", meinte er. „Doch sage mir, was du noch gesehen hast, als du zum Moriah hinblicktest."

David wurde verlegen. „Das könnte ich nie in Worte fassen, wenn ich darüber nachdenke."

Samuel mahnte: „Nun, mein Junge, du brauchst dich nicht vor deinem eigenen Geist zu schämen. Sage mir, was du noch gesehen hast."

David holte tief Atem und überlegte, wie er das beschreiben konnte, was er so lange als Geheimnis für sich behalten hatte. „Als es das erste Mal geschah", begann er, „kehrte ich mit meiner Herde von einer fernen Weide zurück. Es war ein ruhiger Nachmittag. Ich blickte nach Norden und sah die Umrisse von Jebus am Horizont. Und dann schien eine große Hand oder ein großer Flügel über Moriah zu ruhen."

David schwieg eine Weile, und Samuel wartete. Zögernd fuhr der Junge fort: „Ich sah das nur für einige Sekunden. Nach einiger Zeit dachte ich, ich hätte mir nur etwas eingebildet und vergaß es wieder. Doch dann, oh Samuel, habe ich die Hand oder den Flügel noch mehr als einmal gesehen. Und es erfüllt mich jedesmal mit großer Furcht."

„Größer als die Furcht vor Goliath?" fragte der Prophet.

„Größer als jede andere Furcht, die ich je empfand."

Samuel legte ihm seine breite Hand auf die Knie. „Weißt du nicht, daß du die Hand des Himmels gesehen hast?" fragte er. „Sieh, dort auf dem Berg hörte Abraham die Stimme Gottes, und Jakob sah dort die Leiter, die vom Himmel zur Erde reichte. Verstehst du nun? Moriah ist das Tor zum Himmel."

Sprachlos starrte David auf das vom Wind umwehte Plateau. „Aber Herr, wie kann es dann sein, daß es nun eine Tenne ist. Wie kann Jehovah solche Entweihung zulassen?"

„Unser Gott ist geduldig", erwiderte Samuel, „aber nicht für immer. Die Zeit wird kommen, da die Kinder Israel, als Nachkommen der wahren Patriarchen, diesen Platz zurückfordern für den wahren Gottesdienst und als Krone der Herrlichkeit."

Tief bewegt saß David neben dem Propheten. Er spürte, daß ihm ein Blick in die Zukunft zuteil geworden war.

„Du bist der Gesalbte des Herrn", wiederholte der Prophet. „Vieles weißt du noch nicht. Doch ich sage dir nun, daß Gott König Saul verworfen hat, weil er zu stolz geworden ist. Gestern wurdest du ein Fürst in Israel, und heute wirst du den Kopf Goliaths durch die Straßen von Jebus tragen. Bleibe nicht an der Gihon-Quelle stehen, und errichte die Trophäe nicht auf dem Marktplatz, sondern marschiere damit direkt auf den Moriah und richte dieses Siegeszeichen Gottes auf dem Fels des Opfers auf."

9. Kapitel

Bathseba stand auf dem Dach von Ornans Haus und blickte die Straße hinunter. Die vier Männer, ihr Vater, ihr Großvater, Ornan und Uria, standen um sie herum. Neben ihnen Lisbah und die anderen Mitglieder des Haushalts.

Dies sollte ein fröhlicher Tag sein; und für die Jebusiter war er es auch. Sie würden den siegreichen Soldaten zujubeln. Auch für Bathseba sollte es ein besonders glücklicher Tag sein, denn sie war nun verlobt mit einem stattlichen jungen Mann. Doch sie fühlte sich sehr unglücklich.

Als Uria ihr die Hand auf den Arm legte, zuckte sie zusammen. „Eines Tages werde ich gemeinsam mit den Israeliten kämpfen", prahlte er. „Ich werde bei ihnen sicher General werden, wenn sie sehen, wie tüchtig ich bin."

Eliam und Ahitophel sagten nichts dazu, und Ornan unterhielt sich gerade mit einem seiner Mitarbeiter unten auf der Straße. „Wir haben ein Monument auf dem Marktplatz aufgebaut", rief sein Mitarbeiter ihm von unten zu. „Dort können die Israeliten ihre Fahnen aufstellen und auch den Kopf des Riesen."

„Sehr gut", rief Ornan zurück. „Wird König Saul von der Plattform aus zu den Leuten sprechen?" Die Plattform über der Gihonquelle war der Platz, von dem aus immer die Reden an die Einwohner gehalten wurden.

„Ich denke schon", rief sein Ratgeber zurück. „Wir haben alles vorbereitet."

„Gut", nickte Ornan erleichtert. „Es wäre nicht klug, wenn er im Hain der Astarte sprechen wollte."

Es war wirklich besser, wenn Saul mit seinen Truppen nicht zum Hain hinaufziehen würde, sondern auf dem Marktplatz blieb und von der Plattform aus redete. Sonst würden die verschiedenen Religionen der Stadt aufeinanderprallen. Sicherlich würde König Saul dem Gott Abrahams, Isaaks und Jakobs ihren Sieg zuschreiben, und das würden die Anhänger der Astarte in ihrem Hain gar nicht gern hören. Doch auf dem Marktplatz gewährte man jedem freie Rede.

Bathseba hatte nicht zugehört. Sie war voller Frustration, und es war ihr ziemlich gleichgültig, wer im Namen welchen Gottes reden würde. Sie versuchte, sich ein wenig von den Männern zurückzuziehen, was ihr aber nicht gelang.

Endlich hörte man den Hall von Trompeten und Trommeln und den Marschtritt von zwanzigtausend Füßen vom Stadttor her. Die Krieger Israels kamen.

Bathseba vergaß ihre Frustration und dachte wieder an den Kampf zwischen David und Goliath, den ihr Großvater so lebhaft geschildert hatte. Von Ornans Dach aus waren die Fahnen Judas und Benjamins schon zu sehen. Die strahlende Morgensonne spiegelte sich in den Schilden der Krieger Israels. Rot leuchtete die Fahne Benjamins, mit dem Zeichen des Stammes, dem Wolf, in der Mitte. Die Fahne Judas war grün, und darin ein leuchtend goldener mächtiger Löwe.

Unter ihnen marschierten nun die Krieger Israels in scheinbar endlosen Reihen vorüber. Zwischen ihnen immer wieder von Pferden gezogene Wagen, auf denen die ungeheure Kriegsbeute mitgeführt wurde.

Die Zuschauer an den Straßen jubelten den Siegern zu, und die Begeisterung wurde immer größer. Als dann König Saul mit seiner Begleitung kam, überschlug sich diese Begeisterung fast. Neben des Königs Wagen fuhr der seines Sohnes Jonathan, der auch sein oberster General war. Doch in des Königs Wagen selbst stand der Held des Tages, der, auf den alle gewartet hatten – David von Bethlehem.

Die Leute hatten erwartet, noch ein halbes Kind zu

sehen. Doch nun stand an der Seite des Königs ein kräftiger, von der Sonne gebräunter und auch hübscher Jüngling, der von Zeit zu Zeit den Jubelnden zuwinkte, was den Jubel jedesmal noch steigerte. Hinter dem Wagen des Königs wurde von zwei kräftigen Kriegern der mächtige Speer Goliaths getragen, auf dessen Spitze der gewaltige Kopf des Riesen steckte. So greulich der Anblick auch war, jubelten die Leute doch, denn es bedeutete, daß sie für lange Zeit von der Unterdrückung der Philister frei waren.

Auf Ornans Hausdach waren die Reaktionen verschieden. Eliam und Ahitophel grüßten stolz ihren König und auch David. Uria beobachtete den jungen Held mit einer Mischung von Staunen und Neid. In Bathsebas Seele mischten sich verschiedene Gefühle. Sie konnte nicht anders, als den jungen Held mit Uria zu vergleichen, wobei ihr Verlobter nicht gerade gut abschnitt, und tief in ihrem Inneren wurde eine Saite angeschlagen, die ihr junges Herz zum Klingen brachte.

Ornan, der dem Zug ebenfalls mit den Augen folgte, bemerkte als erster, daß der König mit seiner Begleitung weder an der Gihonquelle noch auf dem Marktplatz anhielt, sondern daß es weiter hinaufging, dem Moriah zu. „Bei allen Göttern“, rief er, „wollen sie etwa ihre Trophäe im Hain der Astarte aufstellen?“

Er rannte erregt auf die Straße, rief seine Berater herbei und folgte mit ihnen dem Zug, so schnell es die überfüllten Straßen zuließen. Er mußte etwas unternehmen, damit der Tag, der für alle eine Siegesfeier sein sollte, nicht im Unfrieden endete.

10. Kapitel

Ornan drängte sich durch die Menge, die den Marktplatz bevölkerte, und versuchte Israels König zu erreichen. Die Israeliten marschierten tatsächlich weiter. Saul wollte also weder von der Plattform noch vom Marktplatz aus zu der Bevölkerung sprechen. Ihr Ziel schien Astartes Hain und Heiligtum zu sein.

Während der Jebusite weiter drängte, wurde ihm immer klarer, wie sinnlos sein Versuch war. Was wollte er eigentlich tun? Wollte er sich dem siegreichen König und seinen Truppen in den Weg stellen und sie auffordern umzukehren? Ornan paßte sich dem Tempo der anderen nachdrängenden Zuschauer an und überlegte: *Ja, es war vielleicht ganz gut, wenn endlich einmal jemand in der Stadt die unsichtbare Linie der Rivalitäten zwischen Jebus und Israel überschritt. Wenn man die Sache diplomatisch anfaßte, konnte das ein Tag werden, der die innere Einheit der Stadt förderte.*

Als er jetzt wieder schneller ging, um doch Sauls Wagen zu erreichen, überlegte er, was er sagen würde, wenn der König ihn nach seiner Ansprache auffordern sollte, auch einige Worte zu sagen; und das würde er doch ganz sicher tun. Ornan, als Leiter der Jebusiten und als anerkannter Führer, Richter und Sprecher der Stadt, stand dem, was man Königtum nennen würde, in Jebus am nächsten. Ganz sicher würde Saul ihn nicht übergehen können.

Er hatte nun die Soldaten erreicht, welche den blutigen Speer mit Goliaths Kopf trugen. Es schwankte hoch über der marschierenden Truppe wie ein monströses Götterbild. Es war ein grauenhafter Anblick, und Ornan war es, als schwebten über diesem Kopf Dämonen. Sein Magen zog sich zusammen, und er fühlte, wie ihm übel wurde. Er wandte sich ab und lehnte sich gegen die nächste Hauswand.

Lisbah, die ihm mit den anderen gefolgt war, fragte besorgt: „Was hast du, mein Lieber, bist du krank?"

Ornan nickte nur und nahm ihren angebotenen Arm, auf den er sich stützte, während sie langsam weitergingen. Seine Familie und die Gäste drängten sich schützend um ihn.

Eliam und Ahitophel ahnten, daß dieses seltsame Benehmen ihrer Landsleute Ornan nicht gefiel, und flüsterten miteinander. „Was hat Saul vor?" fragte Eliam seinen Vater. „Will er das Heiligtum der Astarte mit der Trophäe beehren, die Gott uns gegeben hat?"

„Hoffentlich nicht", antwortete der Ältere.

Doch die Absicht der Israeliten überraschte alle. Halb auf dem Hang des Moriah teilten sich die Wege. Nach links ging es auf breiterem Weg, der offensichtlich viel benutzt wurde, zum Heiligtum der Astarte, das am westlichen Hang ebenfalls auf halber Höhe lag, nach rechts führte ein kaum begangener Pfad steiler hinan zum Gipfelplateau des Moriah. Die Jebusiter staunten, als die Soldaten Israels und auch der König mit seiner Begleitung nun diesen Weg einschlugen.

Hier hinauf war seit vielen Jahrzehnten kaum einer der Bewohner von Jebus gegangen. Nur Ornan, dem die Tenne auf dem Gipfelplateau gehörte, und die Bauern, die zur Erntezeit dort ihr Getreide droschen, benutzten ihn von Zeit zu Zeit. „Was haben sie vor?" fragten die Bürger ihren Führer verwundert. Doch auch er konnte nur unwissend mit den Schultern zucken.

Ornan erreichte die Anhöhe gerade, als David aus Sauls Wagen stieg. Der König stand schon auf einem etwas herausragenden Felsen. Neben ihm war Jonathan, und nun trat auch David zu den beiden und wurde mit lautem Beifall begrüßt. Immer wieder erklang laut Davids Lob, das schon fast zu einem Lied wurde und vom Gipfel des Moriah herab durch die Straßen von Jebus hallte:

David Ben Isai, Sohn Israels,
David Ben Jesse, gewaltiger Riesentöter!
David Ben Jesse, Sohn Judas,
der Gott Israels möge dein Lohn sein!

Schon nahmen die Menschen in den Straßen die Worte auf und wiederholten sie:

Gewaltiger Riesentöter ... gewaltiger Riesentöter,
der Gott deiner Väter möge dein Lohn sein!

Es war viele Jahrhunderte her, seit man in der heiligen Stadt und auf dem Gipfel des Moriah den Gott Abrahams laut gepriesen hatte. Heute geschah es wieder durch den Sieg, den Gott durch einen Hirtenjungen bewirkt hatte. Das letzte Mal, als es geschah, trug die Stadt noch einen uralten, fast vergessenen Namen, noch vor der Zeit, als man sie Uruschalim nannte. Der Name bedeutete *Friede,* und dieser Friede durchzog heute die Straßen.

Nun traten die Soldaten herzu und pflanzten in einem schnell errichteten Steinhaufen den Speer mit dem Kopf des Riesen auf, der nun über die ganze Stadt und in der umliegenden Gegend zu sehen war. Der Jubel wurde noch lauter. Der König hängte dem Hirtenjungen eine Blumengirlande um den Hals und zog ihn noch näher zu sich heran.

Vor den Augen Ornans, dem eigentlichen Besitzer des Plateaus, lief alles wie ein Traum ab. Seit Jahren hatte ihn die geheimnisvolle Atmosphäre des Moriah, die er empfand, wenn er einmal hier heraufkam, immer wieder bedrückt. Es war doch eigentlich nur eine Tenne, auf der die Bauern ihr Getreide droschen und ihn dafür bezahlten, aber Ornan verspürte etwas von dem Geheimnis, das um diesen Berg lag. Manchmal hatte er hier oben seltsame Geräusche vernommen, wenn der Wind um das Plateau wehte. Immer wieder hatte er sich gegen dieses bedrängende Gefühl gewehrt, aber er hatte es nicht abschütteln können.

Trotz der jubelnden Menschenmenge war ihm auch heute so, als läge ein flügelgleicher Schatten über dem Berg, den nur er bemerkte. Doch er stand hier mitten unter den Bürgern seiner Stadt, die auf ihn als ihren Führer schauten. Deshalb strich er sein Gewand wieder glatt und bemühte sich, Zuversicht und Würde auszustrahlen. Wenn er seine ihn bedrängenden Gefühle nicht zeigte, würde niemand etwas bemerken.

11. Kapitel

Nach den Feiern des Tages ruhte der König aus. In seinem Zelt herrschte nur Dämmerlicht. Ruhe und Frieden lag über dem ganzen Lager nach dem lauten Jubel, der Musik und dem Tanzen des Volkes.

Jonathan saß auf einer Decke auf dem Fußboden und beschäftigte sich mit seinem Kriegsgerät, um nach der großen Schlacht alles wieder in Ordnung zu bringen. Er lauschte der leisen Musik, die von Davids Harfe kam, und ein zufriedenes Lächeln umspielte seine Lippen.

Es war nicht immer leicht, Sauls Sohn zu sein. In seinen früheren Jahren hatte er seinen stattlichen und würdevollen Vater, dessen Ebenbild er nahezu war, sehr verehrt. Saul war als König Israels damals wirklich eine gute Wahl gewesen. Doch es hatte auch immer Züge in Sauls Charakter gegeben, die das Leben mit ihm unberechenbar machten. Sein schnell wechselndes Temperament ließ jeden, der mit ihm näher zu tun hatte, unsicher sein. In den letzten Monaten schienen diese verschiedenen Launen bei ihm immer stärker hervorzutreten, deshalb hatte man auch David Ben Isai als Hofmusiker zu ihm berufen.

Für Jonathan war die Berufung Davids an den Hof eine der klügsten Entscheidungen, die Saul je getroffen hatte. Die Musik des Jungen hatte einen erstaunlichen Einfluß auf den König, und sie half auch der königlichen Familie, die unter Sauls Launen und seiner Schwermut sehr oft zu leiden hatte. In der Zeit, seit David nun am Hof war, hatte Jonathan ihn lieben gelernt wie einen Bruder.

Jonathan selbst war ein militärisches Genie. Er war nun in der Mitte der Zwanziger Jahre, doch schon von fünfzehn Jahren an hatte er durch seine taktische Begabung und seine Waffengewandtheit den Philistern manche schmerzliche Niederlage beigebracht.

Als er miterlebt hatte, wie David sich dem Giganten Goliath stellte und ihn besiegte, war seine Liebe und Bewunderung für den Jungen noch größer geworden. Er sah ihn als ein Gottesgeschenk für Israel und für seinen Vater und empfand nicht das geringste Neidgefühl. Während er jetzt an seiner Ausrüstung arbeitete, überlegte er, womit er David seine Dankbarkeit zeigen konnte.

Vielleicht bewegten seinen Vater ähnliche Gedanken, ging es Jonathan durch den Sinn. Saul lag auf einem niedrigen Polster, hatte die Augen geschlossen und summte die von David gespielten Melodien leise mit. Es war ein Bild des Friedens, und Jonathan wünschte, auch der Rest der Familie, seine königliche Mutter und seine beiden Schwestern Merab und Michal, könnten anwesend sein.

Seine beiden Schwestern, die fast so alt waren wie David, würden von dem Jungen begeistert sein, davon war er überzeugt. Er dachte daran, mit welcher Begeisterung bei dem heutigen Marsch die Frauen und Mädchen David begrüßt und ihn umjubelt hatten. Viele waren ganze Strecken neben dem Wagen, auf dem der Riesenbesieger stand, hergetanzt. Ein kurzes Lied, das sie immer wieder sangen, war auch jetzt noch in seinen Ohren:

Saul hat tausend geschlagen,
aber David zehntausend.

Natürlich hatte David nur den einen Mann getötet, und zuerst hatte dieser einfallslose Vers nur Gelächter erregt. Doch als die Frauen darauf beharrten und die Verse zu ihren Tänzen immer wieder sangen, schien es Jonathan mehr zu werden – ihm klang es wie Prophetie.

Während der Prinz weiter seine Ausrüstung bearbeitete, kam ihm plötzlich der Gedanke, daß er David seine Freundschaft und Liebe am besten dadurch zeigen könnte, daß er ihm seine Rüstung und die Waffen schenkte.

Jonathan wartete, bis David das Lied beendet hatte, das er gerade sang, dann erhob er sich, ergriff seinen Schild und sagte zu dem in einer Zeltecke sitzenden Sänger: „Bruder David, du bist für unsere Familie und für unser ganzes Volk ein großer Segen. Ich habe lange nachgedacht, wie auch ich dir meine Dankbarkeit ausdrücken könnte, und möchte dir deshalb das hier schenken.“ Damit trat er zu David und legte seinen Schild vor ihm nieder.

Davids Augen wurden groß, während er nach Worten suchte. Doch ehe er etwas sagen konnte, legte Jonathan noch sein Schwert und den Bogen mit dem Köcher dazu und auch noch den goldbelegten Gürtel, den er um seine Hüften trug. Er verbeugte sich, legte eine Faust auf seine Brust und sagte feierlich: „Ich will für immer dein Freund sein, David Ben Isai – und dein Diener.“

David wußte immer noch nicht, was er sagen sollte. Er hatte Jonathan immer bewundert, und für ihn war der Prinze der Held, dem man Ehre entgegenbringen mußte. „Mein Herr“, stammelte der Junge, „ich …“

Während David noch nach Worten suchte, erhob sich der König von seinem Lager. Seinem Gesicht war anzusehen, daß seine Seele in Aufruhr war und daß böse Gefühle in ihm tobten. Plötzlich begann er zu singen:

Saul hat tausend geschlagen,
aber David zehntausend.

„Hast du das gehört?“ fuhr er seinen Sohn an. Er hatte die Fäuste geballt, und in seinen Augen brannte ein böses Feuer. „David haben sie zehntausend zugeschrieben, aber mir nur tausend.“ Wütend begann der König im Zelt hin und her zu gehen.

David sprang auf, ergriff seine Harfe und drängte sich noch mehr in die Ecke, um dem König aus dem Weg zu gehen, während Jonathan sich wie schützend halb vor ihn stellte. „Vater", sagte der Prinz, „es ist doch alles in Ordnung. Die Frauen lieben dich! Das ganze Volk liebt dich! Aber David hat jetzt eben eine so große Tat vollbracht, die ihn vorübergehend ins Licht rückt. Laß ihm doch für jetzt diese Ehre. Jeder weiß doch: Du bist der König Israels!"

Doch Saul war jetzt von einer Laune gepackt, in der er nicht mehr ansprechbar war. Seine Familie wußte das aus bitterer Erfahrung. Wie ein eingesperrter Löwe rannte er im Zelt hin und her. Auf seiner Stirn erschienen große Schweißtropfen. „Und nun du", empörte er sich, „Fleisch von meinem Fleisch ... mein eigener Sohn ... ehrst diesen kleinen Bengel mehr als deinen eigenen Vater!" Wütend ging er auf die beiden Jüngeren zu.

„Nein, Papa!" flehte der Prinz. „Du liebst ihn doch genau wie ich. Tue ihm jetzt nichts Böses!"

Der König blieb stehen. „Papa?" bellte er. „Du nennst mich Papa, und doch beschützt du meinen Feind. Sie haben David zehntausend zugeschrieben, und mir nur tausend. Was könnte er nun sonst noch bekommen? – Doch nur noch das Königreich!"

Völlig außer sich ergriff Saul Jonathans Speer, erhob ihn und schleuderte ihn auf David. Doch der Junge war schnell genug und konnte der tödlichen Waffe ausweichen, die mit einem häßlichen Laut die Zeltwand durchbohrte.

Jonathan gab David einen Stoß und rief: „Lauf, David! Lauf um dein Leben!"

Der Riesenbesieger tat dies, und der Prinz folgte ihm. Beide rannten durch das Lager bis hinaus in die dunklen Felder. Noch nie in seinem Leben war David vor einem Kampf davongelaufen. Er hatte den Löwen besiegt und den Bär und auch den Riesen – und Jonathan war schon oft genug gegen die Philister siegreich gewesen.

Doch Saul war kein Philister, und auch kein Goliath. Es

war ein Dämon, der Saul in diese bösen Anfälle trieb, und ein Dämon war ein übernatürliches Wesen. Jonathan hatte die Macht des Bösen über seinen Vater schon manchmal erlebt, und nun war auch David ihm begegnet.

Intermezzo

Es war nicht das letzte Mal, daß David und Jonathan vor Sauls Speer in das Dunkel der Nacht flohen oder sich in den Feldern verbargen. Zweimal noch innerhalb der nächsten Jahre machte Saul den direkten Versuch, David zu töten; und jedesmal in seinem Zelt, während David die Harfe spielte. Trotzdem machte ihn der unberechenbare König in der Armee zu einem seiner führenden Offiziere.

Nach einiger Zeit wurde David Israels führender General, und das Lied der Frauen wurde Wahrheit. Das Ansehen des Königs verfiel, und Davids Ruhm wurde immer größer. Deshalb wurde er von Sauls Haß immer mehr verfolgt und mußte in die Wildnis fliehen. Dort lebte er mit einer Schar von Anhängern wie Ausgestoßene, immer in der Gefahr, von Sauls Soldaten gefangen zu werden.

Ein sehr notvolles Kapitel, das ihm auch später noch Probleme bereiten sollte, war seine Ehe mit Sauls Tochter. Der König hatte David seine Tochter versprochen, gab aber dann doch die ältere, Merab, einem anderen Mann. Auf Druck der Bevölkerung hin willigte er dann doch in die Ehe seiner zweiten Tochter Michal mit David ein. Doch nach einem Jahr, als er David wieder einmal mit seinem Haß verfolgte und dieser fliehen mußte, erklärte er die Ehe für ungültig und gab Michal einem anderen Mann.

Erst als David dreißig Jahre alt war, hörte für ihn die Bedrohung auf, weil Saul sein Leben verlor. Es geschah bei Gilboa, wo die Philister einen gewaltigen Sieg über Israel errangen. Dabei verloren auch Jonathan und seine Brüder ihr

Leben. König Saul wurde so schwer verwundet, daß er sich in sein eigenes Schwert stürzte, um nicht in die Gefangenschaft der Philister zu geraten.

In seiner Trauer um seinen Feind Saul und seinen Freund Jonathan zeigt sich Davids wahrer Charakter. Er schrieb zu ihrem Gedächtnis ein Lied:

Israel, dein Stolz
liegt erschlagen auf deinen Höhen.
Ach, die Helden sind gefallen ...
Ohne Blut kam der Bogen Jonathans nie zurück;
auch das Schwert Sauls
kehrte niemals erfolglos zurück ...
Im Leben und im Tod sind sie niemals getrennt.
Sie waren schneller als Adler
und stärker als Löwen.
Ihr Töchter Israels, um Saul müßt ihr weinen ...
Ach, die Helden sind gefallen mitten im Kampf.
Jonathan liegt erschlagen auf deinen Höhen.
Weh ist mir um dich, mein Bruder Jonathan.
Du warst mir sehr lieb ...
Ach, die Helden sind gefallen,
die Waffen des Kampfes verloren.

Nach Sauls Tod zog David nach Hebron. Dorthin kamen die Ältesten des Stammes Juda und krönten ihn zum König über ihren Stamm. Das war im Jahr 1011 vor Christus, wie man später einmal die Zeit berechnen würde. David war dreißig Jahre alt.

Sieben Jahre regierte David in Hebron, besiegte alle seine Feinde und machte Juda groß. Dann kamen die Ältesten aller anderen Stämme Israels zu ihm nach Hebron und baten ihn, auch ihr König zu werden. So wurde David im Jahr 1005 König über ganz Israel.

Teil V

Die Stadt Davids

1005–1000 v. Chr.

1. Kapitel

Michal, die Tochter Sauls, saß in ihrem prunkvollen Raum im Palast auf dem Königsberg in Hebron und blickte die Straße entlang, die in Richtung Norden nach Jebus führte. Doch ihre Gedanken gingen noch nördlicher über Jebus hinaus in das fruchtbare Land ihrer Kindheit mit den Zwillingsstädten Gibeah und Galim. In Gedanken wanderte sie dort durch die Straßen und Gassen. Erst seit einigen Wochen lebte sie nicht mehr dort, doch sie fürchtete, sie nie mehr wiederzusehen.

Erst vor einem Monat war sie nach Hebron gebracht worden, um zum zweiten Mal den Platz als Davids Frau einzunehmen. Sie hätte sich eigentlich freuen sollen, denn gerade heute war David zum König über ganz Israel gekrönt worden. Und sie, seine zurückgekehrte Frau, war nun Königin über das ganze Volk.

Doch sie war heute keine junge Braut von dreizehn Jahren mehr wie damals, als sie den jungen Bethlehemiten geheiratet hatte. Wie Jonathan, ihr Bruder, voraussah, hatte sie sich ungeheuer in David verliebt, als sie ihn kennenlernte. Nie hätte sie gedacht, daß ihre Gefühle für ihn abkühlen könnten; und sie war verzweifelt gewesen, als ihr launenhafter Vater sie von David weggenommen und einem anderen zur Frau gegeben hatte. Damals hatte sie geglaubt, nie wieder glücklich werden zu können.

Doch die Zeit ist eine seltsame Sache, sie kann Dinge bewirken, die man nie für möglich gehalten hätte. Sie war sicher gewesen, daß sie Phalti, den Sohn eines Generals aus dem Stamm Benjamin, nie würde lieben können. Er war längst nicht so hübsch, und auch keine Frohnatur wie David, sondern eher langweilig. Doch er umgab sie mit Geduld und Freundlichkeit, bis sie eines Tages merkte, daß in ihr doch tiefere Gefühle für ihren neuen Gatten wuchsen.

Natürlich, sie war bei beiden Heiraten noch ein Kind gewesen. Außerdem war sie nur für ein Jahr Davids Frau, verglichen mit den vierzehn Jahren mit Phalti. Und sie mußte sich eingestehen, sie vermißte Phalti. Und sie vermißte ihre Heimat, die Region um Gibeah, Sauls königliche Residenz. Sie war dort glücklich gewesen, ehe sie David kennenlernte, und sie war auch später in der Nachbarstadt Galim glücklich, wo sie mit Phalti wohnte.

Der königliche Palast in Hebron war ohne Liebe ein kalter Platz. Gewiß, David schien sie noch so zu lieben wie damals bei ihrer Hochzeit; und sie war sicher, er würde sie auch noch so begehren, wenn er heute abend in ihr Gemach kam. Doch die Gefühle mußten auf Gegenseitigkeit beruhen, und das war bei ihr nicht mehr der Fall.

Von draußen war der Lärm der Feiernden zu hören. Hunderttausende waren aus allen Stämmen Israels gekommen, um an der Krönung ihres Königs teilzunehmen. David und die Führer der Stämme würden sicherlich bis weit in die Nacht hinein zusammensitzen.

Mit einem Seufzer erhob sich Michal, ergriff den blanken Metallspiegel und machte sich für die abendliche Feier zurecht, bei der sie neben dem König sitzen mußte. Das königliche Paar mußte den Vertretern aller Stämme ein Bild inniger Gemeinsamkeit bieten. Doch sie fragte sich, wie lange sie diese Maskerade als des Königs willige Partnerin aufrechterhalten konnte.

Gewiß, von der Kindheit an hatte man ihr beigebracht, daß es die höchste Aufgabe der Frau sei, dem Mann zu dienen. Als Kind hatte sie ohne Widerspruch ihrem Vater gehorchen müssen. Dann ein Jahr lang ihrem ersten Mann David. Doch das war ihr leicht gefallen, weil sie ihn damals von Herzen geliebt hatte. David hatte alles Recht gehabt, sie nun zurückzufordern, denn Saul hatte ihm damals schweres Unrecht getan, als er sie ihm weggenommen und Phalti gegeben hatte.

Aber nun war sie vierzehn Jahre Phaltis Frau gewesen. Sollte sie sich schuldig fühlen, wenn sie in Davids Armen lag und dabei Phaltis Gesicht vor sich sah? Immer wieder mußte sie an das Leid und Entsetzen in Phaltis Gesicht denken, als sie aus seinem Haus weggeholt wurde, um sie zu David zurückzubringen. Welcher von beiden Männern nun der richtige war, konnte sie nicht sagen. Sie war innerlich eine zerrissene Frau.

2. KAPITEL

David lag neben Michal auf ihrem Bett. Er hatte die Fäuste geballt und biß die Zähne zusammen. Seine Frau, neben ihm, schien zu schlafen. Doch er wußte, daß sie wach war. Er hoffte, sie würde heute nicht wieder weinen wie in den letzten Wochen jedesmal, nachdem sie sich geliebt hatten. Michal hatte still geweint, nachdem sie glaubte, David sei eingeschlafen. Aber er hatte es dennoch bemerkt.

Es war nicht immer so gewesen. Als sie vor vielen Jahren geheiratet hatten, waren sie ineinander verliebt gewesen und hatten sich aneinander erfreut. In jenen Tagen hatte sich Michal, nachdem die Leidenschaft vorüber war, nicht auf die andere Seite gedreht und vorgegeben, nun zu schlafen. Ihre Haltung schmerzte ihn tief.

Gewiß, David verstand, daß Änderungen eintreten konnten, nachdem Michal vierzehn Jahre einem anderen Mann gehört hatte. Doch er hatte gehofft, ihre alte Liebe würde neu erwachen, wenn sie erst wieder beisammen waren. Natürlich wollte David nichts erzwingen. Andererseits hatte sie sich, seit sie wieder bei ihm war, ihm nie verweigert, sondern ihm immer die Rechte des Ehegatten gewährt. Doch er spürte, daß sie selbst nicht mit dem Herzen dabei war, und das ließ ihn stets eine innere Leere empfinden.

Ihr Atmen wurde jetzt unruhiger, und er flüsterte: „Michal ..." Doch da war keine Reaktion.

Lauter, mit etwas Ärger in der Stimme, wiederholte er: „Bist du wach, Michal?"

Vielleicht war der Ton warnend genug gewesen, denn

die Frau bewegte sich, drehte sich zu ihm um und öffnete die Augen. David spürte, wie sein Ärger wuchs. „Wie ist es möglich, daß dein Haß auf mich so groß ist?" stöhnte er. „Erinnerst du dich noch an jene letzte Nacht damals in Gibeah, in deines Vaters Haus, als ich in deinen Raum kam?"

Natürlich erinnerte sie sich daran. Das waren ihre letzten gemeinsamen Augenblicke gewesen, ehe man sie auseinandergerissen hatte.

„Du hast mich in jener Nacht gerettet, Michal. Wir küßten uns zum letzten Mal, und dann hast du mich mit der Schärpe deines Gewands zum Fenster hinuntergelassen, weil du mich liebtest."

Michal nickte. „Ich erinnere mich."

David sprang auf und rief: „Du hast dein eigenes Leben riskiert, um meines zu retten. Deshalb hat dein Vater dich dann einem anderen Mann gegeben. Wie kann es sein, daß es dir nun nichts mehr ausmacht?"

„Nichts mehr ausmacht?" weinte sie. „Seit wann kommt es darauf an, was es mir ausmacht? Ich war tief verletzt, als man mich von dir wegriß! Es machte mir Not, als man mich in die Arme eines Fremden warf! Monatelang fühlte ich mich schuldig, wenn der andere mich in die Arme nahm. Und als ich dann begann, für Phalti etwas zu empfinden, empfand ich deshalb wieder Schuldgefühle. Wen kümmert es schon, ob es mir etwas ausmacht?" Sie hatte sich im Bett aufgerichtet und die Hände vors Gesicht geschlagen.

David trat zu ihr. „Michal", stöhnte er, „auch ich habe gelitten. Du kannst meine Verzweiflung nicht nachfühlen, wenn ich daran dachte, daß du in den Armen eines Fremden lagst."

„Du hast dich ja dafür entschädigt", hielt sie ihm vor. „Sechs Frauen hast du mittlerweile genommen, und hast sechs Söhne. Sah so dein Leiden aus, David?" Mit harten Augen sah sie ihn an. „Und was Phalti angeht, für mich ist er kein Fremder mehr, sondern meine Welt. Er hat dich in meinem Leben ersetzt, David." Ihre Stimme klang eisig.

„Du hast mich einmal geliebt, und ich will die Hoffnung nicht aufgeben, daß du mich wieder lieben wirst", entgegnete er.

Tief bekümmert trat David an das Fenster und schaute auf das im hellen Mondlicht liegende Land. Vor seinem geistigen Auge stand die heilige Stadt und ihr hoch aufragender Tafelberg. Zu weit entfernt, um sie von Hebron aus mit den natürlichen Augen zu sehen, mußte er gerade jetzt an jene Nacht denken, als der Prophet Samuel mit ihm zum Ölberg gegangen war. Samuel war längst tot. Doch immer, wenn er an ihn dachte, erinnerte er sich daran, was der alte Mann gesagt hatte.

„Komm her, Michal!" befahl der König. Zitternd trat die Frau zu ihm.

„Du bist meine rechtmäßige Frau", wiederholte David. „Schau hinaus auf das Land zu unseren Füßen. Du wirst mit mir über Israel und Juda herrschen. Und hinter diesen Hügeln liegt die Stadt unseres Vaters Abraham – die heilige Stadt. Eines Tages werden wir gemeinsam dort einziehen und von dort aus regieren – in der ewigen Stadt. Dann wirst du mich wieder lieben!"

3. Kapitel

Ornan, der Jebusiter, lief unruhig auf dem flachen Dach seines Hauses hin und her. Neben ihm ging der untersetzte, aber kräftig gebaute Führer der jebusitischen Armee, ein erfahrener Feldherr, dessen Truppen in den vergangenen Jahren oft gemeinsam mit denen Judas und Benjamins gekämpft hatten.

„Dir ist klar, daß wir allein stehen“, sagte Remon. „Wenn Juda sich gegen uns wendet, wird Benjamin mit ihm gehen, jetzt, da David das ganze Israel vereinigt hat.“

Ornan schüttelte den Kopf. „Ich kann es immer noch nicht glauben. Du sagst, Davids Heer versammelt sich in einem Tal in der Nähe unserer Stadt?“

„So ist es“, nickte Remon. „Die Männer von Juda und Benjamin haben heute morgen die Stadt verlassen, als die Tore geöffnet wurden. Sogar alte Freunde von dir, wie Eliam und Ahitophel.“

Ornan verstand es nicht, obwohl auch er es immer deutlicher gespürt hatte. Seit David vor sieben Jahren in Hebron zum König über Juda gekrönt wurde, hatten vor allem die Juden immer lauter davon gesprochen, daß Israel ein „Recht“ auf Jebus habe. Sie sagten, die Verheißung ihres Gottes an Abraham müsse nun erfüllt werden.

Ornan hatte eine schwache Idee davon, wer Abraham war. Er wußte, daß die Israeliten in ihrer Tradition von Abraham, der seit unendlich langer Zeit verstorben war, sagten, ihr Gott habe ihm den Berg, auf dem er einst ein Opfer brachte, als heiliges Eigentum versprochen. Doch dieser

Abraham selbst hatte nie in Jebus gewohnt, noch hatte er hier regiert.

„Du denkst, selbst Eliam und Ahitophel würden gegen uns kämpfen?" wunderte sich Ornan.

„Da bin ich sicher", bestätigte Remon. „Man hat ihnen schon das Kommando über vier Abteilungen zu je hundert Mann übertragen."

Ornans Herz wurde schwer. Er erinnerte sich an manche schöne Stunde, die er gemeinsam mit seinen judäischen Freunden verbracht hatte. „So ist das also", ärgerte er sich. Juda und Benjamin wollen nun in die Hand beißen, von der sie Jahrhunderte gefüttert wurden."

„So scheint es zu sein", stimmte Remon zu.

Ornan blickte über die Stadt hinweg. „Wie viele unserer Leute wissen von der sich versammelnden Armee?" fragte er.

„Spätestens morgen vormittag werden es alle wissen", antwortete der Soldat. „Doch die Armee von Jebus ist bereit, und die Wachen auf den Mauern und Türmen erwarten deine Befehle."

Seine Befehle? Das war neu für Ornan. Wenn die Streitkräfte von Jebus bisher in den Krieg gezogen waren, hatten ihre Generäle die Verantwortung mit den Generälen von Juda und Benjamin geteilt. Doch nun war Jebus allein, und Ornan sollte Entscheidungen treffen über Dinge, von denen er nichts verstand.

„Ich bin darauf überhaupt nicht vorbereitet", antwortete Ornan verlegen. „Hier muß ich mich ganz auf dich verlassen, Remon. Ich übertrage dir die Befehlsgewalt."

Remon hatte das erwartet. Mit einer Verbeugung antwortete er selbstbewußt: „In Ordnung, Herr, ich werde mein Bestes tun." Damit ließ er das Oberhaupt der Stadt allein.

Die Dämmerung brach herein, und weit im Süden sah Ornan viele sich bewegende Lichter. Israels Truppen sammelten sich dort. Der Fürst von Jebus überlegte, welche Chance die Stadt gegen Davids kampferprobtes Heer haben würde. Er selbst hatte immer ein privilegiertes Leben geführt, geschützt von dem Dreierbündnis, das Jebus Sicherheit gab. Doch heute drohte der Stadt selbst zum ersten Mal seit langer Zeit unmittelbare Gefahr.

Ornan war kein eifriger Verehrer der Götter, doch heute, so fand er, konnte es nichts schaden, zum Tempel Astartes zu gehen und die Göttin um Hilfe und Schutz für die Stadt zu bitten. Leise verließ er das Dach und machte sich in der immer mehr zunehmenden Dunkelheit auf den Weg zum Westhang des Moriah, wo Astartes Tempel stand.

Während er am Hang des Berges entlangging, mußte er an die ihm gehörende Tenne auf dem Gipfel denken und an die seltsamen Gefühle, die ihn stets ergriffen, wenn er einmal dort war. Er wunderte sich auch über den Betrieb, der trotz der vorgerückten Stunde noch herrschte. Junge Priester und noch nicht geweihte Novizen eilten zum Tempel oder kamen von dort, und auch der Geruch von Opferfeuer lag noch in der Luft.

Als wieder ein junger Priester vorbeieilte, sprach Ornan ihn an. „Sind denn die Priester immer noch im Tempel? Die Stunde der Opfer und Gebete ist doch längst vorüber."

„Das stimmt schon, Herr", antwortete der junge Mann. „Doch die Priester sind besorgt, weil seltsame Dinge geschehen. Deshalb bringen sie Extra-Opfer und beten zur Göttin."

Er blickte sich um, konnte aber nichts Besonderes feststellen. „Seltsame Dinge?" fragte er. Doch dann erkannte er, daß die Priester von der halben Höhe des Berges aus die fernen Lichter ebenfalls sehen konnten und deshalb die Göttin noch besonders um Schutz baten. „Ja", bestätigte er dann, „wir werden Probleme bekommen. Das ist der Grund, weshalb auch ich gekommen bin, um zu beten."

Er wandte sich wieder an den jungen Priester und forderte: „Sage deinem Herrn, ich möchte ihn gern sprechen. Ich könnte seinen Rat gebrauchen."

„Dann hast du es also auch gehört, Herr?" wunderte sich

der Priester. „Man kann es auch von der Straße unter uns vernehmen."

Also waren es doch nicht die Lichter in den Tälern, von denen die Unruhe der Priester kam. „Man kann es hören?" fragte er. „Wovon sprichst du, mein Junge?"

Der Priester wollte gerade antworten, doch dann fuhr er zurück und preßte sich in eine Nische der Tempelmauer, die sie gerade erreicht hatten. „Da!" schrie er. „Sicherlich hörst du es jetzt auch! Wir hören es schon den ganzen Tag, und nicht einmal die Seher unter uns Priestern können sagen, was es bedeutet."

Die Stimme des Jungen war kaum noch vernehmbar in dem plötzlichen Heulen eines mächtigen Sturmes über ihnen. Die Bäume bogen sich, und das Heulen steigerte sich zu scheinbar überirdischem Gebrüll. Ornan kannte diese fürchterlichen Geräusche von der Tenne her, wenn sie dort auch nie so laut gewesen waren.

„Wie lange geht das schon so?" schrie er in dem Sturm.

„Seit heute morgen", antwortete der Junge. „Es begann etwa zu der Zeit, als die Tore von Jebus geöffnet wurden." Ornan mußte an sein Gespräch mit Remon denken. Welche Verbindung hatte der Auszug der Israeliten aus der Stadt mit diesem Geheul?

Während er noch darüber nachdachte, war es, als zögen die furchtbaren Töne wie auf gewaltigen Flügeln den Hang hinauf; und nun waren sie von der Tenne, vom Gipfel des Moriah her zu hören.

4. Kapitel

Ähnlich wie Ornan stand auch Bathseba auf dem Dach ihres Hauses und betrachtete die sich in der Ferne versammelnden Lichter. Seit ihr Gatte am frühen Morgen das Haus verlassen hatte, wußte sie, daß Krieg drohte. Er hatte ihr allerdings nicht gesagt, daß Israel beabsichtigte, Jebus zu erobern, die Stadt, die ihrer aller Heimat war. Da Uriah David diente, wurde er zum Verräter an seiner Heimatstadt.

Seit zweiundzwanzig Jahren war sie nun mit Uriah *dem Hetiter* verheiratet. Doch sie hatte nie wirklich gelernt ihn zu lieben. Seine Großmäuligkeit und sein prahlerisches Wesen sowie seine Rücksichtslosigkeit gegenüber anderen, auch ihr gegenüber, hatte sie immer wieder zurückgestoßen.

Uriah war ein Krieger und war deshalb die meiste Zeit ihrer Ehe nicht daheim gewesen, sondern in irgendwelchen Kämpfen, wo es Beute und Ruhm zu gewinnen gab. Und wenn er daheim war, tat er nichts anderes, als seine Waffen und sonstige Ausrüstung zu putzen und in Ordnung zu halten. Sollte er einmal aus einem Krieg nicht mehr heimkehren, würde Bathseba ihn als einen Mann in Erinnerung behalten, den außer Kämpfen und Waffen nichts weiter interessierte.

Vor einigen Jahren war er in den Dienst von König David getreten. Und da er als Krieger sehr tüchtig und erfahren war, hatte er das Vertrauen Joabs gewonnen. Joab war der oberste Befehlshaber der Armee von Juda. Und bei Joab war Uriah auch jetzt.

Als er am frühen Morgen die Stadt verließ, hatte er

Bathseba und ihrer Dienerin nur noch eingeschärft, den ganzen Tag im Haus zu bleiben und vor allem nicht in die Nähe des Marktplatzes zu gehen. Wie sie später erfuhr, hatten alle judäischen und benjaminitischen Familien gleiche Anweisungen erhalten. Uriah hatte sie auf die Wange geküßt und gesagt: „Dein Vater und Großvater warten am Tor auf mich. Bete für uns." Damit war er gegangen.

Den ganzen Tag hatte sie darüber nachgedacht, was die Israeliten wohl diesmal planten. Mehrere Male während des Tages hatte ihre Dienerin nach ihr geschaut. Doch Bathseba hatte das Bedürfnis, allein zu sein, und hatte Dorka, so war der Name der Dienerin, stets mit einer Handbewegung wieder fortgeschickt.

Es war nun eigentlich Zeit, ins Bett zu gehen. Doch ihr leeres Schlafgemach lockte sie nicht. „Dorka", rief sie, „bringe etwas Wein mit und leiste mir auf dem Dach noch Gesellschaft!"

Die Bitte überraschte Dorka nicht, denn ihre Herrin rief sie am Abend oft, wenn sie allein war. Sie beeilte sich also, mit dem Gewünschten auf dem Dach zu erscheinen. Als sie alles auf einem kleinen Tisch arrangiert hatte, setzte sie sich ebenfalls und blickte nach Süden zu den vielen Lichtern hin.

„Wird der Herr diesmal lange wegbleiben?" fragte sie nach einiger Zeit.

Bathseba zuckte nur mit den Schultern und sagte dann: „Du bist mehr als eine Dienerin, Dorka, du bist wie eine gute Freundin."

5. KAPITEL

Joab, der Führer der Armee des Stammes Juda, saß auf dem Hirtenfeld von Jebus vor seinem Zelt. Mit einem neben ihm liegenden Stock schürte er von Zeit zu Zeit das brennende Feuer. Vor einem Monat hatten sich die Anführer der vereinigten Heere von Israel und Juda in Hebron getroffen. Bei dieser Gelegenheit hatte David angekündigt, es sei nun an der Zeit, die Stadt Jebus für Israel zu erobern. Seitdem lebte Joab in großer Erwartung.

An diesem Morgen hatte der König seine Truppenführer wieder zu sich gerufen und ihnen mitgeteilt, daß das geplante Unternehmen gegen Jebus nun beginnen sollte. Joab war innerlich tief ergriffen. Ein jahrhundertealter Traum sollte wahr werden, und er durfte daran teilhaben. Die heilige Stadt, die Jehova tausend Jahre zuvor Abraham versprochen hatte, würde nun ihnen gehören.

Jemand näherte sich seinem Zelt. Als Joab aufschaute, erkannte er im Feuerschein Uria, der respektvoll in einigen Metern Entfernung stehen geblieben war. „Du hast mich rufen lassen, Herr", sagte er.

„Tritt näher, Uria, und setz dich", forderte Joab ihn auf. „Ich möchte mit dir über deine Aufgabe für morgen sprechen."

„Ja, Herr", antwortete Uria, ein wenig überrascht, weil ihm eine solche Ehre zuteil wurde, obwohl er nicht zu den höheren Offizieren gehörte.

„Du bist ein vertrauenswürdiger Mann, Uria, und ein guter Soldat."

Erstaunt über dieses Lob beugte Uria sein löwenmähniges Haupt. „Ich fühle mich sehr geehrt, dir dienen zu können, Herr.“

Joab fuhr fort: „Ich bin mir nicht ganz sicher, ob du, ein Hetiter, es ganz verstehen kannst, warum es Israels größter Wunsch ist, gerade Jebus zu besitzen.“

Uria blickte Joab offen an und antwortete: „An dem Tag, an dem ich in Davids Dienst trat und ihm die Treue schwur, galt dieser Eid auch Davids Gott. Ich bin zwar kein Hebräer, aber ich respektiere euren Glauben, daß Jehova den Besitz meiner Stadt den Kindern Abrahams versprochen hat.“

„Du hast also keine persönlichen Bedenken, wenn wir morgen die Stadt stürmen und sie deinen Landsleuten entreißen?“

Uria blickte nachdenklich in das Feuer, dann sagte er: „Ich habe viele Jahre als Soldat manchem König und Heerführer gedient und gegen viele Völker und Stämme gekämpft. Immer war ich auf der Suche nach dem größten König, dem ich gern dienen wollte. Seit ich in Davids Dienst stehe, ist mir klar geworden, daß es in unserer Zeit keinen größeren König und Heerführer gibt als ihn. Deshalb gehört ihm meine absolute Treue.“

„Deshalb also akzeptierst du auch Jehova?“ fragte Joab.

„Ist das ein unwürdiger Grund?“

„Durchaus nicht“, antwortete Joab.

Schweigen trat ein zwischen den beiden Männern. Joab dachte nach, und Uria schwieg aus Respekt. Endlich begann Joab: „Ich vertraue dir, Uria, und da du ein guter und erfahrener Soldat bist, möchte ich dir nun eine größere Aufgabe übertragen. Du sollst einer meiner dreißig oberen Heerführer werden. Würde dir das gefallen?“

Uria war völlig überrascht und überlegte. Das Angebot Joabs bedeutete, daß er ab jetzt eine Truppe von zehntausend Kriegern führen würde. Er schlug sich mit militärischem Gruß mit der Faust an die Brust. „Es würde mich sehr stolz machen, Herr. Und ich würde mein Bestes tun, um mich deines Vertrauens würdig zu erweisen."

„Ich habe auch nichts anderes erwartet", nickte Joab. „Deshalb sollst du auch unter diesen dreißig Generälen einer der drei am höchsten Stehenden sein."

Uria verschlug es zunächst die Sprache. Dann sagte er stockend: „Meinst du, meine Truppe soll eine so auserwählte Schar sein wie die deines Bruder Abisai und die von Benaja?"

„Stimmt", bestätigte Joab. Er fuhr fort: „Kannst du dir denken, weshalb David gerade jetzt die Zeit für gekommen hält, die Stadt in unsere Hand zu bekommen, obwohl wir wissen, wie schwer es sein wird, sie einzunehmen?"

Nachdenklich antwortete Uria: „Was die Zeit angeht, warum es gerade jetzt sein muß, daß die Stadt für Israel erobert wird, weiß ich nicht. David wird dafür sicher einen guten Grund haben." Er schwieg einen Augenblick, ehe er fortfuhr: „Wie schwer es ist, Jebus einzunehmen, ist mir völlig klar. Eigentlich müßte man sagen, es ist unmöglich. Die Stadt ist schon von Natur aus eine Festung und von drei Seiten so gut wie unzugänglich. Außerdem sind ihre Befestigungsanlagen in vielen Jahrhunderten immer mehr erweitert und verstärkt worden. Jebus ist die stärkste Festung, die ich kenne."

Nachdenklich schwieg er. Endlich fügte er kopfschüttelnd hinzu: „Bei all meinen militärischen Kenntnissen weiß ich nicht, wie wir die Stadt einnehmen sollten. Hoffentlich hat David einen guten Plan. Ja, wären sich die in der Stadt wohnenden Angehörigen der beiden Stämme Juda und Benjamin einig gewesen, hätten sie wohl die Jebusiter von innen her überwältigen können. Aber solange ich denken kann, herrschte zwischen diesen beiden Stämmen Israels Neid und Uneinigkeit, so daß die Jebusiter sie immer leicht gegeneinander ausspielen konnten."

Joab nickte: „Du hast das Problem genau erkannt; und das ist auch der eigentliche Grund, weshalb David gerade jetzt Jebus erobern will."

Joab räusperte sich, holte einmal tief Luft und erklärte: „Wie du weißt, war David bis vor kurzer Zeit nur König über den Stamm Juda. Die nördlichen Stämme Israels hielten noch zum Hause Sauls und hatten noch einen König aus seiner Familie. Dies hat sich nun geändert. David ist König über ganz Israel. Aber die Rivalität zwischen den einzelnen Stämmen ist noch sehr groß, und sie beobachten sich gegenseitig eifersüchtig. Es wäre nicht weise, wenn Hebron, eine Stadt Judas, auf die Dauer die Hauptstadt für ganz Israel bliebe. Deshalb möchte David jetzt Jebus in die Hand bekommen, das bisher keinem der Stämme gehörte, und es zu seinem Regierungssitz machen. Es soll ein Zeichen der Einheit Israels sein."

„Jetzt verstehe ich auch den Zeitfaktor, von dem du vorhin sprachst", meinte Uria. „Läge es an mir allein, wäre die Stadt schon in unseren Händen. Aber so ..." Er zuckte ein wenig hilflos mit den Schultern.

„Da ist noch etwas", fügte Joab noch hinzu. „Bisher bin ich nur der Anführer der Armee des Stammes Juda. Ich hoffe aber, wenn wir Jebus erst erobert haben, oberster Führer des vereinigten Heeres ganz Israels zu werden. Und mit Männern, wie du einer bist, hinter mir, werde ich dieses Ziel erreichen."

„Du kannst fest mit mir rechnen", versprach Uria ihm und erhob sich, um zu seinem eigenen Zelt zu gehen.

6. Kapitel

König David ritt über die taubedeckten Felder nördlich von Hebron. Sein Ziel war die gewaltige Festung Jebus. Schon als Hirtenjunge hatte er oft nach dem hohen Tafelberg Ausschau gehalten. Seit jener nächtlichen Wanderung mit dem Propheten Samuel waren ihm die Stadt und der Berg noch wichtiger geworden. Doch noch nie hatte er die geheimnisvolle Ausstrahlung, die von dort für ihn ausging, so empfunden wie an diesem Morgen.

Er hatte nun mit seiner Begleitung auch schon die Hirtenfelder seiner Heimatstadt Bethlehem hinter sich gelassen, und immer mächtiger erhob sich der heilige Berg vor ihnen. David war ja nicht nur König, er war auch Poet. Und die Morgenstimmung, die sie umgab, mit der immer näher rückenden Stadt, machte einen tiefen Eindruck auf seine Seele.

Als er sich einmal im Sattel umdrehte und auf die hinter ihm marschierende Truppe blickte, fragte er sich, was die Soldaten wohl empfanden, als jetzt die ungeheuren Felswände und die gewaltigen Mauern und Türme von Jebus immer deutlicher sichtbar wurden. Waren sie siegesgewiß, oder begannen sie angesichts dieser riesigen Befestigungen zu zweifeln, und ergriff vielleicht sogar Furcht ihre Herzen?

Als David mit seiner Begleitung das Lager der schon am Tag zuvor eingetroffenen israelitischen Truppen erreichte, überließ er es dem Anführer seiner noch mitgebrachten Krieger, sie an den dafür vorgesehenen Platz zu bringen und vorläufig ebenfalls lagern zu lassen.

Er wandte sich nun an die ihn begleitenden Melder und sandte je einen zu allen höheren Truppenführern mit dem Befehl, sie sollten sich schnellstens unterhalb der Mauern von Jebus in der Nähe der Gihon-Quelle versammeln. Er selbst ritt auch nach dort.

Mittlerweile hatten die auf den Mauern und Türmen stehenden jebusitischen Krieger begonnen, von oben herab Steine auf die näher heranrückenden israelitischen Truppen zu werfen und sie mit Hohn zu überschütten. „Bildet ihr euch etwa ein, ihr könntet diese mächtige Festung erstürmen?“ spotteten sie. „Ihr seid doch gegen diese Mauern nichts anderes als armselige Schafe und Söhne von Maultieren.“

Mit brennenden Augen starrte David auf die Befestigungsanlagen und die Spötter, während sich in seiner Nähe nach und nach seine Heerführer sammelten. Der Spott von den Mauern hörte auch nicht auf, als er sich jetzt seinen Anführern zuwandte

„Sogar unsere Blinden und Lahmen könnten die Stadt gegen euch verteidigen, denn ihr und eure Waffen sind wie Blinde und Lahme unseren Mauern gegenüber“, schrien die Jebusiter.

David wandte sich jetzt seinen Anführer zu, begrüßte sie und sagte dann: „Die Jebusiter haben recht mit dem, was sie von den Mauern schreien. Diese Stadt ist die stärkste Festung im ganzen Land und darüber hinaus. Ich kenne keine mächtigere.“

„Das haben wir immer gewußt“, bestätigten seine Führer.

Dann sagte David zu aller Erstaunen: „Aber es gibt eine Sache, die sie nicht bedacht haben.“

Jene Führer, die ihren König schon länger kannten, hatten erwartet, er würde ihnen einen besonderen Plan vorlegen. Alle rückten noch näher zusammen. Man konnte ihren Gesichtern die Spannung ansehen.

„Lauscht einmal aufmerksam“, sagte David.

Sie taten es alle, dachten aber, er meine das Geschrei der Jebusiter von den Mauern. Es war Uria, der zuerst antwortete: „Was sollen wir uns von diesen Torheiten beeindrucken lassen. Wir können es doch noch viel lauter.“ Damit klopfte er auf das große Signalhorn, das er umhängen hatte.

David schüttelte den Kopf. „Die Jebusiter meine ich nicht“, antwortete er. „Was hört ihr noch? Lauscht aufmerksam!“

Wie Melchisedck vor Jahrtausenden, so wurde ihnen jetzt das Plätschern und Rauschen der Quelle bewußt. „Es ist die Gihon-Quelle, die wir hören“, bemerkte Joab. „Aber die hat es schon immer gegeben.“

„Richtig“, bestätigte David. „Es ist die Hauptwasserversorgung der Stadt. Und die Mauern sind hinter der Quelle auf den Felsen aufgebaut, nicht um sie herum.“

„Natürlich, hier unten lägen sie ja auch viel zu niedrig und könnten leicht gestürmt werden“, wandte Uria ein.

David betrachtete zunächst aufmerksam den Hetiter und dann die anderen. In den Augen einiger sah er Erkenntnis aufblitzen. Dann sagte er: „Die Jebusiter haben doch von oben einen schmalen Schacht zu der Quelle gebaut, um das Wasser heraufholen zu können. Wenn die Jebusiter von oben zu der Quelle gelangen, dann muß man doch auch von außen her darin nach oben kommen können.“

Erstaunt dachten die Männer über diesen Plan nach. Sie wunderten sich, daß in den vielen Jahrhunderten bisher noch niemand auf diesen Gedanken gekommen war.

Joab überlegte: *Was würde geschehen, wenn die Verteidiger der Stadt sie zu zeitig in der engen Röhre entdeckten. Es gab dann kein Entkommen mehr. Alle, die in dem Schacht steckten, waren dem sicheren Tod geweiht.*

Da fügte David hinzu: „Der erste, der durch den Schacht in die Stadt eindringt und die Jebusiter überrascht, wird in Zukunft der Oberbefehlshaber über die vereinigten Heere Israels sein.“

Ehe ein anderer das Wort ergreifen konnte, hatte Joab die Hand erhoben. Er rief: „Ich, Herr! Ich, Joab, dein Diener, werde tun, was du soeben gesagt hast!“

7. Kapitel

Ornans Kopf schmerzte vor Sorge und Aufregung. Er wischte sich den Schweiß von der Stirn, während er über die Festungsmauern ging, die von seinen Kriegern besetzt waren. Er verstand kaum etwas von militärischen Dingen. Doch er konnte nicht glauben, daß die Stadt völlig uneinnehmbar war, wie seine Soldaten immer wieder von den Mauern dem Feind zuriefen. War es denn je schon erprobt worden?

Sicher, Jebus war berühmt dafür, daß sie schon von der natürlichen Lage her so gut wie unzugänglich war, wegen der tiefen Täler und der steilen Felsen rundum, die von einem Titan aufgetürmt schienen. Doch Ornan fürchtete, daß seine Männer zu sehr auf militärische Theorien setzten.

Die Hauptmacht der Truppen von Jebus hatte Remon an der südlichen Front des Ophel, auch Millo genannt, stationiert. Das war die gewaltige Festung, die schon Melchisedek erbauen ließ. Seit dem frühen Morgen, als die Truppen Davids an die Mauer heranrückten, hatten die Jebusiter sich damit Mut gemacht, daß sie den Israeliten von den Mauern herab Verhöhnungen zuriefen.

Als David sich mit seinen Heerführern in der Nähe der Gihon-Quelle traf, lief Ornan ein kalter Schauer über den Rücken. Was konnten sie dort wollen? Beabsichtigten sie, der Stadt die Wasserversorgung abzuschneiden? Das würde auf eine lange Belagerung hindeuten. Doch das glaubte Ornan nicht, weil David mit einer so großen Armee erschienen war.

Es ging schon langsam auf Mittag zu, und die Belagerer draußen machten noch immer keine Anstalten, zum Sturm anzutreten. Die Truppenteile der einzelnen Stämme waren zwar unter ihren verschiedenen Bannern voll aufmarschiert, hielten aber so weit Abstand von den Mauern, daß sie mit Speeren und Pfeilen nicht zu erreichen waren.

Die Soldaten Ornans konnten nicht viel tun. Sie mußten einfach auf Aktionen der Israeliten warten. Sie selbst konnten nicht aktiv werden, etwa einzelne Stämme draußen angreifen. Dazu waren die Verteidiger der Stadt viel zu wenige. Die immer mehr steigende Ungewißheit darüber, was die Hebräer eigentlich vorhatten, machte die Soldaten von Jebus zunehmend nervöser.

Und dann geschah es! Die eingetretene Stille wurde durch einen lauten Schrei unterbrochen, dem sich viele andere entsetzte Schreie anschlossen. Doch dieses Geschrei kam nicht von dort, wo man vermuten konnte, daß Davids Streiter angriffen, nämlich vom Fuße der Mauern, sondern aus der Mitte der Stadt, vom Marktplatz her.

Schon war aus den Schreien ein regelrechter Tumult geworden, in den sich nun auch schon, zwar noch leise, aber ständig lauter werdend, das Kriegsgeschrei der Hebräer mischte. Draußen vor der Stadt setzten sich jetzt die israelitischen Truppen in Bewegung und stürmten von allen Seiten auf die Mauern los. Auch von ihnen war nun lautes Kriegsgeschrei zu hören.

Ornan rannte entsetzt auf der Mauer entlang, bis er Remon fand. „Was höre ich da?“ schrie er ihn an. „Davids Leute sind in der Stadt?“

Remon war ganz blaß im Gesicht und zuckte nur hilflos mit den Schultern. Die Soldaten auf den Mauern hatten begonnen, die von draußen angreifenden Hebräer abzuwehren. Remon schrie ihnen zu: „Jeder zweite folgt mir! Vorwärts, wir wollen die Schurken wieder aus der Stadt vertreiben!“ Er stürmte von der Mauer hinunter in Richtung Marktplatz, von wo der Kriegslärm herüberdrang. Seine Soldaten folgten ihm.

Ornan wurde von den davonstürmenden Soldaten an die Mauer gedrängt und mußte hilflos zusehen. „Wie sind sie nur in die Stadt gekommen? Wie konnte das sein?“ rief er. Doch niemand antwortete ihm.

Von allen Seiten eilten jetzt jebusitische Soldaten zum Marktplatz, wo der Kampflärm immer lauter wurde. Doch es war zu spät.

Ornan hatte jetzt eine Stelle erreicht, von der aus er auf den Marktplatz hinunterblicken konnte. Und da sah er, was geschah. Aus dem Brunnenhaus kam ein israelitischer Krieger nach dem anderen gelaufen und stürzte sich sofort in den immer mehr zunehmenden Kampf. Obwohl nun auch die jebusitischen Krieger den Marktplatz erreichten, waren schon zu viele Hebräer in der Stadt, und es wurden immer mehr. Wie ein langer Zug von Ameisen kamen sie einer nach dem anderen aus dem Brunnenhaus gestürmt.

Das also war die schwache Stelle der Stadt gewesen, an die niemand gedacht hatte, schoß es Ornan nun durch den Kopf. David hatte diese einzige durchlässige Stelle der ungeheuren Festung gefunden, und seine kampferprobten Krieger waren nun nicht mehr aufzuhalten, denn schon war der Marktplatz ganz in der Hand der Hebräer, und der Kampf verlagerte sich in die umliegenden Straßen.

Weil unablässig immer mehr Israeliten aus dem Brunnenhaus kamen, gewannen sie bald die Oberhand, und die Jebusiter flohen.

Bald gelang es den Kriegern Davids, die in der Stadt waren, von innen eines der Tore zu öffnen. Nun strömten die Hebräer in großen Kolonnen in die Stadt. Überall lagen tote Jebusiter, und Bäche von Blut flossen die Straßen hinab. Die restlichen jebusitischen Truppen, die noch nicht zerstreut waren, zogen sich auf den Moriah zurück. David verfolgte sie nicht auf den Berg hinauf, sondern ließ seine Truppen auf etwa halber Höhe anhalten.

Ornan verfolgte von seinem Standort aus wie betäubt den Untergang der Herrschaft seines Stammes in Jebus,

Uruschalim oder Salem, wie es ganz früher einmal hieß. Die Dinge würden nun nie mehr dieselben sein in dieser heiligen Stadt Gottes. Weder Kanaaniter, noch Amoriter, noch Hetiter oder Jebusiter waren mehr die Herren hier, sondern die Stadt gehörte den Nachkommen Abrahams, der vor tausend Jahren einmal bereit gewesen war, auf dem Moriah seinen Sohn im Gehorsam zu Gott zu opfern.

Mit schleppenden Schritten ging Ornan zurück in sein Haus. Dort schloß er sich ein und ließ sich an diesem Tag auch von seiner Familie nicht mehr sehen.

8. Kapitel

David stand vor seinem großen Zelt, das ihm seit der Eroberung der Stadt als Wohnung und Hauptquartier diente. Jebus hieß nun die *Stadt Davids* oder *Jerusalem.* Sein Herz hätte voller Freude sein sollen, da er die Stadt gewonnen hatte, nach der sein Volk seit Abrahams Zeit verlangte.

Um an die Tradition des ursprünglichen Gründers, Melchisedek, anzuschließen, hatte David der Stadt den Namen *Jerusalem* gegeben. *Salem* bedeutete *Friede,* und *Jerusalem* hieß *Stadt des Friedens.*

Doch David war nicht glücklich, sondern lief ärgerlich vor seinem Zelt hin und her. In den Ohren klangen ihm noch die bitteren Worte seiner Frau. Seit er Michal von Hebron nach Millo, auch *Zion* genannt, geholt hatte und sie dort ebenfalls in dem Zelt wohnen mußte, war sie immer unzufriedener und streitsüchtiger geworden.

„Das ist kein Platz, in dem eine Königin wohnen sollte", hatte sie David vor wenigen Minuten wieder vorgeworfen.

„Du wohnst doch im Zelt des Königs", hatte er entgegnet.

Michal hatte ihn nicht einmal angeblickt. „Ich bin für Zelte nicht gemacht", fuhr sie ihn an. „Mein Vater hat meine Mutter nie in Zelten wohnen lassen. Wir leben doch innerhalb der Stadtmauern. Warum müssen wir in einem Zelt wohnen?"

„Ich möchte nicht im Haus eines Jebusiters wohnen", hatte David ihr erklärt. „Außerdem haben wir ja begonnen, einen Palast für uns zu bauen. Habe nur noch einige Wochen Geduld, dann wirst du, meine Königin, in einem größeren Palast wohnen als je zuvor."

Er wußte, was kommen würde, denn er hatte es schon viele Male gehört. „Das Haus, in dem ich wohnte, ehe man mich zu dir nach Hebron brachte, war kein Palast", erwiderte sie giftig. „Aber es war ein schönes Haus, und es war mein Heim. Dort habe ich mich wohlgefühlt."

Phalti und immer wieder Phalti bekam er vorgehalten. Er konnte es nicht mehr ertragen und war deshalb aus dem Zelt geflohen. David liebte Michal noch immer. Er hatte noch immer ihr Bild im Herzen, wie schön sie damals gewesen war, als sie geheiratet hatten. Sie war zwar mittlerweile mehr als fünfzehn Jahre älter geworden, aber immer noch schön. Doch in letzter Zeit prägten Verbitterung und Ärger mehr und mehr ihre Gesichtszüge und nahmen ihr etwas von ihrer Schönheit. David überlegte immer wieder, was er tun konnte, um ihre Liebe neu zu gewinnen.

In der Nähe wurde fleißig gearbeitet. Man hörte von überall Hammerschläge und das Geräusch der Sägen und anderes. Obwohl es schon auf den Abend zuging, ließ der Eifer nicht nach. David hatte angeordnet, daß Tag und Nacht gearbeitet werden sollte, mit Ausnahme des Sabbath, damit der Palast so schnell wie möglich fertig wurde. Deshalb hatte sich David von dem phönizischen König Hiram von der Küstenstadt Tyrus fähige Bauleute und andere Handwerker geliehen.

Hiram, dessen Stadt selbst eine architektonische Meisterleistung war, hatte König David gern geholfen, da sie in den Philistern einen gemeinsamen Feind hatten. David hatte in der Vergangenheit die Philister mehrere Male besiegt. Und nun, da er König von ganz Israel war und auch Jebus erobert hatte, hielten sich die Philister mit ihren Unternehmungen sehr zurück. Darüber waren die Einwohner vieler Städte in Kanaan und Phönizien sehr froh, weil sie nun viel mehr Ruhe hatten vor den räuberischen Raubzügen dieser Riesenrasse.

Selbst die Jebusiter waren überrascht, in David einen so barmherzigen Eroberer zu finden. Nach der Eroberung der Stadt hatte David eine Art Stiftung eingerichtet, aus der nicht nur die Witwen und Waisen der gefallenen Israeliten, sondern auch die der im Kampf gefallenen Jebusiter eine Unterstützung erhielten. Auch hatte er den Befehl erlassen, dem Fürst von Jebus, Ornan, sowie seiner ganzen Familie und seinem Haus nicht zu schaden.

So war es kein Wunder, daß an Davids Bauprojekten Männer vieler Stämme und Völker mitarbeiteten. Neben den Israeliten wirkten Jebusiter, Phönizier und manche aus anderen benachbarten Stämmen. David war beliebt in Kanaan, über sein Volk hinaus, weil er ein gerechter und freundlicher König war.

Als er noch über Michals Worte nachdachte, stand plötzlich jene Nacht vor seinen Augen, als er mit dem alten Propheten Samuel nach hier gewandert war. Wie automatisch zog es ihn jetzt zum Moriah hin. Mit jedem Schritt kam er der Höhe näher, auf der Abrahams Opferaltar gestanden hatte.

Als dann der Hain der jebusitischen Götter hinter ihm lag, wurde ihm die Gegenwart Gottes in ganz besonderer Weise bewußt. Und dann war es, als könnte er Samuels Stimme vernehmen, die zu sagen schien: „Sohn, du baust dir einen großen Palast, aber wo ist das Haus Gottes? Du richtest für dich Mauern aus Zedernholz auf, aber für Gott bleibt nur der Wind."

David blieb stehen. „Samuel!" stöhnte er. Doch während er dies sagte, wurde ihm bewußt, daß es nicht Samuel war, der zu ihm sprach. Und dann war ihm, als würden große Flügel über den Berg schweben. „Herr, mein Gott!" rief er.

So schnell dieses Erlebnis gekommen war, so schnell war es auch wieder vorüber. Doch er wagte nicht, den Berg noch weiter hinaufzugehen. Während er umkehrte und den Weg zurückging, hallten in seinem Inneren die Worte nach: „Für Gott bleibt nur der Wind – nur der Wind!"

9. Kapitel

Die Harmonie seiner Ehe mit Michal nahm in Davids Wünschen nicht mehr den ersten Platz ein. Seit jener geheimnisvollen Begegnung auf halber Höhe des Moriah, wo er Gottes Stimme vernahm, konzentrierten sich seine Gedanken wieder mehr darauf, Gottes Gegenwart zu suchen und Seine Stimme zu verstehen; so wie es gewesen war, als er als Hirtenjunge noch die Herden seines Vaters hütete.

Er verstand nicht ganz, was Gott wünschte, doch er wußte, daß er Jehova in seinem Leben an die erste Stelle zu setzen hatte. Auch war ihm klar, daß es einen Platz geben mußte, zu dem sich alle Israeliten wenden konnten, um Gott und Seine Herrlichkeit zu suchen. Und dieser Platz konnte nur auf dem Berg Moriah sein.

Doch die Umstände erlaubten ihm nicht, sich näher mit diesen Gedanken zu beschäftigen, denn die Philister waren wieder auf dem Marsch. Das einzig Überraschende an dem Unternehmen der Philister war, daß sie sich nicht schon früher wieder gemeldet hatten. Sie hatten stillgehalten, als David zum König über ganz Israel gekrönt wurde, und hatten auch nicht versucht, ihn an der Eroberung von Jebus zu hindern.

Doch als sie jetzt angriffen, geschah das mit einem größeren Heer als alle vorherigen und mit großer Geschwindigkeit. Innerhalb kurzer Zeit hatten sie einen ganzen Teil des südlichen Juda besetzt, darunter auch Davids Heimatort Bethlehem, in dem sie eine starke Garnison zurückgelassen hatten. Von dort an sich nordwärts wendend, hatten sie ihr großes Lager im Tal der Riesen, nicht sehr weit südlich von Jerusalem, aufgebaut.

Wie wenig man sich auf manche Freundschaften verlassen konnte, stellte sich nun heraus, denn einige der Stämme und Völker, die sich in der letzten Zeit mit David angefreundet hatten, wandten sich nun wieder von Israel ab und traten auf die Seite der Philister. Darunter waren Syrien im Norden und Phönizien im Westen und eine ganze Reihe kleinerer Könige.

Davids militärische Tüchtigkeit zeigte sich auch jetzt, denn er hatte die Zeit der Ruhe seit der Einnahme von Jebus dazu genutzt, das Heer Israels zu reorganisieren, da er damit gerechnet hatte, daß die Philister wieder versuchen würden, die Oberherrschaft über ganz Kanaan zu erringen. Als sie nun kamen, war er vorbereitet.

Unter dem Oberbefehl Joabs hatte er sich eine Leibwache von sechshundert der besten Krieger aufgebaut, die von den drei *mächtigsten Kämpfern,* Josobeam, Eleaser und Samma, angeführt wurden. Unter Joab gab es dreißig obere Anführer des Heeres, das in zwölf Verbände von je 24 000 Mann aufgeteilt war.

Doch trotz der Stärke seiner Armee suchte David die Entscheidung gegen die Philister nicht vor Jerusalem, wo diese ihr Lager aufgeschlagen hatten. Er setzte vielmehr um, was er sich nach der Begegnung mit Gott am Moriah vorgenommen hatte, und suchte erst im Gebet von Gott Weisung zu empfangen, wie er diesen Krieg führen sollte.

Danach ließ er in Jerusalem eine genügend starke Truppe zur Verteidigung der Stadt zurück, umging mit seinem Heer die Philister und lagerte sich bei Adullam, etwa zwanzig Kilometer südöstlich von Jerusalem.

An diesem Abend saß David mit seinem obersten Feldherrn Joab vor seinem Zelt am Lagerfeuer. Hinter ihnen gähnte der offene Mund der Höhle, in die er sich vor vielen Jahren einmal mit seinen Anhängern vor dem König Saul geflüchtet hatte.

Da ihr Lager nicht allzu weit von Bethlehem entfernt war, mußte er an das Massaker denken, das die Philister dort angerichtet hatten. Viele seiner früheren Freunde waren ebenfalls getötet worden. Zwar war sein Vater schon vor etlichen Jahren gestorben und seine Familie wohnte schon bei ihm in Jerusalem, aber der Tod mancher alten Gefährten schmerzte ihn.

Nach und nach kamen noch eine Anzahl andere der hohen Anführer und setzten sich mit ans Feuer. Die Unterhaltung kreiste selbstverständlich um den bevorstehenden Kampf mit den Philistern. Doch Davids Gedanken kehrten immer wieder nach Bethlehem zurück; irgendwie fühlte er an diesem Abend ein wenig Heimweh nach der kleinen alten Stadt. Plötzlich sagte er: „Samma, erinnerst du dich noch an das besonders klare Wasser im Brunnen von Bethlehem?"

„Natürlich, Herr", nickte dieser verwundert. „Wie könnte ich das vergessen."

„Ach, ich wünschte mir, ich könnte jetzt Wasser aus diesem Brunnen trinken", seufzte David.

Die anderen sahen sich erstaunt an. Etliche tuschelten miteinander, und dann verschwanden die drei Tüchtigsten von ihnen unauffällig in der Dunkelheit. Zwar wußten alle, daß eine starke Abteilung der Philister in Bethlehem lag, aber sie wollten ihrem König diesen Wunsch erfüllen.

In erbeutete Uniformen von Philistern gekleidet, eilten die drei durch die Nacht nach Bethlehem. Sorgfältig achteten sie darauf, von niemand gesehen zu werden. Der Brunnen lag innerhalb des Stadttors von Bethlehem. Als sie sich dem Stadttor näherten, sahen sie dort die Wachen der Philister stehen. Nun beschlossen sie, offen auf der Straße auf die Wächter zuzugehen, in der Hoffnung, in der Dunkelheit nicht als Israeliten erkannt zu werden.

Die Wächter fragten, warum sie so spät noch in die Stadt wollten. Einer der drei beherrschte die Sprache der Philister sehr gut und antwortete ihnen: „Ihre Offiziere hätten sie geschickt, um Wasser zu holen."

Nach kurzem Zögern nickten die Wächter und wiesen mit der Hand auf den gleich hinter dem Tor liegenden Brunnen. Die drei füllten ihre Wassersäcke, wünschten ihren angeblichen Kameraden noch eine gute Wache und verschwanden wieder in der Dunkelheit.

Teil VI

David und die Bundeslade

1000 v. Chr.

1. Kapitel

Mit Männern wie diesen dreien, die sich in die Mitte der Feinde wagten, um ihrem König das gewünschte Wasser zu holen, konnte man den Kampf gewinnen.

Als die drei Anführer David das Wasser übergaben, war er tief bewegt. Er machte sich Vorwürfe, so töricht gewesen zu sein, diesen Wunsch zu äußern und seine Männer damit in Gefahr zu bringen. Doch dann erkannte er, daß Gott Seine Hand schützend über ihnen gehalten hatte. Er dankte den Männern für ihren Mut und ihre Treue, erklärte dann aber, daß er nie von dem Wasser trinken würde, für das seine Männer ihr Blut und Leben riskiert hatten.

Nun wandte er sich Gott zu und dankte Ihm für die Bewahrung der drei Anführer. Er fügte hinzu, das Wasser solle Gott geweiht bleiben als Trankopfer. Damit schüttete er das Wasser aus.

Die Opferung des Wassers vor dem Herrn war ein würdiger Auftakt zu den Schlachten, die folgten. Zuerst wurden die Philister bei Adullam geschlagen. Danach noch bei Gibeon und bis Gezer hin.

In einem großen Siegeszug trieben die Israeliten ihre Feinde zurück an die Küste. Damit wurde vor allen Einwohnern des Landes klargemacht, wer jetzt die stärkste Kraft in Kanaan war.

Nach mehreren Tagen der Siegesfeiern in den Hallen des neuen Palastes in Jerusalem hatte David an diesem Abend endlich einige Augenblicke der Ruhe. Nur Joab war bei ihm. Die beiden gingen langsam über die in letzter Zeit nochmals verstärkten Mauern der Festung. Sie hatten allen Grund, sich über ihre Siege der letzten Zeit zu freuen.

Joab verglich diese Siege mit dem Sieg Josuas über Jericho. Doch David schüttelte nachdenklich den Kopf und meinte, es bestehe da doch ein großer Unterschied. Sicher habe Gott ihnen in den Kämpfen gegen ihre Feinde auch stets geholfen, aber die Siege seien doch mit viel Blut erkauft worden. Auch viele ihrer eigenen Krieger hatten ihr Leben gegeben oder hatten zumindest schwere Wunden davongetragen.

„Das stimmt, und ich beweine jeden Tropfen hebräischen Blutes, das vergossen wurde", bestätigte Joab.

„Das war damals ganz anders", fuhr David fort. „Heute kämpfen wir, und Gott hilft uns zu siegen. Doch damals kämpfte Gott. Die als uneinnehmbar geltenden Mauern Jerichos stürzten zusammen, ohne daß Josua oder seine Krieger auch nur eine Hand gerührt hätten. Sie brauchten dann nur noch die dem Sieg folgende Nacharbeit zu erledigen. Gott zog sichtbar vor dem Heer voran und kämpfte für sie."

„Ich glaube, du meinst jetzt die Bundeslade, Herr", fügte Joab hinzu, als er an den alten Bericht von der Eroberung Jerichos dachte.

„So ist es", bestätigte David. „Es ist eine Hilfe, die Israel nicht mehr in Anspruch genommen hat, seit es Könige gibt."

Es stimmte. Früher zog die Bundeslade dem Volk voran, getragen von den Priestern. So war es auch bei der Eroberung Jerichos gewesen, als das ganze Volk um die Mauern zog und der Bundeslade folgte. Als am siebenten Tag die Leviten in ihre Hörner bliesen, fielen die Mauern Jerichos zusammen, ohne daß ein Tropfen israelitischen Blutes vergossen wurde.

Joab nickte. Er wußte, daß der Herr auch ihnen im Kampf geholfen hatte, fragte sich aber, warum sie auf so blutige Weise kämpfen mußten. Er bemerkte: „Auch zu uns redet Gott heute. Saul hatte den Propheten Samuel. Und wir haben heute Nathan, der uns Gottes Willen kundtut. Die Propheten führen uns auf dem Weg der Heiligkeit, und der Herr ist mit uns, wie Er mit Josua war."

„Ja", stimmte David zu. „Propheten sind Gottes Werkzeuge." Er dachte dabei an die Worte, die ihm der alte Samuel in jener Nacht auf dem Ölberg gesagt hatte. „Doch auch er hat oft darüber geklagt, daß die Bundeslade nicht mehr im Mittelpunkt der Unternehmungen unseres Volkes steht."

David blickte zum Moriah hinauf und sagte zu seinem Freund: „Joab, wir haben unsere Siege gefeiert. Doch eigentlich sollten wir unsere Köpfe hängen lassen. Es gibt keinen Grund zu tanzen und zu singen, solange die Bundeslade irgendwo in der Einsamkeit steht und vergessen wird."

Joab war erstaunt über Davids Worte, sagte aber dann entschlossen: „Herr, es gibt keinen Grund, warum die Bundeslade nicht nach Jerusalem gebracht werden sollte. Das Land ist nun in unserer Hand, und die Feinde sind geflohen. Laß uns die Bundeslade holen und nach hier bringen."

2. KAPITEL

David, König Israels und Sieger über die Philister, hatte sich wieder versteckt. Doch diesmal war er nicht vor einem wahnsinnigen König oder vor übermächtigen Feinden geflohen, sondern vor sich selbst und vor Gott. Sein Traum, die Bundeslade nach Jerusalem zu bringen, war zu einem Alptraum geworden und hatte Unheil hervorgebracht.

Allein in seinem Zimmer, warf er sich auf seinem Bett hin und her. Seit dem Unheil, mit dem sein Versuch geendet hatte, die Bundeslade von Kirjath-Jearim nach Jerusalem zu bringen, hatte er keine Nacht mehr richtig schlafen können. Das war nun schon einen Monat her, doch seine Mitarbeiter hatten vergeblich versucht, seinen Trübsinn zu vertreiben.

Gewiß, es war nicht des Königs Schuld, daß jemand beim Transport der heiligen Lade gestorben war. Warum war auch einer der Männer so töricht, die Bundeslade zu berühren? Jeder in Israel wußte um die Heiligkeit dieses Gegenstands und welche unheimliche Kraft sie ausströmen konnte. David brauchte sich also keine Vorwürfe zu machen, so redeten ihm seine Berater zu.

Doch David fühlte sich für das Unheil verantwortlich und fragte sich, was er falsch gemacht hatte. Er hatte einen neuen Wagen bauen lassen, der von zwei starken fleckenlosen Ochsen gezogen wurde. Der beste Wagenlenker Israels, sein eigener, hatte den Wagen gelenkt. Alle notwendigen Gebete wurden gesprochen, alle Rituale erfüllt, vom Weihrauch abbrennen bis zum Singen verschiedener Lieder durch einen großen Levitenchor, der den Wagen die ganze Strecke begleitete. Das Orchester von Nob, wo der Hohe Priester residierte, und sein eigenes Palastorchester hatten gemeinsam Musik gemacht.

Er selbst hatte den Zug auf einem Pferd angeführt. Gefolgt wurden sie von einer unzählbaren Menge Israeliten. Als sie aber zur Tenne Nachons kamen, scheuten die Ochsen und der Wagen schwankte. Usa griff schnell nach der heiligen Lade, um sie festzuhalten. Doch das war die falsche Handlung, und sie wurde sofort bestraft. Als hätte ihn ein Blitz getroffen, stürzte er tot zu Boden.

Niemand hatte mehr den Mut, die Bundeslade weiter zu transportieren; auch David wurde von Furcht ergriffen. Deshalb brachte man die Lade in das in der Nähe stehende Haus von Obed-Edom aus dem Stamm Gath.

Die Furcht, die durch das Unheil Davids Herz ergriffen hatte, war anders als sonst. Er hatte Furcht empfunden, als er mit dem Löwen und dem Bär gekämpft hatte, und auch als er Goliath gegenübergetreten war. Er hatte Furcht gehabt vor den Wutausbrüchen König Sauls; und auch in mancher Schlacht hatte er Furcht vor den Waffen der Feinde gespürt. Doch diesmal fürchtete er sich nicht vor Zähnen oder Waffen, sondern vor Gott, von dem Er bisher gemeint hatte, Er sei sein gnädiger und freundlicher Herr.

David wußte, daß der Gott Israels auch ein strenger Gott war, der von Seinen Nachfolgern Heiligkeit und Gehorsam forderte. Er hatte sich auch immer bemüht, Gott zu gefallen, und meistens hatte er auch die Segnungen Gottes erfahren. Doch die Seite Gottes, die er jetzt miterlebt hatte, verstand er nicht. Deshalb empfand er Furcht, aber gleichzeitig auch Ärger über das Handeln Gottes, weil er doch nur das Beste gewollt hatte.

Dieser Ärger wiederum erzeugte Schuldgefühle, und diese stürzten ihn noch tiefer in seine Depressionen.

Da dieser Zustand nun schon seit Wochen anhielt, sorgte sich sogar Michal um ihn, obwohl sie sonst kaum nach seinem Wohlergehen fragte. Sie suchte ihn auf und gab sich Mühe, ihn mit besonders süßer Stimme zu ermutigen.

„Geh fort“, grollte er. „Seit wann fragst du danach, wie es mir geht?“

Sie nahm sich zusammen und antwortete: „Was geschehen ist, hat nichts mit dir und mir zu tun. Der König muß immer stark sein und muß das seinem Volk auch zeigen. Sie schauen auf dich, David, und wollen von dir geführt werden.“ Sie trat zu ihm und legte ihm die Hand auf die Schulter. „Deine Ratgeber warten auf dich. Sie haben auch den Prophet Nathan gerufen, und er ist den langen Weg von Halhul nach hier gekommen und ist bereit, mit dir zu sprechen.“

David beruhigte sich und seufzte: „Nur Samuel könnte mir jetzt guten Rat geben. Er wäre weise genug, um mich über den Willen Gottes aufzuklären.“

Michal entgegnete: „Es ist auch Gottes Wille, daß Samuel nicht mehr bei uns ist. Aber Er hat uns mit Nathan einen neuen Prophet gesandt. Du solltest mit ihm reden und auf ihn hören. Die Bundeslade muß immer noch nach Jerusalem gebracht werden. Nathan, deine Ratgeber und auch ich, wir alle sind bereit, dir zu helfen.“

David richtete sich auf und fragte sich: *Konnte das wahr sein?*

War Michal wirklich auf seiner Seite?

Sie setzte sich neben ihn, umarmte ihn und küßte ihn auf die Wange. „Tue es für mich!“ flüsterte sie.

3. Kapitel

Auf einer Welle von Hoffnung getragen ging David ein zweites Mal daran, die Bundeslade nach Jerusalem zu bringen. Nachdem Michal ihn ermutigt hatte, ließ er Nathan rufen und besprach sich mit ihm.

„Erinnerst du dich daran, daß Mose befohlen hat, die Bundeslade zu tragen?“ fragte der Prophet. „Sie sollte nie gefahren werden, sondern Leviten sollten sie an langen Stangen auf ihren Schultern tragen. Die Stangen sollten durch die Ringe an beiden Seiten der Lade gesteckt werden. Es war bei Todesstrafe verboten, die Lade zu berühren.“

David wußte, daß Nathan ein von Gott berufener Prophet war. Doch er war von Samuel berufen worden und war von der großen Autorität dieses gewaltigen Mannes Gottes noch immer so beeindruckt und geprägt, daß er Nathan bisher nicht ganz für voll genommen hatte. Samuel hatte durch seinen starken Charakter oft Menschen mit einem einzigen Blick zum Schweigen gebracht. Nathan dagegen war viel sanfter und freundlicher. Außerdem war er jünger als David.

Doch in ihrem Gespräch erkannte David zum ersten Mal klar, daß Nathan, wie früher Samuel, das Sprachrohr Gottes war.

„Erinnerst du dich jetzt an all diese Dinge?“ fragte Nathan nochmals.

David fühlte sich ungemütlich bei dieser bohrenden Frage. Beschämt antwortete er: „Ich habe das alles gelernt, aber – wieder vergessen.“

Nathan trat noch zwei Schritte näher und stand nun unmittelbar vor dem König. „Dein schlechtes Gedächtnis, Herr, hat einem Mann das Leben gekostet“, sagte er nachdrücklich.

Bedrückt blickte der König zu Boden und nickte betrübt: „So ist es, leider.“ Er fühlte die Last der Schuld, die auf ihm ruhte, als er nun fragte: „Ist im Himmel noch Hoffnung, daß ich es noch einmal versuchen darf? Wird Jehova mir erlauben, die Bundeslade nach Jerusalem zu bringen?“

Nathan blickte ihm lange tief in die Augen. Endlich sagte er: „Dein Herz ist aufrichtig, deshalb hat Gott dich erhört und wird dir Erfolg geben.“

David fühlte, als würden Tonnenlasten von ihm genommen. Doch der Prophet fuhr fort: „Sage mir noch, wohin du die Bundeslade bringen willst, wenn sie in die Stadt kommt. Hast du darüber schon nachgedacht?“

Bekümmert durch die Tatsache, daß es noch kein würdiges Haus für die heilige Lade gab, sagte David leise: „Es ist mein Wunsch, ein Haus für den Herrn, unseren Gott, zu bauen. Doch warte ich, bis es fertig ist, wird die Bundeslade noch viele Jahre nicht in die heilige Stadt kommen. Deshalb habe ich angeordnet, die Stiftshütte von Nob nach Jerusalem zu bringen. Sie soll hier wieder aufgebaut werden.“ Gespannt wartete er auf die Reaktion des Propheten.

Nathan nickte. „Das wird vorübergehend genug sein“, bestätigte er. Ohne ein weiteres Wort zu sagen, verließ Nathan den Raum und den Palast.

Die Reise der Bundeslade vom Haus Obed-Edoms nach Jerusalem in das dort aufgebaute Zelt würde für immer im Gedächtnis des Königs und der Israeliten bleiben.

Alle Gebete, Zeremonien, Gesänge und die Musik wurden wiederholt wie beim ersten Mal, diesmal aber noch viel freudiger. Mit großer Zuversicht machte sich der Zug mit dem König an der Spitze auf den Weg nach Jerusalem. Unterwegs schlossen sich ihnen Tausende, ja Zehntausende an.

Je näher sie Jerusalem kamen, um so freudiger wurde das Herz des Königs. Zuletzt hielt er es auf seinem Pferd nicht mehr aus. Er stieg aus dem Sattel und tanzte mit den anderen vor der Bundeslade her. Kinder und Jugendliche schlossen sich ihm an, vor allem junge Mädchen, so daß einige hundert von ihnen um den König herumtanzten. Dabei mußte er an Michal denken, die ihm kürzlich ihre Zuneigung wieder gezeigt hatte. Das machte ihn noch froher.

Als sie jetzt Jerusalem erreichten, mußte er an seine Jugend denken, als er damals mit König Saul ebenfalls unter dem Jubel von vielen Menschen als Besieger des Riesen Goliath in Jerusalem eingezogen war.

Ihm war längst viel zu warm geworden. Und so tat er, wie er als Hirtenjunge oft getan hatte, wenn er die Herde weidete und um das Lagerfeuer tanzte und dabei spielte und sang. Er legte seine Robe ab und dann auch noch sein Gewand und tanzte, nur noch mit einer sehr dünnen Tunika begleitet und sich fast allein noch der Gegenwart seines Gottes bewußt, „wie nackt“ durch die Straßen der heiligen Stadt.

Da waren noch viele andere, die ähnliches taten, weil sie des Königs göttliche Begeisterung teilten. Doch niemand sah darin eine „Schau des Fleisches“, weil alle in ihrer himmlischen Freude so sehr auf Gott konzentriert waren.

4. KAPITEL

Michal, die Tochter Sauls und Frau des Königs, lehnte sich aus dem Fenster ihres Raumes und fühlte, wie ihr die Haare zu Berge standen. Sah sie richtig? Sie war entsetzt über das, was sie sah.

Bundeslade hin oder her, sie konnte nicht billigen, wie ihr Gatte, der König, sich aufführte. Er trug nur noch ein ganz leichtes Untergewand. Alle anderen Kleider hatte er abgeworfen und war also fast nackt. Seine königliche Robe schwenkte er wie ein Banner in der Luft. So tanzte er vor der Bundeslade her, die von Priestern getragen wurde. Um ihn herum und hinter ihm her tanzten viele andere Männer und Frauen in gleicher Aufmachung. Ein solches Benehmen war auf kanaanitischen Festen üblich, aber nicht für den König Israels.

Sie wandte sich vom Fenster ab, warf sich auf ihr Bett und schluchzte bitterlich. Warum nur mußte sich David so zum Narren machen? Nur zu deutlich wurde ihr wieder klar, daß sie David nicht liebte. Gewiß, sie hatte in letzter Zeit versucht, ein besseres Verhältnis zu ihm zu finden. Doch ihr wurde in diesem Augenblick klar, daß ihr das nicht gelungen war. Und nun noch dieses Schauspiel, das ihre letzte Achtung vor ihm zusammenbrechen ließ.

Phalti hätte so etwas nie getan, dachte sie. Wie konnte David sie nur so beschämen?

David kam in den Palast gestürmt und rannte die Treppe hinauf. „Wo ist Michal?" rief er den Bediensteten zu. „Wo ist meine Königin?"

Sein Herz wollte fast zerspringen vor Freude, und Michal sollte diese Freude mit ihm teilen. Das heilige Gefäß des Gesetzes, die Bundeslade, war nach Jerusalem gekommen und hatte in dem Zelt nun den rechtmäßigen Platz gefunden. Nicht mehr länger würden die Israeliten vor einem leeren Heiligtum anbeten.

Seine sechs anderen Frauen und ihre Kinder waren dem Zug bis zur Stadtgrenze entgegengekommen und hatten von dem den Jebusitern und anderen Fremden überlassenen Stadtteil an David ebenfalls singend und tanzend begleitet. Doch Michal war nicht unter ihnen, obwohl er eifrig nach ihr Ausschau gehalten hatte. War sie etwa krank geworden?

Etwas hielt ihn zurück, weiter nach ihr zu suchen. Er wandte sich den Bediensteten zu und befahl: „Versammelt meine Familie im Palasthof, und sagt auch Michal, daß sie kommen soll", fügte er ausdrücklich hinzu. „Ich möchte, daß der Priester uns an diesem Tag besonders segnet."

Der Priester des Palastes war ein Untergebener des Hohen Priesters, der in Nob residierte. Er trat jetzt, in seine priesterlichen Gewänder gekleidet, auf den Hof. David forderte seine Familie auf, niederzuknien, als der Priester jetzt mit dem bekannten Segen begann: *„Höre, Israel, der Herr, unser Gott, ist ein einziger Gott; und du sollst keine anderen Götter neben Ihm haben!"*

In diesem Augenblick kam Michal die Stufen herab in den Hof. Als David ihr Gesicht und ihre Haltung sah, ahnte er nichts Gutes. Kaum hatte der Priester die Segenshandlung beendet, sagte sie voll Ironie: *„Wie würdevoll hat sich heute der König von Israel benommen, als er sich vor den Augen der Mägde seiner Untertan bloßgestellt hat, wie sich nur einer vom Gesindel bloßstellen kann."*

David, der sich wieder erhoben hatte, erwiderte ihr: *„Vor dem Herrn, der mich statt deines Vaters und seines ganzen Hauses erwählt hat, um mich zum Fürsten über das Volk des Herrn, über Israel, zu bestellen, vor dem Herrn habe ich getanzt. Für Ihn will ich mich gern noch geringer machen als* *diesmal und in meinen Augen niedrig erscheinen!*" Dabei sprühten seine Augen vor Zorn. Er wandte sich ab und ging davon, ohne nochmals zurückzublicken. Er wußte, daß ihr Verhältnis, das sie in letzter Zeit versucht hatten mühsam zu flicken, nun endgültig zerbrochen war.

Michals hochmütige Haltung fiel vor dem Ärger des Königs zusammen. Am ganzen Leib zitternd, ging sie mit schleppenden Schritten wieder die Stufen hinauf. In ihren Gemächern fiel sie stöhnend auf ihr Bett. Ihr war klar, daß sie von jetzt an völlig allein und einsam sein würde. Ein Gefühl der inneren Leere überkam sie. Ihr war, als sage eine innere Stimme zu ihr, daß sie nie ein Kind gebären und die Freuden der Mutterschaft erleben würde.

Teil VII

David und Bathseba

1000–975 v. Chr.

1. Kapitel

Davids Herz war durch Michals Verhalten während der vergangenen Jahre schon so verletzt, daß der endgültige Bruch ihm nicht mehr zu viel zusetzte. Während die verärgerte Frau sich immer mehr in die Isolierung zurückzog, richtete der König seinen Blick in die Zukunft. Das war keine Kaltherzigkeit, sondern die Reaktion eines Mannes, der erkannt hatte, daß es hoffnungslos war, Michal wieder zu gewinnen.

Außerdem hatte David genügend Gründe, optimistisch zu sein. Die Bundeslade war nun sicher in Jerusalem in ihrem Zelt. Die meisten Feinde waren besiegt, die Verwaltung des Landes war gut organisiert, und viele der großen Baumaßnahmen in Jerusalem waren abgeschlossen.

Bei der nächsten Ratsversammlung sprach er von seiner Absicht, nunmehr bald mit dem Bau des Tempels zu beginnen. Seine Räte sollten sich nach den begabtesten Architekten, Baumeistern und Handwerkern in Israel und auch außerhalb umsehen. Natürlich würden auch die wieder berufen, die beim Königspalast und anderen großen Bauwerken gute Arbeit geleistet hatten. Doch der Tempel Gottes sollte alles, was bisher gebaut war, weit überragen. Deshalb sollten auch noch mehr begabte Bauleute berufen werden.

„Ach ja“, sagte er noch, „laßt den Prophet Nathan rufen, denn über allem anderen möchte ich, daß sein Segen auf dieser Sache ruht.“

Im Tal der Hirten, ein wenig außerhalb Jerusalems nach Bethlehem zu, saß der Prophet Nathan nachdenklich am

Feuer. Er spürte eine seltsame Last auf seinem Geist, obwohl er nicht wußte, warum. Ehe er nach hier, an den Rand Jerusalems gezogen war, hatte er in dem kleinen Gebirgsdorf Halhul in der Nähe von Hebron gewohnt.

Heute war er zum König gerufen worden, und David hatte ihm von seinen Plänen, einen großartigen Tempel zu bauen, unterrichtet, und Nathan war davon begeistert gewesen.

„Wo gedenkst du dieses Bauwerk zu errichten?“ hatte er gefragt. „In der Davidsstadt wirst du keinen Platz mehr finden, der groß genug wäre.“

Langsam war David von dem Tisch, auf dem er die Pläne ausgebreitet hatte, zum Fenster getreten, von dem aus man den über Jerusalem aufragenden Tafelberg sehen konnte. Nachdenklich hatte er gesagt: „Der Platz, den ich mir für den Tempel wünsche, ist zur Zeit noch in der Hand der Jebusiter. Wir haben ihnen den Berg damals im Vertrag großzügig überlassen. Er gehört jetzt Ornan, dem Anführer der Jebusiter. Ich muß also mit ihm reden, daß er mir das obere Teil des Berges verkauft. Er benutzt es jetzt als Tenne. Es ist der Ort, auf dem Abraham einst einen Altar baute, um darauf Isaak zu opfern.“

Der Prophet war neben den König ans Fenster getreten. „Moriah“, sagte er und nickte. „Daran kann es keinen Zweifel geben.“

David wandte sich dem jungen Propheten zu und blickte ihm in die Augen. „Gibst du deinen Segen dazu?“ fragte er.

Der Prophet legte ihm die Hand auf die Schulter und antwortete: „Geh nur und tu alles, was du im Sinn hast, denn der Herr ist mit dir.“

Nachdem der Prophet seinen Segen zu Davids Vorhaben gegeben hatte, machte er sich eilig auf den Rückweg zu seiner bescheidenen Behausung. Doch auf dem Heimweg wurde sein Herz immer schwerer, und er spürte, wie sich eine Last auf ihn legte. Gern hätte er Gott gelobt und ihm gedankt für den bevorstehenden Tempelbau, doch es wollte ihm nicht gelingen. Er fragte sich nunmehr, ob die Worte, die er zu David gesagt hatte, vielleicht mehr seiner eigenen Freude über den Tempelbau als dem Willen Gottes entsprungen waren.

In seinem Haus angekommen, warf er sich auf den Boden und schrie: „Was ist es, mein Herr? Warum ist mein Herz so schwer?“ Hatte er sich etwa mit seinen Worten zu David als falscher Prophet erwiesen? Das würde bedeuten, daß er nach dem Gesetz Moses den Tod verdient hätte. „Ich habe aus meinem eigenen Gefühl gesprochen und nicht nach Deinem Willen gefragt, o Herr“, seufzte er. „Vergib mir, Herr!“

Mit diesem Bekenntnis erfuhr er eine gewisse Erleichterung. Doch er spürte, daß die Spannung immer noch vorhanden war. Und dann hörte er in seinem Herzen deutlich die Worte Gottes: „Sage Meinem Knecht David, daß sein Wunsch, mir ein Haus zu bauen, gut war. Trotzdem soll er Mir aber keinen Tempel bauen, sondern sein Sohn, der ihm noch geboren wird, soll einen Tempel für Meinen Namen bauen.“

Überrascht vernahm Nathan diese Botschaft Gottes. „Mein Herr“, weinte er, „Du bist immer mit Deinem Knecht David gewesen und hast all seine Unternehmungen gesegnet. Warum darf er nun den größten Wunsch seines Herzens nicht ausführen? Was soll ich ihm sagen?“

Wieder vernahm Nathan die Stimme Gottes: „Sage Meinem Sohn David, weil er ein Mann des Krieges ist und soviel Blut vergossen hat, soll er den Tempel für Mich nicht bauen, sondern sein Sohn, zu dessen Zeit ich Israel Ruhe geben werde, soll Mir das Haus bauen. Er wird ein Mann des Friedens sein und soll den Namen *Salomo (Frieden)* tragen.“

Doch auch der Prophet war ein Mensch und war enttäuscht über die Worte Gottes. Er fragte sich, wie er David den Willen Gottes mitteilen sollte. Da redete Gott nochmals: „Sage David, daß Ich sein Haus befestigen werde, damit sein Königreich bestehen bleibt.“

2. Kapitel

Durch diese Verheißung, die in den Worten Gottes mit eingeschlossen war, überwand David seine Enttäuschung, den Tempel nicht bauen zu dürfen, und konzentrierte sich um so mehr auf den Ausbau des Reiches Israel. Er würde die Grenzen des Reiches immer mehr erweitern und Reichtümer sammeln für den Tempel, den sein noch nicht geborener Sohn bauen sollte. David fragte sich, welche seiner Frauen ihm diesen von Gott verheißenen Sohn wohl gebären würde.

Innerhalb der nächsten drei Jahre gelang es David, die Grenzen Israels so weit auszudehnen, daß sie fast das gesamte Gebiet umschlossen, das ursprünglich von Gott an Abraham verheißen war. Im Norden, Osten und Süden besiegte er die Feinde, so daß sich Israel vom Euphrat bis an die Grenze Ägyptens und vom Mittelmeer bis Moab und Syrien im Osten erstreckte. Er blieb der Mann des Krieges und eroberte eine Stadt nach der anderen. Vor allem von Syrien brachte er riesige Mengen an Beute heim, die er einlagerte für den künftigen Tempelbau.

Abisai, einer von Davids Heerführern, zog gegen die Edomiter, deren Gebiet südlich des Toten Meeres lag, und besiegte sie. Die endgültige Unterwerfung dieses Volkes übernahm dann Davids oberster Heerführer Joab und vollendete sie in sechs Monaten.

Niemand schien David aufhalten zu können, sein Reich immer mehr zu vergrößern. In Ägypten regierten schwache Herrscher, und das Land war zerrissen, und Assyrien und Babylon waren mit anderen Feinden beschäftigt. Einmal war den Syrern eine Armee von Verbündeten, die jenseits des Euphrats wohnten, zu Hilfe gekommen. Doch David hatte auch sie besiegt und in einer großen Schlacht 40000 von ihnen getötet.

Nun waren nur noch die Ammoniter in ihren befestigten Städten jenseits des Jordans nicht unterworfen. Wenn dies noch geschah, würde die hebräische Militärmacht auf ihrem Höhepunkt angekommen sein.

Es war am Vorabend des Aufbruchs gegen die Ammoniter, als Uria, der Hetiter, mit seinen Freunden Joab, Benaja und Abisai vor Joabs Zelt am Lagerfeuer saß. Am nächsten Tag würde die Armee Israels den Jordan überqueren und in Ammon einrücken; und diesmal würde niemand den Ammonitern zu Hilfe kommen, da alle, die das früher getan hatten, mittlerweile von David besiegt waren.

Die Männer unterhielten sich angeregt und sprachen vor allem von ihren Familien, ihren Frauen und Kindern. Und wieder war es Uria, der in seiner bombastischen Art seine Frau mehr rühmte, als die anderen es mit den ihren taten. Nach seinen Worten war sie die schönste Frau und die beste Haushälterin, die man sich denken konnte. Er schloß mit den Worten: „Und höchstwahrscheinlich wird sie gerade jetzt auf dem Dach unseres Hauses stehen, zum Jordan nach unserem Lager herüberblicken und für meine Sicherheit beten. Freunde, Bathseba ist eine gute Frau, die beste von allen!"

3. Kapitel

Da war, wie Uria gesagt hatte, tatsächlich eine Frau an diesem Abend auf dem Dach seines Hauses. Doch es war nicht Bathseba, sondern ihre Dienerin Dorca, die ihrer Herrin ein Bad bereitete. Bathseba würde ebenfalls erscheinen, sobald die Vorbereitungen für das Bad abgeschlossen waren.

Es war Frühling, da, wie man zu sagen pflegte, *die Könige auszogen zum Krieg. Es ist seltsam, überlegte Dorca, daß gerade in der Jahreszeit, da alles zu blühen und grünen anfängt, die Könige und großen Herren ausziehen, um zu töten. Aber das war wohl Männerart, die Methode der Könige, um ihre Macht und ihren Einfluß zu erweitern.*

Doch noch seltsamer war es, daß diesmal der König Israels nicht mit ausgezogen war. Aus Gründen, die wohl nur er kannte, hatte er es vorgezogen, in Jerusalem in seinem Palast zu bleiben, während seine Männer ihr Leben in seinem Dienst aufs Spiel setzten. Es war das erste Mal, daß er dies tat.

David war nie wie die verwöhnten Könige des Ostens oder die Pharaonen Ägyptens gewesen, die in ihre Position geboren wurden und nur mit in den Krieg zogen, wenn es ihnen gerade gefiel. Viele von ihnen hatten nie selbst einen Krieg erlebt, sondern sandten ihre Truppen aus wie die Schachspieler, die ihre Figuren über das Spielfeld ziehen.

David hatte sein Ansehen und seinen Thron erkämpft, weil er ein ausgezeichneter Krieger und Heerführer war. Er war nie feige oder faul gewesen. Vielleicht fühlte er jetzt, in seinem fünfzigsten Lebensjahr, daß er ein wenig Ruhe verdient hatte und daß seine Heerführer und seine Armee tüchtig genug waren, auch ohne ihn Siege zu erringen.

Es mochte sein wie es wollte, jedenfalls hatte sich Dorca an diesem Abend darauf eingestellt, da sie wußte, daß der König an schönen Abenden ebenfalls oft auf dem Dach seines Palastes erschien. Gewiß, viele würden an diesem Abend in Jerusalem auf ihren Hausdächern verweilen, aber es würde nicht so sein, daß sie gerade im Blickfeld des Königs vor der untergehenden Sonne lagen.

Irgendwie wußte man in Jerusalem, daß der König ein einsamer Mann war. Das Verhältnis zu seiner ersten Frau Michal, die er wirklich geliebt hatte, war zerbrochen, und das Verhältnis zu seinen anderen Frauen bestand eher aus der Pflicht des Ehemannes, als aus Liebe.

Immer wieder blickte Dorca zum Palast hinüber. Als David dann tatsächlich auf dem Palastdach erschien, hatte sie gerade die Vorbereitungen für das Bad ihrer Herrin beendet. Eilig lief sie die Stufen hinunter und rief Bathseba zu, sie könne nun auf das Dach kommen.

David, der in seinem Leben fast alles erreicht hatte und auf dem Höhepunkt seiner Macht stand, wurde bedrückt von dem Gedanken, daß er den Tempel nicht bauen durfte. Da er sonst keine weiteren Herausforderungen für sich mehr sah, machte sich eine gewisse Leere in seinem Leben breit, und er verfiel manchmal in Depressionen. Da eigentlich auch sein Heer ihn nicht mehr brauchte, fragte er sich oft, welche Aufgaben er denn noch zu erledigen hätte. Wie wünschte er sich doch, es wäre ihm erlaubt worden, den Tempel zu bauen.

Auch an diesem Abend war David wieder in einer solchen Stimmung der inneren Leere, während er seinen Blick über Jerusalem schweifen ließ. Doch plötzlich wurde seine Aufmerksamkeit von einer weißen Badekabine gefangengenommen, die nicht weit entfernt auf einem anderen Hausdach stand. Die Kabine stand direkt vor der untergehenden Sonne, so daß das Sonnenlicht den Stoff durchsichtig machte und David in ihr die Umrisse einer nackten badenden Frau erkennen konnte.

David war, als würde sein Atem stehen bleiben. War es nun seine niedergedrückte Stimmung, oder war es die große Schönheit der Frau, deren graziöse Umrisse er sehen konnte, oder war es beides – David wußte es nicht, aber er war von der Schönheit, die er sah, sofort gepackt. Zwar hatte er sieben Frauen, die alle hübsch waren, und Hunderte von Konkubinen, als Kriegsbeute oder als Geschenke von unterworfenen Königen und Fürsten, doch er meinte, noch nie eine so schöne Frau gesehen zu haben.

Man konnte noch die Umrisse einer zweiten, kleineren Frau in der Kabine sehen, die offensichtlich dabei war, die andere abzuwaschen. Es mußte wohl die Dienerin sein, die die Badende jetzt abtrocknete und ihr dann einen Umhang überwarf.

Bathseba verließ jetzt, in den dünnen Umhang gehüllt, die Kabine, setzte sich auf einen Stuhl und genoß mit geschlossenen Augen die Abendluft. Nur die Dienerin Dorca warf einen verstohlenen Blick zum Palast hinüber, während sie die Kabine wieder abräumte. Sie sah, wie der König aufmerksam herüberschaute und die schöne Jüdin betrachtete. Dorca hoffte, ihr schlauer Plan würde nun auch den nötigen Erfolg haben.

4. Kapitel

Obwohl Dorca dies alles sorgfältig geplant hatte, war sie doch überrascht, wie schnell ihre Absicht, die sie dabei gehabt hatte, in Erfüllung ging. Denn schon am nächsten Vormittag klopfte es, während sie mit ihrer Hausarbeit beschäftigt war, an die Tür.

Als sie die Hände abwischte und dann die Haustür öffnete, stand vor ihr ein großer, kräftiger Mann in der Uniform der Palastbeamten des Königs. „Ist dies das Haus Urias, des Hetiters?“ fragte er.

„So ist es, mein Herr“, antwortete Dorca mit klopfendem Herzen. „Doch der Herr ist nicht daheim.“

„Das macht nichts“, antwortete der Mann. „Es ist die Herrin des Hauses, die ich suche. Ist sie daheim?“

Dorca blieb fast der Atem stehen. Sie wagte kaum zu glauben, daß dies schon die Antwort auf ihren listigen Plan sein könnte, sondern nahm an, die Sache habe irgendwie mit Uria zu tun. Vielleicht war er verwundet oder sandte sonst eine Nachricht. Sie brauchte ein wenig, um sich zu sammeln, doch als sie die Ungeduld im Blick des Beamten sah, antwortete sie: „Ja, meine Herrin ist daheim. Soll ich sie rufen?“

Der Beamte griff in sein Gewand und brachte eine dünne Papyrusrolle zum Vorschein, die versiegelt war. „Gib dies deiner Herrin!“ befahl er. „Es ist eine Nachricht vom König. Sage ihr, sie soll sich vorbereiten, wie es einer anständigen Frau geziemt, denn sie ist für heute abend zum König eingeladen.“

David ging aufgeregt in seinem prächtigen Wohngemach hin und her. Nervös ballte er seine Hände zu Fäusten und öffnete sie wieder. War er noch derselbe Mann, der noch am vergangenen Abend über den heiligen Tempel auf dem Moriah nachgedacht hatte? War er noch derselbe Mann, dem der Prophet im Namen Gottes zugesagt hatte, daß sein Königreich für immer Bestand haben würde?

Wie konnte es sein, daß sein Herz und seine Seele sich plötzlich mit Gedanken an eine fremde Frau verzehrten, eine Frau, die nicht seine Gattin war und die es nie sein konnte, denn sie war die Ehefrau eines seiner treuesten Heerführer. Wie konnte es sein, daß er vorhatte, sie zu verführen. Doch sie schien ihn, ohne es zu wissen, daß er sie gesehen hatte, in ihrem Griff zu halten.

Er versuchte sich einzureden, er wolle nur mit ihr sprechen, um zu erfahren, ob es ihr, als Frau eines seiner hohen Offiziere, auch an nichts mangelte. Diesen Grund hatte er auch dem Palastbeamten mitgeteilt, den er beauftragte, Bathseba einzuladen.

Natürlich hatte er sich am Morgen erst erkundigt, wer diese Frau war. Dabei hatte er erfahren, daß es sich um die Gattin von Uria handelte. Das hatte ihm den Vorwand geliefert, den er nun angab, um sie zu sich rufen zu lassen. Doch er wußte, daß dieser Vorwand sehr fadenscheinig war und daß seine Leute wohl ahnten, worum es ihm ging, denn die Einladung einer fremden Ehefrau in den Palast war etwas sehr Ungewöhnliches, noch dazu, wenn diese Frau in des Königs Privaträume geführt werden sollte. Doch er war der König und konnte tun, was er wollte.

Was die Frau betraf, so hatte sie sicher keine Ahnung, worum es David wirklich ging. Er würde sie mit aller Freundlichkeit behandeln und ihr soviel Zeit widmen wie nur nötig, damit sie sich entspannen konnte, denn die Einladung zum König würde sie sicher in innere Anspannung versetzen. Würde er ihre Bereitwilligkeit gewinnen, so konnte es sein, daß er nach und nach auch ihr Herz gewann.

Er hoffte, sie würde sich so einsam fühlen wie er. Und das war durchaus möglich, denn Uria war mit Leib und Seele Soldat; und von solchen Männern war bekannt, daß sie um ihres Soldatendienstes willen oft ihre Frau vernachlässigten. Sollte er solche Einsamkeit bei ihr entdecken, würde er versuchen, diese Leere in ihrem Leben zu füllen.

David hatte in der Nacht kaum geschlafen, und die Stunden, die noch vergehen würden, bis sie vor ihm erschien, schienen ihm wie Tage zu sein. Wenn sich leise Schuld für sein fleischliches Verlangen melden wollte, versuchte er sich damit vor sich selbst zu rechtfertigen, daß sie wissen mußte, daß man sie vom königlichen Palast aus sehen konnte, wenn sie auf dem Dach ihres Hauses badete und daß der König von Israel ein Mann war wie jeder andere.

Als er am Morgen erfahren hatte, daß sie die Frau eines anderen Mannes war, schreckte er zunächst zurück. Doch sein Verlangen nach ihr war so übermächtig, daß sein Entschluß, sie zu verführen, ihn überwältigte. Welche Gründe er auch anderen gegenüber für die Einladung dieser Frau vorbrachte, er wußte sehr genau, was er beabsichtigte.

5. Kapitel

Bathseba Bath Eliam, die Frau Urias, des Hetiters, näherte sich dem Haupteingang des königlichen Palastes. In ihrer Hand hielt sie die kleine Papyrusrolle mit der seltsamen Einladung des Königs.

Die Wachen am Eingang schienen Bescheid zu wissen, denn ohne weiter zu fragen, winkten sie einem Palastbeamten zu, der offensichtlich auf sie gewartet hatte. Der Beamte trat mit einer Verbeugung heran und sagte: „Folge mir bitte, gnädige Frau. Der König erwartet dich."

Er führte sie durch viele Flure und Treppen, vorbei an allen öffentlichen Sälen und Räumen. Bathseba bemerkte, daß sie in einen Teil des Palastes kamen, der mehr privaten Zwecken zu dienen schien. Da begann sie noch mehr zu zittern. *Herr, Gott,* dachte sie, *führt man mich etwa in Davids private Räume?*

Als der Beamte vor einer Tür stehen blieb, anklopfte und eintrat, blieb ihr ein Augenblick Zeit, sich nochmals zu betrachten. Seit der Einladung am Morgen hatte sie ebensoviel Zeit damit verbracht, zu überlegen, was sie anziehen sollte, wie mit der Frage, was wohl der Zweck dieser Einladung sein könnte. Dorca hatte ihr geraten, das dunkelgrüne Gewand anzuziehen, das Uria einmal für eine besondere Festlichkeit für sie hatte anfertigen lassen. Sie hatte es nur das eine Mal getragen, und seitdem nicht mehr.

Der Beamte erschien wieder und forderte sie mit einer Verbeugung auf, den Raum zu betreten. Hinter ihr schloß er die Tür. Sie war mit dem König allein.

David stand unter der geöffneten Tür zum Balkon, mit dem Rücken dem Zimmer zugewandt. Sie stand hinter ihm im Raum, das wußte er. Er mußte mit sich kämpfen, um sich zu beruhigen. Endlich drehte er sich um und betrachtete sie. *Sie ist noch schöner als ich dachte,* sagte er zu sich selbst und trank für einen langen Augenblick die Schönheit dieser Frau in sich hinein. Doch dann bemerkte er, wie ihre Hände zitterten und ihr Gesicht sich mit Blässe überzog. Dabei hatte er es ihr doch eigentlich so komfortabel wie möglich machen wollen.

Also gab sich der König einen Ruck und redete Bathseba freundlich an: „Sei mir willkommen! Ich freue mich, daß du meiner Einladung gefolgt bist. Dein Gatte ist mir ein lieber Freund, deshalb sind auch wir schon fast Freunde."

Bathseba war überrascht und antwortete: „Mein Gatte ist dein treuer Diener, Herr."

David nickte, wies auf eines der großen Sitzkissen und forderte sie auf, Platz zu nehmen. Dann griff er nach einer Karaffe, die auf dem Tisch stand, und goß ihr ein Glas rubinroten Wein ein. *Sei freundlich zu ihr,* ermahnte er sich selbst nochmals innerlich.

Lächelnd wandte er sich wieder seiner Besucherin zu. „Du hast dich sicherlich gefragt, warum ich dich rufen ließ", begann er. „Uria ist einer meiner besten Offiziere, deshalb liegt mir auch das Wohl seiner Familie am Herzen. Ich wollte mich bei dir erkundigen, ob es dir gut geht und ob es dir an nichts fehlt?"

Verwirrt stammelte Bathseba: „O ja, Majestät, es geht mir gut, mir und meiner Dienerin fehlt nichts. Uria sorgt gut für mich."

„Hast du keine Kinder?" fragte David weiter.

Bathsebas Gesicht nahm einen bekümmerten Ausdruck an, und David bemerkte, daß er einen wunden Punkt berührt hatte. Er betrachtete sie zärtlich und hätte sie am liebsten in den Arm genommen. Statt dessen bemerkte er: „Du bist also allein?"

Bathseba hatte die Augen niedergeschlagen. Natürlich fühlte sie sich oft allein und empfand die Leere ihres Lebens. Doch niemand hatte sie bisher danach gefragt. Sie antwortete: „Ich bin zufrieden, Herr, und richte mir mein Leben ein so gut es geht."

David spürte, daß sie log. „Dann mußt du eine glückliche Natur haben", sagte er. „Sich nie einsam fühlen ist ein echtes Geschenk. Ich, für meinen Teil, kenne dieses Gefühl nur zu gut."

Bathseba hob die Augen und blickte den König an. Sie war überrascht von diesem Bekenntnis und antwortete: „Das Amt eines Königs bringt sicher viele einsame Augenblicke mit sich. Es gibt gewiß nur wenige Menschen, die soviel Verantwortung wirklich tragen können."

David nickte. „Das stimmt schon, meine Liebe. Doch du kannst dir vielleicht nicht vorstellen, daß ich auch als Mensch und als Mann oft einsam bin. Deshalb ist es ein großes Vergnügen für mich, deine Gesellschaft zu genießen."

Nun erkannte die Frau ganz klar, was der König mit seiner Einladung eigentlich beabsichtigte. „Herr", entgegnete sie, „du hast doch Frauen und viele Kinder, eine große Familie. Wie kannst du da einsam sein?"

Der König erhob sich, trat zwei Schritte auf sie zu und meinte kopfschüttelnd: „Man kann inmitten vieler Menschen sein und sich doch einsam fühlen, weil man nicht verstanden wird. Du weißt sicher, wie ganz Jerusalem weiß, daß die Königin und ich nur noch dem Namen nach Mann und Frau sind. Ich bin sehr oft ein einsamer Mann und glaube, du kannst mich verstehen, denn dir wird es sicher ebenso gehen."

Innerlich mußte Bathseba David recht geben, und da sie den König schon als junges Mädchen bewundert hatte, als er vor vielen Jahren den Riesen Goliath besiegte, schmolz ihr Herz dahin. Sie fühlte, wie sie wehrlos wurde dem Mann gegenüber, der vor ihr stand und der auch ihr König war.

David sah die Tränen, die ihr in die Augen stiegen, und setzte sich neben sie. Dann legte er ihr den Arm um die Schulter und flüsterte: „Ich habe deine Einsamkeit gesehen, als ich dich von meinem Palast aus beobachtete. Ich glaube, wir haben uns schon von ferne geliebt. Ist es nicht so?“

Als er sich jetzt über sie beugte und sie küßte, kam sie ihm entgegen und schmiegte sich in seine Arme. „Laß dich trösten, meine Liebe, in den Armen deines Königs. Von nun an sollst du dich nie mehr einsam fühlen. Ich bin immer für dich da.“

David wußte, daß er gewonnen hatte, denn Bathseba überließ sich ihm voll und ganz.

6. Kapitel

Uria, der Hetiter, ließ sein Pferd flott traben, nachdem er die seichte Furt des Jordans durchquert hatte und zum Lager der Truppen Israels zurückritt, die vor Rabba, der Hauptstadt der Ammoniter und ihrer stärksten Festung lagen und die Stadt belagerten. Uria war froh, wieder heimzukommen.

Das Lager der Armee war mehr seine eigentliche Heimat als sein Haus in Jerusalem. Nicht nur, daß er mehr Zeit mit den Truppen Israels zubrachte als mit seiner Frau, er fand auch viel mehr Befriedigung in dem Leben als Krieger, denn als Ehemann. Er liebte Bathseba wirklich, und seine Weigerung, bei seinem kurzen Aufenthalt in Jerusalem bei ihr zu schlafen, hatte auch mit seiner Liebe zu ihr zu tun. Er glaubte, wenn er seine Treue zum König bewies, indem er in Kriegszeiten nicht zu seiner Frau ging, würde dadurch auch ihr Ansehen in Jerusalem gestärkt werden.

Doch während der ganzen Zeit, die er von Jerusalem zurückritt zum Feldlager nach Rabba, hatte er verwundert darüber nachgedacht, warum er eigentlich von der Belagerung Rabbas zurückgerufen wurde in den Palast Davids nach Jerusalem. Er konnte keinen Sinn darin erkennen. Seit wann rief ein König einen Führer über 10 000 Mann nahezu auf dem Höhepunkt einer Belagerung zurück zu sich, nur um sich zu erkundigen, wie es ihm und seinen Soldaten erging?

Außerdem war es seltsam, daß der König ihm so dringend zuredete, in sein Haus zu gehen *und seine Füße zu waschen;* ein Ausdruck, der sagen wollte, Uria sollte sich seiner Frau in Liebe widmen. Als er den Palast verließ, innerlich lächelnd über den Vorschlag Davids, hatten Angestellte des Königs ihm feine Speisen und Geschenke für seine Frau mitgegeben. Doch er hatte sich nicht in der Lage gefühlt, die Nacht in den Armen seiner Frau zu verbringen, während seine Männer vor Rabba kämpften. Deshalb hatte er sich im Haus der Palastwachen ein Bett geben lassen und hatte dort geschlafen. Er hatte Bathseba noch nicht einmal über seine Anwesenheit in Jerusalem informiert.

Zu Urias weiterem Erstaunen hatte der König ihn am nächsten Vormittag wieder zu sich rufen lassen. David schien tatsächlich verärgert zu sein, daß sein Offizier die Nacht nicht bei seiner Frau verbracht hatte. „Warum bist du diese Nacht nicht bei deiner Frau gewesen?“ fuhr er Uria an.

Völlig überrascht hatte Uria geantwortet: *„Die Bundeslade und Israel und Juda wohnen in Hütten, und mein Herr Joab und die Knechte meines Herrn lagern auf freiem Feld; da soll ich in mein Haus gehen, um zu essen und zu trinken und bei meiner Frau zu liegen? So wahr du lebst und so wahr deine Seele lebt, das werde ich nicht tun.“*

Erregt war David daraufhin hin und her gegangen. Plötzlich hatte er befohlen: „Bleibe noch einen Tag in der Stadt. Morgen werde ich dich in das Feldlager zurücksenden!“ Er hatte einen Diener gerufen, der Wein bringen mußte. Dann hatte er hinzugefügt. „Komme am späten Nachmittag wieder zu mir, wir werden das Abendessen gemeinsam einnehmen!“

Beim Abendessen wurde Uria dann behandelt wie ein König. Die besten Speisen und Weine wurden aufgetragen, und David selbst ermutigte ihn, während sie sich über frühere gemeinsame Kämpfe unterhielten, immer noch weiter zu trinken, bis Urias Kopf schwer wurde und er fühlte, daß er betrunken war. Dann hatte David ihn mit der Ermahnung gehen lassen, in dieser Nacht wirklich seine Frau zu besuchen. Doch Urias Pflichtgefühl hatte ihn wieder davon abgehalten, und er hatte auch in dieser zweiten Nacht wieder im Haus der Palastwache geschlafen.

Der König hatte sich am nächsten Morgen nicht von ihm verabschiedet, sondern nur einen Diener zu Uria geschickt, der ihm eine kleine versiegelte Papyrusrolle übergab, die er Joab, dem Oberbefehlshaber der israelitischen Armee, aushändigen sollte. Mit vom gestrigen Gelage immer noch schmerzenden Kopf hatte sich Uria auf den Weg nach Ammon gemacht.

Uria verstand noch immer nicht, weshalb er eigentlich nach Jerusalem gerufen worden war, als Rabba und das Feldlager Israels schon vor ihm lagen. Kopfschüttelnd spornte er sein Pferd nochmals an und ritt zum Zelt Joabs.

7. Kapitel

Joabs Truppen bereiteten sich auf den entscheidenden Angriff auf Rabba vor, als der General den aus Jerusalem zurückkehrenden Uria bemerkte. Lächelnd winkte er seinem sich nähernden Offizier zu. Davids seltsamer Befehl, der Uria nach Jerusalem rief, hätte fast die Angriffspläne von Joab verzögert, denn Urias Truppen waren ohne ihren erfahrenen Führer nicht voll einsatzfähig. Doch nun war Uria zurück, und Joab brauchte sich dieserhalb keine Gedanken mehr zu machen.

Auch Abisai und Benaja, die mit Joab letzte Angriffspläne besprachen, hoben grüßend die Hand, als Uria zu ihnen geritten kam.

„Sei willkommen, Freund!" rief Joab. „Wie steht es in Jerusalem?"

„Es ist immer noch die Königin aller Städte", antwortete Uria.

„Und der König? Ich hoffe, es geht ihm gut?" fragte Joab.

„Alles ist in Ordnung", sagte Uria und verbarg seine Zweifel. „Er sendet euch seine Grüße, und außerdem habe ich noch einen Brief für dich." Damit zog er die versiegelte Papyrusrolle aus seiner Satteltasche und übergab sie Joab.

Der Heerführer nahm die Rolle, trat ein wenig beiseite, erbrach das Siegel und begann zu lesen. Während Uria und die beiden anderen ihn beobachteten, bemerkten sie, daß das Gesicht ihres Anführers plötzlich totenbleich wurde. Joab rollte den Papyrus wieder zusammen und verbarg ihn mit zitternden Händen in der Tasche seines Gewandes.

„Habe ich schlechte Nachrichten mitgebracht?“ fragte Uria.

Doch Joab schien die Frage nicht gehört zu haben. Für einige Augenblicke stand er stumm und mit gesenktem Kopf da und schien zu überlegen, während Abisai und Benaja sich verwundert anblickten. Endlich blickte er auf und sagte: „Es ist alles in Ordnung. Du hast deinen Auftrag gut ausgeführt, Uria. Bleibe zur Besprechung noch einige Zeit bei uns und begib dich dann zu deinen Männern.“

David wünschte sich sehr, er wäre mit seinen Männern in den Kampf gegen die Ammoniter gezogen. Was hatte ihn nur veranlaßt, diesmal daheim zu bleiben? Er wußte nur, daß seine Handlungsweise zu einem schrecklichen Fehler geführt hatte und daß er mit seiner Bummelei seinen Soldaten kein gutes Vorbild war.

Er konnte nicht einmal mit Gott über seine Verfehlung reden. Er hatte versucht, seine Schuld in Gedichten und Liedern zum Ausdruck zu bringen, doch auch das hatte nichts geholfen. Die Scham über seine Verfehlung bohrte in seinem Herzen wie ein Stachel.

Bathseba war schwanger. Sie hatte ihn über diese Tatsache einige Wochen nach ihrem ersten Zusammensein in Kenntnis gesetzt. Wie lange sie schon schwanger war, wußte sie nicht genau, denn sie hatten mehr als eine Nacht gemeinsam verbracht. Zwar war jeder dieser Nächte Reue gefolgt. Doch die Einsamkeit und die Lust aufeinander hatten zu immer neuer Sünde geführt.

Davids fehlgeschlagener Versuch, Uria dazu zu bewegen, eine Nacht bei seiner Frau zu verbringen, hatte seine Hoffnung zerschlagen, Bathsebas Schwangerschaft Uria zuzuschreiben. Nun hatte der König seiner ersten Sünde eine noch schlimmere hinzugefügt, um wenigstens die Folgen des Ehebruchs von Bathseba abzuwenden.

In dem Brief, den er durch Uria an Joab überbringen ließ, hatte er geschrieben: „Stellt Uria ganz nach vorn, wo der Kampf am heftigsten ist, dann zieht euch von ihm zurück, so daß er getroffen wird und den Tod findet."

Er hatte also einen seiner tapfersten und treuesten Offiziere zum Tode verurteilt, um seine eigene Sünde zu verdecken. War Uria nicht mehr am Leben, war David frei, Bathseba zu heiraten, und die Vaterschaft des Kindes brauchte nicht mehr verborgen gehalten zu werden.

So sehr hatte sich David mit dem Vertuschen seiner Schuld beschäftigt, daß er kaum an das Kind dachte, das geboren werden sollte. Es war nun fast zehn Jahre her, daß Nathan ihm einen Sohn verheißen hatte, der einmal den Tempel bauen würde. Doch David konnte sich nicht denken, daß dieses Kind, das Bathseba unter dem Herzen trug, dieses Kind der Sünde, dieser verheißene Sohn sein sollte.

Wieder einmal stand David auf dem Balkon seines Palastes, und all diese Gedanken gingen ihm durch den Kopf, als er einen Boten auf den Palast zulaufen sah. An der Farbe der Kopfbedeckung erkannte er, daß es sich um einen Boten vom Heer handelte, den Joab zu ihm sandte. Eilig begab er sich in sein Empfangszimmer und wartete gespannt auf die Nachricht.

Der Bote trat diesmal nur zögernd in die Gegenwart Davids. Der König könnte ärgerlich werden, hatte Joab ihn gewarnt, wenn er hört, wie nahe diesmal seine Soldaten an die Mauern von Rabba herangegangen sind. Wenn der König ärgerlich wird und fragt: „Warum seid ihr im Kampf so nahe an die Stadtmauern herangegangen, habt ihr vergessen, daß man von dort aus auf euch schießen wird?", dann sage ihm: „Dein Diener Uria, der Hetiter, ist dabei getötet worden."

Wie eine solche Nachricht den Zorn des Königs beruhigen könnte, konnte sich der Bote allerdings nicht vorstellen; ihm schien, daß er darüber eher noch zorniger werden sollte.

Der König fragte ihn: „Berichte mir, wie es im Heer steht und ob die Belagerung Rabbas Fortschritte macht."

Der Bote berichtete: „Die Männer von Rabba machten einen Ausfall, und es kam zu einem heftigen Kampf. Joab führte unsere besten Truppen gegen den Feind, mit Uria, dem Hetiter, an der Spitze. Die Ammoniter wurden besiegt und flohen in die Stadt zurück. Im Eifer der Verfolgung kamen etliche unserer Krieger der Stadtmauer zu nahe und wurden von dort sofort heftig beschossen."

„Hat es dabei unter unseren Kriegern große Verluste gegeben?" fragte David.

„Nur wenige wurden getötet, aber eine größere Anzahl verwundet", fuhr der Bote fort. „Unter den Getöteten befindet sich leider auch Uria, der Hetiter, der an der Spitze unserer Krieger die flüchtenden Feinde verfolgte und als einer der ersten tödlich getroffen wurde."

Der Bote staunte sehr über Davids Reaktion, denn dieser blieb ganz ruhig und sagte: „Kehre zu General Joab zurück und sage ihm, er solle sich über die Gefallenen nicht zu viele Sorgen machen. Im Krieg läßt es sich nun einmal nicht vermeiden, daß es Tote und Verwundete gibt. Er soll alle Kraft daransetzen, Rabba endlich zu erobern."

Mit einer Handbewegung verabschiedete der König den Boten und zog sich wieder in seine privaten Räume zurück.

8. Kapitel

David mochte sich einreden, nunmehr alles getan zu haben, seine Sünde zu verbergen. Doch vor den Augen Gottes ist nichts verborgen. Für immer würde in Davids Herzen die Erinnerung an jenen Tag wachbleiben, an dem Nathan zu ihm kam, um ihn im Namen Gottes mit seiner Sünde zu konfrontieren.

Staubbedeckt stand der Prophet vor dem König und sagte: „Majestät, ich möchte gern mit dir sprechen."

„Sicher", nickte der König und wunderte sich über die Schärfe, mit der Nathan diesmal seine Bitte vorbrachte.

„Es geht um eine ziemlich schwierige Sache, zu der ich deine Meinung hören wollte", erklärte der Prophet.

„Natürlich", antwortete David. „Doch wenn es sich um eine zivile Angelegenheit handelt, so haben wir dafür Gerichte."

Der Prophet unterbrach ihn: „Ich sagte schon, daß es um eine ziemlich schwierige Sache geht, die deinen Rat notwendig macht."

David wunderte sich, daß der Prophet sich in Gerichtsangelegenheiten mischte, da er dies noch nie getan hatte und auch nicht, wie früher Samuel, in Israel Richter war. Doch er achtete Nathan viel zu sehr, um ihm den Wunsch zu versagen. „Also sprich", forderte er ihn auf.

Nathan begann: *„In einer Stadt lebten zwei Männer; der eine war reich, der andere arm. Der Reiche besaß sehr viele Schafe und Rinder, der Arme besaß nichts außer einem einzigen kleinen Lamm, das er gekauft hatte. Er zog es auf, und* *es wurde bei ihm zusammen mit seinen Kindern groß. Es aß von seinem Stück Brot und es trank aus seinem Becher, in seinem Schoß lag es und war für ihn wie eine Tochter. Da kam ein Besucher zu dem reichen Mann, und er brachte es nicht über sich, eines von seinen Schafen oder Rindern zu nehmen, um es für den zuzubereiten, der zu ihm gekommen war. Darum nahm er dem Armen das Lamm weg und bereitete es für den Mann zu, der zu ihm gekommen war."*

Da geriet David in heftigen Zorn über den Mann und sagte zu Nathan: „So wahr der Herr lebt: Der Mann, der das getan hat, verdient den Tod. Das Lamm soll er vierfach ersetzen, weil er das getan und kein Mitleid gehabt hat."

David bemerkte, daß sich das Gesicht des Propheten immer mehr verdüstert hatte. Als er jetzt schwieg, streckte Nathan seinen Arm gegen ihn aus, zeigte mit dem Finger auf ihn und rief: „Du bist der Mann!"

David fuhr zurück. „Was?" stammelte er. „Ich bin kein Hirte. Ich habe niemandem ein Schaf gestohlen." Doch in seinem Inneren war ihm klar, was Nathan ihm sagen wollte.

Der Prophet begann: *„So spricht der Herr, der Gott Israels: Ich habe dich zum König von Israel gesalbt, und Ich habe dich aus der Hand Sauls gerettet. Ich habe dir das Haus deines Herrn und die Frauen deines Herrn in den Schoß gegeben, und Ich habe dir das Haus Israel und Juda gegeben, und wenn das zu wenig ist, gebe Ich dir noch manches andere dazu. Aber warum hast du das Wort des Herrn mißachtet und etwas getan, was Ihm mißfällt? Du hast den Hetiter Uria mit dem Schwert erschlagen und hast dir seine Frau zur Frau genommen; durch das Schwert der Ammoniter hast du ihn umgebracht. Darum soll jetzt das Schwert auf ewig nicht mehr von deinem Haus weichen."*

Als habe David einen ungeheuren Schlag empfangen, rutschte er von seinem Thron, fiel auf sein Gesicht und begann zu weinen. In seinem Inneren empfand er gleichzeitig beides: Die große Last seiner ungeheuren Schuld, aber auch Erleichterung, daß nun alles ans Licht gekommen war und er nichts mehr verbergen mußte. Weinend schrie er heraus: *„Ich habe gegen den Herrn gesündigt!“*

Nathan blickte voll Kummer und traurig auf den weinenden König hinab, denn er wußte, daß er ihm noch einen Schlag versetzen mußte. Zuerst sagte er: *„Der Herr hat dir deine Sünde vergeben; du wirst nicht sterben.“*

Er zögerte, ehe er fortfuhr und kummervoll hinzufügte: *„Weil du aber die Feinde des Herrn durch diese Sache zum Lästern veranlaßt hast, muß der Sohn, der dir geboren wird, sterben.“*

Bathseba lag in dem prächtigen Raum, den sie bewohnte, seit sie die neue Königin Israels geworden war. Doch ihr Herz war voller Leid und Trauer. Vor einer Woche hatte sie den Sohn geboren, der aus der sündigen Vereinigung mit David hervorgegangen war.

Von Anfang an war das Baby schwach und kränklich gewesen. Es wimmerte fast nur, als ob es für lautere Äußerungen nicht die Kraft fände. Bathseba hatte den Kleinen immer nahe bei sich behalten und sich geweigert, ihn in die Hände von Betreuerinnen zu übergeben.

Sie wußte nun um die schlimme Tat Davids ihrem früheren Mann Uria gegenüber, und das machte ihr Herz noch schwerer. Bis zu dem Tag, an dem der Prophet Nathan zu David gekommen war und ihm seine Sünde vorhielt, hatte Bathseba zwar von Urias Tod gewußt, aber nicht, wie es dazu gekommen war und welche Schuld David dabei trug.

David hatte sie geheiratet, nachdem die übliche Trauerzeit vorüber war, das hatte sie neu gestärkt und ermutigt. Aber nun schien ihr Kind die Strafe ihrer Sünde tragen zu müssen, und das stürzte sie aufs neue in tiefe Not und Verzweiflung. Immer wieder blickte sie in das abgemagerte Gesichtchen des Babys. Nie wollte sie ihr erstes Kind vergessen, das schwor sie sich, selbst wenn Gott ihr den Kleinen wieder nehmen würde.

Morgen war der achte Tag nach seiner Geburt, der Tag,

an dem Knaben gewöhnlich beschnitten wurden und einen Namen erhielten. Sie hatte mit David darüber gesprochen, welchen Namen das Kind erhalten sollte. Würden sie ihm den Namen Salomo geben, wie der Prophet es vor vielen Jahren gesagt hatte?

Doch David hatte an diesem Punkt gezögert und war nicht auf Bathsebas Wunsch eingegangen. Das hatte ihr das Herz wieder schwer gemacht. Gott war doch ein Gott voller Vergebung. Konnte er wirklich ein unschuldiges Baby für die Sünden der Eltern sterben lassen? Bathseba wollte es nicht glauben und hoffte auf Gottes Gnade und Erbarmen.

Am Morgen des achten Tages lag David mit dem Gesicht nach unten vor dem Familienaltar im Palast. Er hatte in der vergangenen Woche, wenn er nicht gerade betete, auch auf diese Weise geschlafen. Dabei hatte er die ganze Woche nicht gegessen und nur das Nötigste getrunken.

In seiner Nähe standen einige Diener, die leise miteinander flüsterten, weil sie nicht wußten, ob sie ihn stören sollten. Doch David hatte ihre Anwesenheit mitbekommen und richtete sich jetzt auf. „Ist das Kind tot?“ fragte er sie.

„Ja, Herr, das Kind ist tot“, bestätigten sie.

Überrascht sahen sie, daß der König, der die ganze Woche vor dem Altar gelegen, geweint und gebetet hatte, sich jetzt aufrichtete und befahl: „Richtet mir ein Bad zu, ich will mich säubern. Und ruft auch den Priester herbei.“

Als der Priester erschien, sagte David zu ihm: „Bereite alles vor. Ich will dem Herrn ein Opfer bringen, und dann werde ich zu meiner Frau gehen.“

Leise betrat David den verdunkelten Raum, in dem Bathseba lag. Die Stille im Raum wurde immer wieder durch ersticktes Schluchzen unterbrochen. David setzte sich an den Rand des Bettes und sagte leise: „Bathseba, das Schlimmste ist nun vorüber, meine Liebste.“

„Das Schlimmste beginnt gerade erst, mein Herr“, stöhnte sie. „Wie kann ich ohne mein Baby weiterleben?“

David strich ihr sanft über das Haar. „Das Leiden des Kindes ist vorbei.“

„Aber meines beginnt jetzt“, weinte sie. „Ach David, was haben wir getan? Und wie kannst du so ruhig sein?“

David ging zum Fenster und zog die schweren Vorhänge zurück, so daß die Sonne hereinscheinen konnte. Vom Hof her stieg noch der Rauch des eben dargebrachten Opfers zum Himmel auf. David sagte: „Die ganze Woche habe ich geweint und zum Herrn gefleht in der Hoffnung, Er würde sein Urteil noch ändern und sich erbarmen und das Kind am Leben lassen. Doch nun ist es gestorben, und weiteres Weinen und Flehen hat keinen Sinn mehr. Es war Gottes Wille so, und wir sollten uns dem fügen. Das alles ist hauptsächlich meine Schuld. Mir tut es leid, daß nicht nur wir, sondern auch das Kind dafür büßen müssen.“

Bathseba weinte: „Das Kind hätte heute einen Namen bekommen sollen. Nun, mein Herr, wird es nie einen Namen haben.“

David zog sie sanft in seine Arme. „Der Herr wird ihm einen Namen geben“, sagte er. „Und da es nun nicht mehr zu uns kommen kann, werden wir eines Tages zu ihm gehen.“

Intermezzo

Wenn jemand unter den Früchten der Sünde zu leiden hatte, dann war es David. Wenn jemand lernen mußte, daß unweise Entscheidungen, in der Hitze der Leidenschaft oder aus Furcht vor Entdeckung gemacht, ein Leben zerstören konnten, dann David.

So wie der letzte Teil von Abrahams Leben hauptsächlich bestimmt war von dem Irrtum, in Gottes Zeit einzugreifen, wie er Hagar nahm und einen Sohn aus menschlicher Ungeduld zeugte, so wie Simson ein schreckliches Ende erlebte, weil er vor den Verführungskünsten einer schönen Frau kapitulierte, so war David gezwungen, einen endlosen Strom unglücklicher Erfahrungen zu machen wegen seiner Sünde mit Bathseba und seinem Versuch, mit dem Mord an Uria alles zu vertuschen.

David erlebte eine Tragödie nach der anderen; alle in seiner eigenen Familie. Folgend dem prophezeiten Tod von Bathsebas Baby wurde dem Ehepaar ein weiterer Sohn geboren. Doch von da an folgte ein Unheil nach dem anderen, von der Blutschande zwischen einem Sohn und einer Tochter, über den Tod dieses Sohnes durch einen anderen Sohn, bis hin zu einer offenen Revolution, die von dem mörderischen Sohn angezettelt und von ihm angeführt wurde.

Im Alter von fast sechzig Jahren war David wieder auf der Flucht vor seinem rebellischen Sohn Absalom, einem Sohn von seiner vierten Frau Maacha. Die ganze Nation wurde von dem Bürgerkrieg tief erschüttert, als in der Schlacht in den dunklen Wäldern Ephraims 20000 Anhänger des rebellischen Prinzen erschlagen wurden. Der treue General Joab tötete auch den aufrührerischen Prinzen Absalom, und David war tief erschüttert, weil wieder einer seiner Söhne ums Leben gekommen war.

Als sei dies noch nicht genug, begannen wieder Rivalitäten zwischen den Stämmen von Juda und Israel, und die Benjaminiter revoltierten sogar.

Bei Davids letztem Tag auf einem Schlachtfeld, im Kampf gegen die Philister, die wegen der Rivalitäten innerhalb Israels wieder neuen Mut faßten, brach der König zusammen und wäre getötet worden, hätten seine Getreuen ihn nicht beschützt. Von seinem 61. Lebensjahr an bestanden seine Ratgeber darauf, daß der mächtige Kriegerkönig das Schwert beiseite legte und nicht mehr selbst in den Kampf zog.

Natürlich gab es auch freudige Ereignisse während dieser Zeit. Gott schenkte David und Bathseba eine Gemeinschaft in tiefer Liebe; und der Sohn, den Bathseba gebar und dem der König nach dem Willen Gottes den Namen Salomo gab, erwies sich als ein Segen in Davids alten Jahren.

Auch konnte David sein Reich noch erweitern vom Golf von Akaba im Süden bis nach Kadesch im Norden. Er sammelte auch unzählige Schätze für den kommenden Bau des Tempels an und legte Baumaterial und Gold, Silber und Edelsteine in Massen für dieses Projekt beiseite.

Am meisten Freude hatte er daran, wenn er mit seinem Sohn Salomo, dem Erben seines Thrones, über die Pläne des Tempelbaus sprechen konnte.

Trotz aller Betrübnisse seines Alters führte er durch alle Leiden hindurch ein immer engeres Leben mit dem allmächtigen Gott.

Viele Stunden verbrachte er mit Salomo. Er sprach mit ihm über die Dinge Israels, über die Gesetze und Propheten, und sie fuhren gemeinsam durch das Land. Salomo war ein bereitwilliger Schüler und verstand auch sehr leicht die tieferen Dinge des Geistes. Er schien Weisheit über sein Alter hinaus zu besitzen. Aber am nächsten waren sich David und sein Sohn, wenn sie auf dem Dach des Palastes standen und zu dem leeren Plateau des Moriah hinüberschauten.

„Dort, mein Sohn", sagte der Vater immer, „dort ist der heilige Berg. Wenn für dich die Zeit kommt, Gottes Haus zu bauen, dann baue es dort. Das waren die Worte, die Samuel zu mir sprach – und das ist des Herrn Wort an Israel."

9. Kapitel

Für jeden Menschen kommt die Zeit, wenn die Spanne seiner Tage von der Gegenwart bis zu dem voraussichtlichen Tod kürzer wird als die Spanne von seiner Geburt bis zur Gegenwart. Für David war diese Zeit auch schon seit einer ganzen Reihe von Jahren gekommen.

Israels großer Psalmensänger hatte viele Lieder über den Allmächtigen und seine Wege mit den Menschen geschrieben und komponiert. Er hatte über die Menschen und ihre vergänglichen Tage gesungen. *Des Menschen Tage sind wie das Gras und die Blumen auf dem Feld, die da blühen. Der Wind geht über sie hin und sie verwelken, und man sieht nicht mehr, wo sie gewachsen sind.*

Oft wurde er nun auch an einen anderen Psalm erinnert, den Mose vor vielen Jahrhunderten geschrieben hatte: *„Wir beenden unser Leben wie einen Seufzer. Unser Leben währet siebzig Jahre, und wenn es hoch kommt, sind es achtzig. Das Beste daran ist nur Mühsal und Beschwer, rasch geht es vorbei, wir fliegen dahin.“*

Wie eine Stimme aus dem großen Jenseits kamen diese Worte immer öfter zu ihm. David hatte nun fast die siebzig Jahre erreicht, von denen Mose gesprochen hatte. Nun mußte er oft darüber nachdenken, was er erreicht hatte und was noch zu tun war für seinen Nachfolger. Vielleicht waren es solche Gedanken oder auch der Stolz, einmal zu sehen, was er geschaffen hatte, die ihn im 36. Jahr seiner Königsherrschaft dazu brachten, sich einen besonderen Überblick über die Größe seines Reiches zu verschaffen.

David entschloß sich zu einer Volkszählung. Er beauftragte Joab, Männer auszusenden, die alle Stämme Israels, von Dan bis Berscheeba, zählen sollten. Dabei sollte noch eine besondere Zählung der Männer stattfinden, die für den Militärdienst tauglich waren. Diese Information wollte er seinem Sohn Salomo in die Hand geben, wenn dieser seine Herrschaft antreten würde, so daß er über die Stärke seines Reiches Bescheid wußte.

Eine solche Volkszählung war nicht ungewöhnlich. Könige anderer Reiche taten dies regelmäßig. Selbst Mose hatte die Israeliten gezählt, als sie Ägypten verließen, und dann nochmals nach den vierzig Jahren der Wüstenwanderung. Nein, eine solche Zählung konnte nicht falsch sein.

Doch als David dann Joab in den Dachgarten des Palastes rufen ließ, ihm von seinen Plänen erzählte und ihm die Aufgabe übertrug, die Volkszählung durchzuführen, wurde der General von einem warnenden Gefühl erfaßt. Er sah Davids Eifer für diesen Plan und spürte, daß dabei irgend etwas fehlte.

Natürlich hatte David seine Seher und seinen Prophet. Es kam gewöhnlich Nathan zu, Davids Gewissen zu mahnen. Doch der Prophet war nicht anwesend; und Joab, der seinen König sehr gut kannte, spürte die allzu menschliche Motivation hinter Davids Plan. Vorsichtig sagte er: „Entschuldige meine Frage, Herr, aber suchst du deinen Ruhm jetzt in der Stärke Israels?“

David wurde von dieser Frage überrascht und dachte einige Augenblicke nach. „Welch eine Frage“, erwiderte er dann. „Willst du etwa sagen, daß du nicht stolz bist auf die Armee, die du kommandierst?“

„Doch, das schon“, antwortete Joab. „Doch es hätte mich interessiert, warum du, Herr, mein König, so viel Gefallen an diesem Plan hast, der zu einem Stein des Anstoßes für Israel werden kann.“

Niemand anders als sein Gefährte durch die vielen Jahrzehnte, wie es Joab war, hätte diese Frage stellen dürfen.

David hielt seinen Ärger zurück und fragte: „Worüber bist du besorgt?"

Joab verbeugte sich und erklärte respektvoll: „Gott der Herr, gepriesen sei Sein Name, gebe meinem Herrn, dem König, noch hundertmal mehr Volk als jetzt. Aber warum willst du darin deine Ehre suchen und nicht in dem Segen Gottes?"

Doch der König wollte nicht nachgeben. „Ist es denn falsch, auf das stolz zu sein, was Gott getan hat?" fragte er. „Geh jetzt und führe meinen Befehl aus, und zähle Israel von Dan bis Beerscheba."

Joab und seine Helfer benötigten fast zehn Monate, um die Volkszählung durchzuführen. Am Ende teilte Joab dem König mit, daß es knapp sechs Millionen Israeliten gab, von denen etwa 1 300 000 Männer im wehrdienstfähigen Alter waren.

Es war also eine Zahl, auf die ein Mann durchaus stolz sein konnte. Doch seit Joab die warnenden Worte zu ihm gesagt hatte, war David darüber innerlich doch nicht mehr zur Ruhe gekommen, da er sich selbst zugeben mußte, daß ein ganzes Stück menschlicher Stolz bei seiner Motivation dabeigewesen war. Er wandte sich also an Gott und bat Ihn, ihm diese Sünde um Seiner Barmherzigkeit willen zu vergeben.

Er war deshalb auch keineswegs überrascht, als einer seiner Seher, der Prophet Gad, der jünger war als Nathan, zu ihm kam und ihm im Namen Gottes Vorhaltungen der Volkszählung wegen machte und ihm sagte, daß er damit gesündigt hatte.

David sagte dem Seher, daß er dies selbst schon eingesehen und vor Gott Buße getan habe. Doch der Prophet erklärte ihm, daß Gottes Strafe nicht mehr aufzuhalten sei: *„So spricht der Herr: Dreierlei lege Ich dir vor. Wähl dir eines davon, das werde Ich dir antun …*

Sieben Jahre Hungersnot in deinem Land? Oder drei Monate, in denen dich deine Feinde verfolgen und du vor ihnen fliehen mußt? Oder soll drei Tage die Pest in deinem Land wüten?"

Da sagte David zu Gad: „Ich habe große Angst. Wir wollen lieber dem Herrn in die Hände fallen, denn Seine Barmherzigkeit ist groß. Den Menschen aber möchte ich nicht in die Hände fallen."

Da ließ der Herr über Israel eine Pest kommen.

10. Kapitel

Wolken zogen sich über der Tenne Ornans, des Jebusiters, zusammen. Sie drohten mit Regen und der Beendigung der Arbeit für diesen Tag. Ornan, der gealterte Führer der Jebusiter, die im nördlichen Teil der Stadt Jerusalem wohnten, ließ die Ochsen von seinen vier Söhnen in den Stall bringen. Alle, die gekommen waren, um auf der Tenne Ornans zu dreschen, sammelten schnell das Getreide ein, beluden ihre Wagen und fuhren davon, damit es nicht naß wurde.

Es war ein schlechtes Erntejahr mit ungewöhnlich kühlem Wetter und starken Stürmen gewesen, und nun war in den letzten drei Tagen auch noch eine seltsame und schreckliche Krankheit über Israel hereingebrochen, von der kaum eine Familie verschont geblieben war. Auch die Jebusiter hatten darunter zu leiden gehabt, obwohl es Ornans Familie selbst bisher noch nicht getroffen hatte.

Ornan, der immer noch der Führer der Jebusiter war, hatte beschlossen, wegen dieser seltsamen Krankheit und der ungewöhnlichen Art, wie sich die Wolken über dem Moriah zusammenzogen, noch den Tempel der Astarte aufzusuchen, während seine Söhne sich schon auf den Heimweg machen sollten.

Die dunklen Wolken und der beginnende Sturm erinnerten ihn daran, wie er vor vielen Jahren hier auf dem Berg einige Male ein seltsames Phänomen erlebt hatte, bei dem der Wind auch ganz schauerlich heulte und etwas über den Berg hinzog, was den Anschein von großen dunklen Flügeln gehabt hatte. Das letzte Mal hatte er dies am Vorabend der

Eroberung Jerusalems durch David und seine Krieger erlebt, seitdem dreißig Jahre lang nicht mehr.

Damals hatten sich die Jebusiter der Macht Davids beugen müssen und hatten die Herrschaft über die Stadt an Israel verloren. David war der Herr der Stadt geworden, und die Jebusiter hatten sich seinem Willen fügen müssen.

Doch an diesem Abend schien diese seltsame Macht, die er fast vergessen hatte, sich wieder über den Berg zu senken. Das Heulen nahm wieder unirdische Ausmaße an, genau wie damals; und der dunkle Schatten, der von großen Flügeln zu kommen schien, zog wieder über den Berg hin. Doch dann brach aus den dunklen Wolken ein helles Licht hervor.

Seine Söhne, die sich gerade auf den Heimweg gemacht hatten, kamen wieder zu ihm gerannt. „Was geschieht, Vater, bricht ein Feuer aus?" fragten sie erregt. Hinter einem Busch verborgen beobachteten sie, wie sich aus der Lichtsäule eine Gestalt formte, die menschliche Umrisse annahm und hell strahlte. Dann schoß aus der Lichtsäule ein Strahl hervor, der wie ein Schwert war, das sich drohend über Jerusalem hinstreckte. Sprachlos starrten die Jebusiter auf das, was sich vor ihren Augen abspielte.

Ornan überlegte – konnte es wirklich Jehova, der Gott der Israeliten sein, der zu diesem Berg eine besondere Beziehung hatte, wie die Juden behaupteten, und die den Moriah deshalb für einen heiligen Berg hielten? Und konnte vielleicht auch die Plage, die derzeit Israel heimsuchte, etwas mit dem zu tun haben, was hier geschah?

Plötzlich vernahm er noch andere Geräusche, die sich wie das Klappern von Pferdehufen und das Rollen von Rädern anhörten. Gleich darauf hielt kurz unterhalb der Anhöhe ein Wagen, aus dem mehrere Personen stiegen. Überrascht erkannte Ornan den König, den Hohen Priester sowie einige Minister des Königs. Alle hatten einfache Gewänder an und gingen noch ein Stück auf die hohe Lichtsäule zu.

David warf sich vor der Lichtsäule in Menschengestalt

zu Boden und rief laut: *„Ich bin es doch, der gesündigt hat; ich bin es, der sich vergangen hat. Aber diese, die Herde, was haben sie getan? Erhebe deine Hand gegen mich und das Haus meines Vaters!"*

Im gleichen Augenblick hörte das überirdische Heulen auf und völlige Stille trat ein. Nach einige Augenblicken fügte David hinzu: „Mein Herr, ich werde Dir, wie Dein Prophet Gad es mir befohlen hat, hier einen Altar bauen und Opfer darauf darbringen." Der Hohe Priester trat zu ihm und flüsterte ihm etwas ins Ohr. Daraufhin erhob sich David und blickte sich um. Im Licht der strahlenden Säule erblickte er Ornan und winkte ihn zu sich.

Ornan verbeugte sich tief vor David. Doch dieser sagte: „Richte dich auf, Ornan, wir sind beide alt, und es fällt uns schwer, uns zu bücken." Er schwieg einen Augenblick und fuhr dann fort: „Mein Freund, verkaufe mir doch diese Tenne, denn ich möchte dem Herrn, unserem Gott, darauf einen Altar bauen, damit die Plage aufhört. Sage mir, was du dafür haben willst. Ich werde zahlen, was immer du forderst."

„Nein! Nein! Herr König", rief Ornan, „nimm die Tenne, ich überlasse sie dir umsonst!"

„Das kann nicht sein", antwortete David. „Der Herr fordert die Tenne von mir. Ich werde nichts nehmen, was dir gehört und es unserem Gott geben. Ich bezahle den vollen Preis."

Scheu blickte Ornan hinüber zu der leuchtenden Figur und sagte dann, er meine, ein Preis von sechshundert Schekel sei durchaus gerecht.

David streckte Ornan lächelnd die Hand hin, in die dieser einschlug zum Zeichen, daß der Handel damit abgeschlossen war. Während die beiden Männer einander einen festen Händedruck gaben, zog die leuchtende Figur ihr Schwert ein und verschwand langsam, so daß über dem Moriah nur noch der nunmehr von Sternen erleuchtete Himmel stand.

Teil VIII

Salomo in seiner Herrlichkeit

930 v. Chr.

1. Kapitel

Vom Tal Askalon herauf, von der Region der Philisterstädte, zog eine glänzende große Karawane die alte Straße entlang durch das grüne Land. Die Karawane bestand aus 150 Wagen und Karren. Dazwischen gingen Dromedare und afrikanische Elefanten, mit bunten Decken bedeckt, und auf ihnen prachtvoll gekleidete Männer und Frauen. Das Gefolge eines großen Prinzen.

Der Prinz selbst saß auf dem prächtigsten Tier, einem riesigen, fast weißen Elefanten, der überaus reich geschmückt war. Während der Elefant sehr hell war, hatte der Reiter eine ziemlich dunkle Haut, aber nicht ganz so schwarz wie seine Begleiter, so daß man erkennen konnte, daß zu seiner Herkunft nicht nur Afrikaner beigetragen hatten.

Der stattliche hochgewachsene Prinz hatte gerade sein 20. Lebensjahr vollendet, und seine Mutter hatte ihm für diese Gelegenheit diese Reise geschenkt. Neben der etwas helleren Haut fiel auch noch auf, daß er im Gegensatz zu dem afrikanischen Kraushaar seiner Begleiter langes schwarzes Haar trug. Er schien Schmuck zu lieben, denn seine Kleidung, seine Finger und sogar seine Sandalen waren überreich mit Gold, Perlen und Edelsteinen besetzt.

Der junge Mann war stolz und hochmütig. Sein Name war Menelik, Prinz von Seba und Äthiopien, Sohn der Bilquis, Königin von Seba und Äthiopien, und von Salomo, König von Israel und Juda. Er war auf dem Weg in seines Vaters Land, um seine Rechte als Prinz der Hebräer zu fordern. Sein ganzes Leben lang hatte Menelik von der Herrlichkeit Israels und dem mächtigen Reich gehört, das sein Großvater David aufgebaut hatte und das durch seinen Vater Salomo nun zu voller Blüte gekommen war.

Seine Mutter, die Königin Bilquis, hatte diese Reise vor mehr als zwanzig Jahren auf der berühmten Gewürzstraße gemacht, die über die arabische Küste und einen Teil des fruchtbaren Halbmonds ging und die von Davids Sohn, dem König Israels, kontrolliert wurde. Sie war damals gekommen, um zu sehen, ob die Gerüchte über Salomos Herrlichkeit und Weisheit der Wahrheit entsprachen und um den Mann kennenzulernen, über den die Nationen und Könige staunten.

Salomo hatte eine ungeheuer große Gabe der Weisheit, die viele Vornehme und Große der Welt zu ihm brachte, die seinen Rat suchten. Er war wohl ähnlich wie der berühmte Seher-Prophet Joseph, ein Hebräer, der es schon vor der Zeit Moses in Ägypten zum obersten Minister gebracht hatte.

Bilquis war über das, was sie bei dem König Salomo und in seinem Reich vorfand, so erstaunt, daß sie es kaum fassen konnte, weil es noch weit über das hinausging, was man ihr davon berichtet hatte. Die Königin hätte, nach allem, was sie von Salomo gehört hatte, besser vorbereitet sein sollen. Doch so war sie von seiner Weisheit und Herrlichkeit so überwältigt worden, daß sie ihm nicht nur als Königin, sondern auch als Frau begegnet war. Doch erst, als sie schon einige Wochen wieder daheim war, fand sie heraus, daß sie schwanger war – sie trug Salomos Kind.

In ihrer Welt war die Tatsache ihrer Schwangerschaft ein Grund zur Freude. Sie sahen darin eine Vereinigung von Sonne und Mond, ihren beiden größten Göttern. Der Königin wurde der Mond als Gottheit zugeschrieben, und in Salomos Herrlichkeit sah man ein Bild der Sonne. Jeder Nachkomme einer solchen Vereinigung mußte ganz besonders göttlich sein.

Doch als Bilquis den König Salomo von der bevorstehenden Geburt wissen ließ, hatte dieser ihr schnellstens einen Boten gesandt mit der Bitte, den Vater des Kindes nicht der Öffentlichkeit preiszugeben, denn trotz der vielen Frauen und Konkubinen, die Salomo hatte, wäre dies nach hebräischem Standard ein Skandal gewesen.

Das war nun über zwanzig Jahre her; und nach Meinung der Bilquis war der Prinz von Seba auch der Prinz von Israel, ganz gleich, wie skandalös dies bei den Hebräern auch sein mochte. Außerdem war Bilquis überzeugt davon, König Salomo würde alle Bedenken beiseite schieben, wenn sein stattlicher Sohn erst vor ihm stand.

Das hatte sie auch Menelik eingeredet, und dieser glaubte es. Deshalb näherte sich der junge Sabäer Jerusalem mit großen Erwartungen. Und als er die ersten Umrisse der Stadt von Ferne in der Sonne leuchten sah, hob er seinen Kopf noch höher als bisher.

Er drehte sich um und blickte voller Stolz auf die Karawane, die ihm folgte. Er kam ja nicht als demütig Bittender zu seinem Vater. Ganz gleich, wie groß Salomos Herrlichkeit und Reichtum sein mochte, er würde sicherlich beeindruckt sein von dem, was die Königin Bilquis ihm als Geschenke durch seinen und ihren Sohn hier sandte.

Da waren Wagen vollgepackt mit Goldstücken. Andere trugen Edelsteine und Perlen. Wieder andere seltene Gewürze, Elfenbein und prächtige Gewänder. Eine Reihe von Karren und Wagen waren Käfige, in denen sich afrikanische Tiere befanden: Leoparden, Strauße, verschiedene Arten von Antilopen, Zebras, vielerlei verschiedene Affen und andere Vögel und Tiere.

Vor der Karawane, zwischendrin und auch am Schluß ritten und marschierten bewaffnete Krieger, denen die Königin den Schutz ihres Sohnes und der Reichtümer anvertraut hatte.

Menelik war in guter Stimmung, als er sich Jerusalem näherte. Seine Mutter hatte ihm gesagt, er solle sich auf Größe und Herrlichkeit vorbereiten, wenn er die Stadt betrat, die seine Vorstellung weit übertraf.

Was ihn schon von weitem auf dem höchsten Punkt der Stadt am meisten beeindruckte, war der Tempel, der in der Sonne weiß und golden strahlte. Ja, Salomo hatte den Tempel gebaut, von dem er und sein Vater David so oft gesprochen hatten und für den David so viele Schätze gesammelt hatte. Errichtet von einigen der berühmtesten Baumeister, war es ein Bauwerk geworden, das sich mit den anderen berühmtesten Gebäuden der damaligen Welt in Ägypten, Babylon oder Assyrien durchaus messen konnte. Der Anblick war so phantastisch, daß es Menelik fast den Atem nahm.

Plötzlich, und zum ersten Mal, dachte er über den Gott der Hebräer nach. Bisher hatte er immer nur von Salomo und David, von ihrem Reich und ihrer menschlichen Größe gehört. Doch jetzt, da er sich auf dem Rücken seines Elefanten der heiligen Stadt näherte, erwachte ein neues Interesse.

Welch ein Gott war es wohl, der einen solchen Tempel verdiente? Nicht einmal die gewaltigen Bauwerke und Pyramiden der Ägypter, ganz zu schweigen von den viel geringeren Tempeln im Königreich seiner Mutter, hatten bei ihm so viel Bewunderung hervorgerufen. Die Götter seiner eigenen Heimat, Sonne, Mond und die vielen anderen, waren es sicherlich nicht einmal wert, einen so großartigen Bau überhaupt zu betreten.

2. Kapitel

Da Menelik seinen Vater überraschen wollte, hatte er seinen Besuch nicht angemeldet. Er hatte keine Sorge, daß Salomo nicht in Jerusalem sein könnte, denn seine Mutter hatte ihm versichert, daß er zur Zeit eines der größten religiösen Feste dort eintreffen würde. Der König würde dann sicher anwesend sein.

Menelik schlug mit seiner Karawane das Lager auf einer grünen Ebene südwestlich von Jerusalem auf. Er beabsichtigte, am nächsten Morgen in die Stadt einzuziehen. Was er nicht wußte war, daß der König an diesem Vormittag zu den Gärten Ethams ritt, einem schönen Park, den er außerhalb der Stadt angelegt hatte. Dabei mußte er direkt an dem Lager Meneliks vorbei.

Als der König an diesem Vormittag in seinem Wagen die Stadt verließ, begleitet von Kriegern auf prächtigen Pferden, dachte er darüber nach, wie es ihm durch die Gnade Gottes gelungen war, das Reich, das sein Vater so groß gemacht hatte, zur vollen Blüte zu bringen. Die reichen und fruchtbaren Gärten rund um Jerusalem waren ein Beispiel für das, was in ganz Israel geschehen war. Er war Gott dankbar für das, was er erreicht hatte.

Doch plötzlich wurde er durch den Anblick einer großen Karawane, die in einiger Entfernung dabei war, ihr Lager aufzuschlagen, aus seinen Gedanken gerissen. Der Lenker seines Wagens, der die Karawane früher bemerkt hatte, rief überrascht: „Herr König, welcher Kaufmann hat wohl einen solchen Reichtum? Oder erwartest du vielleicht einen königlichen Besuch von einem weit entfernten Land?“

„Ich habe nichts von einem solchen Besuch gehört“, antwortete Salomo und blickte interessiert in die Richtung, in die der Wagenlenker zeigte. „Fahre langsamer!“ befahl der König.

Menelik, der den Wagen und die Eskorte bemerkt hatte und erkannte, daß es sich wohl um den König handeln mußte, sandte seinen Karawanenführer zu dem Wagen, um Salomo seine Ehrerbietung auszusprechen.

Der König ließ den Wagen anhalten und wartete, bis der sich nahende Reiter aus dem Sattel gestiegen war und sich tief vor ihm verneigte. „Wessen Karawane ist dies?“ fragte sein Wagenlenker in barschem Ton den Fremden.

„Die Karawane von Menelik, Sohn der Königin Bilquis und Prinz von Äthiopien und Seba“, antwortete der Karawanenführer. „Wir bringen Geschenke für Salomo, den König Israels und Judas.“

Niemand im Gefolge des Königs bemerkte, welchen Eindruck diese Worte auf ihren Herrn machten. Sie sahen nicht, daß er bei der Erwähnung des Namens Menelik blaß wurde.

„Es ist unser König, vor dem du stehst“, fuhr der Wagenlenker im gleichen harten Ton fort. „Ich hoffe, du weißt das durch deine Haltung zu würdigen.“ Dann wandte er sich fragend dem König zu.

Salomo war völlig überrascht. Er mußte Zeit gewinnen, sagte er sich. Er musterte den Sabäer einige Augenblicke schweigend und sagte dann: „Grüße deinen Herrn von mir und sage ihm, ich würde ihn und sein Gefolge morgen nachmittag im Palast empfangen. Für heute habe ich mir eine Reise vorgenommen, die ich nicht unterbrechen möchte.“

Auf einen kurzen Wink seiner Hand hin setzte sich sein Wagen wieder in Bewegung. Die Eskorte folgte ihm.

3. KAPITEL

Salomo hatte alle öffentlichen und auch religiösen Gebäude in Jerusalem so anlegen lassen, daß niemand die Stadt betreten konnte, ohne daß seine Augen nicht wie automatisch zum Moriah hingezogen wurden. Wo einst nur ein windumwehtes Felsplateau lag, erhob sich jetzt eine Reihe großartiger Gebäude, gekrönt von dem prächtigen Tempel. Salomo hatte aus dem Moriah eine großartige Akropolis wie aus lauter Edelsteinen gemacht, deren prächtigster das Heiligtum Israels war.

Menelik war schon am Nachmittag des Ankunftstages in Begleitung einiger seiner Leute durch die Stadt gegangen, so daß sie ihm jetzt nicht mehr völlig fremd war, als er sie mit seinem Gefolge in prinzlicher Pracht betrat, um vom König empfangen zu werden. Salomo empfing den Sabäer-Prinz im Libanonwaldhaus, das von 45 gigantischen Säulen getragen wurde.

Salomo wußte immer noch nicht recht, wie er mit dem Prinzen, der sein Sohn war und doch nie sein Erbe in Israel sein konnte, umgehen sollte. Er hatte jedoch beschlossen, ihn jetzt mit aller Ehre und Pracht zu empfangen, die einem Königssohn und Thronerben in Äthiopien und Saba gebührte. Es rollte also eine großartige Zeremonie ab.

Als Menelik mit seinem Gefolge und den mitgebrachten Geschenken durch den riesigen Säulenwald zum Thron schritt, ertönte Musik, und junge Mädchen und junge Männer brachten tanzend viele Geschenke für den Prinzen und die anderen Sabäer und Äthiopier herbei, die Menelik begleiteten. Es war ein bis ins Kleinste eingeübtes Zeremoniell, das bei den vielen Staatsbesuchen von Königen und Prinzen immer wieder durchgeführt wurde. Doch die Äthiopier und Sabäer, die glaubten, all dieser Aufwand würde eigens nur für sie gemacht, waren davon völlig überwältigt.

Salomo, der, auf seinem Thron sitzend, Menelik und seine Begleitung nahen sah, machte sich nichts vor. Ihm war bekannt, daß es in Israel genug Leute gab, die wußten, daß er Meneliks Vater war. Das Königreich Saba war viel zu bekannt, als daß man die Geschichte seiner Königin und des Königs von Israel hätte völlig geheimhalten können, da die Sabäer und Äthiopier kein Geheimnis daraus machten, daß ihr Thronerbe ein Sohn des weisesten Mannes der Welt war. Sie waren vielmehr stolz auf diese Tatsache. Tatsächlich bedeutete der Name des Prinzen *Sohn des weisen Mannes* und bezog sich direkt auf den König Israels.

Als Menelik jetzt auf ihn zuschritt, sah Salomo Bilquis wieder vor sich, wie sie damals gewesen war. Zwar war die Zeit ihrer Liebe nur kurz, dafür aber um so stürmischer und tiefer gewesen. Später hatte er in Erinnerung daran das *Hohelied der Liebe* geschrieben, in dem die geliebte Hirtin auch schwarz war, wie Bilquis. In den Überlieferungen und heiligen Büchern Israels wurde dieses *Hohelied der Liebe* mit der Liebe Gottes zu Seinem Volk verglichen.

Nun stand der Prinz mit seinem Gefolge vor Salomo. Alle verbeugten sich tief. „Menelik, Prinz von Saba und Äthiopien, Sohn der Bilquis, Königin von Saba und Äthiopien und all der Gebiete der südlichen Wüste!“ rief der Herold laut.

Auch diese Ankündigung war für Salomo wie ein Stich ins Herz, denn es wurde nichts vom Vater des Prinzen erwähnt. War es seinem Sohn wohl auch oft so gegangen? fragte er sich. Doch Salomo mußte sich an das Protokoll halten. Als Menelik sich vor ihm verneigte, zeigte er mit seinem Zepter auf ihn und tat dadurch kund, daß Menelik akzeptiert wurde.

„Ich heiße dich willkommen in unserer heiligen Stadt“, sagte Salomo. „Alles, was ich habe, gehört auch dir.“

Natürlich waren die letzten Worte nur eine höfliche Phrase, die jeder Besucher aus königlicher Familie zu hören bekam und die niemand wirklich ernst nahm. Doch Menelik nahm sie als Ermutigung und antwortete in fast perfektem Hebräisch: „Majestät, ich habe mir schon lange gewünscht, dich kennenzulernen. Meine Mutter, die oft mit sehr hohen Worten von dir spricht, sendet dir durch mich ihre Grüße.“

Salomo wurde rot. „Ah ja, deine Mutter. Sie ist eine sehr liebenswürdige und bezaubernde Frau. Ich hoffe, es geht ihr gut?“

„Es geht ihr gut, Majestät“, antwortete Menelik und hielt dem König nun eine Papyrusrolle entgegen, die er in der Hand hielt. Sie trug das königliche Siegel von Saba und Äthiopien. „Neben ihren Grüßen sendet meine Mutter dir diesen Brief, Majestät. Es ist die Neubestätigung und Verlängerung des seit langem zwischen unseren Ländern bestehenden Freundschaftsvertrags.“

Der König nahm die Rolle entgegen. Was immer die Rolle enthalten mochte, so war doch sicherlich auch ein Hinweis dabei, daß die Königin für ihren Sohn das Erbe anmahnte. Salomo reichte die Rolle einem neben seinem Thron stehenden Minister weiter und sagte: „Ich werde mich glücklich schätzen, den Brief deiner Mutter noch heute zu lesen.“

Salomo erhob sich nun. Mit einer Handbewegung lud er Menelik ein, ihn durch einen anschließenden Korridor in seinen Palast zu begleiten. „Ich hoffe, du wirst während deines Aufenthalts hier mit deinem persönlichen Diener Gast in meinem Hause sein“, sagte er zu dem Prinzen. „Ich werde dir für diese Zeit außerdem noch einen meiner besten Diener zu deiner Verfügung überlassen.“

„Vielen Dank, Majestät, ich nehme die Einladung gern an“, sagte der Prinz mit leisem Lächeln.

„Ich hoffe, du bleibst eine Zeitlang“, fügte der König hinzu. „Morgen beginnt eines unserer großen religiösen Feste. Sicher wird es dich interessieren, die Traditionen Israels kennenzulernen, während du bei uns bist.“

Menelik folgte dem König in dessen Palast; in ein Haus, in dem er hätte aufwachsen sollen, das er aber bisher noch nie betreten hatte.

4. Kapitel

Das Fest der Laubhütten, oder Sukkoth, war das fröhlichste Fest im hebräischen Kalender und das, an dem die Israeliten die meiste Gemeinschaft untereinander pflegten. Meneliks Ankunft brachte ihn mit Jerusalem in seiner fröhlichsten und gastfreundlichsten Zeit des Jahres in Verbindung.

Menelik erwachte am Morgen in seinem prächtigen Raum durch das Blasen der Hörner. Heller Sonnenschein fiel durch das Fenster. Ein Diener mußte, während er noch schlief, schon die Vorhänge beiseite geschoben haben.

„Guten Morgen, Hoheit!“ wurde er von einer fröhlichen Stimme begrüßt. „Es ist ein herrlicher Tag heute, Hoheit.“

Menelik drehte sich im Bett um und sah einen weißgekleideten Diener vor sich stehen, der sich tief verbeugte. „Mein Name ist Fassad, Hoheit“, sagte der Mann. „Ich soll euch während eurer Anwesenheit hier begleiten, euch alles erklären, euch zur Verfügung stehen und euch alles besorgen, was ihr wünscht.“

Solche Bedienung von Kind an gewöhnt, nickte der Prinz nur träge mit dem Kopf und fragte: „Dies ist ein heiliger Tag für euer Volk?“

„So ist es, Herr“, bestätigte der Diener. „Heilig und fröhlich.“ Er eilte zum Fenster und bat den Prinz, zu ihm zu treten. „Sieh“, sagte er, „die Leute treffen ihre Vorbereitungen.“

Menelik erhob sich träge und trat zum Fenster. Staunend sah er, wie die Menschen geschäftig hin und her liefen und überall, an Straßenrändern, unter Bäumen und auf Dächern, seltsame kleine Hütten errichteten. Neugierig fragte er: „Was bedeutet das?“

„Ich sehe, Hoheit“, sagte Fassad, „unsere Feste sind euch fremd. Deshalb will ich euch erklären, was diese Hütten bedeuten.“ Er wies mit der Hand nach unten. „Als Mose unser Volk aus Ägypten führte, kamen sie zu ihrem ersten Lagerplatz, der *Sukkoth* hieß. Dort errichteten sie zum ersten Mal ihre Zelte. Sie mußten dann für vierzig Jahre auf diese Art leben, bis wir hier in das Land kamen, das wir heute noch bewohnen.

Diese Hütten oder auch Zelte symbolisieren für uns die völlige Abhängigkeit unseres Volkes von unserem Gott, als wir unter seiner Führung das Land Ägypten verließen. Die Zelte repräsentieren den Schutz unseres Gottes und unsere Demut, mit der wir Ihm folgen.“

Hier unterbrach er sich und sagte: „Vergib mir, Hoheit. Vielleicht interesiert dich mein Gerede überhaupt nicht.“

„Doch, Fassad“, ermutigte Menelik ihn. „Fahre fort. Ich finde es faszinierend.“

„Wir nennen dieses Fest deshalb das *Fest der Laubhütten.* Doch es wird auch gleichzeitig das Erntefest mitgefeiert. Ich denke, auch in eurem Land ist jetzt die Zeit der Ernte, wie in allen anderen Ländern. Und heute abend werden die Menschen mit den ersten Früchten ihrer Ernte durch die Straßen ziehen und sie in das Haus des Herrn bringen.“

Menelik blickte lange nachdenklich auf das fröhliche Getümmel unter ihm. Endlich wagte Fassad zu sagen: „Ich hoffe, Herr, daß euch dieses Fest Freude bereiten wird, denn es ist für die Freude da – fünf Tage lang.“

„Ich werde sicher Freude daran haben“, versicherte Menelik ihm.

Fassad fuhr fort: „Doch während dieser Zeit sind wir nicht nur fröhlich, sondern auch demütig. Wir ehren das Haus des Herrn, indem wir Palmzweige in unseren Händen tragen und damit zum Altar hin winken. Am letzten Tag des Festes, vor dem Sabbath, zerbrechen wir die Palmblätter vor dem Altar, denn das ist der Tag, an dem Gott die Welt richtet."

„Das Haus des Herrn?" wiederholte Menelik. „Ich nehme an, damit meinst du den Tempel dort oben?"

Fassad blickte zum Moriah hinauf. „So ist es", sagte er leise. „Während wir in diesen Tagen in Laubhütten wohnen, erinnern wir uns auch daran, daß unser Gott während der Zeit unserer Wanderung ebenfalls in einem Zelt wohnte."

Aufmerksam hörte Menelik zu. „Und das Abbild eures Gottes wird sicherlich während des Festes durch die Straßen getragen und dann wieder in seinen Schrein zurückgebracht?" fragte er.

Fassad schüttelte den Kopf. „Wir nennen unseren Gott Jehova", räumte er ein. „Doch es gibt kein Bild von Ihm, das wir ansehen könnten."

„Das ist seltsam", wunderte sich Menelik. „Wie wißt ihr denn dann, wenn Er in Seinem heiligen Platz anwesend ist?"

Fassad erklärte: „Am großen Versöhnungstag, dem für uns heiligsten Tag des Jahres, der vor fünf Tagen war, geht der Hohe Priester in das Allerheiligste im Innersten des Tempels und verbrennt dort Räucherwerk. Wenn wir dann den Rauch vom heiligen Berg in den Himmel aufsteigen sehen, wissen wir, daß der Herr unsere Gebete und unser Lob hören und erhören wird."

„Euer Gott kommt *herab,* um sich mit euch zu treffen?" staunte er. „Einen solchen Glauben haben wir in unserem Land nicht. Warum sollte Gott wünschen, aus dem Himmel herabzufallen?"

Fassad unterdrückte ein Lächeln. „Ich sagte nicht *fallen,* Hoheit. Unser Gott ist ständig mit uns, sagen uns unsere weisen Männer. Aber am großen Versöhnungstag nimmt er unsere Opfer entgegen und vergibt uns unsere Sünden."

Der Gedanke eines Tages im Jahr, an dem die Götter alle Sünden vergaben, war Menelik nicht fremd. Deshalb nickte er zustimmend. Doch dann fragte er: „Hat schon jemand einmal diesen Gott gesehen, von dem du sprichst?"

„Nein", antwortete Fassad. „Nicht einmal Mose durfte Sein Angesicht sehen, sonst wäre er gestorben."

Menelik schüttelte über solche Torheit den Kopf. Sein Volk konnte die Abbilder ihrer Götter Tag und Nacht betrachten; und die Sonnenscheibe selbst stand am Tag am Himmel, und der Mond in der Nacht."

Als Fassad die Reaktion des Prinzen sah, fügte er schnell hinzu: „Aber sieh, Hoheit, unser Gott ist auf mancherlei Weise beständig um uns. Allein die Schöpfung um uns ist ein Beweis Seiner Macht. Im Heiligtum brennt die ewige Lampe, und dort steht der Gnadenstuhl, von dem aus Er uns richtet und vergibt. Und das Kostbarste von allem ist die heilige Bundeslade, die Seine Worte enthält, die Er uns durch Mose auf dem Sinai gegeben hat."

Die letzten Worte fanden das besondere Interesse des Prinzen. „O ja!" rief er. „Die Bundeslade! Meine Mutter hat mir viele Geschichten darüber erzählt, was dieser goldene Kasten für euch getan hat. Er muß viel Macht besitzen."

„Macht, ja", nickte Fassad. „Aber nicht die Bundeslade hat die Macht, sondern es ist die Macht des allmächtigen Gottes, der gegenwärtig ist."

„Ich finde das alles höchst interessant", erklärte der Prinz. „Ich bin sehr gespannt auf die heilige Woche, und vor allem auf die Stunde, wenn euer Gott die Welt richten wird. Doch jetzt möchte ich mein morgendliches Bad nehmen." Damit fuhr er in seine mit Edelsteinen verzierten Pantoffel und begab sich in das zu seinen Räumen gehörende Bad.

5. Kapitel

Im Laufe des Tages bekam der Prinz einen Eindruck von Jerusalem in seiner fröhlichsten Zeit. Da die Zeit Salomos eine Zeit des Wohlstands in Israel war, übertrafen sich die Menschen gegenseitig beim Bau und Schmücken ihrer Laubhütten. Zwar hatten sie die alten Geschichten und die Armut, die damals in der Wüste unter ihren Vorfahren herrschte, nicht vergessen, aber nun erfreuten sie sich des Reichtums, der überall im Land anzutreffen war.

Überall in Jerusalem, und natürlich auch im ganzen Land, saßen Gruppen von Menschen unter den Laubhütten zusammen und feierten, aßen und tranken und ließen es sich gut gehen.

All das betrachtete Menelik voll Staunen, als er mit Fassad durch die Straßen ging. Am Abend würde er mit dem König essen, aber für den Tag war Fassad sein Führer. Wenn auch der König nicht den ganzen Tag für ihn Zeit hatte, so fragte er sich doch, warum er ihn nicht zum Frühstück eingeladen hatte.

„Spricht der König oft von meiner Mutter?“ fragte er Fassad völlig überraschend, als sie über den Marktplatz gingen.

Der diplomatische Fassad räusperte sich und suchte nach der rechten Antwort. Endlich sagte er: „Ich bin keiner von des Königs Vertrauten, deshalb weiß ich nicht, worüber er sich mit seinen Räten und seiner Familie unterhält.“

Aufmerksam betrachtete er von der Seite das Gesicht des jungen Mannes und fand ihn sehr ernsthaft und aufmerksam.

Dann fügte er hinzu: „Ich war noch sehr jung, Hoheit, als die Königin von Saba unsere Stadt besuchte. Deshalb kann ich mich auch nicht an sehr viel erinnern. Ich weiß nur, daß sie länger geblieben ist, als sie ursprünglich geplant hatte und daß es dem ganzen Palast gefiel, daß der König an ihrer Gegenwart so viel Freude hatte."

Bei diesen Worten zog ein frohes Lächeln über Meneliks Gesicht und der Ernst wich ein wenig. Und plötzlich, zum ersten Mal, fiel es Fassad auf, wie große Ähnlichkeit der Prinz mit dem König Israels hatte, obwohl er viel dunkler war als der König. Ein erstaunlicher Gedanke durchfuhr ihn. *Herr, Gott Israels! Kann es sein?*

Er starrte den hübschen Sabäer so lange an, daß dieser ärgerlich fragte: „Was hast du denn?"

Fassad wurde rot und verbeugte sich. „Vergib mir, Hoheit", stammelte er. „Aber du hast mich für einen Augenblick an jemand erinnert ... an jemand, den ich kenne."

Hochmütig fuhr Menelik ihn an: „Rufe den Wagen herbei, ich will zum Tempelberg fahren. Dort möchte ich den Schrein der Bundeslade sehen."

Es war der Abend des ersten Tages des Laubhüttenfestes. An diesem Abend begann auch das *Fest der Ernte.* In den Straßen Jerusalems wurde fröhlich gefeiert, und Tausende kamen vom Lande herein, um die Erstfrüchte ihrer Ernte in den heiligen Tempel zu bringen.

Obwohl der heilige Berg über der Stadt keine Tenne mehr war, standen heute dort die Tore des Tempels weit offen, um die Gaben der ersten Früchte zu empfangen, die in Körben, auf kleinen Karren und teilweise auch auf Wagen herbeigebracht wurden, um so die Gesetze Moses zu erfüllen. Viele Leviten nahmen die Gaben der Ernte entgegen, zählten sie und schrieben alles nieder. Es war der zehnte Teil der Ernte, wie er nach dem Gesetz den Priestern und Leviten zustand.

Zwischen Salomos Palastgebäuden und dem Anfang des Tempelbezirks war nur Fußgängerverkehr erlaubt. Nicht einmal ein Prinz wie Menelik durfte hier zwischen den Säulenreihen fahren, und nur die Lahmen durften getragen werden. Deshalb mußte sich auch der Prinz unter die Fußgänger mischen, welche die breiten Stufen zum Tempel hinaufgingen. Das war sehr demütigend für den stolzen jungen Mann, entsprach aber der hebräischen Überzeugung, daß man den heiligen Ort nicht stolz, sondern mit demütigem Herzen betreten sollte.

Doch Menelik fiel wegen seiner prunkvollen Kleidung und seiner hochmütigen Haltung trotzdem auf, so daß die Menschen ihm bereitwillig Platz machten, als er die Stufen hinaufstieg und gemeinsam mit Fassad bald den Vorhof der Heiden erreichte, der vom Vorhof der Israeliten abgetrennt war und weiter entfernt vom eigentlichen Tempel lag.

Es war auch Menelik nicht erlaubt, näher als bis in den Vorhof der Heiden zu gehen, schon gar nicht durfte er in das eigentliche Heiligtum, wo die Bundeslade stand. Als jetzt Wachen mit ihren Speeren dem Prinz den Zugang zum Vorhof der Israeliten versperrten, empörte er sich darüber auf das Heftigste.

Fassad, der neben ihm stand, lächelte nervös. „Hoheit", sagte er, „es tut mir leid, aber es ist dir nicht gestattet, den nächsten Hof zu betreten. Dahin dürfen nur die Söhne Israels gehen."

„Söhne Israels?" fauchte Menelik zornig. „Und wie wissen diese Wachen, wer ein Sohn Israels ist und wer nicht?" Der Prinz hatte die Fäuste geballt, und seinem entschlossenen Gesichtsausdruck konnte man ansehen, daß er sich nicht aufhalten lassen wollte.

„Herr", stammelte Fassad, „es ist unsere Regel, nein, sondern sogar unser Gesetz, daß Unbeschnittene den Vorhof der Israeliten nur unter Lebensgefahr betreten dürfen." Er hoffte von ganzem Herzen, daß Menelik vernünftig sein würde.

„Aha!" rief Menelik. „Und wieso wissen diese Wachen, wer beschnitten ist und wer nicht? Mir scheint, da könnte es größere Probleme geben."

Fassad war sprachlos. Er schüttelte nur stumm den Kopf und brachte dann ein mühsames „Bitte, Hoheit!“ heraus.

Doch Menelik war entschlossen und tat das Undenkbare. Er hob die Hand und ging auf die überraschten Wachen zu, schob die gesenkten Speere beiseite und wollte den für ihn verbotenen Hof betreten. Das hatten die Wachen nicht erwartet, da es in all den Jahren ihres Dienstes noch nicht geschehen war. Deshalb zögerten sie zunächst auch, und Menelik konnte den Hof betreten, ehe sie reagierten. Doch dann machten sie sich auf die Jagd nach ihm.

„Halt! Halt!“ rief Fassad, der nun hinter ihnen herrannte. „Bitte, verletzt ihn nicht! Er ist der Prinz von Äthiopien, ein Gast unseres Königs!“

Der Prinz ließ sich nicht erschüttern, sondern durchquerte weiter den Vorhof, auf das Heiligtum des Tempels zu. Doch die Wachen waren verunsichert, als sie hörten, daß es sich um einen königlichen Besucher handelte. Sie blieben stehen und fragten Fassad: „Was sollen wir denn tun? Du bist ein Beamter des königlichen Hauses, übernimm also die Verantwortung!“

Hilflos zuckte Fassad mit den Schultern. Doch dann bemerkte er, wie der Prinz schon fast die Grenze zum Heiligtum erreicht hatte und keine Anstalten machte, stehenzubleiben. „Ja, auf meine Verantwortung!“ rief er. „Ehe er gar hinter den Vorhang in das Allerheiligste eindringt. Die gewaltige Bundeslade ist nicht so geduldig mit Eindringlingen wie wir.“

6. Kapitel

Salomo hatte es sich auf einer Liege bequem gemacht und betrachtete Menelik, der ihm gegenüber auf einem gleichen Möbel lag. Sie waren allein, und alle Notwendigkeiten des Protokolls waren beiseite geschoben. Salomo beabsichtigte, mit Menelik zu plaudern.

Doch Menelik schien es um ein ernsthaftes Gespräch zu gehen. „Ich war sehr überrascht, als man mich am frühen Abend mit Gewalt aus der Nähe eures Heiligtums entfernte“, sagte er.

Fassad, der den König und Menelik bei ihrem privaten Abendessen bediente, mußte daran denken, wie der Prinz noch vor einer reichlichen Stunde von den Wachen mit vorgehaltenen Speeren nicht nur aus dem Vorhof, sondern sogar noch vor den Eingang zum Tempelbezirk gebracht wurde. Fassad würde den zornigen Gesichtsausdruck des Prinzen lange nicht vergessen. Mittlerweile wußten im Palast alle, was im Tempel geschehen war, und auch der König war unterrichtet.

„Ich würde meinen, Israel sollte ein Interesse daran haben, daß seine Staatsbesucher seinen heiligsten Ort besuchen“, fügte er ein wenig ironisch hinzu.

Fassad wußte, daß selbst der König mit seiner großen Weisheit jetzt Schwierigkeiten haben würde, eine den Prinzen befriedigende Erklärung zu finden, die nicht zu internationalen Schwierigkeiten führen würde. Menelik war ein Prinz ohne Vater, da Salomo nie daran gedacht hatte, Bilquis zu heiraten, auch nicht, als er von der Geburt seines Sohnes erfuhr. Auch diesen hatte er nie öffentlich erwähnt.

Salomos Weigerung, Bilquis zu heiraten, hätte zu einem Krieg zwischen Israel und Äthiopien führen können. Warum dies nicht geschehen war, konnte niemand sagen, das wußte nur Bilquis allein. Doch nun war es der erwachsen gewordene Sohn Salomos, der neue diplomatische Probleme verursachte.

Der Grund Salomos, daß er Bilquis nicht geheiratet hatte, obwohl er so viele Frauen und Nebenfrauen besaß, lag auf der Hand. Seine Hauptfrau und eigentliche Königin war die Lieblingstochter des ägyptischen Pharaos. Durch Salomos Heirat mit ihr war es zu einem festen Bündnis zwischen den beiden Reichen gekommen, wodurch Salomo an seinen südlichen Grenzen beständig Ruhe hatte.

Bilquis aber, die Herrscherin von Äthiopien und Saba, hätte sich bei einer Heirat mit Salomo nie mit dem zweiten Platz zufriedengegeben, sondern sie hätte neben Salomo die Königin der dann vereinigten Reiche Israels und Äthiopiens sein wollen und müssen. Dadurch wäre die Tochter Pharaos von ihrem Platz an der Seite Salomos verdrängt worden, und das hätte unweigerlich zum Krieg mit dem mächtigen Weltreich Ägypten geführt; noch dazu, da zwischen Ägypten und Äthiopien schon seit Jahrhunderten eine Rivalität bestand.

Und nun war es Menelik, der sein Recht als Prinz von Äthiopien und Saba und als Sohn des Königs von Israel einforderte. Doch das Problem mit Ägypten war noch das gleiche.

Salomo schob schweigend ein Stück Fisch in den Mund, kaute bedächtig und schluckte ihn hinunter, ehe er antwortete: „Ich hörte von dem unglücklichen Zwischenfall. Doch ich versichere dir, Menelik, das war nicht persönlich gemeint. Die Wachen taten nur, was ihnen durch unser Gesetz befohlen ist. Eigentlich fordert unser Gesetz, daß jeder Fremde, der in den für ihn verbotenen Bezirk eindringt, den Tod verdient hat. Aber das konntest du natürlich nicht wissen.“

Doch der Prinz schien unbeeindruckt. Schnippisch antwortete er: „In unserem Land ist es allen erlaubt, an Festtagen die Götter zu sehen. Sicher, es sind eigentlich nur Abbilder der Götter, aber doch repräsentieren sie diese. Ich wollte doch nur einen Blick auf das Heiligtum und auf die Bundeslade werfen, in der sich euer Gesetz befindet, nicht auf euren Gott selbst. Was ist daran so falsch?"

Salomo hatte keine Zeit zu antworten, denn der Prinz lehnte sich zurück und fuhr fort: „Wenn der Gott der Hebräer, wie eure Lehrer sagen, der einzig wahre Gott ist, warum macht ihr Ihn und Seinen heiligen Tempel dann nicht mit dem Rest der Welt bekannt? Warum versteckt ihr Ihn hinter steinernen Mauern?"

Salomo war erstaunt über die Direktheit Meneliks. Noch nie hatte er einen so dreisten Besucher empfangen. War es, weil Menelik wußte, daß er nicht nur dem König Israels, sondern auch seinem Vater gegenübersaß? Er räusperte sich und antwortete: „Die Bundeslade, von der du sprichst, mein lieber Junge, ist kein Spielzeug. Du hast sicher gehört, was den Philistern geschehen ist, als sie diese von Israel geraubt hatten und in den Tempel Dagons stellten."

Menelik nickte. Er wußte, daß Dagons Götterbild von seinem Sockel gestürzt und zerbrochen war. Außerdem war über die Philister eine große Plage gekommen. Eine ganze Weile war er still, doch dann sagte er: „Ja, ich weiß es. Doch warum wurde mir nicht erlaubt, in eure heiligen Bezirke zu kommen? Bin ich nach eurem Standard unrein?"

Das war eine schwere Frage; und lange dachte Salomo nach, ehe er entwortete: „Für mich, mein Junge, bist du nie unrein. Nicht für mich."

Menelik wurde bleich unter seiner dunklen Haut. Doch er ließ nicht nach. „Dann sage mir", fragte er mutig, „warum ich nicht im Hof der Israeliten bleiben durfte. Warum ist für mich der Platz der Söhne Israels im Tempel verboten?"

Salomo blickte unsicher zu Fassad hin, der zum erstenmal merkte, daß des Königs Hände leicht zitterten. Endlich gab er eine scheinbar ausweichende Antwort: „Du sprichst von deiner Mutter?“ sagte er leise. „Genauer gesagt: Von deiner Mutter und mir.“

In Meneliks Augen erschienen Tränen. Der König nickte verständnisvoll. „Königin Bilquis ist eine mutige und edle Frau“, sagte er. Und mit einem Lächeln fügte er hinzu: „Und auch eine sehr charmante.“

Menelik spürte, daß Salomo seine Mutter wirklich geliebt hatte. „Dann, warum ...?“ stieß er hervor.

„Warum ich sie nicht geheiratet habe?“ ahnte der König die ganze Frage. „Sie kennt den Grund, mein Junge. Wir hätten damit keine Probleme gelöst, die zwischen dem Land meiner Königin und ihrem bestehen, sondern wir hätten die Dinge nur schlimmer gemacht.“

Salomo erkannte sofort, daß er nicht die richtigen Worte gewählt hatte, denn Menelik biß sich auf die Lippen, sprang auf und rief: „Ich denke, es kann nichts schlimmer sein, als meine uneheliche Geburt, o Vater!“ Erregt ging er nun hin und her und fuhr fort: „Wie viele Söhne hast du? Einige hundert? Vielleicht sogar tausend? Und keinem hast du deinen Namen und einen Platz verweigert, nur mir.“

Salomo schwieg lange, ehe er antwortete: „Ich verstehe deine Gefühle, mein Junge, und von deinem Standpunkt aus hast du recht. Doch ich mußte als König viele Zusammenhänge berücksichtigen. Das ist mir schwergefallen, das kannst du mir glauben. Deshalb solltest du mich auch nicht verachten.“

Der Prinz antwortete nicht, deshalb fuhr Salomo nach einigen Augenblicken fort: „Ich habe deine Mutter geliebt, mehr als je eine andere Frau. Du wirst nie wissen, wie leer es in meinem Herzen wurde, als sie abreiste.“

Menelik blickte ihn skeptisch an. Salomo fuhr fort: „Ich habe mir nichts mehr gewünscht, als dich zu meinem Erben zu machen. Doch das war und ist unmöglich. Wenn du selbst einmal König bist, wirst du verstehen, daß du die Interessen deines Volkes vor deine eigenen stellen mußt. Hätte ich Bilquis geheiratet, würde es ganz sicher Krieg zwischen Ägypten und Äthiopien gegeben haben. Und auch Israel wäre hineingezogen worden. Viele Menschen hätten sterben müssen. War es das wert?“

Lange schwiegen die beiden, bis Menelik endlich stammelte: „Ich sehe aber immer noch nicht, warum du mich als deinen Sohn verleugnet hast.“

„Es waren nur politische Gründe“, erklärte Salomo. „Nie solche des Herzens. Die Menschen in deinem Land und auch viele bei uns kennen die wahre Natur deiner Geburt. Es war nie ein echtes Geheimnis. Doch um der Gesetze Israels willen konnte es in unserem Land nicht anerkannt werden.“

Menelik antwortete enttäuscht: „Gesetz! Gesetz! Ist das alles, worum die Hebräer sich kümmern? Kann man denn nicht die Realität anerkennen?“

Man sah Salomo an, daß er sich schämte, als er zugab: „Die Realität, mein Sohn, ist, daß ich falsch gehandelt haben. Aus Liebe nahm ich deine Mutter, die nicht meine Frau war und nie werden konnte. In den Augen des Gesetzes und Moses beging ich damit eine schwere Sünde, die nur zu rechtfertigen gewesen wäre, hätte ich deine Mutter geheiratet. Und das konnte ich nicht, um deines und um meines Volkes willen.“

Noch nie hatte Fassad seinen König so tief erschüttert gesehen, als dieser jetzt fortfuhr: „Ja, du bist mein Sohn. Aber vergib mir, daß ich nicht anders handeln konnte.“

Wieder trat langes Schweige ein, bis der Prinz endlich sagte: „Ich versuche dich zu verstehen, Vater, aber in meinem Herzen tut es trotzdem weh.“

Salomo nickte, trat zu seinem Sohn und schloß ihn fest in die Arme. Fassad konnte erkennen, daß der König sich wieder gefangen hatte. Ruhiger geworden, sagte er: „Unser gemeinsames Abendessen ist nun beendet. Ich bilde mir nicht ein, daß es mir gelungen ist, den Schmerz deines Herzens zu lindern und die Wunde in deiner Seele zu heilen.

Ich kann dich nur nochmals um Verzeihung bitten. Morgen werden wir uns wieder treffen. Und wenn du dich auf die Heimreise begibst, sollst du wissen, daß ein Stück meines Herzens und des Herzens Israels mit dir geht. Nie mehr sollst du von meiner Seele und von meiner Liebe getrennt sein."

7. Kapitel

Es war ungewöhnlich für Salomo, am späten Abend noch eine Versammlung seiner engsten Berater einzuberufen, doch manchmal machen wichtige staatliche Entscheidungen das nötig. Auch für den Hohen Priester war es nicht typisch, daß er noch im Mondschein vom Tempelbezirk zum Palast ging. Es mußte schon etwas Wichtiges sein, was den König veranlaßte, in dieser späten Stunde noch zu einer Ratssitzung zu rufen.

Der nächste Tag war der letzte des Erntefestes und sein Höhepunkt. Es war auch der Tag des Gerichts, an dem, so glauben die Hebräer, Gott die Welt richtet. Für den schon alten Hohen Priester war es ein besonders anstrengender Tag, deshalb war er schon früh schlafen gegangen und mußte aus dem Bett geholt werden.

„Hier bin ich, Majestät", begrüßte der Hohe Priester Asariah den König, als er den Beratungsraum betrat. „Warum läßt du mich zu so später Stunde rufen?"

„Ich bin dir sehr dankbar, daß du gekommen bist", antwortete Salomo. „Sicher ist dir klar, daß es wirklich um sehr Wichtiges geht. Wir wollen deshalb gleich zur Sache kommen."

Der König blickte die wenigen Männer, die im Raum waren, nacheinander an und begann: „Durch eine Unbesonnenheit meinerseits besteht für unser Land die Gefahr eines Krieges mit Äthiopien und Saba. Es könnte sogar Ägypten hineingezogen werden. Ihr wißt sicher alle, daß wir seit einigen Tagen den Thronerben von Äthiopien, Prinz Menelik, bei uns zu Gast haben."

Der Hohe Priester nickte. Ihm waren die Zusammenhänge wohl bekannt. Niemand brauchte ihm zu erklären, daß Menelik Salomos Sohn war. „Wir wissen es", sagte er. „Er ist nun doch gekommen, um seine Erbschaft zu beanspruchen."

Das war eine so schlichte Feststellung, daß der König nur antworten konnte: „Ich sehe, daß dir nichts verborgen bleibt."

„Vor dem allmächtigen Gott bleibt nichts verborgen, Salomo. Ich bin nur Sein Werkzeug", antwortete der Hohe Priester.

Salomo wußte um das hohe Ansehen Asariahs im Volk. Er war ein Angehöriger der levitischen Familie Kohath, die ihre Abstammung von Moses Bruder Aaron herleitete, und ein Mann von untadeligem Wesen. Der Name seines Großvaters war *Zadok* gewesen, ein Hinweis auf das *Zedek* von *Melchizedek*.

„Ihr alle wißt", stöhnte der König, „daß ich die Königin Bilquis nicht heiraten konnte, um mit Ägypten Frieden zu halten. Die Geburt Meneliks war deshalb für meine Herrschaft kritisch genug."

Die Männer hörten aufmerksam zu, doch Salomo bemerkte, daß er vor allem das Interesse des Hohen Priesters noch kaum geweckt hatte. Er fuhr fort: „Jedenfalls scheint der junge Prinz absolut die Bundeslade sehen zu wollen. Warum, weiß ich nicht, es sei denn, er möchte sie haben und ihre Macht für sich benutzen."

Nun hatte Salomo die Aufmerksamkeit des Hohen Priesters gewonnen. „Ich hörte davon, daß er gestern versucht hat, in das Heiligtum einzudringen", sagte Asariah. „Doch wir wissen, daß alle Fremden, die versucht haben, uns die Bundeslade wegzunehmen, dafür schwer leiden mußten."

„So ist es", bestätigte der König. „Aber ich kann Menelik nicht davon überzeugen." Er rieb sich nachdenklich das Kinn. „Ich habe schon stundenlang darüber nachgedacht. Wenn der Prinz darauf besteht, die Bundeslade zu bekommen, und wenn die einzige Alternative dazu ein Krieg ist – dann sollten wir sie ihm geben."

Nach diesen Worten trat tiefe Stille ein. Und wenn ein Uneingeweihter hätte zuhören können, hätte er wohl geglaubt, Salomo habe den Verstand verloren. Doch der Hohe Priester fragte nur ruhig: „Du meinst doch die Nachbildung?"

Salomo nickte. „Ich denke, daß es jetzt an der Zeit ist, sie zu gebrauchen, wenn wir dadurch den Frieden retten können."

Wovon Salomo sprach, war ein täuschend genauer Nachbau der echten Bundeslade. Die falsche war hergestellt worden, nachdem man die echte von Kirjath-Jearim nach Jerusalem geholt hatte. Im Falle von Gefahr wollte man die falsche mit der echten vertauschen, so daß die echte Bundeslade nie mehr in Feindeshand fallen konnte. Doch nur wenige Männer in Israel wußten davon, daß ein solcher Nachbau vorhanden war.

Der Hohe Priester begriff, was Salomo schon vorher erkannt hatte. Es gab im Augenblick nur zwei Alternativen. Man konnte erstens die Tempelwachen so sehr verstärken, daß jeder Versuch Meneliks und seiner Leute, die Bundeslade zu rauben, abgewehrt werden konnte. Doch das hätte Blutvergießen auf dem heiligen Berg bedeutet und anschließend Krieg mit Äthiopien und Saba.

Die zweite Möglichkeit war, den Raub der Bundeslade durch scheinbare Unachtsamkeit zu dulden. Doch dann wäre über die Bewohner von Äthiopien und Saba Unheil, Krankheiten und andere Nöte gekommen, wie schon einmal bei den Philistern. Und auch das konnte man nicht verantworten.

„Majestät", gab Asarjah zu bedenken, „du weißt, daß wir die Existenz der falschen Bundeslade geheim halten mußten. Das bedeutet, wenn wir die falsche jetzt dem Prinzen mitgeben, muß die echte an dem Platz versteckt werden, wo die falsche jetzt ist. Denn unsere Leute und auch Menelik müssen glauben, daß die Äthiopier die heilige Bundeslade in ihrem Besitz haben. Das bedeutet, daß das Allerheiligste des Tempels auf unbestimmte Zeit leer ist, damit dein illegitimer Sohn beschützt wird."

Diese Worte waren wie Nadelstiche in Salomos Herz. „Ich bin in einem schrecklichen Dilemma gefangen", stöhnte er. „Aber ich denke, die Bundeslade wird nicht sehr lange in Äthiopien bleiben. Menelik wird nicht so unvernünftig sein, sie länger behalten zu wollen. Wir können ihm eine Frist setzen, in der er sie zurückgeben muß. Wir werden Priester mitsenden, die den rechten Gebrauch der Nachbildung kontrollieren und sie zur gegebenen Zeit zurückbringen."

Der König blickte den Hohen Priester hoffnungsvoll an, denn zu diesem Unternehmen brauchte er dessen Zustimmung; auch wenn er der Herrscher in Israel war.

Erregt sagte Asariah: „Siehst du nicht, daß es ein Weg voller Lügen ist? Eine Lüge führt dann zur anderen. Und deine Sünde bringt dann auch mich dazu, mich an diesem Betrug zu beteiligen. O Salomo, morgen ist der Gerichtstag. Sieh zu, daß dein Bekenntnis wirklich vollständig ist, damit Jehova dir die Sünden deiner Lenden vergeben kann." Damit wandte er sich der Tür zu.

Salomo sprang auf und lief ihm nach. Als Asariah die Schritte hinter sich hörte, drehte er sich um. „Also gut, mein König", beruhigte er Salomo, „du sollst deinen Willen haben. Ich werde alles selbst arrangieren. Aber bedenke dies: Gott war gnädig zu deinem Vater, indem Er dich ihm schenkte, trotz seiner Sünde mit Bathseba. Gott hat auch dich bisher gesegnet; und Er will in Seiner Gnade auch dieses Vergehen deiner Lenden übersehen. Aber bete dafür, daß deine Sünde nicht für Israel zum Schaden wird."

8. Kapitel

Der Prophet Nathan hatte David verheißen, sein Erbe auf dem Thron würde ein *Mann des Friedens* sein, so wie es der Name Salomo schon andeutete. Und Israel hatte fast während der ganzen Regierungszeit Salomos Frieden.

Und so blieb es auch jetzt. Doch nur durch ein noch nie dagewesenes Ereignis blieb dem Volk ein Krieg mit Äthiopien und Saba erspart. Zum ersten Mal, seit David die Bundeslade nach Jerusalem gebracht hatte, würde man in Israel ein Fest ohne die Gegenwart der heiligen Lade im Allerheiligsten feiern.

Wie der Hohe Priester es versprochen hatte, nahm er die Angelegenheit in die Hand. Er rief die vertrauenswürdigsten Priester und Leviten zu sich, die ein nationales Geheimnis bewahren würden, und ließ durch sie die echte Bundeslade aus dem Allerheiligsten entfernen. Noch in der Nacht stieg er mit ihnen hinunter in die Höhlen tief unterhalb des Moriahs, die David in jahrzehntelanger Arbeit von Sklaven hatte aushauen lassen und in denen er die Schätze zum Tempelbau aufbewahrt hatte.

Ganz am Ende eines verborgenen Ganges war eine versteckte Höhle, in der die falsche Bundeslade stand. Sie war äußerlich von der echten nicht zu unterscheiden, nur daß der Inhalt, Aarons Stab und die Tafeln mit den zehn Geboten, ebenfalls falsch war. Deshalb hatte die falsche Lade auch keine Macht.

Unter Weinen trugen die Männer die echte Bundeslade in diese verborgene Höhle und vertauschten sie mit der falschen; denn sie wußten, daß von nun an das Allerheiligste Israels im Tempel leer sein würde.

Noch im Schutz der Nacht war der Austausch der echten mit der falschen Bundeslade vorgenommen worden. Und noch bis zum Abend des neuen Tages sprach es sich in ganz Jerusalem herum, daß man Prinz Menelik die heilige Lade geliehen hatte.

Vom Dach des Tempels aus sah der Hohe Priester zu, wie seine vertrauten Männer die falsche Bundeslade in das Lager Meneliks trugen. Betend seufzte er: „Herr, Gott Israels, bewahre uns in Zukunft vor lügenden Königen und vor Monarchen, die sündigen."

Prinz Menelik blieb nicht länger in Jerusalem. Schon am nächsten Morgen machte er sich noch vor Tagesanbruch mit seiner riesigen Karawane auf den Heimweg, beladen mit Geschenken für seine Mutter. Vom Dach des Palastes aus verfolgte Salomo den Abzug seines Sohnes.

An der Spitze der Karawane zog, genau wie bei der Wanderung des Volkes Israel von Ägypten nach Kanaan, die falsche Bundeslade, bedeckt mit Teppichen und getragen von kräftigen Leviten. Mit ihnen zogen etliche junge Priester, die beauftragt waren, die Sabäer und Äthiopier in den Gesetzen Moses zu unterweisen. Noch nie vorher hatte es ein solches „missionarisches" Unternehmen durch die Israeliten gegeben. Die Religion der Hebräer sah solche missionarischen Aktivitäten auch gar nicht vor. Die Ironie dabei war, daß man die Priester mitsandte, um die Existenz der wirklichen Bundeslade in Jerusalem dadurch noch besser zu verheimlichen.

Jedenfalls war der Friede zwischen Saba, Äthiopien, Ägypten und Israel erhalten geblieben. Und bald würde die Bundeslade zurückkehren und ihren richtigen Platz im Allerheiligsten des Tempels wieder einnehmen. So dachten jedenfalls alle.

Intermezzo

Die nächsten vier Jahrhunderte zogen wie ein immer schwerer werdendes Unwetter über den Felsen von Moriah hin. Wohl gab es zwischendurch auch immer wieder helle Abschnitte, aber im allgemeinen wurde die Zeit immer dunkler und Not und Krieg nahmen zu, und auch der heidnische Götzendienst wuchs in Israel und Juda.

Unter der Regierung von David und Salomo schien Jerusalem eine immer festere und unerschütterliche Heimat für die Hebräer zu werden. Während der Regierungszeit von Salomo herrschte tatsächlich fast nur Friede in Jerusalem und rundum. Doch die Herrlichkeit und Sicherheit der Zeit Salomos hielt nicht lange an.

Kurz nach Salomos Tod kam Zwiespalt und Verwüstung über das Land. Salomos Enkel Rehabeam war ein schwacher Nachfolger seines Großvaters. Die nördlichen Stämme Israels lehnten sich gegen die höheren Steuern auf, die er ihnen auferlegen wollte, fielen vom Hause Davids ab und gründeten ihren eigenen Staat, den sie von nun an das „Königreich Israel“ nannten, während die dem Hause Davids treu gebliebenen südlichen Stämme von nun an den Namen „Königreich Juda“ führten.

Das nächste halbe Jahrhundert bekämpften sich die beiden Bruderstaaten heftig. Das nahmen die Feinde zum Anlaß, in das Land einzufallen. Trotz des Bündnisses zwischen Salomo und Ägypten kam nun der Pharao Sisak durch den Negev gezogen, griff Juda an und zerstörte auch einige der Verteidigungsanlagen von Jerusalem.

Innerhalb von etwas mehr als zehn Jahren verlor Juda die Kontrolle über die Straße nach Ägypten und über die Hafenstädte am Mittelmeer, so daß der Haupthandel jetzt an Juda vorüberging und dadurch eine Quelle ihres Reichtums versiegte. Jerusalem lebte jetzt hauptsächlich noch von den religiösen Pilgern, die in die Stadt kamen.

Dem nördlichen Reich Israel ging es zunächst noch besser. König Omri von Israel gründete seine eigene Hauptstadt Samaria und kontrollierte den Paß zur Küstenstraße. Unter seinem Nachfolger Ahab beendete Israel den Krieg mit Juda, und Judas neuer König Jehosaphat wurde ein tüchtiger Führer seines Reiches. Unter Jehosaphat nahm der Überlandhandel Judas wieder zu, da er den südlichen Feind Edom wieder unterwarf und den Negev zurückeroberte.

Doch nach zwei Perioden Frieden und Wohlstand wurde König Amasiah von Juda zu stolz und führte wieder Krieg mit Israel. Dieser endete mit seiner Niederlage und der Verwüstung der heiligen Stadt. Die Israeliten zerstörten den ganzen nördlichen Teil der Stadtmauer Jerusalems auf einer Länge von etwa zweihundert Metern.

Deshalb begann der nächste König, Usia, das größte Befestigungsprogramm für Jerusalem seit der Zeit Salomos. Er stellte auch den Frieden mit Israel wieder her, und gemeinsam beherrschten die beiden Reiche das Gebiet von der südlichen Spitze des Negev bis zur Grenze von Phönizien und bis Damaskus.

Während dieser Zeit kehrte Wohlstand nach Jerusalem zurück. Es erschienen dann in Jerusalem auch besondere von Gott berufene Männer, die man Propheten nannte. Sie warnten beständig davor, sich von dem Gott Israels abzuwenden und den heidnischen Göttern zu dienen.

Natürlich kamen die Juden durch ihren wachsenden Handel auch immer mehr mit fremden Völkern in Verbindung und übernahmen von ihnen heidnische Götterverehrung und andere sündige Dinge. „Ihr laßt euch vom Osten her beeinflussen und erfreut euch an den Söhnen und Töchtern der

Fremden“, rief der Prophet Jesaja. Und der Prophet Hosea ermahnte sie, nicht wieder die alten heidnischen Sitten Kanaans anzunehmen.

Nicht zufrieden mit den neuen Befestigungen Jerusalems, baute König Jotham, der Sohn Usias, auch in den Bergen neue Städte und Burgen. Auch vor dem Tempel ließ Jotham ein hohes Tor aufrichten und befestigte die Mauern am Ophel.

Diese neuen Befestigungen bestanden ihre Probe, als in der Regierungszeit von Ahas der große Hund aus dem Osten, Assyrien, über Israel und Juda herfiel. Er eroberte fast ganz Israel und sandte viele Tausende von ihnen in das Exil nach Mesopotamien und Medien in der Nähe des Berges Ararat, und auch in das Tal von Tigris und Euphrat. Damit hatte das nördliche Königreich Israel eigentlich aufgehört zu existieren. Auch seine Hauptstadt Samaria war zerstört, und das Volk wurde in die Verbannung geschickt.

Nur das Königreich Juda bestand nun noch, und Jerusalem, das den Assyrern widerstanden hatte, wurde wieder zum nationalen Hauptquartier für alle Israeliten.

Unter König Hiskia erlebte Jerusalem eine seiner größten Stunden. Sanherib, der neue Herrscher Assyriens, fiel in Juda ein, und sein eigentliches Ziel war Jerusalem. Der Prophet Jesaja ermutigte die ängstlichen Bürger der Stadt und wies sie an, die schwächste Stelle der Stadt, ihre Wasserversorgung, auszubauen. Durch diese Wasserröhre waren vor Jahrhunderten die Soldaten Davids in die Stadt eingedrungen und hatten sie von den Jebusitern erobert.

Auf Befehl des Königs Hiskia schlugen Arbeiter einen rund 500 Meter langen Tunnel durch den Felsen und leiteten damit das Wasser der Gihonquelle von außerhalb der Stadtmauer in das Innere Jerusalems um. Damit war außerdem den Feinden die Benutzung der Gihonquelle versperrt, wenn sie Jerusalem belagerten, und sie mußten sich ihr Wasser von weither holen. Außerdem ließ Hiskia die Stadtmauern und Türme erneuern und verstärken.

Die Zeit Hiskias war auch eine Zeit religiöser Erneuerung und Wiederaufrichtung der Gesetze sowie der Zerstörung aller Götzen in Juda.

Als im Jahr 701 v. Chr. der Assyrer Sanherib vom Osten her in Juda einfiel und alle Städte eroberte, hielt allein Jerusalm ihm stand. Sanherib drohte mit totaler Ausrottung, doch der Prophet Jesaja ermutigte den König Hiskia und das Volk. Durch das Eingreifen Gottes wurde der größte Teil der assyrischen Armee vor der Stadt vernichtet, der Rest floh. Die heilige Stadt hatte dem Ansturm der Armee des assyrischen Weltreichs standgehalten.

Unter dem Eindruck der Niederlage der Assyrer breitete sich der Ruf der heiligen Stadt immer weiter aus, und Jerusalem wurde als uneinnehmbar angesehen.

Teil IX

Der weinende Prophet

628–622 v. Chr.

1. Kapitel

Eine kleine gebeugte Frau trippelte durch die enge Straße ihrer Nachbarschaft, die dem Wohnviertel der Priester am nächsten lag. Auf ihrem Rücken trug sie ein schweres Bündel. Sie kümmerte sich kaum um die Stände der Kaufleute am Straßenrand, sondern lief in der Mitte der Straße. Ab und zu wurde sie von einem freundlichen Menschen gegrüßt. Doch wie meist war sie auch heute tief in Gedanken versunken, so daß sie die Grüße kaum wahrnahm.

Sie wußte, daß die anderen in der Straße nicht alle ihre Freunde waren, obwhl sie hier schon länger lebte als die meisten von ihnen. Und obwohl sie auch eine der ältesten Frauen war, wurde sie nicht von allen respektiert. Vor allem viele der Jüngeren blickten ihr immer wieder ärgerlich oder gar zornig nach.

Soweit es Hulda, die kleine alte Frau betraf, kümmerte sie sich nicht darum, was die anderen von ihr dachten. Sie lebte schon lange ein anderes Leben als die meisten in Jerusalem. Hinter ihrem Rücken spotteten ihre Feinde oft, sie habe den richtigen Namen, denn Hulda hieß *Maulwurf.* Die Spötter sagten: *Wer ist blinder in der Welt als Hulda, oder: Wer vergräbt sich mehr in den Räumen ihres Hauses als diese seltsame kleine Frau?*

Sie wurde gewöhnlich nur zweimal am Tag in der Straße gesehen. In der Morgendämmerung, wenn sie die frisch gewaschenen Gewänder der Priester zum Tempel trug, oder wie jetzt, wenn sie die schmutzigen Gewänder zur Wäscherei brachte.

Huldas Gatte, der alte Schallum, sorgte für die Kleidung der Priester und Leviten. Er war zugleich Schneider, Hersteller von Stoffen und Betreiber der Wäscherei für die Tausende von Leviten und Priestern, die im Tempelbezirk von Moriah wohnten. Er hatte eine große Schar von Mitarbeitern, und Hulda war ihm in ihrer langen Ehe stets eine unersetzliche Hilfe gewesen.

Wenn sie auch von vielen für blind der Welt gegenüber gehalten wurde, so war Hulda doch eine überaus scharfe Beobachterin. Sie lebte nur deshalb so zurückgezogen, weil sie im Leben wichtigere Dinge sah als ihre meisten Mitbürger.

Und durchaus nicht alle in Jerusalem meinten, man müsse ihr aus dem Weg gehen. Ein wenig seltsam, ja, dafür hielten sie alle. Doch eine immer mehr wachsende Zahl ihrer Mitbürger in Jerusalem hielten sie für so etwas wie eine Prophetin. Wäre Hulda ein Mann und wie andere Propheten nur mit einem kurzen Lendenschurz durch die Straßen gezogen, hätte man ihr mehr Beachtung geschenkt. Als Mann hätte sie in den Palast gehen können, um vom König angehört zu werden.

Doch Hulda war nur eine Frau. Und eine Frau, auch eine Prophetin, mußte zurückhaltend sein. Wie wichtig ihre Visionen auch sein mochten, sie konnte nicht in der Öffentlichkeit laut davon reden wie zum Beispiel Jesaja oder Hosea, die weitbekannten Propheten.

Schon als junge Frau, noch vor ihrer Ehe mit Schallum, stand sie in dem Ruf, gute Voraussagen zu machen. Sie war eine eifrige Anhängerin Jehovas. Und wenn Leute zu ihr kamen und ihren Rat für die Zukunft suchten, rief sie stets zu Jehova um Hilfe und Leitung.

Ihr Mann hatte ihre Gabe als gute Geldquelle angesehen und sie aufgefordert, sich dafür bezahlen zu lassen. Doch sie hatte sich stets entschlossen geweigert, das zu tun. Sie hatte auf die Propheten wie Jesaja verwiesen, die auch nie Geld für ihre Voraussagen nahmen.

Jesaja war zwar schon seit mehr als fünfzig Jahren tot, und Hulda hatte damals noch gar nicht gelebt. Er war von dem gottlosen König Manasse auf fürchterliche Weise getötet worden. Er hatte den Prophet bei lebendigem Leib mitten entzwei sägen lassen. Dann war eine Zeit der Hoffnung gekommen, als Manasse Buße tat über seine bösen Taten und seinen Götzendienst. Doch als er starb und sein Sohn Amon an die Regierung kam, führte er die Rituale für Moloch und Baal schnell wieder ein und ließ sogar kleine Kinder opfern.

Wie in der Zeit Melchisedeks und in anderen Zeiten durch die Jahrtausende der Geschichte Jerusalems wurden im Tal Hinnom auch jetzt wieder regelmäßig kleine Kinder für den Götzen Moloch geopfert und lebendig verbrannt.

Heute beschäftigte sich Hulda in ihren Gedanken besonders mit ihrer Schwester und deren Gatten, die noch immer in der Stadt von Huldas Kindheit lebten, in Anathot. Sie war erst vor einigen Tagen von einem Besuch in Anathot zurückgekehrt. Sie hatte gesehen, daß man sich auch dort bemühte, gleichzeitig auf zwei Schultern zu tragen. Man gab sich Mühe, Jehova zu dienen, und war gleichzeitig offen und tolerant für die Praktiken der heidnischen Götter. Zu ihrer großen Frustration hatte ihr Schwager Hilkiah, der in Anathot Priester und der geistliche Leiter war, eine Möglichkeit gefunden, wie er den Dienst für Jehova mit dem Dienst für Baal, Astarte und anderen heidnischen Göttern zusammenbrachte.

Als sie Anathot besuchte, was sie tief erschüttert, als sie sah, daß man in der Stadtmitte neben dem Heiligtum Jehovas eine Säule zu Ehren Baals aufgestellt hatte.

Unter ihren Verwandten hatte sie nur einen Lichtblick gefunden. Da war der junge Jeremia, ihr Neffe, ein Sohn ihrer Schwester und Hilkiahs. Er schien, wie sie selbst, von Jehova „berührt“ zu sein und hielt sich entschieden an die alten Gesetze Israels. Er war jetzt zwanzig Jahre alt, und das Leben in Anathot war für ihn nicht einfach, da er in Opposition zu seinem Vater stand und sich fast als einziger dafür einsetzte, die ausländischen heidnischen Einflüsse zurückzudrängen.

König Josia, der mit acht Jahren schon auf den Thron von Juda gekommen war, konnte in seinen jungen Jahren sehr leicht von seinen korrupten Räten manipuliert werden. Doch er war jetzt ebenfalls zwanzig Jahre alt und hatte sich in letzter Zeit stark gegen die heidnischen Einflüsse von außen her gewandt, und es wurde mit jedem Tag klarer, daß er beabsichtigte, die heidnischen fremden Elemente zurückzudrängen und das Volk wieder zum Dienst für Jehova zurückzuführen.

Als Hulda jetzt den Hof ihres Hauses betrat, sah sie Schallum am Brunnen stehen, wo er einer anderen Person gerade einen Becher mit kaltem Wasser reichte. „Jeremia, bist du das?“ fragte sie erstaunt, weil er mit den blauen Flecken und blutigen Striemen im Gesicht gar nicht so leicht zu erkennen war. „Junge, was ist geschehen?“

„Mein Vater hat mich davongejagt“, sagte er schlicht. „Ich möchte euch keine Schwierigkeiten machen, Tante. Gebt mir nur einen Rat, wo ich Unterkunft finden kann. Ich möchte euer Haus nicht in Gefahr bringen.“

Voller Entsetzen betrachtete sie Jeremia und blickte dann Schallum an, in dessen Augen sie tiefe Sympathie erkannte. „Mir scheint“, sagte sie, „daß Hilkiah den Jungen nicht nur davongejagt hat.“

„Es sieht ganz so aus“, stimmte Schallum zu und strich durch seinen weißen Bart.

„Du wirst von unserem Haus nicht fortgetrieben werden“, erklärte Hulda und blickte Jeremia an. „Im Namen des Herrn, unser Haus ist auch das deine, solange du hierbleiben möchtest.“

2. Kapitel

Hulda lief vor dem Raum hin und her, in dem ihr Neffe die Nacht verbracht hatte. Ob er gut geschlafen hatte, fragte sie sich, oder hatte er noch große Schmerzen? Sie hätte gern hineingeschaut, hielt sich aber zurück, um ihn nicht aufzuwecken. Zwar hatte sie selbst nie Kinder gehabt, war aber trotzdem eine sehr mütterlich veranlagte Frau.

Vielleicht hatte Jeremia die Schritte auf dem Gang gehört, denn im nächsten Augenblick öffnete er die Tür und blickte heraus. „O Jeremia", rief sie, „ich wollte dich nicht aufwecken!"

Er lächelte über ihre Aufregung. „Komm herein, Tante", forderte er sie auf. „Setz dich zu mir."

Schnell ging sie durch den Raum zu den noch geschlossenen Vorhängen.

„Hast du etwas dagegen, wenn ich sie öffne? Es ist ein schöner Tag, und von diesem Fenster aus hast du einen schönen Blick auf die Stadt."

Als sie seinen besorgten Blick bemerkte, fügte sie hinzu: „Niemand wird dich von der Straße aus sehen. Und so früh sind noch sehr wenige Leute auf den Hausdächern."

„Einverstanden", stimmte er zu, „wenn es für euer Haus keine Schwierigkeiten bringt."

„Unsinn", erklärte Hulda und öffnete die Vorhänge. „Der Herr ist der Hüter dieses Hauses, und Er möchte nicht, daß seine Leute wie in Höhlen wohnen." Sie zog sich einen Stuhl heran und fragte: „Nun erzähle mir, was in Anathot wirklich geschehen ist."

Mit gerunzelter Stirn berichtete er, daß nicht nur seine Familie, sondern die ganze Stadt sich gegen ihn gestellt hatte. „Sie sind völlig den heidnische Götzen ergeben“, schloß er seinen Bericht. „Jene, die zuerst die Anbetung Baals in Anathot nur toleriert haben, beten ihn nun selbst an, und sie mischen sogar einige der schrecklichen Rituale von Moloch mit darunter. Ist das nicht seltsam?“

Achselzuckend sagte er noch: „Für meine Familie wünsche ich das Beste, aber ...“

Ihre Befürchtungen waren also wahr geworden, dachte Hulda. Was nur mit sogenannter Toleranz anderen Religionen gegenüber begonnen hatte, man mußte ja weltoffen sein, war nun zu offenem Götzendienst geworden.

„Sie sagen, ich sei ein Dämon.“ Jeremia schüttelte den Kopf. „Ich, ein treuer Anbeter Jehovas.“

Hulda kämpfte mit den Tränen, als sie nun sagte: „Jeremia, erinnerst du dich noch, daß du mir einmal sagtest, der Herr habe schon, als du noch ein kleiner Junge warst, im Schlaf zu dir gesprochen?“

Jeremias Gesicht wurde etwas froher. „Wie sollte ich das vergessen“, antwortete er. „Ich wundere mich nur, daß du dich noch daran erinnerst, wo Gott doch zu dir so oft redet.“

Hulda lachte: „Jeremia, dein fester Glaube hat auch mich immer wieder ermutigt. Ich bete jeden Tag für dich.“

„Liebe Tante“, sagte er erfreut, „du hilfst mir zu glauben, daß ich nicht verrückt bin. Vielleicht waren dann die Träume, die ich in letzter Zeit hatte, doch von Gott.“

Hulda sprang auf. „Was, du hattest Träume?“

Erleichtert, daß er endlich darüber reden konnte, sagte er: „Diese Träume sind doch der eigentliche Grund, daß meine Familie und die ganze Stadt sich gegen mich stellten.“

„Hast du ihnen denn davon erzählt?“ staunte sie.

„Ich dachte, ich sollte es tun“, meinte er, „habe aber nicht mit einer solchen Reaktion gerechnet.“

„Erzähle mir, Jeremia, was du träumst“, drängte Hulda.

„Nun“, begann er, „wie soll ich sie beschreiben? Ich nenne sie zwar Träume, aber es waren eher ...“

„Visionen?“ half sie ihm.

„Ja, so könnte man sagen“, stimmte Jeremia zu. „Ich erlebe sie nicht nur schlafend, sondern auch, wenn ich wach bin.“

„Ja, ja“, bestätigte sie, „genau so ist es.“

Endlich jemand, der mich versteht, dachte Jeremia. „Aber vielleicht hätte ich nicht so töricht sein dürfen, sie unseren Leuten zu erzählen. Wenn ich denke, worum es ging, kann ich ihre Reaktion verstehen“, überlegte Jeremia.

„Nun sag endlich, was du sahst und hörtest“, forderte Hulda.

Zögernd erzählte er: „Der Herr kam eines Nachts zu mir und sagte mir, ich solle zum König gehen. Der König sei genauso einsam wie ich und habe auch ein gläubiges Herz wie ich.“

„Der Herr sei gepriesen!“ rief Hulda. „Und das hast du deinem Vater erzählt? Was sagte er?“

„Er meinte, ich sei verrückt.“

„Verrückt sind eher die Ungläubigen“, erklärte sie. Dann stand sie auf und stellte sich vor ihren Neffen und sagte entschieden: „Noch heute wirst du zum König gehen; und ich bin sicher, du wirst Freude zu seinem jungen Herzen bringen. Ich werde mich darum kümmern.“

3. Kapitel

Hulda, als Waschfrau, konnte normalerweise keinen Einfluß am Königshof haben. Doch da ihre Gabe als Prophetin bekannt war, hatte man sie über die Jahre immer wieder einmal um Rat gefragt, wenn es um wichtige Angelegenheiten des Landes Juda ging. Deshalb war es ihr nicht sehr schwergefallen, den König zu bewegen, ihren Neffen zu empfangen.

Nun stand also der junge Mann aus Anathot, der unter Lebensgefahr aus seiner Heimatstadt vertrieben wurde, vor dem König in Jerusalem. Die beiden jungen Männer waren sich von Anfang an sympathisch. Nicht nur, weil sie gleichen Alters waren, sondern weit mehr noch, weil sie spürten, daß der gleiche Geist in ihnen war und sie in ihren Ansichten weitgehend übereinstimmten.

Seit etwa einem Jahr stand der Kurs der Regierung Josias in Opposition zur Mehrheit der Bevölkerung des Landes. Seit einigen Monaten sandte der König sogar Truppen aus, die in Jerusalem und ganz Juda die „Höhen“ von den dort aufgestellten Götzenbildern säuberten. Und seit kurzem gingen seine Männer sogar so weit, die Gräber götzendienerischer Priester zu zerstören und deren Gebeine auf den Altären zu verbrennen, auf denen sie den heidnischen Göttern geopfert hatten. Doch Josia und seine Anhänger waren im Land und sogar im Palast in der extremen Minderheit.

Als Jeremia jetzt vor dem König stand, hoffte dieser nach allem, was er von Hulda gehört hatte, dieser junge Mann könnte der von Gott berufene Prophet für seine Regierung sein. „Du bist also ein Verwandter von Schallum und seiner Frau?“ fragte er.

„Ja, Majestät“, antwortete Jeremia mit einer linkischen Verbeugung.

„Und du bist ein Prophet aus Anathot?“

„Ich habe die Stimme Gottes seit meiner Kindheit vernommen“, sagte Jeremia. „Ich bin der Sohn eines Priester. Aber mein Vater hat die Wege des Herrn verlassen.“

Der König war von der Antwort beeindruckt. „In eurer Stadt wurde eine Baalssäule neben dem heiligen Haus Jehovas errichtet“, sagte er.

„Alle, die in Anathot Jehova noch lieben, und vor allem ich, wir haben uns darüber sehr geschämt“, erklärte Jeremia.

„War es nicht gefährlich, sich gegen die Bürger der Stadt zu stellen?“ fragte der König und überlegte, ob die blauen Flecken in Jeremias Gesicht damit zu tun haben könnten.

„Ich wurde davongejagt, Majestät“, erklärte Jeremia. Doch dann besann er sich auf seinen Auftrag und fuhr fort: „Herr, ich erhielt ein Wort des Herrn für Josia; ein Wort, das wohl zu dem paßt, was vor dreihundert Jahren dem König von Israel, Jerobeam, durch einen namenlosen Prophet gesagt wurde.“

Josia blickte ihn erstaunt an.

„Du hast nie von dieser Prophezeiung gehört, mein König?“ fragte Jeremia.

„Nein“, gestand Josia.

„Es wundert mich nicht, Herr, daß diese Prophezeiung euch verborgen blieb. Es war den nördlichen Königen wohl nicht recht, wenn Judas Größe gelobt wurde.“

Josia staunte: „Das Prophetenwort kam zu unseren Feinden, nicht zu uns?“

„So ist es“, bestätigte der Prophet, „um Furcht in ihren Herzen zu wecken. Die Leute in unserer Stadt, die ja nahe an der Grenze zu Israel liegt, wußten von der Vorhersage. Und jetzt ist sie bestätigt worden, damit ich sie euch weitersage und euer Herz ermutigt wird.“

„Um welche Prophezeiung handelt es sich denn?“ fragte der König verwundert.

„Als Jerobeam, der König Israels, einen Altar gebaut hatte, um Baal darauf Opfer zu bringen, kam ein unbekannter Prophet aus Juda zu ihm. Er rief gegen den Altar: *„Altar! Altar! So spricht der Herr: Dem Haus David wird ein Sohn geboren mit Namen Josia. Dieser wird auf dir die Höhenpriester hinschlachten, die auf dir opfern, und die Gebeine von Menschen wird man auf dir verbrennen.“*

Der König war von diesen Worten so ergriffen, daß er zu zittern begann.

„Mein Herr“, versuchte Jeremia ihn zu beruhigen, „als der namenlose Prophet dies voraussagte, wurden seine Worte durch ein Zeichen bestätigt. Der Altar, zu dem er sprach, zerriß in zwei Hälften, und die Asche der Opfer wurde zerstreut. Dies also ist dein Auftrag in unserem Volk. Und ich bin hier, um dich zu ermutigen.“

4. KAPITEL

Die beiden Propheten Hulda und ihr Neffe Jeremia gingen durch das Hinnomtal, das sich südwestlich um Jerusalem herumzog. Es war eine grausige Aufgabe, die sie im Auftrag des Königs heute zu erledigen hatten. Josia hatte sie ihnen übertragen, weil er ihrem Urteil traute.

Seit fünf Jahren säuberte Josia nun schon Juda und auch Teile des Gebietes des früheren Israel von den Höhen des Götzendienstes für Baal und Astarte. Er hatte Hunderte von Götzenpriestern töten lassen, und ebenso Dutzende von Priestern Jehovas, die abgefallen waren. Außerdem hatte er den fürchterlichen Molochdienst und seine schrecklichen Praktiken ausrotten lassen. Und nun war es Zeit, das Zentrum des Molochdienstes, das Hinnomtal, zu säubern.

Kinderopfer waren, seit Josia seine Reformen begann, verboten. Doch die Atmosphäre im Tal war immer noch bedrückend. Jeremia und Hulda sollten an diesem Tag die genauen Stellen herausfinden, wo Molochaltäre gestanden hatten, auf deren Opferfeuern Kinder verbrannt worden waren. Diese sollten sie jeweils durch eine hölzerne Marke kennzeichnen, damit anschließend die Priester des Tempels kommen, über der Stelle beten und sie wieder reinigen konnten.

Jeremia war vor allem zur Unterstützung seiner Tante mitgekommen, die sich an diesem Tag gar nicht wohl fühlte, etwas, das er bei der robusten kleinen Frau bisher gar nicht kannte. Doch die ganze Atmosphäre hier im Tal schien ihr sehr zuzusetzen, vor allem die durch den Wind immer wieder aufgewirbelte Asche von den Opferfeuern.

„O Herr", schrie sie plötzlich, „wir atmen die Reste vom Fleisch und den Knochen unserer Kinder ein! O Juda! O Israel! Wie konnte Gott nur so lange Geduld mit euch haben?"

Auch die Leviten, die sie begleiteten und jeweils die hölzernen Kennzeichen setzten, waren still und bedrückt in dieser Umgebung. Auch Jeremia, der trotz seiner Jugend schon viel erlebt hatte, trieb es bei dem Gedanken, welche Schrecken dieses Tal gesehen hatte, die Tränen in die Augen.

Seine Tante blieb plötzlich stehen und scharrte mit dem Fuß in einem Haufen Asche. Dann bückte sie sich und hob einen schwarzen Gegenstand auf, von dem Jeremia meinte, es sei ein Stück nicht verbrannter Holzkohle. „Jeremia, komm her und sieh!" rief sie. Dann begann sie laut zu weinen: „O Herr, mein Gott, ich kann es nicht mehr ertragen!"

Als Jeremia zu ihr trat, erkannte er, daß sie einen schwarz gewordenen Knochen von einem Kinderkörper in der Hand hielt, der nicht verbrannt war. Seine Tante war der Ohnmacht nahe. Er stützte sie, obwohl auch seine eigenen Knie zitterten. Er nahm ihr den Knochen ab und gab ihn den Leviten mit der Bitte, ihn ordentlich zu begraben.

„Hulda kann jetzt nicht mehr", sagte er zu ihnen. „Es ist einfach zuviel für sie."

Er führte seinen Tante in die Stadt zurück. Beide schwiegen, weil sie zu tief erschüttert waren von dem, was sie gesehen hatten. Ein- oder zweimal blickte Jeremia zum Moriah hinauf. Zum ersten Mal fragte er sich, wieso der Tempel dort immer noch scheinbar unerschütterlich stand, obwohl schon seit Jahrhunderten die Sünden und die Gottlosigkeit des Volkes an seinen Fundamenten rüttelten.

5. Kapitel

Das nächste Jahr wurde für Jeremia ein sehr belastendes. Der Schrecken, der an jenem Tag im Hinnomtal sein Herz ergriffen hatte, schien nicht weichen zu wollen, sondern wandelte sich in eine tiefe Depression. Die Tränen, die ihn an jenem Tag überrascht hatten, kamen nun oft, und er fragte sich, ob er jemals wieder würde Hoffnung fassen können.

Trotzdem wuchs seine Verantwortung am Königshof. Josia sah in ihm so etwas wie den Obersten seiner Berater und Seher und suchte fast täglich seinen Rat. Manchmal fühlte sich Jeremia aber wie ein Schwarzseher. Sollte ein Prophet nicht mit Glauben erfüllt sein, fragte er sich. Die Götterbilder auf den Höhen wurden eines nach dem anderen zerstört, und das Böse wurde durch Verordnungen des Monarchen immer mehr zurückgedrängt. Kürzlich war erst ein umfangreicher Plan zur Reinigung und Wiederherstellung des Tempels in Angriff genommen worden.

Trotzdem schien sich an jenem Tag im Hinnomtal in Jeremias Leben etwas geändert zu haben, das nicht mehr umkehrbar war. Ihm war, als ob alle Versuche, den Götzendienst wieder aus Juda zu vertreiben und nur Jehova mit allem Eifer zu dienen, schon zu spät kämen und daß Gottes Gnade mit Seinem Volk zu Ende sei. Jerusalem, Juda und Israel hatten zu sehr gegen den Herrn gesündigt, und der Prophet spürte eine tragische Zukunft.

In manchen Kreisen wurde er deshalb verlacht und der *weinende Prophet* genannt. Manchmal meinte er, nur noch zwei Freunde zu haben: seine liebe Tante und den treuen jungen König.

An diesem Tag saß Jeremia wieder einmal mit dem König und seinen drei engsten Beratern im Palast beim Essen. Auf einem Nebentisch war ein großer Plan des Tempels ausgebreitet. Saphan, der Sekretär des Königs, zeigte auf einen bestimmten Punkt des Planes. „Hier, Majestät, haben wir unter einem Gang einen Tunnel gefunden, in dem der Schatz verborgen lag, der während der Regierung deiner Vorgänger für den Erhalt des Tempels gesammelt wurde."

Der König staunte. Zwar hatte sein Großvater Manasse in den letzten Jahren seiner Regierungszeit eifrig Geld für den Tempel gesammelt, aber sein Vater Amon hatte am Tempel keinerlei Interesse gehabt. Es erschien ihm wie ein Wunder, daß sein Vater sich nicht an dem gesammelten Geld vergriffen hatte. „Und es ist tatsächlich noch vorhanden?" staunte er.

„Ja", bestätigte Saphan lächelnd.

„Und die Bundeslade?" fragte Josia. „Kennt ihr den Platz, wo die Bundeslade verborgen ist?"

„Wir glauben, den Platz zu kennen, Majestät. Jedenfalls fanden wir Hinweise darauf, daß Salomo sie in den Höhlen unter dem Moriah irgendwo in der Nordwestecke versteckt hat."

„Gepriesen sei Gott!" rief der König. „Dann werden wir bald wieder wie in alter Zeit unsere Gottesdienste halten können." Er fügte an: „Und wie gehen die Reparaturen im Tempel voran?"

„Sehr gut, Herr. Durch den Fund der Gelder ist es uns möglich, noch schneller als bisher zu arbeiten."

Der König wandte sich an Jeremia. Auch auf dessen Gesicht bemerkte er neue Hoffnung und Freude. „Des Herrn Segen wird mit unseren Bemühungen sein. Denkst du nicht auch?" fragte der König ihn.

Jeremia wollte die Frage gerade froh bestätigen, als sie durch ein Klopfen an der Tür unterbrochen wurden. Asahja ging zur Tür und sah sich, als er sie öffnete, einigen Leviten gegenüber, die ein seltsames Bündel trugen, das mit Purpurstoff eingewickelt und mit Goldband verschnürt war.

„Wir hätten gern des Königs Sekretär gesprochen", sagte einer von ihnen. „Der Hohe Priester schickt uns."

Saphan erhob sich und trat auf den Gang hinaus. Die anderen hörten ihn erregt mit den Leviten sprechen. Nach einiger Zeit kam er mit dem Bündel zurück. Irgend etwas sagte Jeremia in seinem Herzen, daß es sich um etwas sehr Heiliges und Kostbares handelte.

Mit ehrfurchtsvoller Stimme sagte Saphan: „Majestät, der Hohe Priester schickt dieses Bündel. Es fand sich wohl verborgen unter den gefundenen Schätzen. Der Hohe Priester glaubt, daß es sich um ein Buch von Mose handelt, um eines der Gesetzbücher, das vor langer Zeit verloren ging. Unsere weisen Männer hatten ja die Hoffnung schon aufgegeben, es je wiederzufinden."

Sprachlos beobachteten die Männer, wie Saphan das Paket auf den Tisch legte und auszupacken begann. Unter dem Purpurstoff kam eine Haut aus feinstem Ziegenleder zum Vorschein. Obwohl die Rolle seit Generationen versteckt gelegen hatte, war sie noch gut erhalten.

„Öffne sie", sagte der König gespannt, „und lies uns die ersten Worte."

„Aber Herr, ich bin unwürdig", wandte Saphan ein.

„Der Hohe Priester ließ das Paket ausdrücklich zu dir senden, also öffne es", forderte der König.

Mit zitternder Hand tat Saphan, wie ihm befohlen war. Dann las er: *„Das sind die Worte, die Mose vor ganz Israel gesprochen hat. Er sprach sie jenseits des Jordan, in der Wüste, in der Araba, östlich von Suf . . ."*

Saphans Stimme erstickte. Vor Bewegung war er nicht fähig, weiterzulesen. Stumm sah er den Propheten an. „Das fünfte Buch Moses", stammelte Jeremia. „Es ist das bisher verlorene fünfte Buch Moses."

„Gott sei gepriesen!" rief Josia.

Sie sprangen alle auf die Füße und umarmten sich gegenseitig. Es war ein so überraschend freudiges Ereignis, daß sogar der *weinende Prophet* laut lachte.

6. Kapitel

Jeremia galoppierte über die Ebene von Zorah westlich von Jerusalem und ließ die heilige Stadt immer weiter hinter sich zurück. Vor ihm legten sich einige rotglühende Wolken vor die untergehende Sonne, und der Prophet sah darin den Zorn Jehovas. So zornig wie Gott sein mußte, war auch Jeremia. Er bereute seine Berufung zum Propheten und ärgerte sich darüber. Er drehte sich nicht einmal um und sagte sich, er wolle Jerusalem nie wiedersehen.

Wie schnell hatte sich Freude in Kummer verwandelt. Noch am frühen Nachmittag hatten sie sich über den Fund des fünften Buches Mose gefreut, von dem alle gläubigen Juden wußten, daß es existierte, doch hatten alle die Hoffnung aufgegeben, es je wiederzufinden.

Der Sekretär hatte begonnen, es vorzulesen. Alle Anwesenden, auch Jeremia, hatten empfunden, daß Gott mit dem Zeitpunkt der Auffindung des Buches sagen wollte, daß Sein Segen auf ihren Bemühungen ruhte, den wahren Gottesdienst unverfälscht wieder aufzurichten. Doch als Saphan beim Lesen zu bestimmten Stellen gekommen war, hatte sich die Freude aller in Bestürzung, ja sogar in Schrecken verwandelt.

Nach vielen Versicherungen, daß Segnungen und Wohlstand denen folgen würden, die Gott gehorchten, mußten sie sich anhören, was folgen würde, wenn man sich von Gott abwandte. Ihr Entsetzen wurde immer größer, während Saphan las:

„Wenn du nicht auf die Stimme des Herrn, deines Got-

tes, hörst, indem du nicht auf alle Seine Gebote und Gesetze, auf die ich dich heute verpflichte, achtest und sie nicht hältst, werden alle diese Verfluchungen über dich kommen und dich erreichen: Verflucht bist du in der Stadt, verflucht bist du auf dem Land ... Verfluchtsein, Verwirrtsein, Verwünschtsein läßt der Herr auf dich los, auf alles, was deine Hände schaffen und was du tust, bis du bald vernichtet und bis du ausgetilgt bist wegen deines Tuns, durch das du mich böswillig verlassen hast ... Der Herr schlägt dich mit Schwindsucht, Fieber und Brand ... mit Beulen, Krätze und Grind ... mit Wahnsinn, Blindheit und Irresein ..."

Immer weiter gingen die Warnungen und Flüche, und als sie zu Hungersnot und Kannibalismus kamen, wandte sich der König hilflos an Jeremia: „Was sollen wir davon halten, mein Freund? Treffen all diese Konsequenzen auch auf uns zu? Versuchen wir nicht nach unserem besten Wissen, die Sünden der Vergangenheit auszutilgen?"

Der Prophet suchte nach Worten, um das auszudrücken, was er empfand. „Lange Zeit, Herr, habe ich befürchtet, unsere Reformen kämen zu spät, um Juda noch zu retten. Gewiß, du bist ein guter Mann und tust dein Bestes, um das Volk auf die Wege Gottes zurückzubringen. Aber Saphan hat auch gelesen, diese Verfluchungen erwarten die Menschen, weil sie dem Herrn *nicht von ganzem Herzen und mit Freude dienen.*"

Jeremia erhob sich. „Du tust alles, o Herr, um Gottes Gesetzen im Land wieder Geltung zu verschaffen, wenn nötig auch mit Gewalt. Doch solange die Herzen der Menschen nicht verändert werden, müssen wir schlimme Konsequenzen befürchten. Sonst habe ich, wenigstens im Augenblick, weiter kein Wort vom Herrn."

„Vielleicht hast du recht", seufzte der König. „Ich habe ein hartherziges und dickköpfiges Volk geerbt. Wir sind stets überreich gesegnet worden und haben gemeint, das müsse immer so sein. Vielleicht ist es tatsächlich zu spät, noch etwas zu verändern."

Während der König vor sich hinbrütete, las Saphan still für sich weiter. Dann sagte er: „Majestät, hier ist noch mehr Schlimmes. Ich fürchte mich aber, es vorzulesen."

„Was könnte noch schlimmer sein, als wir schon gehört haben. Lies uns alles, Saphan", befahl Josia.

Mit belegter Stimme begann Saphan wieder: *„Weil du dem Herrn, deinem Gott, nicht gedient hast aus Freude und Dankbarkeit dafür, daß alles in Fülle da war, mußt du deinen Feinden dienen, die der Herr gegen dich ausgesandt hat. Hunger und Durst wirst du leiden, nackt sein und nichts mehr haben. Er legt dir ein eisernes Joch auf den Nacken, bis Er dich vernichtet hat. Der Herr trägt zum Kampf gegen dich ein Volk aus der Ferne herbei, von den Enden der Erde, das wie ein Adler herabstößt, ein Volk, dessen Sprache du noch nie gehört hast, ein Volk mit unbeweglichem Gesicht, das sich dem Greis nicht zuwendet und für das Kind kein Mitleid zeigt ..."*

Hier versagte ihm die Stimme. Endlich fügte er mit tränenden Augen noch hinzu: „Hier steht, sie werden uns in unseren eigenen Toren angreifen und uns in Gefangenschaft und Sklaverei bringen."

„Gefangenschaft! Sklaverei!" stöhnte Josia. „Herr, unser Gott, haben wir nicht in Ägypten schon genug gelitten? Sind wir so böse, daß wir Gleiches wieder erleiden müssen?" Den Hebräern war der Gedanke an Sklaverei nicht fremd. Denn vierhundert Jahre hatten ihre Vorväter in Ägypten darunter gelitten.

Der König konnte es nicht mehr ertragen. Er sprang auf, packte sein Gewand und zerriß es von oben bis unten. „Herr, unser Gott", weinte er, „was können wir tun? Ist da nichts, womit wir unsere Zukunft noch ändern können? Können wir nichts wieder gut machen? Können wir keine Opfer und Geschenke bringen?"

Jeremia hatte den Kummer seines Königs und Freundes nicht mehr ertragen. Er hatte fluchtartig den Raum verlassen – eine Handlung, die er später noch bereuen sollte.

Während Jeremia weiterritt und sich ein wenig beruhigte, fragte er sich: *Welcher Art Prophet und was für ein Mann Gottes bist du? Du läufst davon, wenn du etwas hörst, was dir nicht gefällt.* Er mußte an seine Tante denken. Diese kleine alternde Frau war sicher mutiger und vertraute dem Herrn mehr als er. Wie konnte er den König in dem Augenblick verlassen, als dieser ihn am meisten benötigte?

An einer Reihe von Bäumen lief ein Bach entlang. Er sprang vom Pferd, führte es zum Wasser und trank selbst in durstigen Zügen, während ihm Tränen über das Gesicht liefen. Er betete nicht und stellte keine Fragen an Gott, der doch nicht antworten wollte. Doch plötzlich redete im Plätschern des Baches eine Stimme zu ihm, die er nur zu gut kannte. Es waren wieder Warnungen, die er hörte:

„Meldet es in Juda, verkündet es in Jerusalem, stoßt überall im Land in die Trompete, ruft aus voller Kehle und sagt: Sammelt euch! Hinein in die befestigten Städte! Stellt Wegzeichen auf: Nach Zion! Flüchtet, bleibt nicht stehen! Denn Unheil bringe Ich von Norden und großes Verderben. Der Löwe hat sich aus dem Dickicht erhoben, der Völkerwürger ist aufgebrochen! Er hat sein Land verlassen, um dein Land zur Wüste zu machen. Deine Städte werden zerstört und entvölkert."

Jeremia zitterte, als er diese Wortre in seinem Inneren vernahm. „O Herr", rief er, *„Du sagtest: Heil werdet ihr finden! und nun geht uns das Schwert an die Kehle."*

Doch Gott war noch nicht fertig, sondern fuhr fort: *„Zieht durch Jerusalems Straßen, schaut genau hin und forscht nach, sucht auf seinen Plätzen, ob ihr einen findet, ob einer da ist, der Recht übt und auf Treue bedacht ist. Dann will Ich der Stadt verzeihen. Doch selbst wenn sie sagen: So wahr der Herr lebt, schwören sie gewiß einen Meineid."*

Der Prophet hätte jetzt gern seine Ohren verschlossen, wenn dies in seinem Herzen möglich gewesen wäre. Er rief weinend: „Herr, Du bist ein barmherziger Gott! Willst Du denn die Gerechten mit den Sündern verderben?"

Doch die innere Stimme erwiderte: *„Weshalb sollte Ich ihnen vergeben? Deine Söhne haben Mich verlassen und bei Nichtgöttern geschworen. Ich machte sie satt, doch sie trieben Ehebruch und waren zu Gast im Dirnenhaus … Sollte Ich das nicht bestrafen und an einem solchen Volk keine Rache nehmen?"*

7. Kapitel

Da Jeremias Position am Königshof bekannt war, wurde er auch noch in die Stadt gelassen, nachdem die Tore schon geschlossen waren. Er versuchte, möglichst unerkannt zu Huldas Haus zurückzukehren. In einer Höhle in der Nähe des Baches hatte er über Nacht bleiben wollen. Doch Gott hatte ihm befohlen, nach Jerusalem zurückzukehren und dort nach einem aufrichtigen Mann zu suchen.

Jeremia kannte die gottlose oder wenigstens gleichgültige Einstellung seiner Mitbürger. Er wußte aber auch, daß in der Stadt wenigstens ein Mann war, der mit aller Kraft versuchte, den Willen Gottes zu tun. Jeremia mußte zu Josia zurückkehren. Er mußte das Herz des Königs ermutigen und ihn um Vergebung bitten, weil er ihn verlassen hatte.

Als er an die letzte Straßenecke kam, sah er zu seiner Überraschung einige gutgekleidete Männer in Richtung des Palastes gehen. Er meinte, Saphans Stimme zu erkennen, und fragte sich, was sie zu so später Stunde hier gewollt hatten.

Endlich stand er vor Schallums Haus. Ja, auch Schallum und Hulda waren gute Menschen. Es gab noch einige gute Leute in Jerusalem. Doch selbst die Besten würden für die Sünden der Schlimmen mitbezahlen müssen.

Als Jeremia das Haus betrat, begrüßte Hulda ihn sehr zurückhaltend und mit vorwurfsvoller Stimme.

„Ich erwarte nicht, daß du mich verstehst, Tante“, begann er.

„Verstehen?“ fuhr sie ihn an. „Ich verstehe nur, daß du

vor deiner Berufung davongerannt bist. Der König benötigte dich dringend, und du hast ihn allein gelassen."

Er vergrub das Gesicht in die Hände und stöhnte: „Es waren die Worte aus dem verlorenen Buch, Tante. Sie haben das Buch Moses heute im Tempel wiedergefunden."

„Ich weiß alles darüber, Neffe", gab sie zurück. „Einige Männer des Königs sind gerade erst weggegangen. Sie suchten meinen Rat wegen des Buches und der Worte darin."

„Also waren doch Saphan und Asaiah und einige andere hier?" vermutete er.

„Aber nur, weil der Prophet, der von Gott zum Dienst beim König bestimmt ist, nicht gefunden werden konnte", sagte sie ärgerlich. „Josia brauchte Zuspruch, Jeremia. Er suchte Ermutigung, daß Gott ihn nicht verlassen hatte. Deshalb kamen die Männer zu mir, weil sie sonst niemand hatten, zu dem sie gehen konnten."

Bekümmert senkte Jeremia den Kopf. Als Hulda seine Beschämung sah, beruhigte sie sich etwas. Doch sie blieb zurückhaltend.

„So sage mir doch, was du ihnen geantwortet hast", bat Jeremia. „Du glaubst doch wie ich, daß unser Volk den Strafen, von denen dieses Buch spricht, nicht mehr entfliehen kann."

„Das stimmt", bestätigte sie. „Ich sagte ihnen, daß der Zorn des Herrn nicht mehr gestillt werden könnte." Jeremia wollte etwas sagen, doch mit einer Handbewegung fuhr sie fort: „Hättest du aber auf den Herrn gehört, wüßtest du auch, daß Seine Absichten mit Josia freundlich und gut sind. Ich sagte den Männern, sie sollten dem König ausrichten, weil er sich vor dem Herrn gedemütigt, seine Kleider zerrissen und geweint hat, hat der Herr ihn erhört. Er wird in Frieden zu seinem Grab gehen, und erst nach ihm wird der Herr das Unheil über Jerusalem bringen."

Erstaunt blickte Jeremia auf die kleine Prophetin. Am liebsten hätte er sie in die Arme genommen, so froh machten ihn ihre Worte. Doch er spürte, daß sie ihn immer noch tadelte.

„Du hättest der sein sollen, der Josia diesen Zuspruch gab und ihn ermutigte“, hielt sie ihm vor. „Es war eigentlich nicht meine Aufgabe, das zu tun. Aber der Herr hat Seine Berufung trotzdem nicht von dir genommen. Der Herr will dich noch lange Zeit gebrauchen. Aber dein Glaube muß stärker werden.“

„Was soll ich tun, Tante?“ fragte er bekümmert. „Wie soll ich Josia je wieder unter die Augen treten?“

„Bete darüber“, sagte sie ernsthaft. „Geh in dein Zimmer und bete.“

8. Kapitel

Jeremia schlief in dieser Nacht nicht, dafür betete er um so mehr. Irgendwann zwischen Mitternacht und der dunkelsten Stunde vor der Dämmerung empfing er den definitiven Eindruck, daß er heute auf dem Weg zum Palast durch die Straße der Töpfer gehen sollte. Dort würde er erfahren, was er Josia zu sagen hatte.

Die Straße der Töpfer ging parallel zu der der Wäscher, in der das Haus seines Onkels lag. In dieser Straße herrschte stets reger Betrieb, da viele Menschen kamen, um sich die Erzeugnisse der Töpfer anzusehen und zu kaufen. Jeremia machte sich zeitig auf den Weg, um, gehorsam zum Wort des Herrn, die ganze Straße der Töpfer entlangzugehen, weil er nicht wußte, bei welchem Verkaufsstand Gott ihm zeigen wollte, was er dem König sagen sollte.

Wie die Wäscher begannen auch die Töpfer ihre Arbeit sehr zeitig. Hier war ein alter Mann dabei, seine Farben zu mischen, die er später auf die getrockneten Tonerzeugnisse auftragen wollte. Dort beobachtete ein Lehrling aufmerksam, wie der Meister das Rad mit der Töpferscheibe für die Tagesarbeit aufbaute und in Gang brachte. Vor einem Haus rührten Kinder Ton und Wasser für ihres Vaters Tagesarbeit zusammen, und daneben wählte ein Hersteller von Schüsseln gerade eine Form aus, die er an diesem Tag verwenden wollte.

Jeremia hatte die Arbeit der Töpfer stets interessiert, und den einen oder anderen von ihnen kannte er auch etwas näher. Deshalb wurde er von manchen freundlich gegrüßt.

Auch sein Herz war etwas leichter an diesem Morgen. Deshalb blieb er überrascht stehen, als er sah, wie ein Töpfer das nicht fertig gearbeitete Gefäß ärgerlich von der Scheibe nahm und zusammenknetete.

Interessiert blieb Jeremia stehen und beobachtete den Handwerker. Dieser klopfte den Ton auf dem Tisch zu einer flachen Scheibe und holte mit spitzen Fingern einige Partikel heraus, die er in den Abfall warf.

Nun begann er seine Arbeit mit dem Ton auf der Töpferscheibe von neuem. Jeremia sah, wie sich unter seinen geschickten Händen nach und nach ein sehr schönes Gefäß formte. Dabei bemerkte er am Gesicht des Meisters, daß ihm das Herstellen des Gefäßes ebenfalls Freude machte. Doch Jeremia war auch klar, daß es dem Töpfer nie gelungen wäre, dieses schöne Gefäß zu formen, hätte er nicht zuvor die unbrauchbaren Partikel aus dem Ton entfernt.

Plötzlich wurde das Herz des Propheten bewegt. In dem Ton und dem zuerst wieder zerstörten Gefäß sah er Jerusalem, das voller Sünde war und eigentlich auf den Abfallhaufen gehörte. Doch er sah nun auch, wie die Hand Gottes das Unbrauchbare daraus entfernte, als Er das Gefäß zerstörte. Das tat Gott aber nicht, um es endgültig zu verwerfen, sondern um ein noch schöneres Gefäß daraus zu formen.

Nun hörte er Gottes Stimme in seinem Herzen: „Sage dem König, er soll mit der Ausrottung des Götzendienstes in Juda und der Wiederherstellung Meines Dienstes voller Eifer fortfahren, denn sein Tun findet Mein Wohlgefallen. Zwar sind die meisten im Volk zu verstockt, um wieder zu Mir umzukehren, deshalb wird auch das Unheil über Juda und Jerusalem kommen, wie es schon über Israel gekommen ist und wie ihr es in Meinem Wort gelesen habt. Doch wegen Josias Eifer für Mich werde Ich die Strafe noch aufschieben und sie erst nach seinem Tod kommen lassen.

Dann wird ein hartes und grausames Volk aus dem Osten kommen, das Juda verderben und Jerusalen zerstören und

Mein Volk in die Sklaverei führen wird. Doch diese Sklaverei wird nicht so lange dauern wie damals in Ägypten. Auch will Ich Mein Volk dadurch nicht endgültig verderben, sondern von dem Bösen und Schädlichen reinigen, damit Ich aus ihm ein noch schöneres Gefäß machen kann als bisher."

Dankbar blickte Jeremia zum Himmel auf, denn er trug nun nicht nur eine Botschaft des Gerichts, sondern auch der Hoffnung zum König, die ihn neu ermutigen würde. Voll neuer Zuversicht ging er nun zum Palast. Er dankte Gott, daß Er ihn zum Prophet berufen hatte und daß er des Königs Vertrauter sein durfte.

Intermezzo

Nach dem Tod Josias regierten im Reich Juda/Israel bis zum Jahr 586 v. Chr. noch vier Könige; zwei von ihnen nur jeweils einige Monate.

Etwa im Jahr 596 begann in mehreren Abschnitten, die sich über einen Zeitraum von ca. 10 Jahren hinzogen, die Wegführung der Einwohner von Juda/Israel in die babylonische Gefangenschaft. Der letzte jüdische König, Zedekia, wurde im Jahr 586 v. Chr. von den siegreichen Babyloniern getötet. Die zu der Zeit noch im Lande Wohnenden wurden bis auf einen kleinen Rest nach Babylon gebracht. Die Übriggebliebenen flohen mit dem Propheten Jeremia nach Ägypten.

Damit endete das erste israelitisch-jüdische Reich für rund 70 Jahre. Nach dem Rückkehr-Erlaß des Königs Cyrus (Kores) im Jahr 538 v. Chr. begann die Rückkehr der Juden nach Palästina etwa im Jahr 526 v. Chr., die sich ebenfalls in mehreren Abschnitten über einen Zeitraum von rund 60 Jahren hinzog, und der Wiederaufbau der zerstörten Stadt Jerusalem sowie der Neubeginn eines jüdischen Staatswesens.

Vielleicht als Antwort auf die Gebete der Gott treu gebliebenen Gläubigen, wie Jeremia, Hulda, Josia und anderer, dauerte also die babylonische Gefangenschaft nur etwa 70 Jahre. Während sich also die Sklaverei Israels in Ägypten über 400 Jahre hinzog, dauerte die babylonische Gefangenschaft nur knapp zwei Generationen. Und es waren Hebräer mit einem ganz anderen Bewußtsein, die in die babylonische Gefangenschaft gingen, als jene zur Zeit Jakobs und Josephs nach Ägypten.

Die Hebräer, die zur Zeit Jakobs und Josephs nach Ägypten gingen, hatten zwar eine vage Vorstellung von dem ihnen *verheißenen Land,* hatten aber in Kanaan noch keine Wurzeln geschlagen, sondern lebten dort noch unter den anderen Völkern als Nomaden. Erst mit der Eroberung Kanaans unter Josua begannen die Israeliten nach und nach im Land seßhaft zu werden und Ansiedlungen und Städte zu gründen. Unter David, der das eroberte Jerusalem zu Israels Hauptstadt machte, und unter Salomo durch den Bau des Tempels, bekamen die Israeliten auch einen Mittelpunkt für ihr Volksbewußtsein.

Als sie nun am Anfang des 6. Jahrhunderts vor Christus in die babylonische Gefangenschaft geführt wurden, hatten sie immerhin schon rund 800 Jahre in Kanaan gelebt. Sie hatten dort Wurzeln geschlagen, und das Land war ihnen zur Heimat geworden. Deshalb finden wir nun auch in ihren Psalmen und Schriften, die in der Gefangenschaft entstanden, immer stärker die Sehnsucht nach dem zerstörten Jerusalem und dem in Trümmern liegenden Tempel.

Deshalb sangen sie in der Gefangenschaft auch voller Sehnsucht:

„An den Strömen von Babel
saßen wir und weinten,
wenn wir an Zion dachten.
Wir hängten unsere Harfen an die Weiden
in jenem Land.
Dort verlangten von uns die Zwingherren Lieder,
unsere Peiniger forderten Jubel:
Singt uns Lieder von Zion!
Wie können wir singen die Lieder des Herrn,
fern, auf fremder Erde?
Wenn ich dich je vergesse, Jerusalem,
dann soll mir die rechte Hand verdorren.

Die Zunge soll mir am Gaumen kleben,
wenn ich an dich nicht mehr denke,
wenn ich Jerusalem nicht zu meiner höchsten
Freude erhebe."

Da geschieht das Erstaunliche. Der König Cyrus von Persien erläßt im Jahr 537 v. Chr. das Edikt, das den Juden die Rückkehr in ihre Heimat gestattet. Im Jahr 525 finden wir Zerubabel, einen Nachkommen der davidischen Königsfamilie, als Statthalter des neu entstehenden jüdischen Staates in Kanaan.

Bald darauf begannen die Juden wieder einen Tempel zu bauen. Er war zwar längst nicht so großartig wie der salomonische, weil ihnen dazu die Mittel fehlten, überragte aber doch vom Moriah aus die noch zum größten Teil in Trümmern liegende Stadt Jerusalem, weil es dort noch keine anderen größeren Bauten wieder gab. Eine Generation später wird unter dem Statthalter Nehemia Jerusalem wieder aufgebaut. Vor allem wird die Stadt durch den Neubau der Mauern wieder befestigt.

Esra, ein hebräischer Priester und Schriftgelehrter, ordnete anhand der Thora, der Gesetzbücher Moses, das öffentliche Leben in Juda und die gesamte Gesetzgebung wieder neu.

Von dieser Zeit an wurden die Juden auch ein sehr internationales Volk. Eine ganze Anzahl von ihnen kehrten nicht nach Kanaan zurück, sondern blieben in Babylon oder zogen in andere Länder der damals bekannten Welt.

Von etwa 350 bis 100 v. Chr. breitete sich die griechische Kultur, vor allem durch die Eroberungen Alexander des Großen, über Vorderasien und Nordafrika aus. Nach dem Tod Alexanders zerbrach sein Reich. Die Ptolemäer wurden die Herren Ägyptens, und die Seleukiden rissen Syrien und Babylon an sich. Jerusalem, die heilige Stadt, wurde – wieder einmal – zum Zankapfel zwischen diesen beiden Reichen.

TEIL X

HERODES DER GROSSE

37–4 v. Chr.

1. Kapitel

Es war ein schwüler Tag in Jerusalem. Die Sonne schien durch eine dunstige Luft und sandte ihre Strahlen in die von Menschen belebten Straßen Jerusalems. Mariamme Bath Hasmon blickte vorsichtig durch die Vorhänge des königlichen Wagens, während das Fahrzeug über die großen Pflastersteine zum Wohnbezirk der Priester rollte.

Es war nicht klug für die Königin von Juda, in der Öffentlichkeit erkannt zu werden. Nur selten verließ sie in diesen Tagen den königlichen Palast von Jerusalem. Das Haus, in dem sie aufgewachsen war, hatte sie seit mehr als einem Jahr nicht mehr besucht; seit der Zeit, da ihr Gatte Herodes zum König von Judäa ernannt worden war.

Mariamme war eine Hasmonäerin, eine Nachkomme jener tapferen Rebellen, die vor mehr als einem Jahrhundert den Aufstand der Juden gegen die Seleukiden-Herrscher von Syrien angeführt hatten. Einer ihrer Vorfahren war Juda Ben Matthias aus dem priesterlichen Haus der Hasmonäer. Er war bekannt geworden als Judas Makkabäus, *der Hammer,* denn es war dieser mutige Mann, der im Jahr 167 vor Christus mit seinen Kriegern die Soldaten der syrischen Besatzungsmacht angegriffen, den Tempel erobert und acht Tage lang gehalten hatte.

Die Seleukiden waren kosmopolitische Herrscher und Anbeter der griechischen Götter. Ihr König Antiochus Epiphanes hatte im Tempel in Jerusalem Götzendienst eingerichtet. Er hatte den Tempel geplündert und die heiligen Gefäße, die für den Gottesdienst bestimmt waren, zusammen mit dem Tempelschatz weggeschleppt. Den Aufstand, der daraufhin in der Stadt begann, hatten seine Soldaten blutig niedergeschlagen und hatten die Stadtmauern und mehrere andere Gebäude eingerissen.

In höhnischer Verachtung der Juden hatte Antiochus den Tempel auf dem Moriah in *Zeus-Tempel* umbenannt, zu Ehren des obersten der griechischen Götter. Er hatte eine Zeus-Statue im Tempelbezirk aufstellen lassen und dort heidnische Rituale eingeführt. Doch zum größten Entsetzen der orthodoxen jüdischen Bevölkerung hatte er Schweine auf dem Altar im Tempel opfern lassen. Außerdem wurden auf seinen Befehl hin die in den Räumen des Tempels aufbewahrten Thorarollen zerstört.

Einrichtungen des jüdischen öffentlichen Lebens, wie der Sabbath, die Beschneidung, das Feiern der religiösen Feste usw. waren bei Todesstrafe verboten worden. Juden wurden getötet, weil sie sich weigerten, Schweinefleisch zu essen oder sich vor den heidnischen Götterbildern zu verbeugen.

Im Jahr 167 vor Christus brach deshalb in Jerusalem der bewaffnete Aufstand aus unter Führung von Matthatias, dem Vater von Judas Makkabäus. Nachdem sie die Stadt erobert hatten, setzten sie das Befreiungswerk im ganzen Land fort.

Wenige Monate nach Beginn des Aufstands starb Matthatias. Sein Sohn Judas übernahm die Führerschaft der „Makkabäer". In vier großen Schlachten besiegte der junge Judas mit davidähnlichen militärischen Fähigkeiten die mächtigen Armeen Syriens. Nachdem er auch den Tempelberg in Jerusalem erobert hatte, wurde alles, was an heidnischen Gottesdienst erinnerte, hinausgeworfen und ein neuer Altar gebaut. Die neue Weihung des Tempels fand am 25. Tag des Monats Kislew statt, uns als Dezember bekannt.

Nach der Tradition war bei der neuen Tempelweihung durch die Makkabäer nur ein Krug des Öls für den Leuchter vorhanden, das besonders hergestellt und geweiht werden mußte. Doch in übernatürlicher Weise reichte dieses Öl statt für einen diesmal für acht Tage, bis neues Öl hergestellt war. Dieses Wunder wird von den Juden jährlich als *Hannukah-Fest* oder Lichtfest acht Tage lang gefeiert.

Die siegreiche Generation der Makkabäer oder Hasmonäer (so hießen sie nach Hasmon, Judas Urgroßvater) gründete eine langdauernde Dynastie von Königen, die nicht vom Hause Davids abstammten, aber sehr treu an den Überlieferungen Israels und der Juden festhielten. Sie waren sehr populär und hielten die Prinzipien des Judentums hoch bis zur Zeit des Königs Alexander Jannai. Unter seiner Herrschaft brach Bürgerkrieg in Judäa aus.

Seitdem war es mit der Dynastie der Hasmonäer abwärts gegangen, bis die Römer unter Julius Cäsar Mariammes Großvater, Johannes Hyrkanus II., den Sohn des Herrschers von Idumäa als Hausverwalter aufgezwungen hatten, der von nun an der eigentliche Regent in Judäa war. Ihm folgte als letzter König der Hasmonäer Matthatias Antigonus II., der von Herodes besiegt wurde.

Die Römer setzten Herodes nach seinem Sieg als König über Judäa ein und erkannten gleichzeitig seine Herrschaft über Galiläa, Samaria, Idumäa und Peräa an.

Da die Hasmonäer eine israelitische Priesterfamilie waren, übten die Könige aus ihrem Haus während ihrer Herrschaft über Judäa gleichzeitig auch das Amt des jüdischen Hohen Priesters aus. In diesem Punkt hielten sie sich nicht an die davidische Tradition der Königsherrschaft, was immer wieder zu Unzufriedenheit unter der jüdischen Bevölkerung führte.

Mariamme, die hasmonäische Königstochter, kümmerte sich wenig um all diese Probleme. Sie war nach griechischer Weise erzogen und eine der schönsten Frauen ihrer Zeit. Der junge idumäische König Herodes verliebte sich sofort in sie, als er sie das erste Mal sah. Als Belohnung für die Besiegung und Vertreibung von Antigonus verlangte er von dem alten Hyrkanus, der von Antigonus in das Exil nach Babylon gesandt worden war, nur die Hand seiner Enkelin Mariamme, die er zu seiner Königin machen wollte.

Dies war von Herodes allerdings auch ein politischer Schachzug. Die Juden, vor allem die sehr konservativen in Jerusalem, konnten sich kaum mit der Herrschaft eines Idumäers, eines Arabers also, der ihnen von den Römern aufgezwungen worden war, abfinden. Herodes war als Idumäer ein Nachkomme der Edomiter jenseits des Jordans, die Mose und den Israeliten den Durchzug durch ihr Land verweigert hatten, als diese von Ägypten kommend auf dem Weg nach Kanaan waren. Daß die Edomiter von Esau abstammten, der sein Erstgeburtsrecht an Jakob verkaufte, machte die Sache in den Augen der konservativen Juden noch schlimmer.

Da fügte es sich gut, daß Herodes sich in die hasmonäische Königstochter verliebte und sie zu seiner Königin machte. Er hoffte, dadurch gleichzeitig die Juden ein wenig mit seiner Herrschaft, der eines Landfremden, zu versöhnen. Außerdem sorgte er auf Bitten von Mariamme dafür, daß ihr Großvater Hyrkanus, der vorletzte hasmonäische König, aus dem babylonischen Exil nach Jerusalem zurückkehren durfte. Auch dadurch, so hoffte er, würden die Juden ihm gegenüber milder gestimmt werden.

Doch die Juden hielten an ihrer Ablehnung Herodes gegenüber fest und übertrugen diese nun auch noch auf Mariamme, so daß diese es für gut befand, nicht unbedingt erkannt zu werden, wenn sie durch Jerusalem fuhr.

Endlich hatte die Kutsche das Haus erreicht, in dem Mariamme aufgewachsen war und das seit Davids Zeit allen Hohen Priestern Israels als Wohnhaus in Jerusalem gedient hatte. Zwar war es durch die Babylonier ebenfalls zerstört worden, man hatte es aber in der alten Weise wieder aufgebaut.

Mariamme hatte sich sehr bemüht, daß Haus wieder wohnlich einzurichten, da ihr Großvater Hyrkanus, wenn er heute aus dem babylonischen Exil zurückkehrte, wieder darin wohnen wollte. Schnell stieg sie aus der Kutsche. Joseph, der Haushofmeister des Hohen Priesters, begrüßte sie mit einer Verbeugung.

Sie hatte den freundlichen Mann immer sehr gern gehabt. „Sei gegrüßt, Joseph“, sagte sie. „Ist er schon angekommen?“

„Er ist, Herrin“, antwortete Joseph. „Er wartet im Empfangszimmer, gleich hinter dem Patio, auf dich.“

„Geht es Großvater gut?“ wollte sie wissen.

„Die Jahre im Exil haben ihm sehr zugesetzt, Herrin“, sagte Joseph zurückhaltend. „Doch wenn er dich sieht, wird sich sein Anblick sehr schnell erfreulich verbessern.“

Schnell ging sie über den Hof. Der junge stattliche Haushofmeister blickte ihr bewundernd nach. Als sie an der Schwelle des abgedunkelten Empfangszimmers stand, dessen Vorhänge geschlossen waren und das nur durch eine kleine Öllampe spärlich Licht erhielt, blieb sie überrascht stehen. „Großvater?“ fragte sie zaghaft.

„Ich bin hier“, antwortete er. „Komm herein, liebes Kind.“

Schnell trat sie zu ihm und legte ihm die Hand auf die Schulter. „Es ist so dunkel hier, Großvater. Ich kann dich kaum sehen.“

Der alte Mann gab keine Antwort auf diese Frage, sondern zog sie an sich und umarmte sie.

„O Großvater“, rief sie, „ich habe dich so vermißt!“

„Ich dich auch, Kind. Ich dich auch.“ Man hörte seinen Worten an, wie bewegt er war.

Sie zog sich einen Stuhl heran und setzte sich neben Hyrkanus. Nachdem sich ihre Augen nun an die Dunkelheit gewöhnt hatten, betrachtete sie ihn näher. Sie wunderte sich über den seltsamen Hut, den er trug, der an den Seiten und hinten den ganzen Kopf bedeckte und nur das Gesicht und die Stirn freiließ.

„Ist es dir kalt, Großvater?“ fragte sie. „Warum trägst du einen so großen Hut?“ Ein wenig neckend fügte sie hinzu:

„Es ist wirklich ein komischer Hut. Ist das in Babylon die neue Mode?“

„Darf denn ein alter Mann nicht ein paar Eigenarten haben?“ gab er lächelnd zurück. „Aber erzähle mir, wie es dir geht.“

„Ich bin jetzt die Königin von Judäa“, sagte sie und wußte, sie würde ihn damit stolz machen. „Sicher wird Herodes, nachdem er nun als König eingesetzt ist, dich wieder in das Amt des Hohen Priesters setzen.“

Zu ihrer Überraschung schüttelte Hyrkanus den Kopf. „Für diese Aufgabe bin ich mittlerweile zu alt. Es ist besser, einen jüngeren Mann damit zu beauftragen. Außerdem hatten die Pharisäer vielleicht recht, wenn sie meinten, wir Hasmonäer als Könige könnten nicht auch noch das Amt des Hohen Priesters ausfüllen.“

Mariamme wunderte sich. Noch nie hatte sie von ihm solche Worte gehört. Auch über den seltsamen Hut machte sie sich Gedanken und fragte sich, ob die lange Gefangenschaft vielleicht seinen Geist ein wenig verwirrt hatte. „Großvater“, redete sie ihm zu, „die lange Reise wird dich sehr angestrengt haben. Wenn du dich erst ausgeruht und gut geschlafen hast, wirst du morgen die Dinge ganz anders sehen.“

Mit müden Augen blickte der alte Mann seine Lieblingsenkelin an. „Du hast recht, Mariamme. Ich bin sehr müde. Komme morgen wieder, dann werden wir uns sicher viel besser unterhalten können.“

Hilflos erhob sich Mariamme, umarmte ihn nochmals und versprach, am nächsten Tag wiederzukommen. „Im Schlafzimmer ist alles für dich vorbereitet, Großvater“, sagte sie noch, als sie ging.

Draußen wandte sie sich an den jungen Haushofmeister. „Mir scheint, es geht ihm nicht gut, Joseph. Er redet törichtes Zeug.“

Der Diener wollte sie trösten. „Das kann nicht sein, Herrin. Hyrkanus ist der weiseste Mann, den ich kenne.“

„Warum will er dann nicht mehr Hoher Priester sein?" ärgerte sie sich. „Das war ihm früher wichtiger als sein Königtum."

Joseph blickte verlegen zu Boden und fragte sich, wieviel er der Königin sagen sollte.

Als sie seine Verlegenheit sah, forderte sie: „Du weißt mehr, als du mir sagen willst. Jetzt aber heraus mit der Sprache!"

Joseph bemerkte ihre Entschlossenheit. „Ist dir der Hut aufgefallen, den er trägt?" seufzte er.

„Natürlich", nickte sie. „Was soll dieses komische Ding. Hat Babylon ihm denn alle Würde genommen?"

Joseph suchte nach den rechten Worten. Endlich stammelte er: „Herrin, Hyrkanus kann nie mehr Hoher Priester sein, nachdem Antigonus so grausam mit ihm gewesen ist."

„Grausam? Hat er meinen Großvater etwa foltern lassen?"

„Du weißt, Herrin", erklärte Joseph zögernd, „daß ein Mann, wenn er Hoher Priester sein soll, nach dem Gesetz Moses frei sein muß von allen körperlichen Schäden."

Entsetzt fuhr die Königin zurück. „Nun sage doch endlich, was mit ihm geschehen ist."

Man sah Joseph an, wie schwer ihm die Antwort fiel. „Herrin", sagte er endlich, „Hyrkanus trägt deshalb einen so komischen Hut, um zu verbergen, daß er keine Ohren mehr hat. Antigonus hat seine Henker beauftragt, Hyrkanus beide Ohren abzuschlagen, damit er nie mehr Hoher Priester sein kann."

Mariamme war einer Ohnmacht nahe. Sie raffte ihre letzten Kräfte zusammen und ging taumelnd zu ihrer Kutsche zurück.

2. Kapitel

Mariamme saß an ihrem Toilettentisch und blickte in den polierten Kupferspiegel, während ihre Dienerinnen sie für das Abendessen fertig machten, zu dem der König sie und die engsten Angehörigen ihrer beiden Familien hatte einladen lassen.

Sie ärgerte sich darüber, daß der König ihr nichts von den Demütigungen mitgeteilt hatte, die ihr Großvater über sich ergehen lassen mußte. Sicher hatte er es gewußt, und sie würde ihn dieserhalb an der Abendtafel zur Rede stellen.

Als sie jetzt den kleinen Speisesaal betrat und den schon anwesenden König mit einer Verbeugung begrüßte, sah sie, daß er sie, wie meistens, mit verlangenden Blicken betrachtete. Das ärgerte sie, denn nach ihrer Meinung sollte ein Mann seine Gefühle nicht so offen zeigen. Mariamme schätzte keine Schwächen in einem Mann. Ihr Großvater, den sie liebte, hatte einen schwachen Charakter und war deshalb von Herodes' Vater Antipater oft manipuliert worden.

Wie diese idumäische Familie zu solcher Macht gekommen war, war eines der politischen Rätsel, das sich nie ganz würde beantworten lassen. Antipater war eine sehr kraftvolle Persönlichkeit gewesen. Sein Reichtum und sein Einfluß hatten weit über sein eigenes Land hinausgereicht. Dies und die schwache Persönlichkeit von Hyrkanus hatten die Möglichkeit zum Aufstieg von Herodes geschaffen.

Außerdem hatte Herodes unter den Römern viele Freunde, da er in Rom erzogen und aufgewachsen war. Diese Freundschaft mit den einflußreichsten römischen Persönlichkeiten der römischen Herren der Welt hatte dann noch dazu beigetragen, daß er König über Judäa und die angrenzenden Länder geworden war.

Mariamme aber verachtete ihn, weil er so übertrieben verliebt in sie war und sein Verlangen nach ihr auch öffentlich in einem solchen Maße zeigte. Das hinderte sie allerdings nicht daran, diese Schwäche des Königs so sehr sie konnte auszunutzen. In ihrem Gesicht zeigte sich der Ärger über Herodes nur zu offensichtlich, doch der Monarch schien es nicht zu bemerken. Doch da waren andere im Raum, die es wohl erkannten.

Herodes hatte noch zwei Angehörige seiner eigenen Familie und zwei von der Mariammes zum Abendessen eingeladen. Der Königin gegenüber saß ihre Schwiegermutter, die arabische Prinzessin Cypros, die durch ungeheure Mengen Kosmetik zu verbergen suchte, daß sie schon stark zu altern begann. Neben ihr befand sich Herodes' schlaue und verschlagene Schwester Salome, deren Eifersucht auf Mariamme man ihr ansehen konnte.

Neben der Königin saß ihre Mutter Alexandra. Sie war nicht so verhärtet wie Cypros, kam aber auch aus einem verwöhnten Leben. Der Lichtblick an der Tafel war Mariammes Bruder Aristobulus. Der junge Mann war Alexandras Liebling und der Stolz des alten Hyrkanus. Auch Mariamme liebte ihren Bruder sehr.

Aristobulus war einer von den seltenen Menschen, der im Grunde eine gutmütige Natur hatte und allen Menschen mit offenem Herzen entgegenkam. Es gab wohl unter den Menschen, die ihn kannten, keinen, der ihn nicht geschätzt hätte. Und umgekehrt konnte man sagen, daß Aristobulus diese freundlichen Gefühle ihm gegenüber nie ausgenutzt hatte. Wie seine Schwester war er stattlich und schön. Er war athletisch gebaut und kam dem griechischen Ideal eines schönen Mannes sehr nahe.

Da Aristobulus auch sehr klug war, waren alle überzeugt, daß ihm eine große Karriere bevorstand. Wenn er eine

Schwäche besaß, dann war es höchstens seine zu große Vertrauensseligkeit und Unschuld allen Menschen gegenüber, die er mit seinen sechzehn Jahren immer noch besaß. Doch am Ende dieses Abends sollte ein Teil dieser Unschuld vergangen sein.

Als alle saßen, verbeugte sich der König nochmals vor Mariamme und sagte: „Ich wünsche dir einen guten Abend, meine Königin."

Mariamme ärgerte sich wieder und dachte: *Muß er sich immer wie ein Liebhaber benehmen und nicht wie ein ordentlicher Ehegatte?* Sie lehnte die Einladung, neben ihm auf seiner Liege zu sitzen, kurz ab und sagte brüsk: „Es ist kein guter Abend, mein Herr."

Nervös lächelnd fragte er: „Ich hörte, daß du heute deinen Großvater Hyrkanus besucht hast. Geht es ihm nicht gut?"

„Wie kannst du so fragen?" fuhr sie ihn an. „Wo du doch genau weißt, welche Grausamkeiten er ertragen mußte. Nur vor uns hast du es verborgen gehalten."

„Ich habe das nur getan, um euch alle zu beschützen", versuchte Herodes eine verlegene Erklärung.

„Was ist mit Vater geschehen?" fragte Alexandra ängstlich.

„Mein Gatte, der König, sollte diese Frage beantworten", ärgerte sich Mariamme. Als dieser aber nur unsicher auf seinen Teller blickte, begann sie: „Unser lieber Hyrkanus hat für fünf Jahre im Exil gelebt. Das wissen wir alle. Doch dort ist er von dem grausamen Antigonus in schamhafter Weise verstümmelt worden. Das haben wir nicht gewußt, nur der König."

„Ich habe so gehandelt, weil es gut ist für den Thron und das Land", verteidigte sich Herodes endlich. „Ich habe Hyrkanus zurückgebracht, weil er von seinen Landsleuten sehr geliebt wird, und auch von dir, meine liebe Frau. Aber hätte ich seine schamvolle Verstümmelung durch Antigonus auch nur erwähnt, so hätte das zu neuem Streit und zu neuem Blutvergießen unter dem Volk geführt." Das war zum Teil sogar die Wahrheit.

Mariamme schaute ihm jetzt direkt in die Augen. „Da unser Großvater nun zurück ist, welche Pläne hast du mit ihm?" fragte sie. „Du weißt, daß er keine Gefahr mehr ist für deinen Thron, denn er war immer dein Freund. Ich rechne damit, daß du ihm das Amt des Hohen Priesters zurückgibst."

Herodes schüttelte scheinbar betrübt den Kopf. „Du weißt, meine Liebe, das Gesetz ist dagegen. Ein Hoher Priester darf keine körperlichen Makel oder Schäden haben. Und leider hat Antigonus in seiner Grausamkeit deinem Großvater beide Ohren abgeschnitten. Das macht ihn für das Amt des Hohen Priesters für immer untauglich."

Alexandra begann zu weinen, als sie das gehört hatte.

„Es tut mir sehr leid, Alexandra", heuchelte Herodes, „aber ich kann an dem, was Antigonus getan hat, nichts mehr ändern."

Jetzt war es seine Mutter Cypros, die das Wort ergriff. Sie wandte sich an Herodes und sagte: „Aber dann könntest doch du ..."

Herodes schnitt ihr mit einer Handbewegung das Wort ab. „Nein, liebe Mutter! Hyrkanus kann nicht mehr Hoher Priester sein, wie wir soeben bekümmert erkannten. Und trotz aller Versuche meinerseits, einen Beweis zu finden, daß ich ein Nachkomme der Linie Aarons bin, wissen wir, daß dies nicht wahr ist und auch nicht bewiesen werden kann. Die Häuser von Herodes und von Zadok müssen für immer getrennt bleiben."

Inzwischen hatte sich Alexandra wieder gefaßt und ergriff das Wort. „Ich weiß, daß es schwer für dich war, die Sache mit Hyrkanus die langen Jahre geheimzuhalten", schmeichelte sie Herodes. „Doch sicher hast du schon über einen Nachfolger nachgedacht. Da das Amt des Hohen Priester immer erblich war, kann es doch eigentlich kein anderer sein, als mein Sohn Aristobulus. Er ist der Enkel von Hyrkanus."

Schweigen trat plötzlich in der Tischrunde ein. Doch man konnte Herodes ansehen, daß er sich ärgerte, weil man seine Pläne durchschaut hatte. Endlich sagte er mit zornblitzenden Augen und Groll in der Stimme: „Es ist schon jemand ernannt worden. Hananel, ein Adliger und Levite aus Babylon ist seit gestern der neue Hohe Priester."

Alexandra wurde vor Überraschung ganz bleich, und Mariamme bemerkte das höhnische Lächeln der beiden Frauen ihr gegenüber.

„Wer ist dieser neue Hohe Priester?" fragte Cypros mit süßer Stimme. „Wir müssen ihn unbedingt zum Essen einladen, sobald er in Jerusalem eintrifft."

„Aber das kann doch nicht sein!" rief Mariamme empört.

Herodes, der durch den Sarkasmus seiner Mutter und die Empörung seiner Frau endgültig verärgert war, warf seine Serviette auf den Tisch, sprang auf und schrie: „Ich habe jetzt endlich genug! Seht her", damit zeigte er auf den vor ihm stehenden vollen Teller, „noch nicht einen Bissen habe ich den ganzen Abend gegessen wegen eurer Zänkerei!"

Damit stürmte er wutentbrannt aus dem Raum.

Hinter sich ließ er vier sich erbittert zankende Frauen zurück. Nur Aristobulus saß schweigend dabei und hörte zu, wie sein Name immer wieder hin und her geworfen wurde wie ein Stück Fleisch zwischen zankenden Hyänen. Er war auf einmal das unschuldige Subjekt zwischen jüdischem Anspruch und römischer Intrige geworden.

3. Kapitel

Johannes Hyrkanus II. lehnte an der Tür der exklusivsten Jeschiwa in ganz Judäa, der Trainingsschule für die Hohen Priester, für jene Männer, die seit den Tagen Moses um die innersten Geheimnisse von Regierung und Religion Israels wußten. In der Mitte des Raumes saß sein Enkel Aristobulus, der erst gestern den babylonischen Gelehrten in dem Amt des Hohen Priesters ersetzt hatte.

Der alte Mann konnte kaum glauben, was hier geschah. Sein Nachkomme übernahm das Amt, aus dem man ihn selbst verdrängt hatte.

Um den Jungen hatten sich die gelehrtesten Leviten Jerusalems versammelt; Männer, die den priesterlichen Codex immer wieder studiert hatten und die dafür verantwortlich waren, den Amtsinhaber auszubilden.

Eigentlich sollte der Hohe Priester kaum noch solche Ausbildung nötig haben. Er sollte durch seine Abstammung schon in den heiligen Räumen des Moriah aufgewachsen sein. Seit seiner Kindheit sollte er im Tempel gedient haben. Zuerst mit Handarbeit, dann als Mitglied des Chors und als Chorleiter sollte er über die verschiedenen Ränge der Priesterschaft emporgestiegen sein. Seine Wahl als kommender Hoher Priester wäre bei sorgfältiger Überlegung seiner Fähigkeiten und seiner Abstammung durch den Sanhedrin, die regierende Versammlung der siebzig Ältesten erfolgt. Wenn die genauesten Tests physischer, akademischer und geistlicher Art überstanden waren und an seiner richtigen Abstammung keinerlei Zweifel mehr bestand, würde man ihn vorschlagen. Eine Wahl würde ihn schließlich endgültig in das Amt bringen.

So hätte es sein sollen. Doch seit den Tagen Zadoks, des Hohen Priesters von David, war es nicht sehr oft so gewesen. Vor allem nicht mehr seit den Tagen von Antiochus Epiphanes, der den regierenden Hohen Priester vertrieben und das Amt seinem Bruder übertragen hatte. Seit der Zeit der Syrer schien es, daß dieses hohe und heilige Amt immer wieder der politischsten und militärischsten Clique übertragen wurde.

Auch Johannes Hyrkanus selbst hätte nie Hoher Priester werden sollen, noch einer der anderen Hasmonäer vor ihm. Sie waren keine Nachkommen der aaronitischen Priesterfamilie. Nun schien Herodes wenigstens wieder auf die Vererblichkeit des Priesteramtes eingeschwenkt zu sein, als er dem Drängen von Mariamme und Alexandra nachgab und den erst kürzlich berufenen Hananel wieder beiseite schob. Aristobulus war, wenn sonst schon nichts anderes, so doch der Enkel des vorherigen Hohen Priesters.

Hyrkanus, der den Unterricht seines Enkels beobachtete, hielt nicht sehr viel von Herodes' Charakter. Da war etwas um seinen Schwiegersohn, das ihn vorsichtig und zurückhaltend machte. Doch um des neuen Hohen Priesters willen wollte er da nicht tiefer hineingraben.

Als der Unterricht vorüber war, verabschiedete sich Aristopulus von seinen Lehrern und eilte zu Hyrkanus. „Großvater", rief er, „was denkst du von dem Unterricht?" Dabei breitete er die Arme auseinander und ahmte einige der Gesten nach, die er am Vormittag gerade gelernt hatte.

O Herr, dachte der alte Mann, *er ist noch ein Kind – ein Kind, das die Verantwortung für Israel tragen soll.*

„Du siehst großartig aus", lobte er seinen Enkel. „Ich bin stolz auf dich. Du hast mein altes Herz wieder froh gemacht."

Die beiden umarmten sich. Anschließend sagte Hyrkanus: „Komm, laß uns zusammen gehen. Ich möchte dir etwas zeigen. Du wirst es zwar morgen sehen, wenn die Priester dich dorthin bringen, aber ich möchte der erste sein, der mit dir darüber spricht."

Sie gingen durch den Garten und zwischen den Gebäuden hindurch, in denen die Leviten und Priester wohnten, bis sie zum eigentlichen Tempel mit seinen Vorhöfen kamen. Vor ihnen, im Hof der Priester, ragte der Tempel auf, in dem sich das Heiligtum und das Allerheiligste befanden. Dorthin führte der alte Priester seinen Enkel.

Zwischen der aus dem Felsen herausragenden einsamen Spitze und dem Tempelbau stand das große „Meer" aus Bronze, das von zwölf bronzenen Ochsen getragen wurde. Aus diesem riesigen Wasserbecken wurden die bronzenen Gefäße und die tragbaren Wasserbecken gefüllt, in denen die Opfer gereinigt wurden. An Festtagen, wenn Brandopfer dargebracht wurden, war der ganze Tempelhof voller Altäre, und viele Opferfeuer stiegen gleichzeitig zum Himmel empor, weil man sonst die Menge der dargebrachten Opfer nicht hätte bewältigen können.

Doch es war die einsame Felsspitze von Moriah, auf der wie auf einem Altar die besonderen Opfer für die zwölf Stämme und deren Familien dargebracht wurden.

Von hier hatte Herodes ein größeres Loch und mehrere kleine durch den Felsen bohren lassen, damit das viele Blut von den Opfertieren an jenen Tagen durch diese Kanäle hindurch in das Innere des Berges abfließen konnte und durch einen langen Kanal bis zur Kloake der Stadt tief unten im Tal.

In der langen Geschichte des Felsens hatte es nie eine solche Veränderung gegeben. Gewiß, er war in alten Zeiten als Tenne gebraucht worden, und es hatte Zeiten gegeben, da hatten Fremde, vor allem die Syrer, ihn durch Götzenbilder entweiht, aber an der Originalform war nie etwas verändert worden, das hatte erst Herodes getan.

Doch der alte Mann verehrte den heiligen Platz. Er ging mit seinem Enkel zu der Felsspitze und erklärte ihm, daß hier am großen Versöhnungstag das Opfer für das ganze Volk dargebracht wurde, das anschließend ins Allerheiligste getragen werden mußte. Er erzählte von der Geschichte des Felsens und erinnerte daran, daß an dieser Stelle Abraham seinen Sohn Isaak opfern wollte. Außerdem erwähntc er, daß viele glaubten, hier habe Jakob bei seiner Flucht vor seinem Bruder geträumt und die Himmelsleiter gesehen, auf der die Engel auf und nieder stiegen, da hier das Tor zum Himmel sei.

Als er dem Jungen die Einzelheiten erklärt hatte, die am großen Versöhnungstag vom Hohen Priester zu beachten waren, schwieg er einige Augenblicke. Dann fügte er hinzu: „Es gibt viele im Volk, mein Sohn, die sagen, daß du deiner Abstammung wegen nicht für das Amt des Hohen Priesters qualifiziert seist.“

„Ich weiß, Großvater“, bestätigte Aristobulus. „Deshalb haben sich deine Feinde auch gegen dich und vorher gegen deinen Onkel gewandt.“

Hyrkanus nickte ernst. „Diese Leute“, erklärte er, „sehen nicht, daß im Judentum die Gerechtigkeit mehr eine Sache des Herzens als des Gesetzes ist. Wenn du nun für dieses Amt ausgewählt bist, dann ist es eine himmlische Berufung und beruht auf der Reinheit deiner Seele.“

Mit tiefem Ernst erwiderte der Junge: „Ich hoffe, ich werde mich diesem hohen Amt würdig erweisen. Ich werde das Gesetz halten, so gut ich es mit all meinen Kräften vermag.“

Hyrkanus sagte nichts zu dieser Erklärung seines Enkels. Er blickte auf die Stadt hinab. „Komm“, forderte er ihn auf, „die Sonne geht bald unter. Wir wollen uns auf den Heimweg machen.“

4. Kapitel

Die königliche Kutsche mit Herodes fuhr auf der holprigen, etwa 30 Kilometer langen Straße, die Jerusalem, hoch oben in den Bergen Judäas, mit Jericho, unten im Jordantal, verband. Es war schon spät im Herbst, doch das Wetter war immer noch sommerlich heiß. Immer wieder wirbelte die Kutsche Staub auf, der auch durch das geöffnete Fenster in den Wagen drang.

Herodes hatte Kopfschmerzen, die aber weniger vom Staub oder dem drückenden Herbstwetter, als mehr durch das Problem mit Hananel und Aristobulus entstanden, denn seither lebte er unter einer so großen Anspannung wie die Sehne eines gespannten Bogens.

Es hatte damit begonnen, daß Mariamme ihn fortwährend drängte, ihrem Bruder das Amt des Hohen Priesters zu übertragen. Und dann war seine Schwiegermutter Alexandra so weit gegangen, Briefe in dieser Sache an Kleopatra und Antonius Markus zu schreiben, seinen engsten Verbündeten. Herodes konnte noch immer kaum glauben, daß Alexandra zu solcher Verräterei fähig war.

Herodes rieb sich die schmerzende Stirn. Er haßte die Fahrt von Jerusalem nach Jericho, obwohl er sich auf den Aufenthalt in seinem großartigen Winterpalast freute, den er sich außerhalb der Stadt Jericho hatte bauen lassen.

Antonius Markus, der berühmte römische Feldherr, war es gewesen, durch dessen Einfluß Herodes auf den Thron Judäas gelangt war. Und Kleopatra, die Geliebte von Antonius, war immerhin die Königin von Ägypten. Die beiden gemeinsam stellten die größte Macht auf Erden dar, und ihrem Druck hatte er nicht widerstehen können. Tief gedemütigt hatte Herodes nachgegeben und Hananel das Amt des Hohen Priesters wieder entzogen, um Aristobulus einzusetzen.

Doch Alexandra konnte er von nun an nicht mehr trauen. Er betrachtete sie als seine Feindin und hielt sie im Palast so ähnlich wie eine Gefangene. Bewacht von seinen vertrauenswürdigsten Leuten, sorgte er dafür, daß sie den Palast kaum noch verlassen konnte, und wenn sie es doch einmal tat, daß sie nie allein war.

Was dann geschah, war fast lächerlich. Herodes wunderte sich noch immer über Alexandras Einfall. Über ihren persönlichen Musiker, der ihr sehr ergeben war, hatte sie wiederum Kontakt mit Kleopatra aufgenommen und sich bei ihr über ihre Behandlung durch Herodes beklagt. Die Königin von Ägypten hatte mit ihr konspiriert, um sie und Aristobulus aus dem Land zu bekommen, da sie beide in Gefahr sah.

Der Weg, den die beiden Frauen wählten, ging in die Geschichte Israels als eine der komischsten Episoden ein. Alexandra hatte für sich und für Aristobulus je einen Sarg machen lassen. In ihnen wurden die beiden angeblich Toten aus dem Palast gebracht für einen Transport über das Meer. Als die Särge in Joppe geöffnet wurden, wo ein Schiff auf sie wartete, blickten die beiden in die Gesichter von Offizieren des Königs. Sie wurden nach Jerusalem zurückgebracht.

Diese Geschichte war bald in ganz Jerusalem bekannt und erhöhte die Verachtung der Juden gegenüber Herodes nur noch mehr. Ihre ganze Sympathie wandte sich dem jungen Aristobulus zu. Es war während des kurz nach diesem Zwischenfall stattfindenden Laubhüttenfestes, daß Herodes dies auf kummervolle Weise klar wurde.

Als der junge Hohe Priester das erste Mal bei einem religiösen Fest seine Aufgaben im Tempel wahrnahm und öffentlich auftrat, machte er auf die im Vorhof versammelten Israeliten einen so tiefen Eindruck, daß sie ihm laut zujubelten. Sie erinnerten sich daran, mit welch großen Taten die Vorfahren von Aristobulus, die Makkabäer, das Volk Israel vom syrischen Joch befreit hatten. Die Menschen waren so begeistert, daß nur noch ein zündender Funke fehlte, dann hätten sie sich gegen Herodes gewandt und eine Revolte wäre ausgebrochen.

Von seiner privaten Loge aus, die Herodes sich hatte bauen lassen und von der aus er alles beobachten konnte, was im Tempel geschah, hatte er alles mit angesehen. Seitdem brannte in seinem Herzen der Neid. Er sah die Gefahr, durch den Hohen Priester verdrängt zu werden. Gerade am gestrigen Abend hatte er nun einen Plan ausgebrütet, wie er durch einen Mord die Gefahr würde beseitigen können.

Heute war Herodes nun auf dem Weg nach Jericho. Er hatte seine ganze Familie und viele Freunde zu einem Fest nach dort eingeladen. Mariamme und Aristobulus würden auch dabei sein. Er würde seiner Frau zwar aus dem Wege gehen, es würde ihm aber Freude bereiten, die Verzweiflung in ihren Augen zu sehen, wenn ihr Bruder nicht mehr am Leben war.

Man würde feiern, spielen und schwimmen gehen. Herodes hatte in seinem Winterpalast mehrere Schwimmbecken anlegen lassen, die nicht leicht zu überwachen waren. Da konnte schnell ein Unfall geschehen.

5. Kapitel

Alexandra lag auf einem Polster im Empfangszimmer ihrer Tochter im Palast zu Jerusalem. Sie war bleich wie der Tod und atmete schwer. Mariamme kniete neben ihr. „Komm, Mutter“, flehte sie, „du kannst mich nicht auch noch verlassen.“

Alexandra öffnete ihre Augen und starrte mit glasigem Blick verzweifelt auf die Königin. „Du warst nicht dort“, flüsterte sie, „und hast nicht gesehen, was ich sah.“

„Gesehen?“ wunderte sich Mariamme. „Nun sagst du, du sahst es. Mit deinen eigenen Augen? Vor wenigen Minuten sagtest du noch, du *hörtest* das verräterische Tun. Nun erklärst du, du hast es gesehen.“

Alexandra richtete sich mühsam auf und wischte sich den Schweiß von der Stirn. „Wo ist da der Unterschied?“ stöhnte sie. „Ich hörte es so genau, als hätte ich es gesehen. Zweifelst du daran, daß dein Gatte zu einer solchen Untat fähig ist?“

Die Königin schüttelte traurig den Kopf. Sie sah immer noch das Bild vor sich, wie ihr Bruder Aristobulus mit dem Gesicht nach unten im Innenhof der Schwimmanlagen des Palastes von Jericho lag. Tot durch Ertrinken, im Alter von 17 Jahren. Und das nur kurze Zeit nachdem er durch sein Auftreten im Tempel die Herzen der Juden gewonnen hatte.

Immer noch erschüttert von diesem tragischen Ereignis, hatte sich die Königin über das Wieso und Warum noch keine Gedanken gemacht. Doch hier war ihre Mutter und beschuldigte ihren Gatten des Mordes an ihrem Bruder.

Außerhalb des Palastes hörte man die Bevölkerung klagen über den überraschenden Tod ihres neuen Hohen Priesters. Frauen versammelten sich und weinten laut. In Toren und Höfen saßen Männer und warfen sich Staub auf den Kopf vor Trauer. Wie schnell hatte sich Freude in Kummer verwandelt. Mit Aristobulus war die Hoffnung auf neue jüdische Größe in den Herzen der Menschen wieder gewachsen. Nun war er tot, und Gerüchte von Verrat und Mord schlichen durch die Straßen.

Anders als die Königin gab die Mehrheit der Bevölkerung sofort Herodes die Schuld am Tod des jungen Hohen Priesters. Wenn man genau hinhörte, konnte man merken, daß sich in die Trauer auf den Straßen gegen Abend schon Protest mischte. Parolen gegen das Königshaus der Idumäer wurden laut, und Rufe forderten sogar das Eingreifen der Römer.

Alexandra erhob sich und ging im Raum hin und her. Sie dachte nochmals über den „Unfall" nach, der die Feier im Palast zu Jericho zu einem so schnellen Ende brachte.

„Du warst mit anderen Frauen im Innenhof", sagte sie zu ihrer Tochter, „und hast nicht gesehen, wie der König und einige andere junge Männer Aristobulus überredeten, mit ihnen schwimmen zu gehen. Dann rannten alle zum hintersten Schwimmbecken, das am größten und tiefsten ist. Sie warfen ihre Kleider ab und sprangen hinein. Der König nahm Aristobulus bei der Hand und zog ihn zur tiefsten Seite, wo auch das viele Schilf angepflanzt ist."

Alexandra war so erschöpft, daß sie sich wieder setzte. „Herodes war dort nicht mit ihm allein", fuhr sie fort. „Es waren noch einige junge Männer von seiner sogenannten Polizei dabei. Du weißt, solche von der Sorte, die auch uns immer nachspionieren. Sie spritzten sich voll und tauchten sich gegenseitig unter. Dann waren sie hinter dem Schilf verschwunden. Herodes kam zurück, und Aristobulus war mit diesen Männern hinter dem Schilf allein. Ich hörte dann noch, wie er schrie und um Gnade bat. Sehen konnte ich es natürlich nicht."

Sie schlug die Hände vors Gesicht, als sie sich wieder an den Vorfall erinnerte, und begann zu schluchzen. Als sie sich wieder gefaßt hatte, berichtete sie weiter: „Herodes hatte seine Kleider genommen und war schon im Palast verschwunden. Es dauerte noch einige Zeit, dann kamen die Männer wieder hinter dem Schilf hervor. Sie trugen Aristobulus und riefen, ein schrecklicher Unfall habe sich ereignet. Sie brachten ihn bis zum vordersten Schwimmbecken und legten ihn dort ab. Da lag nun mein Sohn vor mir, ganz blau im Gesicht und tot."

Zitternd schloß Mariamme ihre Mutter in die Arme. Nach einer ganzen Zeit sagte sie: „Es ist schrecklich. Aber wir müssen uns wieder fassen, Mutter. Wir müssen darüber nachdenken, wie wir uns jetzt verhalten sollen."

Mittlerweile war aus dem Murren in den Straßen schon Lärm geworden. Alexandra nickte. „Wir müssen etwas unternehmen, Mariamme. Wenn Herodes fähig war, das zu tun, dann ist niemand mehr vor ihm sicher."

Sie erhob sich wieder und blickte zum Fenster hinaus, wo der Lärm immer lauter wurde. Die Menschen rotteten sich zusammen und schrien nach Rache.

„Ich werde nochmals an Kleopatra schreiben", überlegte sie. „Sie ist uns freundlich gesinnt und wird mit Antonius Markus darüber reden – und Antonius wird es in Rom erzählen."

6. Kapitel

Die Stimmung in Jerusalems Straßen war gespannt. Jeden Tag konnte ein Aufruhr ausbrechen. Empört und verzweifelt gleichzeitig, appellierten die Menschen an Rom. Herodes war durch Rom zum König gemacht worden, also konnte Rom ihn auch wieder vom Thron entfernen. Sollte Rom das nicht tun, würden sie zur Selbsthilfe greifen.

Doch das Römische Reich hatte genug mit anderen Problemen zu tun, wenn es die vielen Provinzen, die es beherrschte, unter Kontrolle halten wollte. Doch andererseits konnte Rom die Unzufriedenheit einer Bevölkerung auch nicht auf die Dauer übersehen, wenn es keinen Krieg riskieren wollte. Herodes war ausersehen worden, Judäa zu regieren, weil einflußreiche Männer wie Antonius Markus Vertrauen in ihn hatten. Doch nun hatte es den Anschein, als sei er auf die Dauer nicht fähig, die Provinz ruhig zu halten. Man würde also in Rom nicht mehr lange warten, bevor man eingriff.

Aus der Unzufriedenheit und dem Murren waren mittlerweile schon feste Pläne für einen Aufstand geworden, da sandte Antonius Markus eine Nachricht nach Jerusalem, mit der Herodes aufgefordert wurde, nach Rom zu kommen. *„Du sollst dich vor dem Gericht des Cäsars verantworten im Blick auf den Tod des Hohen Priesters Aristobulus, deines Schwagers“*, hieß es in dem Schreiben. *„Du wirst verhört, und deine Sache wird verhandelt werden nach den Gesetzen für römische Bürger. Mögen die Götter dir gnädig sein.“*

Als Herodes durch das westliche Tor Jerusalem verließ, um in einem Seehafen ein Schiff nach Rom zu erreichen, wurde er bis zum Stadttor von einer schreienden Menge verfolgt, die Steine und Holzstücke auf seine Kutsche warf, obwohl Rom extra Polizeitruppen nach Judäa gesandt hatte, um dort den Frieden zu wahren.

Was geschehen würde, wenn man in Rom Herodes erlaubte, als König nach Judäa zurückzukehren, darüber wagte er noch nicht nachzudenken. Er war für die Juden nie wirklich ihr König gewesen, doch jetzt wurde es ihm vielleicht ganz genommen. Und sollte er doch nach Jerusalem zurückkehren, dann schwebte er dort in Lebensgefahr.

Rom hatte starke militärische Einheiten nach Jerusalem verlegt, um einen eventuellen Aufruhr schnell unterdrücken zu können. Sie gewährleisteten auch die sichere Reise des Königs durch das Land, bis er auf dem Schiff war. Doch seine Zukunft war trotzdem ziemlich ungewiß. Die Verantwortung vor Markus Antonius konnte seine Absetzung oder aber seine weitere Bestätigung als König Judäas erbringen. Alles hing davon ab, wie überzeugend er in Rom auftreten würde.

Auf seiner Reise bereitete sich Herodes sorgfältig auf seine Verteidigung in Rom vor. Er setzte viel Hoffnung darauf, daß Antonius und die anderen Verantwortlichen in Rom Aristobulus nie kennengelernt hatten. Er konnte also argumentieren, daß die Juden den jungen Hohen Priester und seine Bedeutung nur deshalb so stark herausstellten und ihn fast zu einem Halbgott machten, weil sie in Wirklichkeit ihn, Herodes, treffen wollten.

Außerdem konnte er Antonius daran erinnern, daß sie Freunde waren und er ihm vertrauen konnte. Sein schnelles Handeln gegen den makkabäischen Emporkömmling hatte ja gute Gründe, die auch dem Wohl Roms dienten. Immerhin war der junge Hohe Priester ein Hasmonäer, also einer aus der Reihe der Makkabäer, die schon mehr als ein Jahrhundert lang in Palästina immer wieder für Unruhe sorgten.

Wenn er richtig darüber nachdachte, konnte er in Rom viele gute Gründe zu seiner Verteidigung vorbringen, sagte sich Herodes. Und das beruhigte ihn wieder ein wenig.

Mariamme und ihre Mutter saßen in den Räumen der Königin mit Handarbeiten beschäftigt beisammen. Die Stimmung in der Stadt war immer noch aufrührerisch, und niemand konnte sagen, was der nächste Tag bringen würde. Wären nicht die römischen Truppen in der Nähe, hätte der Aufstand vielleicht schon begonnen.

Seit Herodes nach Rom abgereist war, hatten die beiden Frauen den Palast noch nicht wieder verlassen. Der Palast war für sie zum Gefängnis geworden, und sie schreckten jedesmal hoch, wenn sie einmal lautere Schritte in den Korridoren hörten.

Eine Person war ein Trost für sie. Joseph, der Aufseher, der früher Hyrkanus' Mitarbeiter gewesen war und den der König nun während seiner Abwesenheit zum Palastgouverneur gemacht hatte. Täglich kam der stattliche Mann zu den Frauen, um sich nach ihrem Wohlbefinden zu erkundigen und mit der Königin Angelegenheiten der Regierung zu beraten.

Als er an diesem Tag nach ihnen sah, war Alexandra mehr als gewöhnlich niedergeschlagen. Weinerlich fragte sie Joseph: „Woher sollen wir wissen, ob Herodes in Rom nicht hingerichtet wird? Du weißt, wie empört unser Volk ist.“ Sie zeigte zum Fenster hin. „Sie werden in Rom sicher viele Klagen vorbringen, und Herodes wird nicht mehr zurückkommen. Was wird dann aus uns, Joseph? Mariamme und ich werden sicherlich nicht überleben, wenn Herodes hingerichtet wird.“

Beruhigend redete Joseph auf die erregte Frau ein. „Du mußt dir nicht mit solchen Gedanken den Kopf schwer machen“, tröstete er sie. „Antonius Markus ist ein gerechter Mann. Außerdem muß er auch an seinen eigenen Ruf denken. Er hat Herodes hier in Judäa zur königlichen Macht verholfen, und er könnte in Rom sein Gesicht verlieren, wenn er zugeben müßte, daß er sich in ihm getäuscht hat. Deshalb wird er Herodes sicher verteidigen, und alles wird gut werden."

Josephs Argumente leuchteten den Frauen ein, und Alexandra beruhigte sich ein wenig. Nun wandte der Verwalter sich der Königin zu.

Mariamme war gewöhnt, daß Männer sie bewunderten. Joseph war da keine Ausnahme. Immer wenn er bei ihnen war, konnte er seine Zuneigung zur Gattin seines Herrn nur mühsam verbergen. Joseph war der perfekte Diener und hatte nie versucht, ihr auch nur im geringsten näherzutreten. Doch seine Bewunderung für sie drückte sich in der Aufmerksamkeit aus, die er all ihren Wünschen entgegenbrachte.

„Setz dich zu uns, Joseph", forderte sie ihn auf und wies auf ein Sitzkissen neben dem Tisch. „Wir werden bald Tee erhalten. Sei unser Gast."

Joseph nahm die Einladung mit einer Verbeugung an und nahm Platz.

„Du bist ein weiser Mann", lobte Mariamme ihn. „Dein Wissen über Rom und seine Politik erstaunt mich immer wieder."

Joseph bedankte sich für das Kompliment, fühlte sich aber doch etwas unbehaglich, als Mariamme jetzt fortfuhr: „Um so mehr wundere ich mich, daß ein so weiser Mann wie du, der in den meisten Dingen eine so kluge Einsicht hat, das Wesen seines Herrn nicht ebenso deutlich erkennt. Du weißt doch sicher", sie blickte Joseph nun aufmerksam an, „Herodes ist ein Mörder."

Joseph war über diese Feststellung so erschrocken, daß er keine Worte fand. Ihm war klar, daß sie auf den Tod ihres Bruders anspielte, für dessen Tod Herodes sich nun in Rom verantworten mußte. Aber welchen Sinn sollte es haben, daß sie mit ihm über diese Sache sprach?

„Nun komm", forderte die Königin ihn heraus und zeigte

mit ihrer Sticknadel auf ihn, „du willst doch die Schuld deines Herrn nicht bestreiten? Oder etwa doch?"

Joseph schluckte einen Kloß hinunter, der sich in seinem Hals gebildet hatte, und antwortete: „Herrin, wenn du meine Loyalität testen willst, kann ich nur sagen, daß alles, was der König tut, zum Besten für das Land ist."

Noch während er den Satz zu Ende brachte, wußte er, daß er sich falsch ausgedrückt hatte. Nichts, was er in diesem Punkt zur Verteidigung von Herodes sagte, konnte eine andere Wirkung haben, als den Groll der Königin noch zu steigern.

„Hmmm!" meldete sich Alexandra jetzt. „Mein Sohn ist tot, der Bruder der Königin! Du verteidigst also seinen Mörder uns gegenüber?"

Joseph blickte verzagt zur Tür. „Vielleicht ist es besser, wenn ich jetzt gehe", meinte er. „Ich werde nach dem Abendessen nochmals hereinschauen."

Als er sich erheben wollte, berührte Mariamme leicht seinen Arm und sagte: „Nein, Joseph, bleib noch. Wir freuen uns über deine Gesellschaft und werden nicht mehr von Aristobulus sprechen."

Doch sie war noch nicht fertig. Sie begann wieder mit ihrer Stickerei und schien nachzudenken. Endlich sagte sie: „Du wirst sicher zugeben, daß du meinen Gatten besser kennst als irgend jemand sonst. Ganz gewiß kennst du ihn besser, als ich ihn kenne."

Wieder wußte er nicht, was er antworten sollte. Doch sie schien auch keine Antwort zu erwarten, sondern fuhr mit einer sehr direkten Frage fort: „Warum haßt Herodes uns eigentlich? Warum haßt er mich?"

Joseph schüttelte protestierend den Kopf. „Dich hassen?" rief er. „Herodes haßt dich sicherlich nicht, Herrin. Kein Mann hat je eine Frau mehr bewundert als Herodes dich."

Mariammes Herz klopfte heftiger. Der Gedanke kam ihr, Joseph könne nicht nur von seinem Herrn, sondern auch von sich reden. Doch sie schob den Gedanken beiseite und widmete sich ihrer Handarbeit. „Es ist ganz in Ordnung, daß du den König verteidigst, Joseph", erwiderte sie. „Du bist wirklich ein treuer Verwalter."

Doch nun ergriff Alexandra das Wort. „Was meine Tochter und ich nicht verstehen", sagte sie, „ist, wie Herodes uns behandelt. Er hält uns in unseren eigenen Räumen wie Gefangene und läßt jeden unserer Schritte beobachten. Ich glaube", räumte sie ein, „daß ich ihm Gründe gegeben habe, anzunehmen, ich sei seine Feindin. Aber Mariamme? Das ist doch etwas ganz anderes. Sie hat immer, auch in den schlimmsten Zeiten, loyal zu ihm gehalten."

Auf diese Feststellung hätte Joseph gern mit vielen Fragen reagiert, wäre er mit der Königin allein gewesen und wäre sie nicht die Königin. In seinen Gedanken hatte er oft davon geträumt, was er zu Mariamme sagen würde, wären sie beide nur ganz einfache Menschen und könnte er offen zu ihr sprechen.

Er hätte sie gefragt, warum sie so treu zu einem so rücksichtslosen Mann wie Herodes war. Er hätte sie gefragt, warum sie bei einem so egoistischen Mann wie Herodes blieb. Er hätte sie gefragt, ob sie Herodes wirklich liebte. Das war doch sicher nicht möglich. Er war überzeugt davon, daß sie keine echte Liebe zu diesem Tyrann hatte, der ihr Gatte war.

Doch die Umstände erlaubten solche Fragen nicht, deshalb sagte er mit Nachdruck und mit soviel Überzeugungskraft, wie er aufbringen konnte: „Herrin, du solltest nie an des Königs Zuneigung und Liebe zu dir zweifeln. Und auch du nicht", wandte er sich Alexandra zu, „denn du bist die Mutter seiner Königin."

Wieder schüttelte Mariamme den Kopf. „Ich kann nicht an Herodes' Liebe glauben", seufzte sie. „So lange nicht, wie er mir so wenig Vertrauen schenkt. Würde er mich wirklich lieben, würde er mir mehr Freiheit einräumen."

Der Verwalter blickte sich ungemütlich in dem Raum

um. Wirklich, die Räume der Königin waren der goldene Käfig für die beiden Frauen geworden. „Ich weiß, daß es schwer für dich ist, Herrin", räumte er ein. „Doch Herodes denkt nur an deine Sicherheit. Wenn du nur wüßtest, wie gut er von dir spricht und wie es ihm um deine Sicherheit geht."

Nun mischte sich Alexandra doch wieder ein. „Sie beschützen?" rief sie. „Indem er sie hier in Jerusalem läßt? Wenn er wirklich wünscht, daß sie in Sicherheit ist, hätte er sie nach Alexandria schicken oder mit nach Rom nehmen sollen. Jeder andere Platz wäre besser gewesen als diese Stadt voller Haß."

Die Frauen hatten recht, das wußte Joseph. Gegen ihre Argumente war kaum etwas zu sagen. In seiner Ausweglosigkeit brachte er sich mit seinen nächsten Worten nur noch tiefer in Schwierigkeit. „Meine Damen", sagte er, „könnt ihr es denn nicht verstehen? Wenn ein Mann mit einer so schönen Frau verheiratet ist, wie du bist, Herrin, dann sieht er oft noch in seinem besten Freund einen Rivalen. Er fürchtet sich, sie vor den Augen so mächtiger Männer erscheinen zu lassen, wie es jene in Rom sind. Herodes ist ein weiser Mann und will seinen kostbaren Besitz beschützen."

„Besitz!" fuhr die Königin empört auf. „Ich bin ein Mensch, Joseph, und kein Besitz!"

Der Verwalter erschrak, weil er erkannte, daß er wieder das Falsche gesagt hatte. In seiner Verwirrung, die Frauen zu überzeugen, verrannte er sich so sehr, daß er sogar die Geheimnisse preisgab, die Herodes ihm aufgetragen hatte.

„Ich bitte dich, Herrin, vergib mir", sagte er. „Ich wollte dir doch nur erklären, wie sehr Herodes um dich besorgt ist. Er liebt dich so tief, daß er sagte, er wolle lieber sterben, als ohne dich zu leben. Und sollte ihm etwas Böses widerfahren, dann wollte er lieber, daß du auch stirbst, als in die Arme eines anderen Mannes zu gehen."

Mariamme fuhr bei diesen Worten zurück, als hätte ein Messer sie getroffen. „Was hat er gesagt?" schrie sie. „Hat sich Herodes wirklich so ausgedrückt?"

Josephs Gesicht wurde bleich, denn er begriff, was ihm da entschlüpft war. Deshalb versuchte er schnell zu korrigieren: „Er hat mit diesen Worten doch nur seine Liebe ausdrücken wollen“, versuchte er sie zu beschwichtigen. „Einen solchen Befehl kann man doch nie ernst nehmen.“

„Befehl?“ rief sie. „Herodes hat befohlen, ich soll dann sterben?“

Völlig durcheinander konnte Joseph nur noch stammeln: „Nein, nein, Herrin, so habe ich es doch nicht gemeint. Und so hat es auch Herodes nicht gemeint. So etwas sagt man doch manchmal einfach so daher, ohne nachzudenken.“

„Er hat es befohlen!“ schnaufte Mariamme. „Mein Leben gehört also nicht mehr mir selbst.“

Joseph war hilflos und wußte nicht, wie er etwas von dem Gesagten wieder hätte umbiegen oder zurücknehmen können. Er erhob sich und verabschiedete sich mit einer stummen Verbeugung, ehe die Frauen weiter auf ihn einreden konnten. Als er draußen auf dem Gang war, spürte er das Verhängnis des Verderbens über sich hängen.

7. Kapitel

Hufgeklapper und das Rollen der Räder im Palasthof zeigte an, daß der König von seinem Besuch in Rom zurückgekehrt war. Trotz der späten Stunde wurde er am Stadttor mit Trompeten begrüßt, und die königlichen Musiker spielten am Eingang des Palastes zu seinem Empfang.

Als die Kutsche hielt, sprang der König heraus. Er wartete nicht die üblichen protokollarischen Begrüßungen ab, sondern er eilte in den Palast. Herodes war bei seinen Verhandlungen in Rom erfolgreich gewesen und kehrte als Sieger nach Jerusalem und auf seinen Thron zurück. Nichts war ihm jetzt wichtiger, als Mariamme seinen Sieg mitzuteilen und dafür zur Belohnung ihre Zuneigung zu empfangen.

Seinen wartenden Beratern und Bediensteten winkte er zu und sagte, er würde am Morgen mit ihnen sprechen. Einen Diener sandte er zur Königin. „Sage meiner Frau, ich sei daheim. Sie soll sich vorbereiten, mich zu empfangen."

Als seine Schwester Salome ihm auf dem Flur entgegentrat, begrüßte er sie ungeduldig. „Sage Mutter, ich werde die ganze Familie zum Frühstück sehen." Er wollte an ihr vorbeigehen. „Ich war erfolgreich in Rom und werde euch alles erzählen."

Doch Salome ergriff seinen Arm. „Herodes", flüsterte sie, „ich muß mit dir sprechen."

„Jetzt?" rief er ärgerlich. „Ich bin müde, Salome."

„Es hat mit der Königin zu tun", sagte Salome. „Es wäre klug, du wärest nicht so stürmisch."

„Stürmisch?“ grollte er. „Ich war lange Zeit fort, Schwester, und möchte meine Frau noch in dieser Stunde sehen.“

„Bruder“, flüsterte sie, „es ist ja deine lange Abwesenheit, die das Problem hervorgebracht hat.“

„Welches Problem?“ fragte er. „Geht es Mariamme nicht gut?“

„Es geht dir immer nur um ihr Wohlsein“, ärgerte sich Salome. „Du solltest besser einmal an dein eigenes Wohlergehen denken. Glaubst du wirklich, Mariamme wäre während deiner Abwesenheit einsam gewesen? Sie sorgt schon für sich.“

„Was willst du damit sagen?“ Herodes’ Augen blitzten zornig. „Rede offen!“

„Ich sage damit, Bruder, daß deine schöne Hasmonäer-Königin dir nicht so treu ist wie du denkst.“

„Was hast du gesehen?“ grollte der König.

„Joseph, dein Verwalter und treuer Diener, Joseph war zu oft allein bei der Königin. Er verbringt dort viel Zeit hinter verschlossenen Türen. Zu viel Zeit, als daß man die Natur dieser Freundschaft bezweifeln könnte.“

Mariamme wurde immer nervöser, als sie die Schritte ihres Gatten hörte. Sein Kommen war für sie wie das Eintreten des Todes. Seit Joseph ihr von Herodes’ Befehl, sie zu töten, gesagt hatte, fürchtete sie sich vor seiner Rückkehr.

Nun stand er vor seiner Tür, und es war sein Recht, Forderungen an sie zu stellen, wie ein Gatte es tun würde, wenn er lange abwesend war. Sie hatte Übung darin, Interesse für ihn zu zeigen. Doch der Ton seiner Stimme hatte etwas Drohendes, das sie nicht gewöhnt war. Was ihn in solche Stimmung versetzt hatte, konnte sie sich nicht vorstellen. Doch ihr blieb keine Zeit zum Nachdenken, denn die Tür wurde aufgerissen und zeigte Herodes’ zorniges Gesicht. Ärger und Kränkung waren darin zu lesen.

Sie erhob sich von ihrem Frisiertisch, breitete die Arme aus und sagte: „Sei willkommen daheim, mein Lieber.“

Herodes vermied ihre Umarmung, ging an ihr vorüber und warf sich auf eine Liege. Er hatte sich das Wiedersehen auch ganz anders vorgestellt, aber da hatte Salome noch nicht mit ihm gesprochen. Herodes stützte sein Kinn in die Hand und starrte auf den Fußboden.

„Ich hörte, deine Aussprache mit Antonius Markus ist gut verlaufen“, sagte Mariamme. „Bist du gekommen, um mir davon zu berichten?“

Die Möglichkeit, daß etwas in Rom doch nicht so gut gegangen war und er es deshalb geheim gehalten hatte, war der einzige Grund, den Mariamme sich für seine Laune denken konnte. Während sie ihn betrachtete, nahm ihre innere Abneigung ihm gegenüber noch zu.

Als er jetzt die Augen aufhob und ihrem Blick begegnete, war sie nicht darauf vorbereitet. „In Rom ist alles sehr gut gegangen“, stieß er hervor. „Ich bin sicher, daß du davon gehört hast. Aber ich habe auch einen Bericht gehört über die schöne Zeit, die du während meiner Abwesenheit hier hattest.“

Sie wußte, daß sie alles andere als eine gute Zeit gehabt hatte. Deshalb antwortete sie erstaunt: „Eine schöne Zeit? Wovon redest du eigentlich?“

Herodes sprang auf und lief im Raum hin und her. Bilder von ihr in Josephs Armen gingen ihm durch den Kopf. „Verleugnest du es etwa?“ grollte er. „Verleugnest du die Gerüchte, die durch den Palast gehen?“

Mariamme wußte nichts von Gerüchten. Sie hatte ja auch nichts getan, was Gerüchten Anlaß geben konnte. „Ich weiß nicht, wovon du sprichst“, sagte sie fest.

Herodes trat ganz nahe vor sie hin. „Leugnest du etwa, mit meinem Verwalter zusammengewesen zu sein?“

„Joseph?“ staunte sie. „Du glaubst, ich wäre mit ihm zusammengewesen? Wer sagt so etwas?“

„Es spielt keine Rolle, wer es sagt“, knurrte Herodes. „Tatsache ist, daß man es sagt.“

„Und du glaubst einfach irgend jemand?“ weinte sie.

„Traust du dem Wort von jemand anderem mehr als dem deiner Frau? Wer beschuldigt mich, Herodes. Ich habe das Recht, meinem Ankläger gegenüberzustehen."

„Ja, meine Liebe, das sollst du", fuhr er sie an. „Wenn du aber denkst, du könntest dem Gesetz meines Hauses entkommen, irrst du dich gründlich."

Erschreckt fuhr Mariamme zurück. „Du würdest mich also eines bloßen Gerüchtes wegen verurteilen?" beklagte sie sich. „Ich bin dir treu gewesen, Herodes. Obwohl du mich mit Verachtung behandelst und mich gern tot sehen würdest, bin ich dir treu gewesen."

Stille trat ein. Es brauchte mehr als einen Augenblick, um das Gewicht dieser Worte in Herodes' Herz sinken zu lassen. Nach Worten suchend, sagte der König endlich: „Ich sagte nicht, ich möchte dich tot sehen, Mariamme. Ich sagte nur, daß die Sache untersucht werden muß."

Mariamme, die merkte, daß sie fast preisgegeben hätte, was sie von Joseph erfuhr, versuchte nun, ihren Worten eine andere Bedeutung zu geben. „Wo ist der Unterschied?" fragte sie. „Es würde mich so sicher umbringen wie ein Messer, wenn man mich in meinem eigenen Haus vor Gericht stellt."

Doch Herodes' Verdacht, der ja schon vorhanden war, wuchs nun noch. „Nein, meine Liebe, so war es nicht", gab er zurück. „Du sagtest nicht, es würde dich umbringen, sondern du sagtest: Ich möchte dich tot sehen. Sage mir bitte ganz klar, was dich auf einen solchen Gedanken gebracht hat?"

Mariamme schlug die Augen nieder. Sie fühlte sich wie ein Tier in der Falle. Doch sie war eine Hasmonäerin. Sie war keine schwache Frau, sondern eine Kämpferin. Sie richtete sich auf und schaute ihm fest in die Augen. „Gut, mein Gatte", seufzte sie, „dann will ich jetzt den Spieß umdrehen. Du beschuldigst mich des Ehebruchs, und ich beschuldige dich nun, Mordbefehle gegen mich gegeben zu haben. Man sollte mich ermorden, solltest du in Rom eine Niederlage erleiden. Ich sollte sterben, statt als Witwe zu leben oder eventuell jemand anders heiraten zu können."

Sie wußte, was jetzt kommen würde und daß sie mit diesen Worten ihr eigenes Schicksal besiegelt hatte. Hoch aufgerichtet beobachtete sie, wie ihn diese Worte noch mehr trafen als seine grundlose Eifersucht.

„Und wie bist du zu dieser Information gekommen?" wollte er wissen, als er sich wieder gefaßt hatte. „Wie anders konntest du es erfahren als in den Armen deines Liebhabers? Du mußt es von Joseph erfahren haben. Und welchen Grund sollte er gehabt haben, seinen Herrn zu verraten, als daß du …"

Mariamme beobachtete ihres Gatten quälende Eifersucht mit Freude. Welche üblen, ja vielleicht obszönen Bilder mußten jetzt in seiner Seele brennen. So, wie er sie leiden ließ, ließ sie ihn auch leiden.

Doch dann traf sie ein anderer Gedanke wie ein Schlag. *Joseph? Was hatte sie jetzt Joseph angetan?*

Es gab keinen Zweifel. Herodes' wilde Reaktion würde den Tod des treuen und ehrlichen Dieners bedeuten. Der König eilte zur Tür, um seinen Zorn und seine Rache über einen schuldlosen Menschen kommen zu lassen.

„Nein, Herodes", rief sie ihm nach. „Vergib mir! Ich sollte nie solche Worte gesagt haben! Joseph hat nichts Schlechtes getan. Joseph liebt dich und ist dir immer treu gewesen!"

8. Kapitel

Mariamme, Königin von Judäa, saß auf einem kalten Stein in einer Wüstenfestung. Sie war die Gefangene der wahnsinnigen Eifersucht ihres Gatten.

Immer, seit er als Sieger von der Verhandlung in Rom zurückgekehrt war, war er von den zwei Extremen, der Liebe und dem Zorn zu seiner Frau, hin und her gerissen worden. Sein letzter Wutanfall hatte dazu geführt, daß er sie und ihre Mutter Alexandra in die Zellen dieser Wüstenfestung sperren ließ.

Herodes hatte in Judäa und auch in der Wüste jenseits von Jericho im Laufe der Zeit mehrere solche Festungen bauen lassen. Doch keine war so isoliert und in so wüster Gegend gelegen wie diese hier, die Alexandrium hieß. Das Gefängnis darin schien der einsamste Platz der Erde zu sein.

Daß er seine Frau hier gefangen hielt, war ein Beweis dafür, daß seine Unzurechnungsfähigkeit immer mehr zunahm. Andererseits war es auch nur eine weitere Seite der schrecklichen Geschichte von Verbrechen, die dieser König begangen hatte, seit er nach Judäa zurückkehrte.

Wie Mariamme befürchtete, führte ihre gedankenlose Erwähnung von Josephs Geheimnis zu dessen sofortiger Verhaftung und Hinrichtung. Kurz danach schien das Chaos über Herodes und sein Reich hereinzubrechen. Bald nach Josephs grausamer Hinrichtung wurde die Bestätigung der Königsherrschaft von Herodes über Judäa wieder in Frage gestellt. Denn Antonius Markus wurde von seinem Mitregenten im Römischen Reich, Oktavian, dem späteren Kaiser

Augustus, in der Entscheidungsschlacht bei Actium, in der es um die Herrschaft im Römischen Reich ging, vernichtend geschlagen.

Herodes, der ein Anhänger von Antonius gewesen war, konnte nicht gerade ein Freund Oktavians genannt werden. Erschrocken darüber, daß Oktavian ihn vom judäischen Thron vertreiben würde, fragte er sich, wer sein Nachfolger werden könnte. Der einzige Anwärter, den er sah, war Hyrkanus, obwohl der alte Mann kaum noch den Ehrgeiz dazu hatte. Trotzdem ließ Herodes ihn hinrichten.

Sein Verfolgungswahn endete aber damit noch nicht. Er verdächtigte nun Alexandra, sie würde nach der Hinrichtung ihres Vaters ein Komplott gegen ihn anzetteln. Deshalb ließ er sie verhaften und sperrte sie, zusammen mit Mariamme, in die Wüstenfestung. Aber in getrennte Zellen.

Herodes mußte ein zweites Mal zum neuen Cäsar Oktavian nach Rom reisen und bekam auch von ihm die Königsherrschaft über Judäa bestätigt. Voller Freude kehrte er zurück und behandelte seine Frau für kurze Zeit etwas besser.

Doch Salome beschuldigte Mariamme wieder des Ehebruchs mit mehreren Palastbeamten, während Herodes in Rom war. Und der König glaubte ihr. Diesmal kannte sein Zorn keine Grenzen mehr, und Mariamme wurde in die einsame Wüstenfestung gebracht, wohin ihr ihre Mutter bald folgte.

Nachdem Mariamme sechs Tage in der Wüstenfestung gesessen hatte, traf Herodes dort ein, um über sie Gericht zu halten. Zunächst wurde noch ein Palastbeamter verhört, den Salome beschuldigt hatte, ein Verhältnis mit der Königin zu haben. Doch selbst unter der Folter beteuerte der tapfere Mann immer wieder die Unschuld der Königin, obwohl seine Schmerzensschreie durch die ganze Festung hallten.

Herodes ließ den tapferen Mann hinrichten und argumentierte, der Beweis seiner großen Liebe zu Mariamme sei dadurch erbracht, daß er sie trotz der großen Schmerzen nicht verraten habe.

Mit diesem Argument hatte er gleichzeitig Mariammes Schuld als bewiesen angesehen. Außerdem hatte Alexandra, Mariammes Mutter, ihre Tochter des Ehebruchs beschuldigt, weil sie hoffte, mit dieser Lüge ihr Leben retten zu können. Herodes sprach seine Gattin schuldig und verurteilte sie ebenfalls zur Hinrichtung. Die Königin ging, um ihre Unschuld wissend, mit hocherhobenem Kopf zu ihrer Hinrichtung und bewies auch im Sterben noch, daß sie eine echte Hasmonäerin war.

Intermezzo

Das Gebiet des Tempels war nach Anbruch der Dunkelheit nicht mehr für Besucher geöffnet. Nicht einmal der König sollte zu so später Stunde noch dort sein. Doch Herodes, der sich selbst *der Große* nannte, war mehr ein Tyrann als ein König und tat, was ihm paßte.

An diesem Abend gefiel es ihm, durch die Höfe und Säulenhallen des Tempels zu gehen und auf die sich immer weiter ausbreitende Stadt Jerusalem hinunterzublicken.

Ihm schien es fast ein ganzes Leben her, seit er in Jerusalem König war. Er war 35 Jahre alt gewesen, als Rom ihm den Thron über Judäa gab, und 38 Jahre war er alt, als er den Hasmonäern diesen Thron entriß. Nun zählte er schon 52 Jahre. Aber in all dieser Zeit war er von der jüdischen Bevölkerung nie wirklich als ihr König anerkannt worden. Es war die Schuld der dickköpfigen Juden, die sich selbst als das auserwählte Volk ansahen, daß ihm das Leben so schwer gemacht wurde, sagte er zu sich selbst.

In Rom dagegen war er anerkannt und beliebt. Er hatte zuerst Antonius Markus und dann später auch Oktavian davon überzeugen können, daß er der richtige Mann war, um die immer unruhige Provinz Judäa friedlich zu halten. Zu Ehren des Kaisers hatte er mittlerweile an der Mittelmeerküste eine ganz neue Stadt bauen lassen. Vor allem ihr Hafen war ein Wunder der Ingenieur- und Wasserbaukunst. Sie war nun das römische Hauptquartier von ganz Palästina und trug den Namen des römischen Weltherrschers: Cäsarea.

Jerusalem, seine Hauptstadt, hatte er noch schöner ausbauen lassen. Prächtige Gebäude waren in seiner Regierungszeit entstanden, teilweise zwar in römischem Stil. Aber die Juden würden sich sicher damit abfinden und auf die Verschönerung ihrer Hauptstadt stolz sein, hatte er immer angenommen.

Sein Vater Antipater, der aus idumäischem Königsgeschlecht stammte, war mit Hilfe Roms an die Spitze der jüdischen Regierung gekommen und in Jerusalem Prokurator geworden. Er hatte seinen Sohn Herodes nach Rom geschickt, wo er römisch erzogen worden war und dort Freunde gefunden hatte, die ihm später halfen, aus dem Prokuratorensitz einen jüdischen Königsthron zu machen.

Doch weder Antipater noch später Herodes war es wirklich gelungen, das Vertrauen ihrer jüdischen Untertanen zu erringen. Herodes hatte es versucht – Gott wußte es. Ja, er hatte an den Gott Israels geglaubt, zuletzt wenigstens. Herodes war noch ein Kind gewesen, als sein Vater mit seiner Familie zum Judentum übertrat. War es bei dem Vater nur aus politischen Gründen geschehen, so war der jüdische Glaube für den jungen Herodes recht real.

In den ersten Jahren seiner Königsherrschaft hatte er den Juden gegenüber viel guten Willen gezeigt und hatte sie sehr großzügig behandelt. Als einmal eine Hungersnot ausbrach, befahl er, alle goldenen und silbernen Gefäße im Palast einschmelzen zu lassen und davon Lebensmittel für die Hungernden zu kaufen.

Das Bauprogramm für die heilige Stadt, das er durchführte, war großartig. Er ließ neue Parks anlegen und großzügige öffentliche Gebäude und neue Gebäude für die Wohnungen der Priester. Auch Theater und ein Sportstadion baute er, obwohl dies weniger zur Freude der orthodoxen Juden geschah, sondern mehr den Römern gefiel.

Als er jetzt den uralten Felsen von Moriah betrat, wo vor ihm der Tempel aufragte, mußte er daran denken, daß er Kanäle in den Fels gehauen hatte, um das Opferblut abfließen zu lassen. Die Juden vergossen bei ihren Festen sehr viel Tierblut. Aber immerhin verbot ihre Religion jegliches Menschenopfer, dachte er.

Dadurch wurde er an die blutigen Jahre seiner eigenen Königsherrschaft erinnert. Es war nun neun Jahre her, seit er Mariamme hatte hinrichten lassen, seitdem hatte das Blutvergießen durch seine Befehle nicht mehr aufgehört. Nachts konnte er oft nicht schlafen, wenn er an die vielen Menschen dachte, die seiner Eifersucht und seinem Verfolgungswahn unschuldig zum Opfer gefallen waren. Zwar hatte er an der Stadtmauer einen großen Turm bauen lassen und hatte ihm den Namen Mariamme gegeben, zu Ehren seiner hingerichteten Frau, einen anderen Turm hatte er nach ihrem Großvater Hyrkanus genannt, den er ebenfalls unschuldig in seinem Verfolgungswahn hatte hinrichten lassen. Doch das hatte die Schuld, die immer wieder sein Gewissen plagte und die ihm nachts viele Stunden Schlaf raubte, nicht geringer gemacht. Auch die Bevölkerung war dadurch nicht mehr versöhnt worden.

Selten war Herodes während seiner Regierungszeit dem alten Stein auf dem Berg nahe gekommen. Doch immer, wenn es geschehen war, hatte er eine eigenartige Atmosphäre verspürt, als habe der Stein eine eigene Seele. Er wußte, daß dies unmöglich war, denn es war doch nur ein Fels, eine Erhöhung aus der flachen Felsplatte des Moriah, auf der und um die herum im Laufe der Jahrtausende Hunderte von wichtigen Ereignissen stattgefunden hatten. Irgendwelche Kräfte, die man hier verspürte, konnten nur Produkte der eigenen Einbildung sein, sagte er sich. Und doch wußte er, daß dieser Fels die Ursache seiner ersten Alpträume gewesen war.

Ja – er erinnerte sich: Diese Träume hatten begonnen, als er die Vertiefungen und die Abflüsse für das Opferblut in den Fels schlagen ließ, so daß dieses Blut in die Kloake der Stadt Jerusalem fließen konnte.

Der König faßte nach dem an einer Kette befestigten und auf seiner Brust hängenden Ornament. Er betrachtete den sechsstrahligen Stern in einem Kreis lange. Er hatte diesen Stern gewählt, um dadurch irgendwie eine Verbindung zwischen seinem Haus und dem Königshaus Davids herzustellen. Doch es war ihm auch damit nicht gelungen.

Er kam gerade aus einer Versammlung der klügsten und weisesten Schriftgelehrten Israels. Sie hatten in seinem Auftrag seit Jahren versucht, irgendwie in der Vergangenheit eine Verbindung zwischen dem Hause Davids und seiner eigenen Familie zu finden. Es war nicht zu lange her, da hatte es so ausgesehen, als könne eine solche zur Zeit der babylonischen Gefangenschaft nachgewiesen werden. Doch nun hatte sich auch das wieder als falsch und als Sackgasse erwiesen.

Ärgerlich und niedergeschlagen über diese neue Niederlage hatte es ihn in den Tempelbezirk und hier auf den Berg getrieben. Als er jetzt zum Himmel emporblickte, sah er die vielen Sterne über sich funkeln. Es war noch keine zwei Stunden her, da hatte in jener Versammlung einer der Schriftgelehrten erklärt, einer dieser Sterne sei mit dem größten Sohn Davids, dem Messias, in Verbindung zu bringen.

Messias – bei diesem Wort fühlte Herodes, wie es ihm kalt den Rücken hinablief. Wenn die Schriftgelehrten nur herausfinden könnten, um welchen Stern es sich handelte, dann könnten sie daraus auch Näheres über die Zeit Seiner Ankunft erforschen.

Er hatte das Wort *Messias* zum ersten Mal vor einer ganzen Reihe von Jahren gehört, als er mit seinen Ratgebern über jüdische Prophetie diskutierte. Der *Messias,* so hatten sie ihm erklärt, war die *Wurzel des Hauses Isai,* der *leidende Knecht* und der *mächtige und weise Ratgeber,* von dem alle Propheten, die Torah und auch alle anderen heiligen Buchrollen redeten.

Der *Messias* würde der letzte Herrscher der Welt sein, der *Fürst des Friedens,* vor dem alle Knie sich beugen und alle Zungen seine übermächtige und endgültige Herrschaft anerkennen würden. Er würde ein Nachkomme des Hauses

Davids sein, ein König, von dem schon zur Zeit Abrahams geweissagt wurde und durch den einmal alle Nationen der Erde gesegnet werden würden.

Für den Idumäer, der um seiner Königsherrschaft willen zum jüdischen Glauben übergetreten war, hatte sich ein solcher Messiasgedanke fremd angehört. Doch gerade in den letzten Jahren war in Israel die Hoffnung und das Gespräch über den kommenden großen König, den Messias und Erlöser, wieder sehr laut geworden; und das machte Herodes große Sorgen. Denn da er kein Nachkomme Davids war, konnte er sich auch nicht in der Messias-Linie befinden. Aber welche Hoffnung blieb ihm und seinen Nachkommen dann?

Als er jetzt langsam und nachdenklich wieder den Berg hinunterging, kam ihm auf einmal ein Gedanke. Er blieb stehen und schaute zum Tempel auf dem Berg zurück. Welche Macht konnte wohl ein bloßer Fels oder ein darauf stehendes Bauwerk ausüben, fragte er sich? Die kommende Geschichte würde von Menschen geschrieben, die den Mut hatten und auch die Macht, Dinge in die Hand zu nehmen und ihnen eine neue Richtung zu geben. Und das würde er beweisen!

Jawohl, er, Herodes der Große, würde beweisen, wozu er fähig war. Er hatte in seiner bisherigen Regierungszeit Jerusalem schon mit großen und schönen Bauten geschmückt, so daß sie eine der schönsten Städte der Welt geworden war. Aber nun würde er seinen Bauleistungen die Krone aufsetzen. Er würde anstelle des jetzt auf dem Moriah stehenden Tempels, den die Juden nach ihrer Rückkehr aus der babylonischen Gefangenschaft errichtet hatten und der im Vergleich zum vorherigen salomonischen Tempel klein und bescheiden war, einen neuen Tempel bauen lassen, der den salomonischen an Größe und Pracht noch übertreffen sollte. Den jetzigen Tempel würde er in seinen größeren und schöneren einfach integrieren, und wo das nicht ging, auch die eine oder andere Mauer abreißen lassen.

Vor seinen Augen entstand ein prachtvolles und riesiges Bauwerk, das, auf der höchsten Stelle Jerusalems stehend, von weitem schon von allen Seiten zu sehen sein würde. Alle Menschen würden von diesem Bauwerk reden und dadurch auch den Ruhm seines Namens in der ganzen Welt verbreiten. Man würde sagen: „Wer Herodes' Tempel in Jerusalem nicht gesehen hat, hat den schönsten Bau der Welt nicht gesehen!"

Ja, er, Herodes, würde mit diesem Bau gleich mehrere Probleme lösen. Erstens würde sein Ruhm in aller Welt bekannt. Doch noch wichtiger war wohl, daß er mit einem solchen Tempelbau die Juden endlich mit seiner Herrschaft würde versöhnen können, wenn sie sahen, wie wichtig ihm ihr Gottesdienst war.

Doch das Wichtigste würde sein, daß ihn dieser Bau nun als den wahren Nachfolger Davids erweisen würde. Davids erster Nachfolger auf dem Thron, sein Sohn Salomo, hatte auf dem Moriah jenen prächtigen Tempel erbaut. Und nun würde er, Herodes, an der gleichen Stelle einen noch größeren und schöneren bauen. Das würde beweisen, daß er und seine Nachkommen sich würdig einreihten in die davidische und messianische Königslinie.

Nach einem letzten Blick zum Gipfel des Berges hin setzte er seinen Weg zum eigenen Palast fort. Sein Herz war erfüllt mit den Gedanken seiner eigenen Größe. Er war sicherlich Davids Sohn, und der Stern des Messias schien auf ihn. Es konnte in Zukunft nur noch mehr Herrlichkeit und größeren Ruhm für ihn geben!

Teil XI

Der Messias

7 v. Chr. – 33 n. Chr.

1. Kapitel

Juda Lebbäus Ben Thaddäus stolperte über den langgestreckten Kalksteinhügel, der sein Hirtenlager von der Straße nach Jerusalem trennte. Sein junges Herz klopfte heftig, während er sich sagte, daß er zwar schnell, aber trotzdem vorsichtig gehen mußte, denn der mürbe Kalkstein konnte leicht unter den Füßen nachgeben. Obwohl er in dieser Gegend fast jeden Busch und Stein kannte, hatten ihn die Jahre als Hirte gelehrt, achtzugeben.

Trotzdem mußte er einen besseren Blick auf die prunkvolle Gesellschaft bekommen, die gerade auf der Straße vorüberzog. Er war sicher, daß es sich um eine Jagdgesellschaft handelte, und zwar um eine königliche.

Juda vermutete, daß es sich um eine Jagdgesellschaft handelte, weil alle auf Pferden saßen und niemand zu Fuß ging. Sogar die königliche Gestalt in der Mitte saß auf einem prächtigen schwarzen Pferd, und alle trugen neben anderen Waffen einen Bogen und Pfeile. Außerdem lagen auf den mitgeführten Wagen tote Tiere, die schon Jagdbeute waren.

Juda erkannte, daß es sich um eine königliche Gruppe handeln mußte, denn der Mann auf dem Rappen trug einen Schild, auf dem der sechszackige Stern zu sehen war, den Herodes vor einiger Zeit als königliches Symbol angenommen hatte. Vielleicht war der stolze Reiter auf dem prächtigen Rappen sogar der König selbst.

Der Junge hatte schon oft Karawanen gesehen, aber selten so prächtige. Er verbrachte zwar die meiste Zeit als

Schafhirte hier in der Wildnis, aber die Gemeinschaft, zu der sein Vater gehörte, erlangte einen Teil ihres Unterhalts dadurch, daß sie Reisenden zwischen der großen östlichen Wüste und Palästina, wie die Römer Kanaan nun nannten, Unterkunft und Verpflegung gewährten.

Jeder Reisende, der der großen Straße vom Jordan herauf folgte, kam an der Siedlung vorbei, die dort gelegen war, wo die Straße sich teilte. Nach Süden führte sie am Toten Meer entlang und durch die Araba bis Eilat, und nach Westen zog sie sich steil aufwärts nach Jerusalem. Viele, auch reiche Karawanen, suchten deshalb in dieser Siedlung Unterkunft, Verpflegung und Wasser.

Qumran war der Name dieser Siedlung. Sie war bekannt als Wohnort einer strengen religösen Gemeinschaft, die ein klosterähnliches Leben führte und mit der Außenwelt meist nur durch die vorüberziehenden Reisenden in Verbindung kam.

Die Essener, so nannten sich die Angehörigen dieser Gemeinschaft selbst, lebten in dieser Abgeschiedenheit, weil sie sich von dem moralischen und religiösen Niedergang der jüdischen Gesellschaft absondern wollten. Viele von ihnen waren Leviten oder frühere Priester des Tempels in Jerusalem. Auch Judas Vater war einer davon, der die Stadt mit ihrem unmoralischen Leben kurze Zeit nach der Geburt seines Sohnes verlassen hatte.

Die Essener-Gemeinschaft existierte hier schon ein volles Jahrhundert. Sie war entstanden als Reaktion auf den moralischen Niedergang der hasmonäischen Dynastie. Als die Hasmonäer oder Makkabäer, wie sie auch genannt wurden, sich von der strikten Befolgung der Gesetze abwandten, indem sie ihre Könige auch als Hohe Priester in Jerusalem einsetzten, lehnten sich die Orthodoxen unter den Leviten auf. Eine Anzahl von ihnen lehnten auch weiteren Tempeldienst ab und zogen es vor, ein Leben in der Einsamkeit der Wüste zu führen, statt unter diesem Bruch der mosaischen Gesetze weiter zu dienen.

Juda lebte alle zwölf Jahre seines Lebens schon in Qumran. Im nächsten Jahr würde er das gesetzliche und religiöse Mannesalter erreichen und sein Bar Mizbah feiern. Dies würde nicht, wie bei den meisten jüdischen Jungen, in Jerusalem geschehen, sondern in ihrer eigenen klösterlichen Gemeinschaft. Dabei würde er nicht nur zum ersten Mal öffentlich aus der Torah vorlesen dürfen und seinen Gebetsschal empfangen, sondern auch zu einer Taufe in Wasser untergetaucht werden, einem Ritual, das nur wenige jüdische Gemeinschaften kannten.

Doch daran dachte Juda im Augenblick nicht, als er, hinter einem Felsen verborgen, die große Jagdgesellschaft beobachtete, die nun die Straße verließ und in einem gleich daneben liegenden kleinen Wadi ihr Lager aufschlug. Es gab Hunderte von diesen kleinen Schluchten oberhalb des Jordantales, die im Laufe der Jahrtausende durch Regen, Wind und Hitze entstanden waren. Es konnte bei einem plötzlichen starken Regen sogar gefährlich sein, in einem solchen Wadi zu lagern, da man dann von den rasend schnell hereinbrechenden Wasserfluten überspült werden konnte.

David hatte vor vielen Jahrhunderten hier ganz in der Nähe im Wadi En Gedi Zuflucht vor seinem Verfolger Saul gesucht. Juda kannte diese Geschichte gut genug, da er sie schon oft in Qumran gehört hatte. Er versteckte sich jetzt genauso hinter Steinen wie damals David, während er die sich lagernden Jäger beobachtete.

Herodes allerdings war eher mit Saul zu vergleichen. Er hatte zwar Berühmtheit erlangt durch alles, was er erreicht hatte, doch wie der erste König Israels wurde er durch seine Eifersucht oft bis zum Wahnsinn getrieben.

Als Herodes jetzt vom Pferd stieg, bemerkte Juda auch, was man sonst vom König erzählte, nämlich daß sein ausschweifendes Leben ihn zum kranken Mann gemacht hatte. Er konnte nicht mehr allein vom Pferd steigen, sondern brauchte dazu die Hilfe einiger Diener. Mit seinen 68 Jahren war er ein verfallener alter Mann.

Während Juda weiter beobachtete, geschah etwas sehr Seltsames. Eine Gruppe großer Vögel, aufgeschreckt durch die Jäger, flog aus einer Senke auf. Einer der Jäger nahm schnell seinen Bogen, zielte und schoß einen der Vögel herunter. Plötzlich rannte Herodes los, stieß den Jäger beiseite und rannte mit einem lauten Schrei zu dem gefallenen Vogel. Dort hob er ihn auf und rief laut: „Mariamme! Mariamme! Was habe ich getan?"

Erstaunt beobachtete Juda, wie die anderen Männer verlegen die Köpfe schüttelten und mit den Schultern zuckten. Sie schienen an ein solches Benehmen des Königs gewöhnt zu sein. Der Jäger, der den Vogel erlegt hatte, war mutig genug, zum König zu gehen. Er legte ihm die Hand auf die Schulter und sagte ruhig: „Komm, Vater, wir wollen uns jetzt nicht mit solchen Fragen herumquälen. Du willst dich einige Tage erholen, da laß die Vergangenheit hinter dir."

Das also ist Archelaus, ein Sohn des Königs, dachte Juda, der von Archelaus gehört hatte und auch davon, daß er wahrscheinlich der nächste König sein würde.

Doch Herodes ließ sich nicht beruhigen. Er rannte von Busch zu Busch und rief: „Mariamme, wo bist du? Komm zu mir, meine Königin!" Seine Männer beobachteten hilflos den Ausbruch der Unzurechnungsfähigkeit des Königs.

Juda zog sich erschrocken etwas weiter zurück. Er hatte gehört, wie der grausame König seine schuldlose Frau hatte hinrichten lassen und fürchtete, er könnte jetzt bei seinem wahnsinnigen Hin- und Herrennen auch über ihn stolpern. Was ihm dann geschehen könnte, war ihm durchaus klar.

Endlich gelang es Archelaus, seinen Vater wieder ins Lager zu bringen. Er übergab ihn den Dienern und sagte laut: „Wir brechen das Lager wieder ab und reiten noch bis zum Salzmeer. In der Nähe von Masada gibt es heilendes Wasser. Vielleicht wird dem alten Mann dort geholfen."

Es stimmte, daß das nur noch wenige Kilometer entfernt liegende Tote Meer bekannt war für sein heilendes Wasser. Herodes selbst hatte dort ein Bad anlegen lassen. Juda fragte sich allerdings, ob dieses Wasser auch helfen würde, den Zustand des Königs zu bessern.

Juda blieb gerade noch so lange, bis die Jagdgesellschaft sich wieder auf den Weg gemacht hatte, dann eilte er nach Qumran, um den Leuten dort zu erzählen, was er gesehen und gehört hatte. Die Männer Qumrans hatten von Herodes noch nie eine gute Meinung gehabt.

2. Kapitel

Der junge Juda war jedesmal beeindruckt, wenn er, von Norden kommend, vom letzten Hügel aus auf Qumran hinabschaute. Die Ansiedlung lag auf einem flachen Landstück und war für die Anzahl der hier wohnenden Menschen mehr als ausreichend.

Während viele der hier wohnenden Leviten unverheiratet waren, gab es etwa ebenso viele, die Frau und Kinder hatten. Zu ihnen kamen noch die Leute aus anderen Stämmen, die sich der Essener-Gemeinschaft aus verschiedenen Gründen angeschlossen hatten, und eine ganze Anzahl ehemaliger Soldaten, die im Tempel als Wachen und Polizei gedient hatten.

Diese Mischung gab der Gemeinschaft einen Charakter, der auf der einen Seite geistlich, auf der anderen aber auch militant war. Die Lehren und Ansichten der Essener waren keinesfalls nur friedlich. Obwohl sie selbst noch nie öffentlich in Aktion getreten waren, bereiteten sie sich doch auf einen großen Krieg zwischen Gut und Böse vor; einen Krieg, den sie selbst als nahe bevorstehenden verkündigten.

Qumran war ein wenig wie ein militärisches Lager angelegt, mit dem Hauptquartier in der Mitte und den „Kasernen" rund herum. Von weitem betrachtet, hätte man es auch für einen römischen Stützpunkt halten können.

An der Westseite der Ebene lag ein tiefes Wadi, und hier befand sich auch die auffallendste Erscheinung der Landschaft, ein seltsam gerundeter Sandsteinhügel, über und über mit Höhlen bestückt. Es war die *Kippa,* wie man diesen

Hügel nannte wegen der Ähnlichkeit mit der traditionellen Kappe, die von Juden getragen wurde. Die Schlucht seitwärts davon hieß entsprechend *Wadi Kippa.*

Nur die Menschen, die direkt in Qumran wohnten, kannten die wahre Bedeutung der Anordnung der Gebäude. Sie sollten in etwa das Lager des alten Israel darstellen, wie es während der Zeit ihrer Wanderung von Ägypten nach Kanaan gewesen war, mit der Stiftshütte in der Mitte. Beobachter, die die Anlage der Gebäude auf dem Moriah in Jerusalem kannten, hätten auch hier die Ähnlichkeit damit festgestellt.

Juda eilte durch den Haupteingang der Siedlung und lief im Schatten der Gebäude zum „Allerheiligsten", wie die Essener das Gebäude in der Mitte nannten. An der Tradition festhaltend, die sie den wahren Tempeldienst nannten, hatten sie aus ihrer Mitte einen „Hohen Priester" gewählt, der aaronitischer Abstammung war. Außerdem hielten sie sich täglich an Rituale, wie sie auch im Tempel in Jerusalem vonstatten gingen.

Juda eilte direkt zu einer großen Halle, die neben dem Mittelpunktgebäude stand. Er wußte, daß er seinen Vater um diese Tageszeit dort finden würde. Er saß mit anderen Männern an langen Tischen, und sie waren alle fleißig dabei, die prophetischen Schriften abzuschreiben. Thaddäus, der Vater des Jungen, war Levite und Schriftgelehrter. Er beherrschte das Schreiben so gut, daß er beauftragt werden konnte, die Schriftrollen der Torah und der Propheten perfekt abzuschreiben.

Als Juda das „Scriptorium" erreichte, wie die große Halle genannt wurde, näherte er sich vorsichtig dem Eingang, denn hier wurde größtmögliche Stille gefordert. Er durfte nur den engen Vorraum betreten, wohin er seinen Vater rufen lassen konnte, wenn der Vorsteher der Schreiber es erlaubte.

Das „Scriptorium" war hell und sonnig, aber sehr einfach eingerichtet. Die einzigen Möbel im Raum waren lange

Tische, auf denen die ausgebreiteten Rollen lagen, und davor Bänke, auf denen die Schreiber saßen. Außerdem gab es an den Wänden noch Schüsseln mit Wasser, in denen sich die Schreiber fortwährend die Hände wuschen. Juda wußte, daß die Schreiber sich jedesmal, wenn sie den Namen Gottes schrieben, vorher die Hände waschen mußten, und nachdem das Wort geschrieben war ebenfalls. Außerdem mußten die Schreiber darauf achten, daß in jeder Zeile die gleiche Anzahl Buchstaben vorhanden war, weil sonst die ganze Rolle wertlos wurde.

Ein weißbärtiger Essener stand in der Mitte des Raumes und las aus einem prophetischen Buch vor, und die Schreiber, es waren etwa ein Dutzend, schrieben jedes Wort sorgfältig auf Papyrus oder Ziegenleder.

Juda stand ungeduldig im Vorraum, weil er wußte, daß er die Vorlesung und das Schreiben nur im allerdringendsten Fall unterbrechen durfte. Was vorgelesen wurde, kam ihm bekannt vor. Es konnte aus dem Propheten Jesaja sein. Endlich legte der Vorleser eine Pause ein, so daß die Schreiber ihre Arbeit unterbrechen konnten. Mit einer Verbeugung vor dem weißbärtigen Vorleser verließen sie den Raum.

„Vater", sagte Juda leise und zog ihn am Ärmel, „komm mit nach draußen, ich muß dir etwas erzählen. Du wirst kaum glauben, was ich gesehen habe."

Thaddäus lächelte und ergriff die Hand des Jungen. Draußen fragte er: „Welche große Sache hast du also gesehen, mein Sohn? Hat dich etwa ein Wolf verfolgt?" Der Schriftgelehrte wußte, daß sein Junge schon früh Qumran verlassen hatte, um zu den älteren Hirten und ihren Herden zu gehen.

„Ich bin so weit gegangen, daß ich die Straße beobachten konnte", erzählte der Junge. „Und dort habe ich Herodes, den König von Juda, gesehen. Und nicht nur Herodes, sondern auch seinen Sohn Archelaus."

Thaddäus blickte den Jungen etwas zweifelnd an. „Woher willst du wissen, daß es Herodes war?" fragte er.

Juda spürte die Zweifel seines Vaters. Er verstand nicht, warum man Herodes in Qumran nicht liebte. Doch er schätzte es, daß sein Vater seine Worte ernst nahm. „Es war eine Jagdgesellschaft, Vater", erzählte er, „und es waren alles sehr reiche Leute. „Ich sah, daß der am reichsten Gekleidete einen Schild mit dem sechszackigen Stern des Herodes trug. Daran und auch an der Art, wie die anderen ihn behandelten, erkannte ich, daß es der König sein mußte." Nun erzählte der Junge, daß der König sich wie ein Wahnsinniger benommen und in dem Wadi nach seiner hingerichteten Frau Mariamme gerufen hatte.

Thaddäus wurde ernst. „Wir haben davon schon gehört", murmelte er. „Auch im Palast läuft er manchmal herum und sucht seine Königin und schreit nach ihr." Nachdenklich blickte er in die Richtung, in der Jerusalem lag, und fügte hinzu: „Es ist sehr, sehr traurig, mein Sohn, daß es in Jerusalem so schrecklich zugeht, wo einst so großartige Männer wie David und Salomo regiert haben. Wie bitter sind doch die Früchte der Sünde."

Juda lief es kalt den Rücken hinunter. Er hatte nur ein Erlebnis erzählen wollen, doch der Vater hatte darin wieder Wichtiges erkannt, was mit dem Krieg zusammenhing, der zwischen den guten und bösen Kräften ausgetragen wurde, wie alle Essener es sahen. Diese beiden Mächte nannten sie *die Söhne des Lichts* und *die Söhne der Finsternis.* Alle Dinge, die geschahen, hatten irgendwie damit zu tun. Die Essener warteten dabei voller Eifer auf den großen Führer, der bald kommen und alle Dinge in Ordnung bringen würde. Diesen großen Führer nannten sie den *Lehrer der Gerechtigkeit.* Er erfüllte außerdem in allen Dingen die Bedingungen der Bibel für den erwarteten Messias.

Doch die Essener waren nicht die einzigen in Israel, die auf den Messias warteten. Seit der Rückkehr der Juden aus der babylonischen Gefangenschaft und noch mehr, seit die Makkabäer die Juden von der syrischen Unterdrückung befreit und wieder einen eigenen jüdischen Staat aufgerichtet hatten, war das Gespräch und die Erwartung auf den kommenden Messias unter den Juden immer lauter geworden. Sogar die liberalsten Gesetzeslehrer glaubten, daß der Messias bald kommen würde, und diskutierten in ihren Besprechungen darüber.

Doch niemand nahm diese Erwartung ernster als die Essener. Es war diese große Erwartung, die sie dazu getrieben hatte, in die Einsamkeit der Wüste zu gehen und hier in Qumran zu leben, wo sie die Torah und die prophetischen Schriften über das Kommen des Messias mit allem Eifer studierten. Sie hielten die alten Rituale des Tempels lebendig. Und jene, die zur Tempelpolizei gehört hatten, übten sich täglich im Waffengebrauch, um im letzten großen Krieg mit und für den Messias zu kämpfen. Und alle glaubten, daß man rein werden und dann ein geheiligtes Leben führen mußte, um an der Seite des Messias stehen zu können.

Ernst dachte Thaddäus über das nach, was sein Sohn erlebt hatte. „Die Zeit ist sicher schon sehr kurz“, sagte er endlich. „Wir müssen alle bereit sein für das Kommen des Messias. Gott wird unser Volk nicht für immer in einem solchen sündigen Zustand leben lassen.“

„Herodes muß ein sehr böser Mann sein, Vater“, sagte Juda. „Ist er deshalb so krank, weil er so böse ist?“

„Herodes hat sich selbst an die Stelle Gottes gesetzt, Juda“, erklärte der Vater. „Das ist die größte aller Sünden.“

„Wird der Messias ihn besiegen?“ fragte der Junge.

Thaddäus betrachtete seinen Sohn lange. Wenn er so fragen konnte, war es Zeit, ihn über vieles aufzuklären. „Juda“, begann er, „hast du die Worte gehört, die heute im *Scriptorium* gelesen wurden?“

„Ja, Vater, schon.“ Zögernd gestand er dann: „Ich habe aber nicht richtig zugehört.“

„Es waren Worte des Propheten Jesaja“, fuhr Thaddäus fort. „Der Prophet sagt, der Messias wird Jerusalem von der Sklaverei der Sünde befreien. Doch vorher muß Er selbst für die Sünden des Volkes leiden.“

Wieder blickte er nach Westen in Richtung Jerusalem und zitierte dann die Worte, die sie vorher geschrieben hatten:

„Wach auf, Zion, wach auf, zieh das Gewand deiner Macht an! Zieh deine Prunkkleider an, Jerusalem, du heilige Stadt ... Schüttle den Staub von dir ab, steh auf, du gefangenes Jerusalem! Löse die Fesseln von deinem Hals, gefangene Tochter Zion! ...

Wie willkommen sind auf den Bergen die Schritte des Freudenboten, der Frieden ankündigt, der eine frohe Botschaft bringt und Rettung verheißt, der zu Zion sagt: Dein Gott ist König...

Der Herr macht Seinen heiligen Arm frei vor den Augen aller Völker. Alle Enden der Erde sehen das Heil unseres Gottes ...

Seht, Mein Knecht hat Erfolg, Er wird groß sein und hoch erhaben.“

Juda war ergriffen von der Begeisterung, mit der sein Vater diese Worte vortrug. Doch nun nahm seine Stimme einen traurigeren Ton an, und der Junge fragte sich, warum. Thaddäus fuhr fort:

„Er wurde verachtet und von den Menschen gemieden, ein Mann voller Schmerzen, mit Kummer vertraut ... Aber Er hat unsere Krankheit getragen und unsere Schmerzen auf sich geladen. Wir meinten, Er sei von Gott geschlagen, von Ihm getroffen und gebeugt. Doch Er wurde durchbohrt wegen unserer Verbrechen, wegen unserer Sünde zermalmt. Zu unserem Heil lag die Strafe auf Ihm, durch Seine Wunden sind wir geheilt.

Wir hatten uns alle verirrt wie Schafe, jeder ging für sich seinen Weg. Doch der Herr lud auf Ihn die Schuld von uns allen.“

Taddäus hatte den Kopf gesenkt, und Juda blickte ihn bestürzt an. „Messias muß sterben, Papa? Aber warum?“ weinte er.

„Für uns alle“, erklärte Thaddäus. „Für Jerusalem, für Sein Volk, für die Welt.“

„Aber wie kann er dann der Messias sein?“ wunderte sich der Junge. „Wenn Er stirbt, muß Er uns doch allein lassen?“

Nun mußte der Schriftgelehrte lächeln. Er erklärte: „Dazu kann ich nur sagen, daß Jesaja uns Hoffnung macht, und die anderen Propheten tun es ebenfalls. Sie erklären alle, daß der Herr als Sieger und König auftreten und Jerusalem und Israel erlösen wird, und die anderen Völker ebenfalls.“

Der Junge brachte die Diskussion zurück zu dem, was ihn im Augenblick am meisten interessierte: „Dann wird der Messias also Herodes besiegen?“

Thaddäus lächelte wieder und antwortete: „Das ist eine sehr wichtige Frage. Ich kann dazu nur sagen, daß der Messias alles Böse besiegen wird. Doch auch dem Bösen räumt Gott seine Zeit ein, und böse Menschen werden alles tun, was sie können, um das Kommen des Messias aufzuhalten.“

3. Kapitel

Ein loderndes Feuer brannte in dem gemauerten Feuerplatz der großen Gemeinschaftshalle der Essener. In seinem goldenen Licht und dem der Öllampen saßen mehrere Dutzend Männer auf Bänken und auf dem Fußboden, unterhielten sich angeregt und beschäftigten sich dabei mit abendlichen Arbeiten.

In der spärlich ausgestatteten Küche, die sich an die Halle anschloß, waren die Frauen fleißig dabei, das Geschirr vom Abendessen zu säubern, um sich dann zu den Männern setzen und ihren Gesprächen lauschen zu können. Sie durften das Gespräch nicht unterbrechen, wenn über Themen der heiligen Schriften diskutiert wurde. Waren sie an der einen oder anderen Sache noch besonders interessiert, konnten sie dann ihren Männern Fragen stellen, wenn sie sich in ihre eigenen Räume zurückzogen.

Juda liebte diese Zeit des Jahres, wenn die glühende Hitze des Sommers von nicht mehr so heißen, aber immer noch warmen Herbsttagen ersetzt wurde und man alles für den Winter vorbereitete. Die Stunden neben dem Feuer und in der Gemeinschaft gelehrter Männer machten ihm viel Freude, und er träumte von dem Tag, an dem er wie sie sein würde. Obwohl er nun als Mann galt, da sein dreizehnter Geburtstag schon einige Monate zurücklag, durfte er in diesem Alter immer noch bei seiner Mutter sitzen. An diesem Abend tat er es.

Die Frage der Lehre, die an diesem Abend von den Essenern diskutiert wurde, war ihm aber noch zu hoch und zu unverständlich, deshalb langweilte er sich und gähnte ab und zu. Er wäre schon fast eingeschlafen, als die hintere Tür der Halle geöffnet wurde und ein Schwall kühler Nachtluft hereinkam. Das Gespräch der Männer verstummte, als sie Hur, den Anführer der Wachen und Leiter der Kriegerklasse, erkannten.

Die Unterbrechung konnte bedeuten, daß Reisende am Tor waren, die Unterkunft für die Nacht suchten. Normalerweise war Hur allein dafür verantwortlich, ob man Unterkunft Suchende für die Nacht aufnahm oder nicht. Dieses Mal jedoch trat er zu dem Ältesten, der für diesen Abend für das Lesen der Schrift verantwortlich war, und flüsterte mit ihm.

„Ich glaube, wir können die Fremden willkommen heißen", sagte Simeon, der Älteste, endlich laut. „Sicher ist auch noch genug vom Abendessen übrig. Vielleicht werden sie hungrig sein."

Hur verließ den Raum und kam wenig später mit einer Gruppe von Männern wieder, deren fremdes Aussehen Juda sein Leben lang nicht vergessen würde. Es waren acht Männer im mittleren Alter und älter. Einige mit weißen Bärten, und alle in Samt und Seide gekleidet. Die Art ihrer Kleidung deutete darauf hin, daß sie aus fernen Ländern kamen, und vor allem ihre Schuhe ließen vermuten, daß es sich um Babylonier oder Perser handelte.

Sie waren über und über mit Edelsteinen und Amuletten behängt. Auf ihren Kopfbedeckungen trugen sie die erstaunlichsten Ornamente, durch die die Sonne, der Mond und die Sterne abgebildet wurden.

Simeon erhob sich. „Guten Abend, ihr Herren", begrüßte er die Fremden. „Seid uns willkommen. Ich bin Simeon, der Lehrer und Vorsteher dieser Leute. Wer seid ihr, und woher kommt ihr?"

Der Älteste der Gruppe, ein Mann, dem man ansehen konnte, daß er auch bald so alt wie Simeon war, antwortete höflich: „Ich bin Moschazzar, der oberste Priester dieser Karawane. Wir kommen von Bethlehem."

Als die erstaunten Essener sich überrascht anblickten, fügte er lächelnd hinzu: „Wir sind auf unserem Rückweg in unser Heimatland Persien.“

Allgemeines Kopfnicken antwortete dieser Erklärung. Simeon sagte: „Ihr habt also unsere heilige Stadt Jerusalem besucht? Dafür habt ihr einen langen Weg auf euch genommen.“

Das war eine höfliche Weise, eigentlich zu fragen, was der Zweck dieser Reise war und was sie hier in Judäa suchten.

Man konnte sehen, daß Moschazzar mit der Antwort zögerte. Endlich sagte er: „Uns wurde gesagt, ihr seid gerechte Männer und wir könnten hier Sicherheit finden, ehe wir weiter heimwärts ziehen.“

Simeon und die anderen Männer dachten über diese Antwort nach. „Seid ihr in irgendeiner Gefahr?“ fragte er und überlegte dabei, welche Konsequenzen das für ihre Gemeinschaft haben konnte.

Moschazzar blickte ebenfalls fragend seine Gefährten an. Kann ich mehr sagen? schien in seinem Blick zu liegen. Seine Freunde, die sich inzwischen in dem großen Raum umgesehen hatten, nickten ihm zu, um anzudeuten, sie fühlten sich sicher genug.

Nun begann Moschazzar eine der erstaunlichsten Geschichten zu erzählen, die man in Qumran je gehört hatte. „Wir verließen unser Heimatland, um einen Fürst zu suchen, von dem die Sterne sagen, daß Er kürzlich in diesem Land Judäa geboren wurde. Ganz besonders ein Stern schien Ihm zugeordnet zu sein, und seine Stellung am Himmel brachte uns nach hier.“

Völlig überrascht blickten die Essener erstaunt auf die Reisenden. „Setzt euch und erzählt weiter“, forderte Simeon sie auf. „Und dieser Fürst, ist er ein Jude?“ fügte er hinzu.

Die Männer an den Tischen rückten zusammen und machten den Gästen Platz. Als wieder Ruhe eintrat, sagte Moschazzar: „So scheint es zu sein; und ein Jude von großer Wichtigkeit dazu. Die Sterne sagen uns, daß er ein Nachkomme eurer Königsfamilie, dem Haus David, ist. Als wir euer Land betraten, zogen wir natürlich zu eurer Hauptstadt. Doch als wir dort nach diesem Fürst suchten, haben sich eure Behörden ganz seltsam benommen, so daß wir den Eindruck bekamen, wir seien in Gefahr."

Es war Thaddäus, der sich nun vorlehnte und fragte: „Wir sehen, daß ihr gelehrte Männer seid, sehr geübt in den Wissenschaften eures Landes. Aber warum macht ihr die weite Reise von Persien nach hier, nur um ein Baby zu finden, der zwar ein Fürst sein wird? Wie wichtig kann ein jüdisches Kind für eure Lehren sein?"

Es war ein jüngerer Mann mit einem kürzeren Bart, der jetzt antwortete. Was er sagte, schien für Essener einige Ähnlichkeit mit ihren eigenen Lehren zu haben. Sie lauschten aufmerksam, als der Fremde begann: „Ich bin euer Diener Elmaden. Ich bin ein Schüler von Moschazzar. Er selbst ist zu demütig, um zu sagen, daß er der oberste Magier am Hof von Susa, der Hauptstadt von Persien, ist. Aber wir alle hier, auch Moschazzar, sind Schüler eines noch größeren Lehrers, nämlich von Zarathustra."

Den Essenern war dieser Name und seine Lehren nicht ganz unbekannt. Sie wußten, daß er ein Prophet ihres Gottes Ahura-Mazda sein sollte. Den Juden war die Erwähnung eines heidnischen Gottes und seines Propheten etwas unangenehm. Doch sie gaben sich Mühe, weiter aufmerksam zuzuhören.

Elmaden fuhr fort: „Der Prophet lehrte uns, daß eines Tages ein mächtiger Friedensfürst kommen sollte, der die Welt mit Gerechtigkeit regieren und dessen Herrschaft ewig währen würde. Er lehrte uns, daß Ahura-Mazda ihn auf den Thron bringen würde, wenn die rechte Zeit gekommen sei, und daß alle Himmel jubilieren würden, um Seine Ankunft in der Welt anzuzeigen."

Selbst der kleine Juda hatte ganz große Augen bekommen, als er diese Beschreibung hörte, denn sie war fast genauso wie die, die ihm sein Vater vom Messias, dem Lehrer der Gerechtigkeit, gegeben hatte, auf dessen Kommen alle Essener warteten. Auch die anderen Mönche rund um den Tisch schienen diese Ähnlichkeit erkannt zu haben.

„Ihr seid also Priester Zarathustras", stellte Simeon fest. „Unsere Lehrer im Tempel sagten immer, es gäbe viele weise Männer in der Welt, und nicht alle davon lebten in Jerusalem. Ich sehe, daß sie recht hatten, denn euer Verlangen nach dem Friedensfürst gleicht fast dem unseren."

Für Simeon waren diese Worte ein sehr großes Zugeständnis, denn er war ein sehr konservativer Mann, wie alle hier in Qumran. Zuzugeben, daß auch andere einen Zipfel der Wahrheit erkannt haben könnten, war für ihn schon ein enormer Schritt

„Ja", ergriff nun Moschazzar wieder das Wort, „in unserem Land, wie in dem euren, wird fortwährend über das Kommen eines solchen Fürsten gesprochen, doch in den letzten Jahren besonders viel. Dann, vor einiger Zeit, haben meine Freunde und ich", er zeigte dabei auf seine Gefährten, „beim Studieren des Himmels in einer bis dahin sehr vagen Sterngruppe einen neuen Stern entdeckt. Er war im Vergleich zu seinen Nachbarsternen ein großes strahlendes Licht."

Hier ergriff ein anderer der Männer das Wort. Er stellte sich als Balschazzar vor, oberster Magier am Hof von Persepolis am Persischen Golf. „Es war erstaunlich, daß wir alle diesen neuen Stern innerhalb weniger Tage entdeckten, denn wir betrachten den Himmel von verschiedenen Beobachtungspunkten aus", erklärte er. „Wir sandten uns gegenseitig Botschaften zu und stellten erstaunt fest, daß wir alle dieselbe Spur verfolgten."

Hier war es Elmaden, der wieder fortfuhr: „Als wir unserem König von unserer Erkenntnis berichteten, daß der Stern die Ankunft eines großen Friedensfürsten ankündigte, gab er uns reichlich Geld und Vorräte, um die Reise nach hier zu machen, zu dem Land, auf das der Stern hinzuweisen schien."

„Aber als ihr nach Jerusalem kamt, wurdet ihr nicht gut behandelt, sagtet ihr?“ fragte Simeon.

Moschazzar überlegte, wie offen er sein konnte. „Ich glaube, ihr seid keine Freunde von Herodes, sonst würdet ihr nicht so weit entfernt von ihm in der Wildnis leben.“

Simeon nickte. „Du glaubst richtig“, antwortete er. „Herodes ist kein Freund der gottesfürchtigen Menschen. Aber er läßt uns in Ruhe, weil wir uns nicht gegen seine Herrschaft auflehnen.“

Man konnte Moschazzar ansehen, daß er erleichtert war. „Wir wurden nicht schlecht behandelt, sondern sogar mit Ehren aufgenommen. Herodes empfing uns als Abgesandte unseres Königs. Aber er schien über die Tatsache, daß wir einen Prinzen suchten und daß wir diesem neugeborenen König unsere Ehrerbietung erweisen wollten, sehr beunruhigt zu sein.“

Wieder ergriff Elmaden das Wort. „Herodes versicherte uns, daß in seinem Haus kein neuer Sohn geboren sei. Sein Sohn Archelaus, der einmal sein Nachfolger sein würde, sei schon erwachsen. Doch um uns zu beruhigen, sandte er nach seinen Ratgebern und den weisesten Schriftgelehrten und Priestern und fragte sie, ob es etwas gäbe, das er wissen sollte.“

Balschazzar erzählte weiter: „In unserer Gegenwart brachten sie die Schriftrollen herbei und wiesen Herodes auf bestimmte Passagen hin, die sich auf diesen Fürst bezogen. Sie gerieten in großen Eifer und sogar fast in Streit über die Frage, wann dieser Fürst geboren werden sollte. Sie erzielten an diesem Punkt keine Einigkeit. Doch wir beobachteten während dieser Diskussion auch Herodes und kamen zu der Erkenntnis, daß der König von Judäa kein Freund des neuen Friedensfürsten ist. Als wir später unter uns darüber sprachen, waren wir uns einig, daß wir einen Fehler gemacht hatten, als wir Herodes mit unserer Frage aufsuchten.“

Simeon seufzte und runzelte nachdenklich die Stirn.

„Gab es auch einen Punkt, in dem die Schriftgelehrten sich einig waren?“ fragte er.

Moschazzar nickte. „Sie stimmten alle darin überein, daß ihr Messias, so nannten sie ihn, in der kleinen Stadt Bethlehem in der Nähe von Jerusalem geboren werden müsse. Ist euch diese Ansicht bekannt?“

Die Essener nickten und Simeon sagte: „Das ist die Erklärung der meisten Schriftgelehrten, wenn sie unsere prophetischen Bücher lesen. Bethlehem ist die Stadt, in der David geboren wurde; und nach den heiligen Schriften scheint es auch der Geburtsort des Messias zu sein.“

„Nun, wir waren ja nicht sehr weit von Bethlehem entfernt, als wir nach Jerusalem kamen“, meinte Elmaden. „Doch Herodes schien es vor allem sehr wichtig zu sein zu wissen, wann das Kind geboren wurde und wie alt es wohl sein könnte. Als wir bemerkten, wie dringend ihm gerade die Beantwortung dieser Frage war, regte sich bei uns ein Verdacht. Er wurde noch freundlicher zu uns und legte uns warm ans Herz, das Kind zu suchen. Wenn wir es gefunden hätten, sollten wir es ihn auch wissen lassen, damit er kommen und es ebenfalls anbeten könne. Wir fühlten uns sehr unbehaglich, Brüder, das könnt ihr uns glauben. Doch wir durften dem König unsere Gefühle ja nicht zeigen.“

Juda fragte leise seinen Vater: „Wollte der König etwa das Kommen des Messias verhindern und sich gegen Gottes Willen stellen?“

Thaddäus nickte nachdenklich. „Herodes ist alles zuzutrauen, mein Sohn. Er kennt nur einen Gott: sich selbst.“

„Doch dann geschah etwas Wunderbares“, berichtete Elmaden weiter. „Es war schon dunkel, als wir Herodes verließen und zu unserer Karawane vor dem Stadttor zurückkehrten. Wir wollten am nächsten Tag aufbrechen und unsere Suche in Bethlehem fortsetzen. Da erblickten wir ein großartiges Zeichen am dunklen Himmel.“

„Der Stern!“ rief Balschazzar. „Wir hatten ihn für längere Zeit nicht mehr gesehen, doch da war er wieder, um uns zu führen. Schnelle Kalkulationen zeigten uns, daß wir auf dem richtigen Weg waren."

„Habt ihr Ihn gefunden?" platzte der kleine Juda gespannt heraus. Die anderen Essener lachten, tadelten ihn aber nicht, denn sie waren ebenfalls gespannt.

„Wir fanden Ihn und seine Mutter und seinen Vater", sagte Moschazzar mit strahlendem Gesicht. Über den genauen Platz, an dem sie den Friedensfürst gefunden hatten, schien er nichts sagen zu wollen, sondern blieb in diesem Punkt sehr zurückhaltend.

Doch eine Erklärung, warum dies so war, folgte sofort. Elmaden sagte: „Wir erlebten noch etwas sehr Sonderbares. In der Nacht, nachdem wir den Fürst und Seine Eltern gefunden hatten, träumten einige von uns. Als wir am nächsten Morgen darüber sprachen, stellten wir erstaunt fest, daß es bei allen der gleiche Traum gewesen war. Irgend jemand redete im Traum zu uns, wir sollten nicht wieder zu Herodes gehen und ihm nicht sagen, wo wir den Fürst gefunden hatten. Auch sollten wir auf einem anderen Weg wieder nach Hause zurückreisen als auf dem, den wir gekommen waren."

„Seht ihr", erklärte Moschazzar, „das ist der Grund, weshalb wir nichts Näheres über den Platz sagen, an dem wir den Fürst und seine Eltern fanden. Deshalb haben wir nun auch den südlicheren Weg für unsere Heimreise gewählt, um nicht Herodes' Soldaten in die Hände zu fallen, der uns sicherlich suchen läßt. Und das ist auch der Grund, weshalb wir heute bei euch Gäste sind. Wenn wir heimkommen, werden wir unserem König berichten, daß wir das Kind fanden, das wir gesucht haben."

„Wir werden immer für Ihn beten", fügte Belschazzar hinzu, „denn euer König meint es nicht gut mit dem Fürsten."

„Ihr Herren", fragte Thaddäus, „wir fragen nicht nach Seinem Namen und den Eltern und dem Ort, wo ihr ihn fandet. Aber wißt ihr vielleicht, wie wir Ihn erkennen werden, wenn Er sich als Messias zeigt?"

Moschazzar schloß seine Augen und dachte lange nach. Dann sagte er einfach: „Wir wissen es nicht. Aber ihr werdet es erkennen. Alle werden es erkennen. Die ganze Erde wird es erkennen.“

Intermezzo

Laubhüttenfest und Erntefest waren vorüber. Es war Frühwinterzeit. In diesem Jahr hing über Jerusalem und vor allem über dem Moriah ein ungewöhnlich leicht rötlicher Dunst, wohl auch mit bedingt durch die tiefstehende Wintersonne, der auch den Mond, der über dem Moriah stand, in ein erschreckend rötliches Licht tauchte. An manchen Abenden schienen sich blutige Streifen über das nächtliche Himmelslicht zu ziehen.

Es schien, als seien diese seltsamen Erscheinungen prophetische Vorboten dessen gewesen, was nun geschah. Eine starke Abteilung berittener Soldaten des Königs verließen im Schutz der Dunkelheit die Kaserne und ritten zu der kleinen Stadt Bethlehem im Süden von Jerusalem, wo vor vielen Jahrhunderten der erste aus der königlichen Linie Davids geboren wurde.

Als sich Herodes' Reiter in der ersten Morgendämmerung Bethlehem näherten, fielen sie wie blutdürstige Dämonen über die kleine Stadt her. Die kleine Stadt war ahnungslos, so daß es keine Chance gab, ihre jungen Söhne vor den Schwertern der Mörder zu verbergen. Wie nächtliche Diebe stürmten sie durch das niedrige Tor der Stadt und drangen in ein Haus nach dem anderen ein, rissen schreiende Babys und erschreckte Kleinkinder, die sich an ihre Eltern klammerten, von ihnen, schlugen Väter, die sich ihnen in den Weg stellten, rücksichtslos nieder und durchbohrten die kleinen Jungen mit Speer oder Schwert.

Es war der reine Terror, ein schreckliches Massaker, das

in Israel schon bald „die Ermordung der Unschuldigen“ genannt wurde und das in die Geschichte der Menschheit als eines der schaurigsten Beispiele von menschlichem Größenwahn einging.

Noch Wochen nach dem Tag des Mordes an den unschuldigen Kindern hing der rötliche Mond über Jerusalem und dem Moriah. Die Stadt hatte wieder einmal miterlebt, wie das Blut unschuldiger Kinder vergossen wurde. Doch diesmal nicht im Hinnom-Tal als Opfer für den fürchterlichen Gott Moloch, sondern wenige Kilometer außerhalb Jerusalems im Geburtsort Davids als Opfer für den eifersüchtigen Stolz eines grausamen Königs.

Herodes wurde von rasendem Zorn ergriffen, als er merkte, daß die persischen Magier vor ihm geflohen waren. Nachdem er von seinen Schriftgelehrten erfahren hatte, daß der Messias und künftige König Israels in Bethlehem geboren werden sollte, befahl er in seinem manischen Verfolgungswahn, alle männlichen Kinder bis zu zwei Jahren in Bethlehem und seinem Umkreis der Marktentfernung töten zu lassen. Dieser Befehl erstreckte sich auf ein Gebiet von etwas mehr als zwanzig Quadratkilometer, in dem etwa 30 000 Menschen wohnten. Es wurden ungefähr 5 000 kleine Kinder getötet, und in Bethlehem, aber auch durch ganz Judäa und Galiläa begann ein großes Trauern und Entsetzen.

Genau beschaut hatte Herodes einen Krieg gegen das Haus Davids begonnen. Er versuchte, möglichst alle Nachkommen der eigentlichen Königslinie Israels auszurotten. Wäre es der Erde möglich gewesen, in Reaktion zu dieser schrecklichen Mordtat zu zittern, sie hätte es sicher getan.

Die Magier aus Persien, die vor Herodes flohen, befanden sich in jener Nacht irgendwo in der Wüste östlich von Palästina. Jerusalem war schon zu weit entfernt, um es noch zu sehen. Doch als sie den rötlichen Mond sahen und die dunkleren roten Streifen, die ihn überzogen, rief Moschazzar seinen Gefährten zu: „Haltet an und blickt zurück nach Westen! Herodes läßt seinen Verfolgungswahn blutig über seine Untertanen hereinbrechen!"

Dort, wo die heilige Stadt lag, schienen sogar die Sterne in trauernder Klage zu zittern; und unter diesen Sternen bebte der Moriah – ja, sogar der Grundstein Israels zitterte.

4. Kapitel

Rund dreißig Jahre vergingen. Während dieser Zeit erlebten die Mönche in Qumran, daß ihre Gemeinschaft an Zahl ungewöhnlich stark zunahm, da immer nur wenige Tage vergingen, bevor wieder einige junge Zeloten bei ihnen anklopften und um Aufnahme baten.

Zelot war die richtige Bezeichnung für diese jungen Leute, da ihr Wunsch, in das Klosterleben der Essener aufgenommen zu werden, meist mehr patriotischen Empfindungen gegenüber Israel und Haß gegen die Römer entsprang als religiösen Motiven.

Als mehr und mehr junge Leute mit dieser Einstellung zu den Essener kamen, nahm die militante Gesinnung der ganzen Gemeinschaft stark zu. Während zwar das Studium und die Erhaltung der heiligen Schriften immer noch einer der wichtigsten Aspekte von Qumran war, wurde doch immer mehr die apokalyptische Seite aller Prophezeiungen betont. Man konnte durchaus sagen, daß die Essener immer mehr von einer messianischen Leidenschaft ergriffen wurden, die auch im ganzen jüdischen Volk um sich griff.

Die Essener waren nicht die einzigen Denker, die glaubten, der Messias werde sich bald Seinem Volk offenbaren. Sogar solche Juden, die sich wenig um die Religion kümmerten, sprachen davon, daß das Land wieder einen charismatischen Führer brauche, wie zum Beispiel Judas Makkabäus einer gewesen war. Roms Griff nach der wirtschaftlichen und sozialen Struktur des Landes wurde immer enger, und die Regierung von Judäa und Galiläa fühlte sich mehr dem römischen Kaiser verpflichtet als den eigenen Landsleuten.

Alte Männer wie Simeon, der frühere Vorsteher der Essener, waren gestorben, und jüngere Männer, wie Thaddäus, hatten ihren Platz eingenommen.

Auch Herodes der Große hatte den von ihm befohlenen Kindermord zu Bethlehem nicht lange überlebt. Von jener Zeit an verfiel er körperlich und geistig sehr schnell und lebte nur noch wenige Monate. Vor seinem Tod teilte er sein Reich zwischen seinen Söhnen auf und überließ seinem Ältesten Archelaus die Regierung über Judäa.

Was den Messias anging, den Herodes hatte umbringen wollen, so glaubten die Essener fest, daß Er den Kindermord überlebt hatte und irgendwo auf die richtige Zeit wartete, in der Öffentlichkeit zu erscheinen. Er mußte jetzt ungefähr dreißig Jahre alt sein, rechneten sie; in dem Alter also, in dem ein jüdischer Mann begann, am öffentlichen Leben teilzunehmen. Wo und wie auch immer dieser unbekannte Mann die vergangenen drei Jahrzehnte verbracht hatte, Er war jetzt sicher bereit, öffentlich aufzutreten.

Juda Labbäus Ben Thaddäus war nun auch im mittleren Alter. Sein Vater war einer der Ältesten und Vorsteher von Qumran. Juda selbst hielt sich schon lange zu den Zeloten, von denen immer mehr nach Qumran kamen. Für ihn war das Leben hauptsächlich die Vorbereitung auf den letzten großen Kampf zwischen Gut und Böse, den *Söhnen des Lichts* und den *Söhnen der Finsternis.*

Juda hatte nicht geheiratet, sondern ein zölibatäres Leben gewählt als Zeichen für seine Hingabe an das große Ziel – die Vorbereitung auf den Tag des Messias. Er hatte nie die Qualifikationen eines Schriftgelehrten und Schreibers erreicht, sondern sich der Gruppe der Essener angeschlossen, die alle logistischen Vorbereitungen trafen.

In den vielen Höhlen rund um Qumran legten sie große Waffenlager an und horteten darin riesige Vorräte an getrockneten Nahrungsmitteln. Sie verbrachten auch viel Zeit damit, die von den Schreibern abgeschriebenen kostbaren Rollen luftdicht zu verpacken und in Höhlen zu verstecken, die von ihnen sorgfältig verschlossen wurden.

Doch Juda nahm noch an einer anderen Aufgabe teil, für die er eine besondere Hingabe und Liebe entwickelt hatte. Im Blick auf die letzte große Schlacht, an die die Essener fest glaubten, sollten Vorbereitungen getroffen werden, vorher die Schätze des Tempels in Sicherheit zu bringen. Diese Aktivität der Essener hatte in den letzten zehn Jahren begonnen und benötigte ein geheimes Netzwerk an Verbindungen, das bis zu den Leviten und Priestern im Tempel zu Jerusalem reichte.

Auch an diesem Morgen war Juda mit seinem Gefährten Simon für diese Aufgabe unterwegs. Sie hatten gerade Bethanien hinter sich gelassen, als der riesige Tempel des Herodes vor ihnen auftauchte, der den Moriah genau an dem Platz krönte, wo vor Jahrhunderten einmal der Tempel Salomos gestanden hatte und wo ihn auch Serubabal nach der Rückkehr aus der babylonischen Gefangenschaft wieder errichtete.

Obwohl die Juden den wahnsinnigen König, der dreißig Jahre über sie geherrscht hatte, verachteten, mußten sie zugeben, daß Herodes ihnen mit dem Tempel ein Bauwerk hinterlassen hatte, das sich vor allen anderen berühmten Bauten der damaligen Zeit nicht zu verstecken brauchte. Außerdem hatte er Jerusalem mit seinen Bauten verschönert, neue Straßen mit Grünanlagen und Brunnen angelegt und neben dem Tempel eine mächtige Festung erbaut, die er zum Andenken an seinen alten Freund Antonius Markus *Antonia* genannt hatte.

Die beiden Männer blieben bewundernd stehen, als sie den Tempel sahen. „Großartig! Meinst du nicht auch?" fragte Juda seinen Weggenossen Simon.

Simon war einen Kopf größer als Juda und hatte mächtig breite Schultern. „Der herrlichste Anblick, den ich kenne!" rief er. Er sagte es so begeistert, als gehöre der Moriah samt dem Tempel ihm selbst. Simon war so begeistert von allem Jüdischen, daß man ihm den Beinamen *Simon der Zelot* gegeben hatte.

Simon war jünger als Juda, etwa Anfang der Dreißiger, so ungefähr wie der Messias sein mußte, von dem sie alle träumten. Ehe er nach Qumran kam, hatte er für einige Zeit unter den Sikarie gelebt, den mit Dolch und Schwert kämpfenden Guerrillas, die römische Reisende, kleine Einheiten römischer Soldaten, aber auch Karawanen überfielen und sie ausraubten. Dabei gaben sie vor, dies im Namen Israels zu tun.

Der Zelot Simon war ein Riese von einem Mann. Sein gewaltiger Bart und ebensolcher Haarwuchs gaben ihm etwas Löwenähnliches.

„Wir sollen Ruben am Misttor treffen", sagte Juda. „In der Liste, die er uns heute mitgeben wird, sind die Schätze aus dem fünfzehnten Tunnel unter dem Moriah aufgelistet. Hauptsächlich handelte es sich um Säcke mit Münzen aus den Tempelopfern und von Steuern."

„Es ist gut, daß es in Qumran so viele Höhlen gibt", meinte Simon, während sie der südlichen Ecke der Stadt zueilten. „Bald wird ja der Tag kommen, da wir nicht nur Listen, sondern die Schätze selbst in Sicherheit bringen müssen. Für nicht Eingeweihte mußte der Plan töricht klingen. Wie sollte eine Gruppe von Mönchen, wie die Essener, so riesige Schätze unbemerkt aus der Stadt bringen, nach Qumran schaffen und dort verbergen? Es würde eine lange und mühsame Aufgabe werden, die wegen der nötigen Vorsicht nur sehr langsam durchgeführt werden konnte. Doch sie würden es tun. Loyale Patrioten wie Juda und Simon und ihre Helfer in Jerusalem würden dafür sorgen.

Als sie in die Nähe des Misttores kamen, zog Juda seinen Schal vor die Nase, weil es hier so sehr stank. Durch dieses Tor wurden alle Abfälle Jerusalems hinaus ins Hinnom-Tal gefahren. Auf diese Weise sollten von ihren levitischen Kontaktleuten auch die Schätze aus der Stadt gebracht werden, verborgen unter Abfällen.

In diesem Tor wurden des Geruchs wegen auch keine Geschäfte abgeschlossen. Und auch die hier stationierten Wachen nahmen ihren Dienst nicht so genau, sondern hielten sich so weit wie möglich von dem Gestank fern, dabei immer auf ihre Ablösung wartend.

Doch andererseits war es deshalb auch ziemlich verdächtig, wenn man sich hier zu lange aufhielt. Es dauerte auch nur eine Minute, bis ihr Kontaktmann Ruben auftauchte und ihnen einen Wink gab, ihm zu folgen. Er führte sie um eine Ecke und ein Stück die Straße hinunter in einen kleinen Garten, in dem ein Brunnen sprudelte.

Ehe sie auch nur ein Wort sprachen, zog Ruben eine kleine Papyrusrolle aus seinem Gewand und übergab sie Juda. „Wir haben noch viel Arbeit, ehe wir den Raum erreichen, in dem die Bundeslade und die mit ihr verborgenen Dinge sich befinden", sagte Ruben. Er bezog sich dabei auf die alte Überlieferung, daß Salomo die echte Bundeslade hier versteckt habe, als Prinz Menelik eine Nachbildung mit in sein Land Äthiopien nahm.

Es gab mehrere Theorien über den Aufenthalt der Bundeslade. Einige glaubten, der Prophet Jeremia habe sie vor der babylonischen Gefangenschaft in der Wildnis östlich des Jordans versteckt, damit sie nicht in die Hände der Babylonier fiel. Andere vermuteten sie immer noch in einer verborgenen Höhle unterhalb des Moriah. Wahrscheinlich wußte nur der jeweilige Hohe Priester, wo sie sich befand und ob sie überhaupt noch existierte.

„Wie geht es euch da draußen im Wadi Kippa?" fragte Ruben. „Werden wir überhaupt genug Verstecke finden für alle Schätze?"

„Bei uns gibt es Höhlen ohne Zahl", antwortete Simon. „Sorge nur dafür, daß wir die Listen bekommen. Wir werden ohne Schwierigkeiten für die jeweils darauf aufgeführten Gegenstände ein Versteck finden."

„Aber was wird mit den Listen selbst?" fragte Ruben besorgt. „Werdet ihr die Rollen mit den Hinweisen auf die Verstecke ebenfalls so gut aufbewahren, daß man sie wiederfindet und daß sie nicht zerstört werden?"

„Das haben wir alles bedacht", beruhigte Juda ihn. „Bei uns werden deine auf Papyrus geschriebenen Listen nochmals auf dünne Kupferrollen übertragen, die nicht durch die Zeit zerstört werden."

Erleichtert erklärte Ruben: „Wir sind ja noch nicht sehr weit mit unserer Arbeit, aber die Dinge werden von Tag zu Tag kritischer, deshalb muß es schnell weitergehen."

Juda und Simon nickten. Doch Ruben überlegte, ob sie ihn verstanden hatten. Deshalb fragte er: „Ihr wißt sicher über die letzten Ereignisse Bescheid, oder?"

„Die letzten?" fragte Juda.

„Ihr seid eben richtige Eremiten", erklärte Ruben kopfschüttelnd. „Ihr wißt nicht einmal, was es in eurer Nachbarschaft an Neuigkeiten gibt."

„Welche Neuigkeiten denn?" brummte Simon.

„Nun, der Wüstenprediger", erwiderte Ruben.

Als die beiden ihn verständnislos anblickten, erhob er sich und sagte: „Kommt, wir wollen an der Mauer entlanggehen. Es ist nachmittags, da werden die Leute sich auf den Weg machen nach draußen. Kommt und seht selbst."

Verwundert folgten die beiden Essener dem Leviten, der sie die enge Treppe hinaufführte, die von der Straße auf die Stadtmauer führte.

„Seht", sagte Ruben und deutete zu der Straße hin, die in die Wüste führte und auf der auch die beiden gekommen waren. „Fast jeden Nachmittag ist es so", bemerkte Ruben und wies auf den Strom von Fußgängern. „Den ganzen Tag, aber vor allem nach Ende der Arbeit, ziehen die Leute hinaus nach Bethabara. Es sind immer viele Hunderte."

„Nach Bethabara?" wunderte sich Juda. „Was wollen sie da? Es gibt dort nichts."

„Dort ist nur eine seichte Furt im Jordan", fügte Simon hinzu.

„Aber es geht dort etwas Seltsames vor“, sagte Ruben. „Ihr habt wirklich nichts davon gehört?“

„Karawanen nehmen nicht den Weg über Bethabara“, antwortete Simon. „Wir erfahren nur Neues von den Leuten, die bei uns übernachten. Und in letzter Zeit hat es sehr wenig Verkehr von und nach Jerusalem gegeben.“

„Also ist der Prediger, der dort spricht und im Jordan tauft, keiner von euch?“ stellte Ruben fest.

Als die Taufe erwähnt wurde, waren die Essener sehr überrascht, denn bei den Juden wurde nur ganz selten getauft. Die Essener bildeten auch in dieser Hinsicht eine Ausnahme. Juda staunte: „Die Leute gehen nach dort, um sich taufen zu lassen? Nein, davon haben wir nichts gehört.“

„Vor einigen Tagen begann es, daß wir von einem seltsamen Prediger hörten, der in der Nähe des Jordans durch die Hügel wandert und Warnungen von sich gibt und von Strafen redet“, erzählte Ruben. „Er sagt, das Ende sei nahe, und wir sollten uns bereit machen für das Kommen des Herrn.“

„Erzähle weiter“, drängte Simon. „Wer ist dieser Mann?“ Die Gedanken der Essener gingen natürlich sofort zum Messias. Sie fragten sich, ob diese Ereignisse etwas mit ihrem Traum von Seinem Erscheinen zu tun haben konnten.

„Er ist ungefähr dreißig Jahre alt“, berichtete Ruben, „und scheint aus dem Hügelland zu kommen. Sein Name ist Johannes. Gekleidet ist er wie ein wilder Mann. Er soll ein charismatischer Prediger sein, und alle reden von ihm. Das ist alles, was ich weiß.“

„Und er tauft, sagtest du?“ fragte Juda nochmals.

„Ja, er tauft“, bestätigte Ruben. „Und zwar in Vorbereitung auf das Kommen des Herrn.“

5. Kapitel

In einer kleinen Gastwirtschaft im Jerusalemer Stadtteil der Priester und Leviten hörte man von allen Seiten die lauten Unterhaltungen der Mittagsgäste, die das hier sehr preiswerte Essen zu sich nahmen. Der Levit Ruben kam ebenfalls seit Jahren nach hier.

Auch heute waren die üblichen Gäste anwesend. Junge Männer der besten Thorahschule des Stadtteils, Leviten der verschiedenen Tempelordnungen und Kaufleute aus den umliegenden Geschäften.

Gewöhnlich diskutierten die Thorahschüler bestimmte Fragen der Thorah, des Talmud oder der Mischna, die sie gerade im Unterricht behandelten, die Kaufleute unterhielten sich über das Marktgeschehen, und die Leviten mit ihren weißen Turbanen saßen meist schweigend beisammen.

Doch das heutige Gesprächsthema war ein ganz anderes als üblich. Alle redeten über die letzten Neuigkeiten von dem seltsamen Prediger am Jorden, zu dem die Menschen in Scharen hinauszogen. Er forderte die Menschen auf, Buße zu tun über ihre Sünden. Und das Ritual, zu dem er die Bußfertigen anschließend einlud, nämlich die Taufe im Jordan, hatte ihm mittlerweile den Namen *Johannes der Täufer* eingebracht.

Ruben war noch nie gegangen, um diesen Täufer zu hören oder zu sehen. Doch vom Tempel war schon eine Kommission angesehener Männer hinausgeschickt worden, um den seltsamen Mann, der ein Gewand aus Kamelhaar trug und sich von Heuschrecken und wildem Honig ernährte, zu befragen.

Es wurde berichtet, der Prediger sei als Nasiräer aufgewachsen, und seine Eltern hätten ihn von Geburt an dem Dienst für Gott geweiht. Sein Vater war Priester, und auch die Mutter kam aus einer Priesterfamilie. Er hatte als junger Mann einen Eid abgelegt für Armut und Reinheit, wie es für Nasiräer üblich war. Und wie Simson in alten Zeiten hatte er sich zum Zeichen seiner Berufung nie sein Haar schneiden lassen. Er hielt sich strikt an die Nasiräer-Regeln und vermied allen Kontakt mit unreinen Dingen, so wie es Mose geboten hatte.

Diese Informationen über ihn kannte man allerdings nur von Hörensagen. Sie kamen von einigen jungen Männern, die alles andere aufgegeben hatten und mit ihm in der Wildnis lebten und ihm bei seinem Dienst halfen. Was der eigentliche Sinn und Zweck seines Dienstes war, sollte die Kommission des Tempels noch in Erfahrung bringen. In der letzten Woche war die Kommission schon einmal vom Jordan zurückgekehrt, doch sie war danach verwirrter gewesen als zuvor.

Ruben saß allein in der Gastwirtschaft und wartete auf seine Kontaktleute Simon und Juda aus Qumran. Es war sechs Monate her, seit er sie damals am Misttor getroffen hatte. Seither hatte er nichts von ihnen gehört. Nur vor einer Woche war eine Nachricht eingetroffen, daß sie ihn heute hier um die Mittagszeit treffen wollten. Da der Täufer in der Nähe von Qumran wirkte, machte Ruben sich Sorgen, die beiden hätten sich vielleicht aus Sensationslust zu dem Täufer gehalten und ihren Auftrag vergessen.

Er mußte noch eine ganze Zeit warten, bis die beiden endlich kamen. Er begab sich mit ihnen in eine durch Grünpflanzen etwas abgeteilte Ecke und fragte leise: „Wo seid ihr so lange gewesen?“

„Wir waren in Bethabara“, antwortete Juda.

Ruben seufzte tief. „Das habe ich mir gedacht. Ich meinte immer, ihr Essener seid nüchterner. Warum laßt ihr euch von einer solchen Sache gefangennehmen. Wißt ihr nicht, daß es solche wilden Wanderprediger in Jerusalem fast an jeder Straßenecke gibt?"

Simon hob eine Hand und sagte leise: „Beruhige dich. Wir wollen doch kein Aufsehen erregen."

„Na, ich glaube kaum, daß du mit Diskussionen über den Täufer in diesen Tagen Aufsehen erregst", gab Ruben zurück. „Alle reden ja nur noch von ihm."

Simon wunderte sich. „Warum heute so anders, Ruben? Als wir uns das letzte Mal sahen, hast du auch fast nur von dem Täufer gesprochen."

„Aber ich wollte nicht, daß ihr darüber euren Dienst vergeßt."

„In Ordnung, Ruben", lenkte Juda ein. „Aber sage uns, was die Leute sich über den Täufer erzählen. Glauben sie, er sei der Messias? Das könnte die wichtigste Sache seit Jahren sein."

„Seit Jahrhunderten", ergänzte Simon eifrig. „Es hat in Israel seit vierhundert Jahren keinen Prophet mehr gegeben."

„Prophet?" meinte Ruben zweifelnd. „Was sind denn seine großen Prophezeiungen? Jeder kann am Jordan herumlaufen und rufen: *Tut Buße! Tut Buße!* Dazu braucht es keine besondere Berufung."

„Aber der Täufer sagt: Tut Buße, denn das Himmelreich ist nahe!" korrigierte Simon. „Er sagt, wir sollen uns bereit machen, denn der Herr kommt bald."

„Auch darin ist noch nichts Besonderes. Das haben wir doch schon oft gehört", wandte Ruben ein.

„Ich jedenfalls glaube, er könnte der sein, auf den wir warten", bekannte Juda. „Es ist ihm jedenfalls gelungen, die Leute zum Nachdenken zu bringen."

„Vor allem deine Freunde, die Pharisäer hat er dazu gebracht", fügte Simon hinzu. „Du solltest gehört haben, was er über sie sagte."

„Die Pharisäer sind nicht meine Freunde", gab er zurück. „Und ich weiß, was der Täufer von ihnen sagt."

„Schlangenbrut!“ erklärte Simon genüßlich. „Eine Generation von Vipern!“

„Er hält neben den Pharisäern auch den Schriftgelehrten, Sadduzäern und anderen, die sich etwas auf ihre Heiligkeit einbilden, den Spiegel vor, erklärt sie als Sünder und weist sie auf das kommende Gericht hin. Das ist etwas, was wir Essener auch schon seit hundert Jahren sagen.“

„Ich weiß“, nickte Ruben. „Deshalb habt ihr euch ja vom Tempel getrennt. Doch wie könnt ihr euren Auftrag vergessen, daß wir die Tempelschätze vor dem kommenden Verderben retten wollen?“

„Ich habe mich gefragt, ob das wirklich noch notwendig ist“, gab Juda zu bedenken. „Wenn der Täufer tatsächlich der kommende Messias ist, dann wird er ja alle Seine Feinde besiegen und sicher auch den Tempel und seine Schätze vor Unheil bewahren.“

„Sicher, diese Frage stellen sich alle“, schränkte Simon ein. „Aber hat der Täufer nicht selbst gesagt, daß nach ihm einer kommen wird, der viel mächtiger ist als er? Einer, der mit Feuer taufen wird, statt mit Wasser?“

„Richtig“, erinnerte sich Juda. „Der Täufer sagte wörtlich: *Er wird euch mit dem Heiligen Geist und mit Feuer taufen.*“

Simon fuhr plötzlich auf. „Erinnere dich“, sagte er. „Der Täufer sprach von jemand, der kommen würde, um die Tenne zu säubern. Jemand, der die Spreu vom Weizen trennen und die Spreu verbrennen würde.“

Während die beiden Essener über die Worte des Täufers nachdachten, wurde Ruben plötzlich ganz blaß. „Was sagte der Täufer?“ flüsterte er. „Juda, Simon, was hat er genau gesagt?“

„Er warnte vor dem kommenden Zorn, vor dem Feuer, und er sprach vom Kommen des Herrn“, wiederholte Juda achselzuckend. „Hast du uns denn nicht zugehört?“

„Nein, nicht das. Ihr sagtet doch etwas von der Tenne“, forschte Ruben weiter.

Wie automatisch drehten die drei Männer bei diesen Worten die Köpfe zum Fenster hin und blickten hinaus auf den Moriah. „Die Tenne!“ flüsterten sie wie aus einem Mund.

Die drei Männer blickten sich an. „Das ist es“, erklärte Simon. „Der Messias ist ganz nahe. Er kann jeden Tag erscheinen. Und Seine erste Aufgabe wird sein, den Tempel, die Tenne, zu reinigen und hier in Jerusalem wieder Ordnung zu schaffen.“

„Ja“, nickte Ruben. „Er wird hier beginnen. Am Tempel, an der alten Tenne auf dem Moriah.“

„Und wir werden mit dabei sein und Ihm helfen“, sagte Simon entschlossen und ballte seine mächtigen Fäuste. „Wo sind deine Pläne, Ruben. Wir wollen uns an die Arbeit machen.“

Ruben zog eine schmale Rolle aus seinem Gewand und breitete sie auf dem Tisch aus. Dann begann er den Essener zu erklären, wie die Schätze am besten weggeschafft werden könnten. Gemeinsam überlegten sie, was noch vorbereitet werden mußte, um dem Messias am besten zu helfen.

6. Kapitel

Noch Wochen nach dem Besuch in der Gaststätte überraschte Juda sich immer wieder, daß er den Himmel beobachtete. Er erinnerte sich an das Erlebnis seiner Kindheit mit den Magiern aus Persien, die sagten, sie hätten den Stern des Messias gesehen.

Sonst gingen Simon und er ihren regelmäßigen Arbeiten in Qumran nach. Doch nebenbei suchten sie immer noch weitere Höhlen, die sich eignen würden, um darin Teile des Tempelschatzes unterzubringen, wenn die Zeit gekommen war.

Während dieser Zeit machte ein seltsames Gerücht die Runde, das Leute verbreiteten, die in der letzten Zeit in Bethabara gewesen waren. Es wurde erzählt, eines Tages, als der Prophet wieder taufte, sei ein fremder junger Mann zu ihm gekommen, um sich von ihm taufen zu lassen. Als der Täufer den Fremden sah, sei er auf seine Knie gefallen und habe protestiert und laut gesagt, er sei es, der von dem Fremden getauft werden müsse, nicht umgekehrt.

Doch der fremde junge Mann habe geantwortet, Er müsse alle Gerechtigkeit erfüllen, und deshalb müsse Er auch getauft werden. Da habe der Prophet zögernd eingewilligt und den Fremden im Jordan getauft.

Als der Fremde dann aus dem Wasser kam, habe sich der Himmel einen Spalt geöffnet und ein heller Strahl sei auf Ihn herabgekommen und darin etwas, das aussah wie eine große Taube, das habe sich auf den Fremden gesetzt.

Plötzlich, so wurde weiter erzählt, habe es im Himmel

gedröhnt und eine Stimme habe aus dem Himmel erklärt: *„Dies ist Mein geliebter Sohn, an dem Ich Wohlgefallen habe!“*

Nun hatten die Essener, die neben ihrer großen Geistlichkeit auch sehr praktisch und nüchtern waren, während ihres Lebens in der Wüste schon viele seltsame Wanderprediger kommen und gehen gesehen. Wilde Männer, die ein Einsiedlerleben führten, waren bei ihnen aufgetaucht und hatten alles mögliche für sich in Anspruch genommen. Deshalb waren sie, als sie diese Geschichte hörten, recht zurückhaltend.

Nach ihrer Meinung würde der Messias sich als erstes in Jerusalem zeigen und sein Werk der Reinigung Israels am Tempel beginnen.

Mittlerweile waren seit dieser Geschichte wieder etwa zwei Monate vergangen. Der Prophet predigte und taufte weiter. Doch immer eifriger erklärte er, daß er nicht der Messias sei, sondern daß sie nach einem anderen Ausschau halten sollten, der aber sehr bald erscheinen würde.

Was den Fremden betraf, der sich von Johannes hatte taufen lassen, so sagten einige, Er sei in der Wüste verschwunden, andere behaupteten, Er sei nach Galiläa gegangen und tue dort große Wunder; noch andere wollten wissen, Er hielte sich bei dem Täufer auf.

Juda und Simon hörten in Qumran all diese Gerüchte von Reisenden. Sie gaben sich Mühe, sich dadurch nicht zu sehr von ihren Aufgaben ablenken zu lassen. Und erst bei ihrem nächsten Trip nach Jerusalem erreichte Judas Angewohnheit, den Himmel zu beobachten, einen Höhepunkt, den er nicht mehr übersehen konnte.

Er und Simon waren von Ruben eingeladen worden, einige Tage als Gäste in seinem Haus im Stadtviertel der Priester und Leviten in Jerusalem zu verbringen und gleichzeitig mit dem Levit und seiner Familie das Passahfest in der heiligen Stadt zu feiern.

Das große Fest war nur noch drei Tage entfernt. Sie benutzten die Zeit, um mit Ruben durch die Stadt zu gehen und vor allem durch den Tempelbezirk. Der Levit erklärte ihnen alles und wies besonders darauf hin, daß zehntausend Arbeiter zehn Jahre lang an dem gewaltigen Bauwerk gearbeitet hatten. Sie hatten dabei rund tausend Wagen gebraucht, um alles Material herbeizuschaffen.

An jedem Abend saß Ruben mit seinen beiden Gästen im Hof seines Hauses zusammen. Mit leisen Stimmen besprachen sie ihre Pläne. Am letzten Abend sagte Ruben: „Ich möchte euch etwas mitteilen, meine Freunde. Wir haben viel Zeit aufgewendet, unsere Pläne zu besprechen und alles vorzubereiten. Doch ich habe unsere Unterhaltung nicht vergessen, als ihr das letzte Mal in Jerusalem wart. Seither habe ich, genau wie ihr, mehr in Erwartung auf den Messias gelebt als je zuvor in meinem Leben."

Simon nickte zustimmend. „Man kann sich leicht in alle Arbeit für Gott und Israel verlieren, ohne dabei noch zu bedenken, wozu das alles geschieht. Doch auch ich habe in letzter Zeit immer wieder an den Messias gedacht."

Judas Herz wurde warm. Er sah, daß seine Freunde dasselbe empfanden wie er. Vielleicht stand der Messias doch schon auf der Türschwelle.

Vorsichtig griff Ruben nach einer Rolle und öffnete sie. „Ich habe in letzter Zeit wieder einmal die Prophezeiungen von Maleachi gelesen", erklärte er.

Den beiden Essener war der Name Maleachi wohl vertraut. Er war der letzte der Propheten in den heiligen Schriften. Er war der letzte Sprecher des Allmächtigen in Israel gewesen, ehe Gott Israel gegenüber vierhundert Jahre geschwiegen hatte. War Johannes der Täufer wirklich ein Prophet, dann war Maleachi sein letzter Vorgänger gewesen.

„Vor wenigen Tagen stieß ich hier auf eine Schriftstelle", sagte Ruben, als er die Rolle ausbreitete. „Wenn diese Stelle nicht genau das sagt, worüber wir das letzte Mal, als ihr hier wart, gesprochen haben, weiß ich nicht, was sie sonst meinen sollte."

Gespannt blickten Juda und Simon auf den Leviten, der nun seinen gestreiften Gebetsschal über den Kopf zog und zu lesen begann:

„Seht, Ich sende Meinen Boten; er soll den Weg für Mich bahnen. Dann kommt plötzlich zu Seinem Tempel der Herr, den ihr sucht, und der Bote des Bundes, den ihr herbeiwünscht. Seht, Er kommt, spricht der Herr der Heere. Doch wer erträgt den Tag, an dem Er kommt? Wer kann bestehen, wenn Er erscheint? Denn Er ist wie das Feuer im Schmelzofen und wie die Lauge im Waschtrog. Er setzt sich, um das Silber zu schmelzen und zu reinigen. Er reinigt die Söhne Levis, er läutert sie wie Gold und Silber."

Staunend dachten Juda und Simon über die Worte nach. Gewiß, sie hatten sie vorher schon gehört. Niemand kannte die heiligen Schriften besser als die Essener. Doch im Zusammenhang mit den gegenwärtigen Ereignissen erhielt alles eine viel größere Bedeutung.

„Wie konnte ich das nur übersehen?" wunderte sich Juda. „Hier ist offensichtlich von dem Täufer die Rede und von dem, dessen Weg er vorbereitet."

Ruben lehnte sich zurück und seufzte: „Hier ist aber auch von meinen Brüdern, den Leviten, die Rede, die sich nicht an das Gesetz gehalten haben. Gott will sie richten und reinigen. Ist das nicht großartig?"

Die drei saßen noch lange schweigend und dachten über die Worte nach. Als Juda dann die Stufen zu seinem Gastraum auf dem Dach des Hauses hinaufstieg, blickte er zum Tempelberg hinauf. Ihm war, als wehe eine seltsame Brise vom Moriah her über die Stadt hin, und er sah einen Schatten wie mit weit ausgebreiteten Flügeln über den heiligen Berg ziehen.

Aus diesem Schatten schien eine warnende Stimme zu flüstern: „Plötzlich ... plötzlich!"

7. Kapitel

Der Tag des Passahfestes brach an. Rot ging im Osten die Sonne auf und hüllte den Tempel und den heiligen Berg in einen rosa Schleier. Die Natur schien den Atem anzuhalten vor der großen Stunde, die unmittelbar bevorstand. Sicherlich spürten viele in Jerusalem die geistliche Atmosphäre, die sich über die Stadt lagerte.

Juda Labbäus Ben Thaddäus, Simon der Zelot und Ruben der Levit verspürten sie, als sie sich zum Frühstück im Patio von Rubens Haus versammelten. Sie beeilten sich, das Mahl einzunehmen, weil sie instinktiv wußten, daß sie zum Tempel gehen mußten. Sie fragten nicht, warum, sie wußten es einfach.

Rubens Haus lag direkt am Tempelbezirk neben den Stufen, die zur Schönen Pforte hinaufführten. Die Häuser aller Priester und Leviten lagen in der Nachbarschaft des Tempels. Dadurch sollten sie stets daran erinnert werden, zu welch heiligem Dienst sie berufen waren.

Für Ruben und alle Leviten und Priester, die ähnlich dachten wie er, war es immer wieder ein Kummer, daß selbst im Tempelbezirk säkulare und sogar gesetzwidrige Bräuche Eingang fanden. Jeden Morgen, wenn sie zum Tempel gingen, um ihren Dienst zu tun, beteten sie für den Frieden Jerusalems und dafür, daß alles Unheilige endlich wieder hinausgetan würde.

Doch an diesem Morgen waren es nicht hauptsächlich Priester und Leviten, die auf den breiten Stufen zum Tempel hinaufgingen, sondern sie wurden begleitet von Hunderten, ja Tausenden von Betern, die aus Jerusalem, aus allen Teilen Palästinas und darüber hinaus zum Tempel kamen, um sich für das große Fest vorzubereiten.

Juda war von Rubens beiden Gästen der, welcher am meisten staunte. Simon war schon oft hier gewesen und hatte im Tempel das Fest mitgefeiert, ehe er sich den Zeloten und dann den Essenern angeschlossen hatte. Doch Juda, in Qumran aufgewachsen, hatte noch nie vorher an einem Feiertag den Tempel besucht. Deshalb beeindruckte ihn alles doppelt.

Doch es war nicht diese Tatsache allein, die ihn bewegte, als sie die Stufen zum Moriah emporstiegen. Seine Freunde waren ebenso bewegt wie er durch ein bestimmtes Gefühl der Erwartung.

Während sie eine Stufe nach der anderen nahmen, stimmten sie mit den anderen Betern das traditionelle Wallfahrtslied an:

„Ich freute mich, als man mir sagte:
‚Zum Haus des Herrn wollen wir pilgern.'
Schon stehen wir in deinen Toren, Jerusalem.
Jerusalem, du starke Stadt,
dicht gebaut und fest gefügt.
Dorthin ziehen die Stämme hinauf,
die Stämme des Herrn."

Wo immer sich die einzelnen an diesem Punkt des Liedes befanden, sie hielten alle an, um einen Augenblick zu verschnaufen und nachzudenken und zu beten. Dann gingen alle weiter, und der Gesang wurde fortgesetzt:

„Denn es ist Israel geboten,
den Namen des Herrn zu preisen.
Denn dort stehen Throne bereit für das Gericht,
die Throne des Hauses David."

Wieder wurde an dieser Stelle des Liedes angehalten. Und nun begann man einander zu begrüßen; der Freund den Freund, der Fremde den Fremden. Man nickte sich zu oder umarmte sich. Frauen die Frauen, Männer die Männer, Gatten ihre Gattinnen, Eltern ihre Kinder. Manche begannen vor Freude zu tanzen, als sie nun weiter die Stufen hinaufzogen und sangen:

„Erbitte für Jerusalem Frieden!
Wer dich liebt, sei in dir geborgen.
Friede wohne in deinen Mauern,
in deinen Häusern Geborgenheit.
Wegen meiner Brüder und Freunde
will ich sagen: In dir sei Friede!
Wegen des Hauses des Herrn, unseres Gottes,
will ich dir Glück erflehen.“

Wenn man dann noch nicht oben angekommen war, ruhte man hier erst einmal wieder aus, und dann begann der Gesang aufs neue. Juda kannte natürlich den Text des Psalms auch, denn man sang ihn auch in Qumran bei ähnlichen Feierlichkeiten. Doch verglichen mit dem Gesang der Tausende, die hier die Stufen zum Tempel hinaufstiegen, war das, was man dabei in Qumran hören konnte, eher kärglich.

In Qumran sagte man immer, man solle an den Tempel in Jerusalem als entweiht denken, als einen Ort, der Reinigung nötig hatte. Doch wenn er sonst hier nichts lernen konnte, so doch das, wie die Dinge im richtigen Tempel sein sollten.

Er war allerdings nicht vorbereitet auf das, was er sah, als er mit seinen Freunden durch das Tor in den ersten Hof eintrat, der zum Vorhof der Heiden führte.

Er wurde abgestoßen durch die Atmosphäre in dem riesigen Hof, der eher einem Marktplatz glich. Obwohl es noch früh am Tage war, hatten Händler schon überall ihre Stände aufgestellt und verkauften alles, was irgendwie in Zusammenhang mit dem Tempelgottesdienst zu bringen war. Da gab es Käfige mit Tauben, dort Ställe mit Schafen, Ziegen und Ochsen, die man kaufen und als Opfer in den Tempel bringen konnte. Auf anderen Tischen wurde Wein, Öl und Salz verkauft und auch Mehl, um die Opfer richtig zubereiten zu können.

Neben den Tischen der Händler gab es die der Geldwechsler, die hier die ausländischen Münzen der Angereisten in Tempelmünzen umtauschten, damit die Beter ihre Tempelsteuer bezahlen konnten. Dabei machten die Geldwechsler riesige Gewinne. Dieser erste Hof des Tempels vermittelte wirklich mehr den Eindruck einer Marktstraße, als den eines heiligen Gebiets.

Dann folgte der Vorhof der Heiden, der einzige Platz im Tempel, der für alle offen war – Männer Frauen, Kinder, Fremde und Bürger Jerusalems, Heiden und fromme Israeliten. Während man über Gesetze, Justiz, Politik und Handel in den Toren der Stadt diskutierte, war hier so etwas wie ein internationaler Treffpunkt für alle, die sehen oder gesehen werden wollten.

Da der Tempel der gelehrte wie der religiöse Mittelpunkt der Nation war, versammelten sich hier Studenten und Philosophen. Lehrer des Gesetzes und die führenden Denker Israels konnte man an solchen Feiertagen hier finden. Sie saßen im Schatten der Säulenhallen oder auf erhöhten Plattformen. In Gruppen, wenn auch nie gemeinsam, standen Pharisäer und Sadduzäer beisammen, beugten sich über Schriftrollen und diskutierten eine neue Auslegung einer rabbinischen Schrift sowie strittige Punkte der heiligen Schriften.

Auch die Politik war hier nicht ausgeschlossen. Hier war der Platz, wo alle möglichen Ideologien verbreitet wurden. Hier fand man Zeloten und Sikaries, Romanisten und Herodianer und alle möglichen anderen politischen Richtungen.

Das alles wurde überwacht von den überall gegenwärtigen Soldaten des Tempels, von denen eine ganze Anzahl in die Einsamkeit zu den Essenern gegangen waren. In voller Rüstung, mit Schwert, Helm, Schild und Speer sollten sie jeden möglichen Aufruhr gleich im Keim ersticken. Mehr als einmal in der Geschichte Israels war der Vorhof der Heiden zum Ausgangsort eines Aufruhrs oder einer Revolution geworden.

Hätten all diese Dinge noch nicht gereicht, sie von dem eigentlichen heutigen Ereignis im Tempel abzulenken, dem Passahfest, so hätte das folgende allein genügt, denn es war ein Geschehen, das die Geschichte des Tempels veränderte. Im Augenblick schien es zwar nur vorübergehend zu sein und keinen dauernden Effekt zu haben, doch nach und nach stellte es sich heraus, daß es einen ewigen und universellen Einfluß hatte.

Unter allen Besuchern an diesem Morgen war eine Gruppe von staubigen und windzerzausten jungen Männern, die so aussahen, als hätten sie eine weite Reise hinter sich. Sie fielen eigentlich zunächst nicht auf, bis ihr stattlicher Führer begann, unter den Kaufleuten Ärger zu verursachen. Selbst als Er aus mehreren dicken Stricken eine geißelähnliche Peitsche zusammenband, beachtete Ihn kaum jemand.

Doch dann ging Er mit zornig blitzenden Augen auf eine Reihe der Stände zu und begann die Peitsche zu schwingen und ließ sie über die Köpfe der Kaufleute schwirren. Noch ehe diese sich von ihrer Überraschung erholten, hatte er einen Schlag mit Tauben und einen Stall mit Ochsen geöffnet. Die Tauben flatterten davon, und die Ochsen rannten durch die Menge und veranstalteten ein großes Durcheinander.

Nun öffnete Er einen der Verschläge nach dem anderen. Schafe, Ziegen und Ochsen rannten davon, blökend und brüllend, und immer mehr Tauben erhoben sich in die Luft. Außerdem stieß Er Tische der Kaufleute um und fuhr sie zornig an.

Anschließend ging Er wie ein Racheengel Jehovas auf die Tische der Geldwechsler zu, die bisher zugeschaut und Ihm mit Fäusten gedroht und geschimpft hatten. Einen Augenblick blieb er vor den Geldwechslern stehen, schwang die Geißel in der Luft und schrie sie an: „Hinaus! Schafft all das fort!“

Nun stieß er den ersten Tisch um. Unter lautem Klirren fielen die fein aufgestapelten Münzen auf den Boden und rollten umher. Die meisten Geldwechsler ergriffen einen Beutel oder ein anderes Gefäß und begannen, ihre Münzen schnell hineinzuräumen, während der junge Fremde weitere Tische umstieß. Einer der Männer schrie Ihn an: „Mit welchem Recht tust du das?“ Doch der Fremde ließ sich nicht aufhalten.

Die Tempelwachen versuchten das Durcheinander zu ordnen, wußten aber auch nicht, ob sie erst versuchen sollten, die immer wilder werdenden Tiere einzufangen oder ob sie sich um die Ursache der allgemeinen Aufregung kümmern sollten.

Plötzlich schienen einige der Besucher den jungen Mann zu erkennen. Einer zeigte mit dem Finger auf Ihn und rief: „Das ist der Galiläer, der so viele Wunder tut. Es ist der, von dem Johannes der Täufer in Bethabare gesprochen hat. Herr, unser Gott“, riefen sie, „Er ist es wirklich!“

Unter den in der Nähe stehenden Menschen trat eine gewisse Ruhe ein, während die Tiere natürlich immer noch Unruhe verursachten. Juda und seine beiden Gefährten hatten sich auch näher herangedrängt und beobachteten alles aufmerksam.

Nun erhob der Fremde selbst Seine Stimme. Auf die herumliegenden Sachen und die noch stehenden Tische deutend, rief Er: „Schafft das alles hinaus!“ Nun blickte Er sich einmal nach allen Seiten um und rief noch lauter: *„In der Schrift steht: Mein Haus soll ein Haus des Gebets sein! Ihr aber macht daraus eine Räuberhöhle!“*

8. Kapitel

Sein Name war Jesus Bar Joseph, und Er kam aus der Stadt Nazareth in der Provinz Galiläa. Manche sagten, Er sei ein Verwandter des Täufers. Seine Kritiker, hauptsächlich die führenden Priester und Mitglieder des Hohen Rates in Jerusalem aber meinten, diese Verwandtschaft sei nur erfunden, um aus Ihm einen Wundertäter und Gottgesandten zu machen.

Doch der größte Teil des Volkes glaubte, er könne der Messias sein, der lang erwartete Retter Israels, dessen Hauptziel es sein würde, die Unterdrücker der Nation zu besiegen und die Herrschaft des Hauses David wieder aufzurichten. Die Wunder, von denen berichtet wurde, daß Er sie tat, waren nur ein Beweis und die Bestätigung dieser Annahme.

Auch die Nachricht, die seine Gegner ausstreuten, Er stamme doch nur aus einer einfachen Familie und sein Vater sei ein schlichter Handwerker, richteten bei dem Volk nichts aus. Judas Makkabäus war auch nur ein Bauer aus einer kleinen Stadt gewesen und hatte doch Israel befreit und wieder selbständig gemacht. Selbst wenn der Messias nur klein anfing, sollte dieser Galiläer aus Nazareth es sein, so würde doch von Ihm noch Großes zu erwarten sein.

Judas Ben Thaddäus und Simon Zelotus hatten nie erwartet, daß ihr Besuch in Jerusalem und im Tempel ihr eigenes Leben so entscheidend verändern würde. Als sie das Handeln des Galiläers im Tempel beobachteten, wurden sie innerlich davon überzeugt, sie sollten Ihm nachfolgen. Für sie war Er die Erfüllung der Stimme, die sie in letzter Zeit immer lauter in ihrem Herzen gehört hatten und die ihnen gesagt hatte, der Messias sei nahe und würde plötzlich öffentlich auftreten.

Der Levit Ruben verstand seine beiden Freunde, fühlte aber, er selbst habe im Tempel zu bleiben und weiter seinen Dienst zu tun.

Als Juda und Simon zusammen mit vielen anderen Menschen diesem Jesus zurück nach Galiläa folgten, war ihnen nicht klar, daß diese Provinz das Zentrum Seines Wirkens war und daß Er nur wenige Male in die Heilige Stadt zurückkehren würde. Auch ahnten sie noch nicht, wie frustrierend es sein konnte, darauf zu warten, daß Er sich nun wirklich als Messias zu erkennen geben und mit den entsprechenden Aktionen beginnen würde.

Viele Fragen bedrängten die Herzen der beiden und der anderen engeren Nachfolger Jesu, als sie in den nächsten Monaten mit Ihm vor allem in Galiläa von einem Ort zum anderen zogen, seinen Lehren lauschten und die Wunder sahen, die Er tat. Voll Spannung warteten sie darauf, Er würde sich als Messias zu erkennen geben und entsprechend handeln, doch in diesem Punkt wurden sie immer wieder enttäuscht.

Oft saßen Simon der Zelot (Zelotus) und Juda (der von den Nachfolgern Jesu gewöhnlich mit seinem zweiten Vornamen Thaddäus gerufen wurde) abends am Feuer beieinander und fragten sich, ob sie die Gruppe der Nachfolger und Jünger Jesu nicht verlassen sollten. Sie wußten, daß auch andere unter ihnen diese Frage manchmal bewegten. Für Juda Thaddäus vor allem, der als Essener aufgewachsen war und die Vorstellung dieser Gruppe vom Messias teilte, war es manchmal nicht einfach, in ihrem Meister, dem sie Tag für Tag nachfolgten, immer den Messias zu erkennen.

Doch weder Juda Thaddäus noch Simon Zelotus konnten Ihn wirklich verlassen. Es waren nicht in erster Linie Jesu Wundertaten noch Seine Fähigkeit als Heiler, die sie bei Ihm hielten, sondern mehr Seine Worte und Lehren, die ihnen so tief zu Herzen gingen. Und vor allem war es die Persönlichkeit Jesu, die sie nicht losließ. Er strahlte etwas aus, das bei keinem anderen Menschen in dieser Qualität zu finden war und sie immer wieder tief beeindruckte.

Es war ein langer harter Reisetag gewesen. Juda Thaddäus saß an diesem Abend am Rand der kleinen Schar des Rabbis. Sein Kopf war voll mit Gedanken und Fragen, über die er gern mit jemand gesprochen hätte. Er wünschte sich, sein Vater, der ältere Thaddäus, wäre hier, um mit ihm über all das zu reden, was ihn bewegte.

Juda und sein Freund, der Zelot, gehörten nicht zum inneren Kreis Jesu. Diese intimeren Positionen waren an Männer gefallen, die, wie der Rabbi, aus Galiläa waren; und zwar schon ehe sie beide sich der Jüngerschar Jesu angeschlossen hatten. Einer von ihnen, der ebenfalls Simon hieß, wurde nun Petrus genannt, was *Fels* bedeutete. Die anderen waren Jakobus und Johannes Bar Zebedäus, Söhne eines reichen Fischers aus Kapernaum.

Diese drei Männer, und auch Petrus' Bruder Andreas, waren Fischer. Sie hatten ihren lukrativen Beruf aufgegeben, um dem Meister zu folgen. Doch wenn sie nicht mit Jesus von Ort zu Ort unterwegs waren, fuhren sie auch noch mit ihren Booten zum Fischen auf den See.

Unter den Jüngern gab es manchmal auch Streit, was ihre verschiedenen Charaktäre und Berufe auch verständlich machten. Da war Philippus, ein Synagogenlehrer, und der Philosoph Nathanael, und Thomas, ein Skeptiker von Natur aus. Sie waren mehr die Gelehrten-Typen und folgten Jesu genauso wegen Seiner Lehren als aus der Hoffnung, Er würde Israel erlösen.

Mit den anderen kamen Simon Thaddäus und Zelotus nicht so leicht klar. Da war Judas Ischariot, ein echter Jude. Er war mit der Aufgabe des Kassierers betraut, doch war er wegen seiner schlauen und etwas hinterlistigen Art nicht sehr beliebt. Mit Matthäus zurechtzukommen fiel ihnen am schwersten. Er war ein Diener Roms gewesen. Er war reich geworden, indem er die Steuern für ihre römischen Unterdrücker einnahm und seine eigenen Landsleute dabei betrog.

Als Jesus Matthäus zu einem Seiner Jünger berief, hatte sich Juda Thaddäus zum ersten Mal gefragt, ob der Meister wirklich der Messias war und ob er selbst richtig gehandelt hatte, als er sich entschloß, Ihm zu folgen. *Welches Ziel verfolgt Jesus eigentlich?* hatte Thaddäus sich gefragt.

Doch es war ihm nicht allein so gegangen. Wie die Nation sich gewundert hatte, ob der Täufer der Messias sei, so stellten jetzt alle dieselbe Frage im Blick auf Jesus.

In den ersten beiden Jahren war die Popularität Jesu unter dem Volk zum Zorn seiner Gegner immer mehr gestiegen. Doch in letzter Zeit hatte sie wieder abgenommen, weil manche der Lehren Jesu nicht verstanden wurden oder den Menschen zu schwer erschienen.

Gerade an diesem Morgen hatte Jesus wieder den Ärger der Menschen erregt. Als sie sich auf den Weg machten, waren ihnen viele Menschen gefolgt. Doch der Meister hatte gesagt, sie täten das nur, weil sie hofften, einige Wunder zu sehen oder von Ihm wieder auf wunderbare Weise verpflegt zu werden, wie Er das bei anderer Gelegenheit schon getan hatte.

An diese Worte anknüpfend, hatte Er dann gesagt, Er sei das Brot des Lebens und hatte diese Analogie mit dem Manna verglichen, das ihre Väter in der Wüste gegessen hatten. Doch dann hatte Er weiter gesagt: *„Ich bin das lebendige Brot, das vom Himmel herabgekommen ist. Wer von diesem Brot iß, wird in Ewigkeit leben. Das Brot, das Ich geben werde, ist Mein Fleisch, Ich gebe es hin für das Leben der Welt."*

Über diese Worte hatten Seine Zuhörer sich gewundert und sich gefragt, wie Er ihnen Sein Fleisch zu essen geben könne. Da hatte Er geantwortet: *„Wenn ihr das Fleisch des Menschensohnes nicht eßt und Sein Blut nicht trinkt, habt ihr das Leben nicht in euch."*

Noch nie hatten die Juden von einer solchen Idee gehört. Gewiß, es gab in heidnischen Religionen blutige Rituale, wozu manchmal auch Menschenopfer gehörten. Doch das hatten die Juden immer verachtet. Daß aber gar das Fleisch eines Menschen gegessen und das Blut getrunken werden sollte, ging über ihre Vorstellung und das, was sie ertragen wollten, hinaus. Murrend und zornig waren sie davongegangen.

Nun saßen die Jünger am abendlichen Feuer, Jesus war, wie Er es oft tat, weggegangen, um allein zu sein und zu beten. Die Jünger schwiegen. Jeder von ihnen hing seinen Gedanken nach. Simon Zelotus hatte sich neben seinen Freund Juda Thaddäus gesetzt. Endlich fragte er leise flüsternd: „Was denkst du von den Worten, die der Rabbi heute zum Volk sagte?“

„Wahrscheinlich das, was du auch denkst“, gab Thaddäus leise zurück. „Ich glaube fast, wir haben doch einen großen Fehler gemacht, als wir Jesus nachgefolgt sind.“ Beide verfielen wieder in Schweigen.

Endlich hörten sie Johannes laut sagen: „Das waren heute sehr schwierige und harte Worte, die der Meister gesagt hat.“

„Ja“, nickte Jakobus. „Ich habe sie nicht verstanden und weiß auch nicht, ob ich sie akzeptieren kann.“

Wieder trat Schweigen ein, bis Nathanael zu bedenken gab: „Aber erinnert euch einmal daran, als Er zu uns allein sprach. Er sagte: *Der Geist ist es, der lebendig macht; das Fleisch nützt nichts.*“

„Das ist wahr, ich erinnere mich“, stimmte Philippus zu. „Er sagte sogar, die Worte, die Er spricht, sind Geist.“

„Es kann also durchaus sein, daß der Meister auch diese Worte in geistiger Weise gemeint hat“, sagte Nathanael nach einer Weile nachdenklich. „Aber verstehen tue ich sie trotzdem nicht.“

„Aber kann der Rabbi bei Seinen Reden nicht etwas weniger anstößige Worte verwenden? Warum muß Er da von

Seinem Fleisch und Blut reden, das gegessen und getrunken werden soll? Selbst wenn er es geistig meint, sind solche Worte ärgerlich", sagte Thomas tadelnd.

Achselzuckend und kopfschüttelnd reagierten die anderen auf diese Worte.

Nach einer ganzen Weile sahen sie Jesus zurückkehren. Als er an das Feuer zu den schweigenden Jüngern trat, sagte Er: „Ich sehe, daß eure Herzen voller Fragen sind. Aber auch Ich habe eine Frage an euch."

Alle blickten nun erwartungsvoll zu Jesus auf. Und als Juda Thaddäus Ihn anschaute, spürte er wieder, daß etwas Geheimnisvolles, Unbeschreibbares von Jesus ausging, das ihn unwiderstehlich zu Ihm zog.

Jesu Frage bestand aus vier einfachen Wörtern. Er sagte: *„Wollt ihr auch weggehen?"*

Die Frage traf Thaddäus' Herz wie ein glühendes Eisen. Plötzlich war ihm, als sei sie an ihn ganz allein gerichtet. In Ihm brachen alle Vorbehalte, die er in den letzten Stunden gegen Jesus und Seine Worte aufgebaut hatte, wie ein Kartenhaus zusammen. Er rang innerlich nach Worten, um auszudrücken, was er empfand. Doch Petrus war wieder einmal schneller; und Juda Thaddäus empfand, daß er nichts anderes oder besseres hätte sagen können.

Petrus rief: *„Herr, zu wem sollen wir gehen? Du hast Worte des ewigen Lebens. Wir sind zum Glauben gekommen und haben erkannt: Du bist der Heilige Gottes!"*

9. Kapitel

Die Stimmung in Jerusalem, als man sich auf das diesjährige Passahfest vorbreitete, war gespannt. Ganz gleich, woher die Besucher zum Fest kamen, ihre Gedanken beschäftigten sich weniger mit dem Auszug ihrer Vorväter aus Ägypten als mit diesem Rabbi Jesus von Nazareth. Seinen Namen hörte man mehr als die Namen von Mose, Herodes und Cäsar zusammen. Überall fragte man, ob Er wohl in diesem Jahr zum Fest nach Jerusalem kommen würde.

Vor allem die Priester und Pharisäer hielten Ausschau nach Ihm. Nicht etwa, weil sie Ihn bewunderten. Sie hatten vielmehr den Befehl ausgegeben, wenn jemand wisse, wo Jesus sich aufhielt, solle er es ihnen mitteilen, damit sie den Emporkömmling verhaften lassen könnten.

Schon mehr als drei Jahre zog Jesus mit Seinen Jüngern durch Palästina, und im letzten Jahr hatte Er am meisten Aufsehen erregt. Es hatte damit begonnen, daß Er siebzig Seiner Nachfolger immer zu zweit ausgesandt hatte und ihnen auch Vollmacht gab, Wunder zu tun. Auf diese Weise war Sein Dienst im Land vervielfacht worden und hatte, eben wegen der Vollmacht Seiner Jünger, ein riesiges Echo gefunden.

Jesus selbst war kreuz und quer durch das Land gezogen. Folgte man aber der Hauptrichtung Seines Zuges, so konnte man feststellen, daß es immer weiter nach Süden ging, immer näher an Jerusalem heran. Im Laufe des Jahres hatte er dabei Seinen Jüngern immer deutlicher zu verstehen gegeben, daß Sein Ziel die heilige Stadt war, daß Er aber den Besuch dort diesmal nicht überleben würde.

Seine Jünger konnten oder wollten diese Prophezeiungen nicht recht verstehen. Sie waren eigentlich der Meinung, daß ihr Rabbi, den sie immer mehr für den Messias hielten, nachdem Er so viele Wunder getan und sogar Tote auferweckt hatte, unsterblich sein müsse und daß niemand Ihm etwas anhaben könne.

Andererseits fragten sich die Jünger auch, warum Jesus nach Jerusalem ging, um am Passahfest teilzunehmen, wenn Er doch wußte, daß man Ihm dort nach dem Leben trachtete.

Es war noch eine Woche bis zum Passahfest, als Jesus mit Seinen Jüngern in Bethanien, wenige Kilometer von Jerusalem entfernt, eintraf. Sie waren zum Abendessen bei einem anderen Simon eingeladen, der aussätzig gewesen war und den Jesus geheilt hatte.

Als weiterer Gast war an diesem Abend Lazarus anwesend, an dem Jesus wohl Sein erstaunlichstes Wunder vollbracht hatte. Lazarus war gestorben und hatte schon vier Tage im Grab gelegen, als Jesus an seiner Grabkammer stand und ihn herausrief. Zum Erstaunen aller, der Freunde und Feinde Jesu, war Lazarus von den Toten auferstanden und aus der Grabkammer hervorgekommen.

Dieses Ereignis war der Höhepunkt Seines Dienstes in diesem Jahr gewesen. Das Wunder hatte soviel Aufsehen erregt, daß Jesus gezwungen war, sich für einige Zeit in die Einsamkeit zurückzuziehen.

Es war eine schöne Zeit an diesem Abend. Jesus und Seine Jünger saßen mit Simon und anderen Gästen zum Abendessen im oberen großen Speisesaal von Simons Haus zusammen. Da Simon Junggeselle war, hatte er Maria und Martha, die Schwestern von Lazarus, gebeten, sich um das Abendessen zu kümmern. Sie waren im Erdgeschoß mit einigen anderen Helferinnen fleißig damit beschäftigt, die verschiedenen Speisen von Fisch, Geflügel, Rindfleisch sowie diverse Käse und Gemüse sowie Obst und anderes zuzubereiten und nach oben zu den Gästen zu tragen, die den Köstlichkeiten eifrig zusprachen.

Während die Männer sich die Früchte schmecken ließen, die als Nachtisch serviert wurden, betrat Lazarus' Schwester Maria leise den Raum. Diesmal brachte sie keine neue Schüssel mit Speisen, sondern hatte eine Flasche mit parfümiertem Salböl in der Hand.

Maria trat still vor Jesus hin und kniete vor Ihm nieder, während die Männer höflich schwiegen. Es war nicht ungewöhnlich, daß man einem Gast, den man besonders ehren wollte, die Füße salbte. Maria zog nun dem Meister die Sandalen aus, öffnete die Flasche und begann damit, die Füße Jesu zu salben.

Als sich der Geruch des Salböls im Raum verbreitete, erkannten die Männer, daß es ein besonders teures und kostbares war. Judas Ischariot, dem stets jeder Pfennig leid tat, den er nicht behalten konnte, besaß die Frechheit, die Freigebigkeit der jungen Frau zu tadeln. Er sagte: *„Warum hat man dieses Öl nicht für dreihundert Denare verkauft und den Erlös den Armen gegeben?"*

Unter den Jüngern erhob sich ärgerliches Gemurmel über diese Ungezogenheit. Doch ehe es noch lauter wurde, schnitt Jesus allen das Wort ab und sagte zu Judas Ischariot: *„Warum laßt ihr die Frau nicht in Ruhe? Sie hat ein gutes Werk an Mir getan. Denn die Armen habt ihr immer bei euch, Mich aber habt ihr nicht immer. Als sie das Öl über Mich goß, hat sie Meinen Leib für das Begräbnis gesalbt."*

Erschreckt fuhr Maria zurück, nahm ihre Ölflasche und verließ den Raum. Jesu Worte brannten in ihrem Herzen: *„Die Armen habt ihr immer bei euch. Mich aber habt ihr nicht immer bei euch."*

10. Kapitel

Am nächsten Tag begann die Passahwoche. Als Jesus mit seinen Männern das Haus in Bethanien verließ, in dem sie übernachtet hatten, war die Straße voller Menschen, die auf Sein Erscheinen warteten. In dem kleinen Dorf war jeder mögliche Schlafplatz von Pilgern belegt, die zum Passahfest nach Jerusalem gekommen waren.

Die Menschen nahmen an, Er werde nach Jerusalem gehen. Sie waren entschlossen, sich Ihm anzuschließen, um mögliche Wunder zu erleben, die Er vielleicht tun würde.

Als Jesus mit Seinen Jüngern den kleinen Ort Bethphage am Ölberg erreichte, unmittelbar vor Jerusalem, drängten sich schon so viele Menschen um Ihn, daß Er kaum noch vorwärts kam. Seine Jünger hatten Ihm einen Esel gebracht, auf dem Er nun ritt, und umgaben Ihn, um die drängende Menge wenigstens auf Armlänge halten zu können. Doch je näher sie der Stadt kamen, um so begeisterter wurden die Menschen

Da viele in Ihm den Messias sahen, begannen sie zu rufen: *„Gesegnet sei der König, der kommt im Namen des Herrn! Im Himmel Friede und Herrlichkeit in der Höhe!“*

Junge Männer kletterten auf Palmen, die am Weg standen, brachen Blätter ab und warfen sie vor Jesus auf den Boden. Andere entledigten sich ihrer Oberkleidung und breiteten sie vor Ihm auf dem Weg aus, und Kinder sangen und tanzten, während sie mit Palmblättern wedelten und riefen: *„Gelobt sei der Sohn Davids! Hossianna in der Höhe!“*

Den ganzen Weg den Ölberg hinunter und in die Stadt hinein setzte sich dieser Jubel fort. Pharisäer und andere religiöse Führer ärgerten sich darüber, daß man Jesus so umjubelte. Sie riefen Ihm zu: *„Meister, bring Deine Jünger zum Schweigen!“*

Jesus, der vom Volk vorwärts geschoben wurde, blickte zu ihnen hin und rief: *Es ist eine heilige Zeit.* Er wies mit der Hand auf die jubelnde Menschenmenge und fügte hinzu: *„Ich sage euch, wenn sie schweigen, werden die Steine schreien!“*

Juda erinnerte sich an den Tag, als er mit Simon und Ruben zum Tempel hinaufgegangen war. Da hatte er Jesus zum ersten Mal gesehen. Es war an dem Tag gewesen, als der Meister die Händler und Geldwechsler aus dem Tempel vertrieben hatte. Das lag nun mehr als drei Jahre zurück.

Heute stieg er neben Simon wieder die breiten Stufen hinauf zur Schönen Pforte, um in den Tempel zu gehen, dabei sangen sie ebenfalls das traditionelle Lied. Und trotzdem war es heute ganz anders. Erstens befanden sie sich in Begleitung Jesu und der anderen Jünger, und außerdem wurden sie umdrängt von einer riesigen Menschenmenge. Zwischen den Strophen des Pilgerliedes riefen die Menschen immer wieder „Hosianna!“ oder „Ehre sei dem König!“

Getragen vom Jubel der Menschenmenge vergaß Juda, was sie am Vorabend erlebt hatten. Vergessen waren die Gedanken an Tod und Niederlage, und alle Jünger waren wieder überzeugt davon, daß Jesus unbesiegbar sei.

Wäre Jesus nur auf den Jubel der Menschenmenge eingegangen, dann hätten sie Ihn auf der Stelle hier im Tempel zum König gekrönt und im Triumph zum herodianischen Palast geführt. Sie hätten sich gegen Rom erhoben und in Jesus den unbezwingbaren Führer ihres Heeres gesehen. Was hätte den Mann aus Nazareth schon aufhalten können, wäre Er auf den Willen des Volkes eingegangen?

Simon Zelotus schien die gleichen Gedanken zu bewegen, denn in einem Rausch von Begeisterung legte er Juda den Arm um die Schulter und rief: „Preis sei dem König!" und „Hosianna dem Sohn Davids!"

Ja – für Juda Thaddäus wurde es immer deutlicher! Innerhalb kurzer Zeit würde Israel wieder als mächtiger freier Staat dastehen, größer als zur Zeit Davids. Es würde ein Königreich sein, das von Ägypten bis Griechenland und Babylon reichte. Und Jesus würde der König sein! So war es von Gott bestimmt, davon war Thaddäus überzeugt. Nun würde geschehen, wofür die Juden die vergangenen vierhundert Jahre gebetet hatten.

Als die Begeisterung der Menge immer ungestümer wurde und immer mehr Menschen herzuströmten, blieb Jesus auf einer der obersten Stufen stehen. Er drehte sich um und erhob die Arme, als würde Er Ruhe fordern. Fast augenblicklich schwieg die Menge. Atemlos lauschten alle auf die Worte, die aller Überzeugung nach nun kommen mußten. Der Messias, ihr Heerführer, würde nun sprechen. Er würde sie aufrufen zum großen Kampf.

Eine ganze Weile stand Jesus mit erhobenen Armen still und ließ Seine Augen über die versammelten Menschen gleiten. Thaddäus war es, als sei auf dem Gesicht des Meisters nichts von dem Jubel zu sehen, den die Menschen hier empfanden, sondern eher ein Anflug von Traurigkeit. Warum das so war, konnte Juda Thaddäus nicht verstehen.

Nun senkte Jesus Seine Arme wieder und blickte über die Menschen hinweg auf die unter Ihm liegende Stadt. Tränen traten in Seine Augen, und Er rief: *„O Jerusalem, wenn doch auch du an diesem Tag erkannt hättest, was dir Frieden bringt. Jetzt aber bleibt es vor deinen Augen verborgen!"*

Thaddäus wandte sich Simon zu und flüsterte: „Kannst du verstehen, was Er meint?" Der Zelotus schüttelte nur stumm den Kopf.

Jesus stieg noch zwei Stufen höher, blieb wieder stehen und rief laut: *„O Jerusalem, es wird eine Zeit für dich kom-*

men, in der deine Feinde rings um dich einen Wall aufwerfen, dich einschließen und von allen Seiten bedrängen. Sie werden dich und deine Kinder zerschmettern und keinen Stein auf dem anderen lassen!"

Es war Jahrhunderte her, daß man in Jerusalem solche Warnungen gehört hatte. Die alten Propheten, Jesaja, Jeremia und andere hatten so ähnlich geredet, und in der babylonischen Gefangenschaft waren ihre Worte wahr geworden. Doch als sie solche Warnungen aussprachen, hatte niemand sie verstanden noch auf sie gehört.

So war es heute auch. Nicht einmal Jesu engste Gefährten verstanden Ihn, denn eben hatten sie noch gejubelt und an eine glorreiche Zukunft gedacht. Sie hatten einfach kein Ohr für die Warnungen Jesu. Und natürlich wollten sie auch nichts hören, was ihre schönen Zukunftsträume hätte stören können.

Als Jesus bemerkte, daß Seine Worte weder Gehör noch Verständnis fanden, legte Er Seine Hände wie ein Sprachrohr an den Mund und schrie nochmals, so laut Er konnte: *„An jenem Tag wird hier kein Stein auf dem anderen bleiben, denn du hast die Zeit der Gnade versäumt!"*

11. Kapitel

Juda Labbäus Ben Thaddäus eilte über die Hirtenfelder, die zwischen der Straße nach Jerusalem und der Siedlung Qumran lagen. Seine Füße bluteten von den scharfkantigen Felsbrocken, auf die er nicht achtete, und sein Gesicht war totenblaß. Hier und da waren Risse in seinem Gewand, verursacht durch Dornsträucher und scharfe Ecken, auf die er bei seiner Flucht nicht geachtet hatte.

Sein Gesicht war naß von Tränen, die seit seiner Flucht aus Jerusalem ständig und unkontrolliert aus seinen Augen strömten. In Thaddäus' Herz und Seele saß tief der Schrecken.

Während er eilig lief, schaute er sich immer wieder einmal um, ob vielleicht Verfolger hinter ihm her sein könnten. Tausend Gedanken und Fragen über die unverständlichen Ereignisse der hinter ihm liegenden Tage gingen ihm durch den Kopf. Er und die anderen Jünger hatten bei allem nur dabeigestanden, ohne daß sie irgend etwas hätten tun können. Sie waren nur Beobachter gewesen.

Es würde Monate, ja Jahre dauern, bis er verstehen würde, was geschehen war, und bis er sich damit abfinden konnte. Die Geschehnisse der letzten Tage, angefangen mit Jesu triumphierendem Einzug in Jerusalem bis zum Passahfest und Jesu Gefangenahme und Verurteilung zogen immer wieder wie ein schrecklicher und unwirklicher Traum an seinen Augen vorüber.

All diese Ereignisse hatten schon angefangen, Thaddäus zu verändern. Ob zum Guten oder Schlechten, würde sich erst noch zeigen. Für den Augenblick hatten sie aus ihm einen Feigling gemacht, einen Mann, der davonrannte und den allein ließ, den er geliebt und bewundert hatte und von dem er glaubte, Er sei der Messias.

Jesus starb – vielleicht gerade in dieser Stunde! Und alles, was Thaddäus je erhofft hatte, war schon gestorben. Und Thaddäus war, als sei auch er schon gestorben, mindestens innerlich fühlte er sich so.

Doch die Gedanken, die unaufhörlich durch seinen Kopf jagten und ihn quälten, sagten ihm deutlich genug, daß er noch am Leben war. War es wirklich erst einige Tage her, daß er und die anderen Jünger mit Jesus auf einer Welle überströmender Begeisterung des Volkes in den Tempel eingezogen waren? Konnte es sein, daß erst vor wenigen Tagen die Bevölkerung von Jerusalem und alle in der Stadt zum Passahfest versammelten Juden bereit gewesen waren, Jesus von Nazareth zum König von Israel zu krönen?

Das war kaum möglich und schien eher wie ein Traum. Noch konnte Thaddäus es ganz fassen, daß dieselben Leute, die Ihn zum König krönen wollten, Jesus wenige Tage später den Römern übergaben und von ihnen Seinen Tod forderten.

Das war eine Geschichte, die in der Zukunft millionen Male und abermillionen Male erzählt werden würde. Es war die Geschichte eines Mannes, der Sein Verderben scheinbar selbst herbeigeführt hatte und der dieses Ende – Seinen Tod – selbst vorausgesagt hatte. Doch jetzt, in dieser Stunde, da Jesu Blut vielleicht immer noch aus Seinem gemarterten sterbenden Leib lief, konnte noch niemand, am wenigstens Juda Thaddäus, klarer darüber nachdenken.

Als Jesus am ersten Tag der Woche unter dem Jubel der Menschen den Tempel betrat, hatte Er ihn als erstes wiederum gereinigt und die Händler und Geldwechsler hinausgetrieben. Natürlich hatte das Seine Feinde, die es immer noch gab, zu nur noch größerem Zorn angestachelt.

Während der nächsten Tage hatte Jesus immer wieder auf Sein bevorstehendes Ende und auf die Zukunft Jerusalems und der ganzen Welt hingewiesen; Seine Reden waren immer apokalyptischer geworden. Und dann war es geschehen, in jener dramatischen Nacht in Gethsemane, daß man Jesus von Seinen Jüngern hinwegriß und wie einen Verbrecher vor das Gericht führte.

Am Abend hatte der Meister noch friedlich mit Seinen Jüngern beim Passahmahl gesessen. Doch am Ende des Mahls hatte Er schon deutlich auf Sein bevorstehendes Verderben und auf den Verrat eines der Jünger hingewiesen. In der Dunkelheit war Er dann mit Seinen Jüngern in den Garten Gethsemane am Fuß des Ölbergs gegangen, um dort zu beten.

Hier in Gethsemane war geschehen, was der Meister vorausgesagt hatte. Judas Ischariot, einer der zwölf Jünger, war zu den Obersten des Volkes, den Feinden Jesu, gegangen und hatte ihnen verraten, wo sie Ihn in dieser Nacht finden konnten. Daraufhin war eine starke Abteilung der Tempelpolizei, mit Judas Ischariot als Führer, in den Garten gekommen und hatte Jesus aus der Mitte Seiner Jünger heraus gefangengenommen.

Von da an war alles Weitere wie ein schrecklicher Traum, der nicht Wirklichkeit sein konnte, an Juda Thaddäus vorübergezogen. Man hatte Jesus zum Hohen Priester und vor den Sanhedrin, den Hohen Rat der Juden, geschleppt. Der Sanhedrin hatte Ihn zu Pontius Pilatus, den römischen Statthalter von Judäa, bringen lassen. Doch dieser hatte gezögert, in religiösen Angelegenheit der Juden Richter zu sein.

Als Pilatus hörte, daß Jesus aus Galiläa stammte, hatte er ihn zu Herodes Antipas, den Regent der Provinz Galiläa, gesandt, der des Passahfestes wegen in Jerusalem weilte. Überall war Jesus während der Verhöre verspottet und geschlagen worden.

Da auch Herodes Antipas sich weigerte, ein Urteil über Jesus zu fällen, sandte er Ihn zurück zu dem römischen

Statthalter Pilatus. Hier versammelten sich nun die Führer der Juden, um von Pilatus die Gerichtsverhandlung zu erzwingen. Dazu hatten sie falsche Zeugen gekauft, die gegen Jesus aussagen sollten. Außerdem hatten die Feinde Jesu eine große Volksmenge zusammengebracht, die sich vor Pilatus' Gerichtsgebäude versammelten und den Tod Jesu forderten. Sie schrien unaufhörlich: „Kreuzige Ihn! Kreuzige Ihn!"

So bedrängt, gab Pilatus endlich nach und verurteilte Jesus zum Tod am Kreuz. Vorher wurde Jesus noch eine Dornenkrone von den Soldaten aufgesetzt, und Er wurde verspottet und hart geschlagen. Anschließend zwang man Jesus, Sein eigenes Kreuz vom römischen Prätorium aus zum Hinrichtungshügel Golgatha zu tragen.

Juda Thaddäus war dem unter dem schweren Kreuz taumelnden Meister und den römischen Soldaten, die Ihn bewachten, bis zum Stadttor gefolgt, doch dann war er davongelaufen. Er kannte die römische Hinrichtungsart nur zu gut und fürchtete, den Anblick Jesu am Kreuz nicht ertragen zu können. Seine Reaktion hätte ihn vielleicht verraten und er wäre als Jesu Nachfolger ebenfalls noch gefangen genommen worden. Dieser Gedanke hatte ihn veranlaßt zu fliehen.

Qumran, wo er früher gelebt hatte und wo auch sein Vater noch war, schien ihm der einzige Ort zu sein, zu dem er fliehen konnte. Nun stolperte er, wegen seiner tränenumflorten Augen alles nur verschwommen sehend, den letzten Hügel hinauf, von dem aus er, das wußte er von früher, Qumran vor sich liegen sehen konnte.

Auf dem Hügel angekommen, betrachtete er kurz sich selbst. Er kam zu dem Schluß, daß er so weinend und mit unordentlicher Kleidung nicht vor seinen Vater und den anderen Mönchen hintreten sollte. Also suchte er vor dem unaufhörlichen Regen Schutz unter dem Vorsprung eines großen Felsbocks und versuchte sich zu fassen, die Tränen abzuwischen und seine Kleidung ein wenig zu ordnen.

Nach einiger Zeit machte er sich wieder auf den Weg und hoffte, in der Abgeschiedenheit der Wüstensiedlung vielleicht doch wieder Frieden zu finden.

12. Kapitel

Simon Zelotus saß zusammengesunken und zitternd in Rubens nur mäßig erleuchtetem Besuchszimmer. Die Wolken und der unaufhörliche Regen ließen nur mattes Licht durch die Fenster hereinkommen. Außerdem legte sich, obwohl es früher Nachmittag war, eine immer stärker werdende seltsame Dunkelheit über Jerusalem, und ein unheimlicher Sturm heulte über die Dächer Jerusalems und um den Tempel auf dem heiligen Berg. Für Ruben und Simon war es, als spiegele die draußen immer tiefer werdende Dunkelheit den Zustand ihrer Seele wider.

Wie Juda, so waren auch die meisten anderen Jünger Jesu vor dem Ort der Kreuzigung geflohen. Einige verbargen sich in dem Haus, in dem sie mit Jesus das letzte Passahfest gefeiert hatten; andere, wie Simon, versteckten sich an anderen Plätzen innerhalb und außerhalb der Stadt, um nicht als die Jünger Jesu erkannt zu werden.

Seit Simon und Juda hier im Tempel vor mehr als drei Jahren Jesus begegnet und von da an Ihm nachgefolgt waren, hatten sie Ruben nur einmal gesehen. Das war am Anfang dieser Woche gewesen, als Jesus im Tempel lehrte. Freudig hatten sie sich begrüßt und sich gegenseitig viel zu erzählen gehabt. Ruben hatte ihren Entschluß, daß sie Jesu Jünger geworden waren, verstanden und gutgeheißen.

Deshalb war es nur natürlich, daß Simon in dieser kritischen Stunde in Rubens Haus Zuflucht gesucht hatte. Nun saß er vor dem Feuer, um seine nasse Kleidung trocknen zu lassen. Wo Juda geblieben war, wußte er nicht. Sie hatten sich zuletzt am Stadttor gesehen, auf der Straße, auf der Jesus sein Kreuz zur Hinrichtungsstätte trug. *Vielleicht ist er ein ähnlicher Feigling wie ich und hat sich auch versteckt,* überlegte Simon.

„Warst du bei der Gerichtsverhandlung anwesend?" fragte Ruben vorsichtig, weil er seinen Gast nicht drängen wollte.

Simon schreckte aus seinen Gedanken auf und betrachtete nachdenklich seinen Freund. „Verhandlung?" antwortete er zornig. „Das war eine Farce, aber keine Verhandlung. Die Priester und Schriftgelehrten hatten Jesu Tod beschlossen, noch ehe die Verhandlung begann. Sie suchten nur noch Pilatus' Zustimmung."

Ruben nickte betrübt und blickte nachdenklich in die Flamme. „Für dieses eine Mal waren sie mit einem römischen Urteil zufrieden. Pilatus' Urteil gab ihrem Tun den Anschein der Legalität und beruhigte ihr Gewissen."

„Erinnere dich, wie Jesus vor wenigen Tagen über die Pharisäer schimpfte", sagte Simon. „Ich habe mir da schon Sorgen gemacht. Es schien fast, als wolle Er die Feindschaft der Pharisäer noch herausfordern."

„Das stimmt", bestätigte Ruben. „Ich bin bis ins Innerste erschrocken, als Jesus sagte: *‚Weh euch, ihr Schriftgelehrten und Pharisäer, ihr Heuchler! Ihr gebt den Zehnten von Minze, Dill und Kümmel und laßt das Wichtigste im Gesetz außer acht: Gerechtigkeit, Barmherzigkeit und Treue. Man muß das eine tun, ohne das andere zu lassen. Blinde Führer seid ihr: Ihr siebt Mücken aus und verschluckt Kamele!"*

Als habe Jesus ein Schwert gezogen und gegen ihre Brust gerichtet, hatte Er fortgefahren: *„Weh euch, ihr Schriftgelehrten und Pharisäer, ihr Heuchler! Ihr haltet Becher und Schüssel von außen sauber, innen aber sind sie voll von dem, was ihr in eurer Maßlosigkeit zusammengeraubt habt. Du blinder Pharisäer! Mach den Becher zuerst innen sauber, dann ist er auch außen rein!"*

In einem Ton, der an Johannes den Täufer erinnerte, hatte Er sie angefahren: *„Weh euch, ihr Schriftgelehrten und Pharisäer, ihr Heuchler! Ihr seid wie die Gräber, die außen weiß angestrichen sind und schön aussehen; innen aber sind sie voll Knochen, Schmutz und Verwesung. So erscheint auch ihr von außen den Menschen gerecht, innen aber seid ihr voll Heuchelei und Ungehorsam gegen Gottes Gesetz. ... Ihr Nattern, ihr Schlangenbrut! Wie wollt ihr dem Strafgericht der Hölle entrinnen?"*

Natürlich lebte Johannes der Täufer schon längst nicht mehr. Herodes Antipas hatte ihn ins Gefängnis gebracht und dann enthaupten lassen.

Jesus selbst war in Seinem Zorn an jenem Tag noch längst nicht zu Ende gewesen. Nachdem Er mit den Pharisäern abgerechnet hatte, wandte Er sich dem Volk zu und rief: *„Jerusalem, Jerusalem, du tötest die Propheten und steinigst die Boten, die zu dir gesandt sind. Wie oft wollte Ich deine Kinder um Mich sammeln, so wie eine Henne ihre Küken unter ihre Flügel nimmt; aber ihr habt nicht gewollt. Darum wird euer Haus verlassen. Und ich sage euch: Von jetzt an werdet ihr Mich nicht mehr sehen, bis ihr ruft: ‚Gesegnet sei er, der kommt im Namen des Herrn!'"*

Simon und Ruben erinnerten sich noch gut an diese und andere Worte, die der Herr an jenem Tag gesagt hatte. Als sie jetzt das Trappeln von Pferdehufen in der Straße hörten, eilte Ruben zum Fenster und schob vorsichtig den Vorhang ein wenig beiseite. „Es sind römische Soldaten, die zum Prätorium zurückkehren", sagte er. „Vielleicht kommen sie von der Hinrichtungsstätte." Fragend schaute er seinen Gast an. „Meinst du, es ist vorüber?" fügte er hinzu.

Simon schüttelte den Kopf. „Ich glaube nicht. Jesus ist ein kräftiger Mann. Er wird noch für eine Zeit zu leiden haben."

Seine eigenen Worte trafen das Herz des Zeloten wie ein Messerstich. Er verachtete sich selbst, daß er den Meister verlassen hatte. Plötzlich sprang er auf, warf seinen Umhang über die Schulter und stöhnte: „Ich muß zu Ihm gehen! So halte ich es nicht mehr aus!“

„Es ist gefährlich“, warnte der Levit.

„Ich kann mich selbst nicht mehr ertragen, wenn ich Ihn verlasse!“ rief der Zelot. Ruben blickte nochmals zum Fenster hinaus und seufzte dann: „Also gut, ich begleite dich.“

Simon wartete nicht, ob sein Freund es ernst gemeint hatte, sondern eilte zur Tür. Ruben nahm seinen eigenen Umhang, setzte seine Kopfbedeckung auf und trat hinter Simon auf die dunkle Straße. Golgatha, der wie ein Schädel geformte Hügel, auf dem Jesu Kreuz stand, lag nördlich der Stadtmauer. Die beiden Männer eilten, um den Weg abzukürzen, durch die Höfe des Tempels, und nicht um den ganzen Tempelbezirk herum.

Als sie jetzt unter den riesigen Säulen hindurchschritten, dachte Simon an die Worte, die Jesus ihnen vor wenigen Tagen darüber gesagt hatte, als Er auf den Tempel wies: *„Es wird die Zeit kommen, da wird von allem, was ihr hier seht, kein Stein auf dem anderen bleiben; alles wird niedergerissen.“*

Ungläubig hatten die Jünger Ihn angeblickt, und Er hatte weitergeredet: *„Wenn ihr seht, daß Jerusalem von einem Heer eingeschlossen wird, dann könnt ihr daran erkennen, daß die Stadt bald verwüstet wird. Dann sollen die Bewohner von Judäa in die Berge fliehen; wer in der Stadt ist, soll sie verlassen, und wer auf dem Land ist, soll nicht in die Stadt gehen. Denn das sind die Tage der Vergeltung, an denen alles in Erfüllung gehen soll, was in der Schrift steht.“*

Ein besonders starker Windstoß heulte durch die Säulenreihe, und Simon raffte seinen Umhang enger um sich. *„Wehe den Frauen, die in jenen Tagen schwanger sind oder ein Kind stillen“*, hatte Jesus warnend weiter gesprochen, *„denn eine große Not wird über das Land hereinbrechen. Der Zorn Gottes wird über dieses Volk kommen. Mit scharfem Schwert wird man sie erschlagen, als Gefangene wird man sie in alle Länder verschleppen, und Jerusalem wird* *von den Heiden zertreten werden, bis die Zeiten der Heiden sich erfüllen.“*

Simon und Ruben hatten fast das nördliche Ende des Tempels erreicht, als es schien, Jesu drohende Worte würden schon in Erfüllung gehen. Mit so gewaltigem Heulen und ungeheurer Wucht fuhr der Sturm über den Tempel hin, daß die beiden Männer sich an den Säulen festklammern mußten, um nicht zu Boden geworfen zu werden.

Es mußte gegen drei Uhr nachmittags sein. Die Dunkelheit war nun nahezu undurchdringlich. Auch der für die Jahreszeit unübliche Regen wollte nicht nachlassen. Doch plötzlich begann der Moriah und die ganze Stadt zu beben. Ein dumpfes Grollen erscholl aus dem Erdinneren. Vom gegenüberliegenden Ölberg brachen große Felsbrocken los und rollten ins Kidrontal.

Auch im Tempelgebiet brachen Stücke von Decken, Wänden und Säulen. Simon und Ruben rannte in die Mitte des Hofes, um nicht von herabstürzenden Teilen getroffen zu werden, und warfen sich zu Boden. Die Bewegung der Erde schien sich im Tempelbezirk von außen nach innen, zum Heiligtum und dem Allerheiligsten zu bewegen. Die beiden Männer schauten sich erschrocken an. Die Frage, was aus dem heiligsten Ort des Tempels werden würde, stand in ihren Gesichtern.

So schnell sie konnten, eilten sie nun durch die Höfe zurück, dem Zentrum des Tempels zu und standen bald vor dem geheiligten Ort des Judentums. Ruben war einer der geringeren Leviten und hatte deshalb keinen Zugang ins Heiligtum. Doch es herrschten besondere Umstände, und außerdem war niemand da, der ihn zurückhalten konnte. Die Tempelpolizei und die Priester schienen bei den ersten Anzeichen des Erdbebens geflohen zu sein.

Zitternd vor Furcht öffnete Ruben das große Doppeltor, das ins Heiligtum führte. Simon folgte ihm. Es war dunkel in dem Raum, wie überall sonst auch. Die große Menorah, die normalerweise den Raum erleuchtete, war umgefallen, doch einige ihrer Arme brannten noch auf dem weißen Marmorfußboden, so daß es nicht völlig dunkel war.

Die beiden versuchten sich zu orientieren. Standen sie wirklich im Heiligtum? Und war die dunkle Wand vor ihnen das Allerheiligste? Der Ort, den nicht einmal ein Priester betreten durfte, nur der Hohe Priester einmal im Jahr.

Simon blieb stehen. Sein Herz pochte heftig. „Was tun wir nur?“ fragte er laut. „Wir sollten nicht hier sein.“

Doch Ruben ging tastend und langsam weiter. „Ich muß sehen, was mit des Herrn Haus geschehen ist“, erklärte er fest.

Des Herrn Haus? Diese Worte trafen Simon. Wie hatte Jesus gesagt? *Euer Haus wird wüst bleiben, nicht ein Stein bleibt auf dem anderen,* erinnerte er sich an die Worte des Meisters. „Komm zurück, Ruben!“ rief er. „Gehe nicht weiter! Es ist gefährlich!“

In diesem Augenblick wurde der Berg vom stärksten Erdstoß getroffen, und dabei fuhr direkt vor dem Allerheiligsten ein weißer, blendender Lichtstrahl vom Himmel herab. Das erneute Rumpeln im Berg wurde von einem reißenden Geräusch begleitet. Der Zelot fürchtete, seinem Freund könne etwas geschehen sein, deshalb tastete er sich weiter vorwärts und rief dabei Rubens Namen.

Er fand den Levit direkt vor dem riesigen Vorhang, der vor dem verbotenen Heiligtum hing und es abschloß. Ruben war zu Boden gestürzt, und Simon half ihm, sich wieder aufzurichten. „Freund“, rief er, „ist dir etwas geschehen?“

„Sieh“, stöhnte Ruben und wies auf den mehrere Zentimeter dicken Vorhang hin, hinter dem im Allerheiligsten der Gnadenstuhl stand, auf den, so glaubten die Juden, Jehova einmal im Jahr herabkam.

Sprachlos starrten die beiden Männer in dem spärlichen Licht der wenigen Öllampen auf den Vorhang. Er war von oben bis unten entzweigerissen. „Der Blitz vorhin“, flüsterte Ruben. „Oder war es ein Schwert aus Licht? Ich weiß es nicht. Aber direkt vor meinen Augen fuhr dieser Lichtstrahl in den Vorhang und schnitt ihn von oben nach unten entzwei.“

Der schwere Vorhang hing natürlich noch vor dem Allerheiligsten. Aber er war zerrissen und in der Mitte einen kleinen Spalt offen, so als würde der Allmächtige die Menschen nun einladen, durch den zerrissenen Vorhang zu Ihm zu kommen, der hinter dem Vorhang wohnte.

Und während die beiden Männer noch bestürzt standen und nicht fassen konnten, was geschehen war, stieg plötzlich von hinter dem Vorhang ein leuchtender Kreis, wie ein Halo, nach oben. Für einige Sekunden blieb er über dem heiligen Berg stehen, wie ein Gruß vom Himmel, dann verschwand er in den dunklen Regenwolken.

13. Kapitel

Während Ruben und Simon sich aufmachten, um nach Golgatha zu gehen, hatte Juda Thaddäus völlig durchnäßt wie ein verlorener Sohn den Eingang zur Siedlung der Essener erreicht. Er hatte erwartet, man würde ihm Schwierigkeiten machen und ihn nicht ohne weiteres hereinlassen. Doch er wurde sofort in einen warmen Raum geführt und bekam trockene Kleidung.

Einer der Ältesten war anwesend und sagte: „Wir haben immer versucht zu wissen, wo du bist. Und dadurch haben wir auch die Verbindung mit dem Rabbi Jesus von Nazareth aufrecht erhalten. Aber was ist geschehen? Warum bist du zurückgekommen?“

In diesem Augenblick betrat sein Vater Thaddäus den Raum, eilte zu ihm und umarmte ihn. „Du bist gegangen, um Schätze im Tempel zu finden“, sagte er lächelnd. „Aber ich hörte, daß du einen viel größeren Schatz gefunden hast.“

Juda blickte seinen Vater an. Er mußte sich Mühe geben, nicht wieder zu weinen. „Wißt ihr denn nicht, was geschehen ist?“ fragte er. „Ich bin Jesus nachgefolgt in der Hoffnung, den Messias gefunden zu haben. Doch ich kehre als Versager zurück. Ich bin einer Fata Morgana gefolgt.“

„Nun beruhige dich und berichte uns“, redete sein Vater ihm zu. „Sind die Dinge für den Nazarener so schlecht geworden? Wir hörten, Er hat viele Feinde.“

Juda hatte sich wieder gefangen und schüttelte betrübt den Kopf. „Ihr wißt es also doch nicht“, stellte er fest. „Nun, wie solltet ihr auch? Jesus wurde letzte Nacht von Seinen

Feinden gefangengenommen. Und heute haben sie Ihn gekreuzigt."

Juda blickte in die erschrockenen Gesichter um ihn herum. Doch ehe einer von ihnen antworten konnte, begann die Erde zu beben. In mehreren Wellen rollten die Erdstöße auch durch die Siedlung von Qumran, wenn auch nicht so stark wie in Jerusalem. „Es ist geschehen", rief einer der Ältesten. „Die Himmel und die Erde werden zerrissen von den Tränen Gottes!"

Die Ältesten blickten sich wissend an, während Juda Thaddäus sich über ihre Reaktion wunderte. Sein Vater legte ihm die Hand auf die Schulter. „Erinnerst du dich nicht mehr an die Worte des Propheten Jesaja, mein Junge?" fragte er. „Denke daran, wie wir sie gemeinsam lasen, als du noch ein Kind warst."

Als Juda, immer noch ein wenig verwirrt, nicht gleich antwortete, begann sein Vater die alten Worte des Propheten, die Jesaja vor mehr als 700 Jahren niedergeschrieben hatte, zu zitieren. Er und die anderen Gelehrten in Qumran kannten sie auswendig:

„Er wurde verachtet und
von den Menschen gemieden,
ein Mann voller Schmerzen,
mit Krankheit vertraut.
Wie einer, vor dem man das Gesicht verhüllt,
war Er verachtet; wir schätzten Ihn nicht.
Aber Er hat unsere Krankheit getragen
und unsere Schmerzen auf sich geladen.
Wir meinten, Er sei von Gott geschlagen,
von Ihm getroffen und gebeugt.
Doch Er wurde durchbohrt
wegen unserer Missetaten,
wegen unserer Sünden zermalmt.
Zu unserem Heil liegt die Strafe auf Ihm,
durch Seine Wunden sind wir geheilt.

Wir hatten uns alle verirrt wie Schafe,
jeder ging für sich seinen Weg.
Doch der Herr lud auf Ihn die Schuld
von uns allen.“

Ehrfürchtig hatten die anderen Mönche zugehört. Juda blickte zum Fenster hinaus zu den Höhlen in den Hügeln, wo viele der heiligen Schriften verborgen waren.

Die Essener gingen nach draußen und blickten nach Jerusalem hin, gerade als der letzte stärkste Erdstoß auch sie traf. Sie konnten zwar den heiligen Berg von ihrem Lager aus nicht sehen, erkannten aber den hellen Ring aus Licht, der für einige Augenblicke am Himmel über der Stelle hing, wo der Fels Moriah lag.

Hätten sie gewußt, daß im gleichen Augenblick auch der Vorhang vor dem Allerheiligsten im Tempel zerrissen war, wären sie noch ehrfürchtiger und auch voller Freude gewesen, denn sie hätten erkannt, daß die mehr als 700 Jahre alten Worte des Propheten, die einer der Ihren soeben zitiert hatte, nun in Erfüllung gegangen waren.

Intermezzo

Die Wochen, die der Kreuzigung folgten, waren die seltsamsten, die man je in Palästina erlebt hatte. Nur zwei Tage nach dem Tod des Nazareners begann sich das Gerücht zu verbreiten, Er sei wieder von den Toten auferstanden.

Wie immer die Menschen auf das Gerücht reagierten, ob mit Freude, Verwunderung oder Spott, es mußte zugegeben werden, daß Jerusalem dadurch in Verwirrung gestürzt wurde. Doch noch ahnte niemand, daß die Nachricht von der Auferstehung Jesu zusammen mit Seiner Kreuzigung die Geschichte der Menschheit von Grund auf ändern würde.

Obwohl die Jünger in alle Richtungen geflohen waren und sich versteckt hatten, nachdem man ihren Meister zum Tod durch Kreuzigung verurteilt hatte, fanden sie jetzt wieder zusammen. Sie wurden von demselben Impuls getrieben, der auch Simon Zelotus bewegt hatte, als er doch noch nach Golgatha gehen wollte.

Auch Judas Thaddäus' Herz war davon ergriffen worden, als sein Vater und die anderen Ältesten in Qumran ihn auf die Worte der Propheten hinwiesen. Nichts hatte ihn mehr in Qumran gehalten, und er war am nächsten Tag mit einem Herzen voller Erwartung nach Jerusalem zurückgekehrt.

So kam es, daß die Jünger, mit Ausnahme von Judas Ischariot, der den Herrn verraten und sich dann erhängt hatte, in Jerusalem wieder in demselben Raum beisammen waren, in dem sie mit Jesus das letzte Passahmahl gefeiert hatten, als zwei Tage nach Jesu Kreuzigung am Morgen Frauen zu ihnen kamen und erzählten, sie hätten das Grab Jesu leer gefunden.

An dem Tag, als Jesus gekreuzigt wurde, waren die Priester und Pharisäer zu den Römern gegangen und hatten gefordert, sie sollten Wachen am Grab des Nazareners aufstellen, denn dieser habe mehrere Male Äußerungen gemacht, die man so auslegen könnte, daß Er wieder auferstehen würde. Sollten Seine Jünger nun den Leichnam Jesu stehlen und dann behaupten, Er sei auferstanden, könnte daraus noch eine größere Verführung der Menschen entstehen als zuvor.

Die römischen Behörden sahen ein, daß dieses Argument durchaus seine Bedeutung hatte, und stellten deshalb die Wachen zur Verfügung.

Am Tag der Kreuzigung Jesu hatten die Frauen, die mit den Jüngern Jesus nachfolgten, die Arbeit, den Leichnam Jesu zur Beerdigung zu salben, nicht mehr ganz beenden können, da die Sonne am Freitagabend untergegangen war und damit der Sabbath begonnen hatte. Vor Beginn des Sabbaths mußte Jesu Leib noch schnell ins Grab gelegt werden. Deshalb machten sich die Frauen am Tag nach dem Sabbath, am Sonntag, morgens auf zu dem Garten, in dem sich das Grab des Meisters befand, um ihre Arbeit noch zu beenden.

Was sie vorfanden, veränderte den Lauf der Geschichte. Die römischen Wachen waren nicht mehr auf ihren Posten. Ein Vergehen, das nach römischen Militärgesetzen mit dem Tode bestraft wurde. Zu ihrem noch größeren Erstaunen war der riesige Stein, der vor dem Grab lag, weggerollt.

Als die Frauen sich nun sehr vorsichtig und zögernd dem offenen Grab näherten, fanden sie darin nicht den Leib ihres Meisters, sondern zwei Männer in weißen Kleidern, die dort saßen, wo Jesus gelegen hatte. Diese zwei Männer sagten zu ihnen: *„Warum sucht ihr den Lebendigen bei den Toten? Jesus ist nicht hier, Er ist auferstanden!“*

Die Frauen waren vor Schrecken, Staunen und Freude

fast ohnmächtig geworden. So schnell sie konnten, waren sie in die Stadt zurückgeeilt und hatten den Jüngern die unglaubliche Geschichte erzählt.

Maria Magdalena, die kurz nach den anderen Frauen zum Grab ging, war die erste, die den auferstandenen Jesus selbst sah. Als sie das Grab leer fand, stand sie weinend und voller Kummer im Garten. Da trat ein Mann zu ihr und fragte nach dem Grund ihres Weinens.

Sie hatte die Augen so voller Tränen, daß sie den Herrn nicht erkannte, und antwortete: *„Sie haben meinen Herrn weggenommen, und ich weiß nun nicht, wo ich Ihn suchen soll."*

Ein einziges Wort änderte alles. Der Fremde sagte nur: „Maria!" An der Stimme erkannte sie Jesus, und als sie nun sein Angesicht genau betrachtete, erkannte sie, daß es ihr Meister war. Sie fiel auf ihre Knie und wollte Seine Beine mit den Armen umfassen. Doch Jesus verbot es ihr und sagte, Er dürfe nicht angerührt werden, bis Er zu Seinem Vater aufgefahren war.

Dieser ersten Begegnung mit dem Auferstandenen folgten noch eine ganze Reihe anderer. Seinen Jüngern begegnete Er am gleichen Tag, als sie noch im Raum des Passahmahles beieinander waren. Mehreren Jüngern begegnete Er unterwegs auf der Straße. Dann forderte Er sie auf, nach Galiläa zu gehen, wo Er bei einer Gelegenheit von mehreren hundert Jüngern gemeinsam gesehen wurde. Auch am See Genezareth begegnete Er Seinen Jüngern, als sie beim Fischen waren.

Immer wieder schärfte er den Jüngern ein, sie sollten nun in alle Welt gehen und den Menschen verkündigen, daß Er wirklich der lebendige Sohn Gottes und der Erlöser der Welt ist. Und jeder, der sich zu Ihm bekehren würde, sollte gerettet werden. Das letzte Mal, daß Er ihnen diesen Auftrag aufs Herz legte, geschah es auf dem Ölberg, wo Er dann vor den Augen der Versammelten auf einer Wolke in den Himmel emporgehoben wurde.

Ehe dies geschah, informierte er sie noch, daß Er sie mit „Kraft aus der Höhe“ erfüllen würde. Sie sollten so lange in Jerusalem bleiben, bis sie diese Kraft empfangen würden, und dann sollten sie ihren großen Missionsauftrag beginnen.

Diese Kraft kam fünfzig Tage nach Jesu Kreuzigung und Auferstehung auf die Jünger, und zwar am jüdischen Pfingstfest. Während der vorhergehenden Wochen waren die Jünger in Jerusalem zusammen geblieben. Am Pfingsttag, waren 120 von ihnen beieinander, als der Heilige Geist *wie ein gewaltiger Wind* das Haus erfüllte, in dem sie zusammen waren, und auch das Leben eines jeden einzelnen von ihnen. Außerdem erschienen auf ihren Köpfen *Zungen wie von Feuer.*

Die mit dem Heiligen Geist erfüllten Jünger begannen in anderen Sprachen zu reden und verkündigten die Auferstehung und den Sieg des Herrn Jesus. Von der Kraft des Heiligen Geistes erfüllt eilten sie auch zum Tempel und predigten dort in vielen fremden Sprachen zu den aus vielen Ländern zum Fest versammelten Menschen. Petrus, als Wortführer der Jünger, trat auf und begann zu predigen:

„In den letzten Tagen wird es geschehen, so spricht Gott: Ich werde von Meinem Geist ausgießen über alles Fleisch. Eure Söhne und eure Töchter werden Propheten sein, eure jungen Männer werden Visionen haben, und eure Alten werden Träume haben.

Auch über Meine Knechte und Mägde werde Ich von Meinem Geist ausgießen in jenen Tagen, und sie werden Propheten sein.

Ich werde Wunder erscheinen lassen droben am Himmel und Zeichen unten auf der Erde: Blut und Feuer und qualmenden Rauch. Die Sonne wird sich in Finsternis verwandeln und der Mond in Blut, ehe der Tag des Herrn kommt, der große und herrliche Tag.

Und es wird geschehen: Jeder, der den Namen des Herrn anruft, wird gerettet.“

Die Zuhörer waren aufs äußerste erstaunt. Wie konnte ein einfacher Fischer vom See Genezareth eine solche Predigt mit soviel Überzeugungskraft halten? fragten sie sich. Petrus aber fuhr fort:

„Israeliten, hört diese Worte: Jesus von Nazareth, den Gott vor euch beglaubigt hat durch machtvolle Taten, Wunder und Zeichen, die Er durch Ihn in eurer Mitte getan hat, wie ihr selbst wißt – Ihn, der nach Gottes beschlossenem Willen und aus Vorauswissen hingegeben wurde, habt ihr durch die Hand von Gesetzlosen ans Kreuz geschlagen und umgebracht.

Gott aber hat Ihn von den Wehen des Todes befreit und auferweckt; denn es war unmöglich, daß Er vom Tod festgehalten wurde. David nämlich sagt über Ihn:

Du gibst mich nicht der Unterwelt preis, noch läßt Du Deinen Frommen die Verwesung schauen. Du zeigst mir die Wege zum Leben, Du erfüllst mich mit Freude vor Deinem Angesicht.

Nun, David ist gestorben und sein Grab ist heute noch bei uns. Also muß er hier prophetisch von einem anderen geredet haben, nämlich von seinem Herrn und Nachkommen Jesus Christus.

Diesen Jesus hat Gott auferweckt, dafür sind wir alle Zeugen. Nachdem Er durch die rechte Hand Gottes erhöht worden war und vom Vater den verheißenen Heiligen Geist empfangen hatte, hat Er Ihn ausgegossen, wie ihr seht und hört. David ist nicht zum Himmel aufgestiegen, vielmehr sagt er selbst:

Es sprach der Herr zu meinem Herrn: Setze Dich Mir zur Rechten, und Ich lege Dir Deine Feinde als Schemel unter Deine Füße.

Mit Gewißheit erkenne also das ganze Haus Israel: Gott hat diesen Jesus, den ihr gekreuzigt habt, zum Herrn und Messias gemacht!"

Die Menschen hatten aufmerksam den Worten des Petrus gelauscht. *„Als sie das hörten, traf es sie mitten ins*

Herz, und sie sagten zu Petrus und den übrigen Aposteln: Was sollen wir tun, Brüder?

Petrus antwortete ihnen: Kehrt um, und jeder von euch lasse sich auf den Namen Jesu Christi taufen zur Vergebung seiner Sünden; dann werdet ihr die Gabe des Heiligen Geistes empfangen. Denn euch und euren Kindern gilt diese Verheißung und all denen in der Ferne, die der Herr, unser Gott, herbeirufen wird.“

Auf diese Worte hin bekehrten sich am ersten Tag in Jerusalem 3000 Menschen und ließen sich taufen und wurden zur Gemeinschaft *des Weges,* so nannte man damals die ersten Christen in Jerusalem, hinzugetan.

So wurde die Gemeinde Jesu Christi geboren. Der Angelpunkt, um den sich die künftige Geschichte der Menschheit drehen würde.

UNTERGANG

WEHE DIR, JERUSALEM

66–70 n. Chr.

1. Kapitel

Es hatte in Jerusalem und Palästina kaum je eine unruhigere Zeit und aufrührerischere Generation gegeben als die, die dem Anfang der Gemeinde Jesu Christi folgte. Wenn je die Kräfte des Chaos, Gehenna, Hades oder Unterwelt – die jüdische, griechische und römische Vorstellung des Bösen – auf eine Nation losgelassen waren, dann in dieser Zeit auf Judäa und seine Hauptstadt Jerusalem.

Während die erstaunlichen Ereignisse, die vom Passah an bis Pfingsten und auch anschließend, die mit dem Entstehen der ersten Christengemeinde zusammenhingen, ganz Jerusalem erregten und ihre Einwohnerschaft in Gegner und Anhänger der Jesusnachfolger oder *Gemeinde des Weges,* wie man die Christen nannte, teilte, und während die Gemeinde schnell wuchs, stand sie doch nicht allzu lange im Mittelpunkt der nationalen Aufmerksamkeit.

Die Apostel und die ganze Gemeinde ließen sich nicht in die Politik Judäas hineinziehen. Ganz gleich, welcher politischen Richtung sie vorher anhingen, nach ihrer Bekehrung tendierten sie dazu, sich aus den politischen Affären herauszuhalten und sehr stark das Gemeindeleben zu pflegen. Dies war auch für das Wachstum der Gemeinde sehr notwendig, denn das erhielt ihre innere Einheit, die sie auch in Jahren der Verfolgung fest bleiben ließ. Als die politischen Fronten in Judäa sich immer mehr verhärteten, entstand der Gemeinde wenigstens von dieser Seite her keine neue Feindschaft und Auseinandersetzung.

Doch für Einzelpersonen, wie zum Beispiel für Simon

Zelotus, war es wesentlich schwerer, sich aus den säkularen Ereignissen herauszuhalten. Während es ihm in den Jahren in Qumran gelungen war, fiel es ihm in den folgenden Jahrzehnten des politischen Durcheinanders wesentlich schwerer. Die vierzig Jahre zwischen 30–70 nach Christus sahen politische, soziale und religiöse Wirren im Land wie noch nie vorher in der Geschichte Israels.

Nach dem Tod von König Herodes Agrippa I., einem Enkel von Herodes dem Großen, im Jahr 44 nach Christus setzten die Römer wieder einen römischen Prokurator über Judäa, Samaria und Idumäa ein. Die häufig wechselnden römischen Prokuratoren führten eine immer härtere und das jüdische Nationalbewußtsein immer mehr unterdrückende Herrschaft über Palästina ein. Das Ergebnis davon war, daß es immer häufiger zu gewaltsamen Aufständen der Juden kam, die dann jeweils mit noch härteren Maßnahmen unterdrückt wurden.

Grob gesagt war die jüdische Bevölkerung, abgesehen von der Gemeinde Jesu, in drei Gruppen gespalten, die sich immer heftiger befehdeten.

Da waren als erstes die Sadduzäer, zu denen hauptsächlich die reichen Landbesitzer und die Priesterkaste gehörte. Sie tendierten dazu, mit Rom zusammenzuarbeiten. Sie führten ein bequemes Leben, und ihre Positionen waren gesichert, solange Rom regierte. Die Priester wurden sogar mit römischer Zustimmung eingesetzt.

Zweitens gab es die Pharisäer. Zu ihnen gehörten die meisten Rabbis, also die Lehrer in den Synagogen, und die meisten Schriftgelehrten. Der größte Teil des Volkes hing ihnen an. Sie waren aber geteilt in Pazifisten und Aktivisten. Die Pazifisten glaubten, daß die Unterdrückung der Nation als Strafe für ihre Sünden ertragen werden mußte. Die Aktivisten hingegen riefen zum Widerstand gegen Rom und verwiesen auf das geschichtliche Beispiel der Makkabäer.

Und außerdem waren da noch Simon Zelotus alte Kameraden, die Sikari und die Zeloten, die sicherlich vieles mit den Aktivisten unter den Pharisäern gemeinsam hatten. Aber den Sikaris und Zeloten waren die großen Worte, die die Pharisäer machten, nicht genug, sondern sie schritten immer wieder zur Tat. Sie überfielen kleine römische Einheiten oder einzelne römische Soldaten und töteten sie. Auch Juden, die mit der römischen Verwaltung zusammenarbeiteten, wurden von ihnen umgebracht. Sie waren es, durch die der Funke des Aufruhrs immer wieder hell aufloderte.

Es war im Jahr 66 nach Christus. Simon Zelotus war einer der wenigen ersten Jünger Jesu, jetzt Apostel genannt, die noch in Jerusalem verblieben waren. Sein Freund und Gefährte Juda Thaddäus war schon vor vielen Jahren ostwärts nach Persien gezogen. Er wollte den Nachkommen der Magier, die damals bei der Geburt Jesu nach Judäa und auch nach Qumran gekommen waren, das Evangelium von dem Erlöser und Friedensfürst verkündigen.

Die meisten anderen Apostel hatten ebenfalls Jerusalem verlassen, um in fremden Ländern das Evangelium zu predigen und zu missionieren. Sie waren bis zu so weit entfernten Ländern wie Indien und Spanien gezogen, und allen anderen Ländern dazwischen.

Einer der erfolgreichsten Apostel oder Missionare war ein Mann, der nicht zu den ursprünglichen zwölf Jüngern gehörte, sondern am Anfang einer der eifrigsten Verfolger der *Gemeinde des Weges* gewesen war. Es war Saulus von Tarsus, ein wegen seiner Klugheit und Schriftgelehrtheit berühmter Pharisäer, der neben anderen auch die meiste Schuld an der Steinigung von Stephanus, dem ersten christlichen Märtyrer, trug. Anschließend hatte er die Gemeinde der Gläubigen in Jerusalem, aber auch in ganz Judäa, so hart verfolgt, daß die meisten geflohen waren, manche so weit wie bis nach Syrien.

Die Geschichte von Saulus' Bekehrung war eine der erstaunlichsten des übernatürlichen Eingreifens, die man je gehört hatte. Saulus war mit einer Reihe von Begleitern auf dem Weg nach Damaskus, um auch dort die Anhänger Jesu zu verfolgen und als Gefangene nach Jerusalem vor das Gericht zu schleppen. Auf dem Weg nach Damaskus wurde er von einem ungeheuer hellen Licht vom Himmel vom Pferd geworfen und wurde blind. Dabei hörte er eine Stimme vom Himmel, die ihn warnte, diesen Weg weiter zu gehen. Auf seine Frage, wer mit ihm rede, antwortete die Stimme: *„Ich bin Jesus, den du verfolgst!“*

Saulus bekehrte sich, wurde wieder sehend und einer der eifrigsten Verkündiger des Glaubens an Jesus Christus. Er bereiste gemeinsam mit anderen Gläubigen viele Länder rund um das Mittelmeer und gründete überall christliche Gemeinden. *Paulus,* wie er sich nun nannte, was *der Kleine* bedeutet, blieb Zeit seines Lebens sehr demütig, weil er wußte, daß er ein Verfolger der Gläubigen gewesen war. Er betrachtete sich selbst auch als den *Geringsten unter den Aposteln.*

Es war hauptsächlich dem Missionsdienst von Paulus zuzuschreiben, daß sich auch die Menschen anderen Glaubens und aus anderen Völkern für die Botschaft des Evangeliums von Jesus Christus öffneten.

Was Simon Zelotus betraf, so wurde er hin und her gerissen zwischen dem Verlangen, bei der missionarischen Arbeit der Gemeinde zu helfen, und seiner Liebe zu der Sache der Juden. Obwohl er ein treuer Nachfolger Jesu war, hatte er nie aufgehört, die Römer zu hassen. Er verbrachte seine meiste Zeit im Dienst der christlichen Gemeinde in Jerusalem, aber auch viel Zeit mit seinem levitischen Freund Ruben. Die beiden schmiedeten immer noch Pläne, wie der Tempelschatz gerettet werden könnte, wenn es notwendig werden würde.

Simon war auch nicht mehr jung, und er fragte sich manchmal, ob er seine Berufung verfehlt hatte. Diese Frage bedrückte ihn auch an dem Abend, als er wieder einmal zum Abendessen zum Haus seines Freundes Ruben ging.

Erst vor wenigen Wochen hatte Florus, der bösartigste und die Juden am meisten unterdrückende römische Prokurator, die römische Garnison von Jerusalem aufgehetzt, in den Straßen der Stadt eine Tötungsorgie zu veranstalten. Die römischen Soldaten waren in Gruppen durch die Stadt gezogen und hatten jeden Juden getötet, den sie auf der Straße antrafen.

Von den Dächern ihrer Häuser aus hatten die Juden begonnen, sich gegen die einzelnen Gruppen von Soldaten zu wehren und hatten vor allem in den vielen engen Straßen und Gassen ganze Lawinen von Steinen und Speeren auf die Römer herabgeworfen. Zum Erstaunen der Juden war es ihnen gelungen, eine Gruppe der Römer nach der anderen einzukesseln und zu töten. Die restlichen Soldaten hatten sich gemeinsam mit Florus fluchtartig in den Palast des Prokurators zurückgezogen.

Als die Juden nun sogar noch begannen, ihre eigenen Stellungen innerhalb Jerusalems zu befestigen, erkannte Florus, daß er mit den ihm verbliebenen Soldaten dagegen nichts unternehmen konnte, und floh nach Cäsarea.

Obwohl dieser kleine Erfolg nicht zu vergleichen war mit den großartigen Siegen der Makkabäer, so wurden die Zeloten und Sikari dadurch doch so sehr ermutigt, daß sie eine größere Schar ihrer Kämpfer nach Masada sandten, der Wüstenfestung südlich von Qumran, die einmal von Herodes dem Großen gebaut worden war. Sie überraschten die römische Besatzung und eroberten Masada mit allen darin vorhandenen Waffen und Vorräten. Dieser Erfolg erfüllte die ganze Nation mit Hoffnung, und die Achtung vor den Zeloten und Sikaris wuchs im Volk sehr stark.

Diese Gedanken gingen Simon durch den Kopf, als er auf dem Weg zu Rubens Haus war. Gewiß, er war schon alt. Aber gern hätte er noch für die Größe Israels gekämpft. Er hatte es immer bedauert, daß Jesus gegen Gewalt war und auch nicht für die heilige Sache Israels kämpfen wollte. Nie hätte er gedacht, noch an diesem Abend Gelegenheit zu bekommen, mitzukämpfen.

Er stand gerade am Eingang zu Rubens Haus und

berührte ehrfürchtig die Mesusah, als er hinter sich das Trampeln vieler Füße hörte. Er erblickte eine große Schar von Sikari und Zeloten, die durch die Straße rannten und schrien: „Ruhm sei Menahem! Ruhm sei Menahem!“ Dabei schwangen sie Schwerter und Speere über ihren Köpfen. Nun riefen sie: „Zum Tempel! Rettet Zion! Zum Tempel! Rettet Zion!“

Simon trat in den Hauseingang zurück. Der Name Menahem war ihm bekannt. Er war der Anführer der Kämpfer gewesen, die Masada erobert hatten. Nun wollten sie zum Tempel, um auch in Jerusalem den Sieg endgültig zu machen.

Hunderte und Aberhunderte von ihnen rannten an Simon vorbei. Einige der Älteren kannte er noch von früher. Auch sie erkannten ihn, obwohl er nun seit vielen Jahren zu den Jüngern Jesu gehörte. Einige Männer mit grauen Bärten blieben stehen und starrten ihn an. „Simon“, rief einer, „kommst du also doch endlich zu uns zurück!“

Einer seiner alten Kameraden klopfte ihm auf die Schulter und sagte: „Ich sehe, daß doch nicht alle Christen Feiglinge sind.“

In der Begeisterung des Augenblicks packten sie ihn bei den Armen und zogen ihn mit. Natürlich hätte er sich weigern können, sagte er sich später selbst. Aber es ging doch um eine gerechte Sache, dachte er, und so wie er Christ war, war er doch auch Jude.

2. Kapitel

So wie Simon nicht geglaubt hätte, noch einmal zu den Zeloten zurückzukehren, so erwartete er nicht, daß seine Mitarbeit dort volle fünf Jahre dauern würde. Als einer der Älteren nahm er kaum an den eigentlichen Kämpfen teil, sondern kümmerte sich mit anderen um die Versorgung der Kämpfer mit Waffen und Lebensmitteln.

Nachdem Menahems Kämpfer die Kontrolle über den Tempelbezirk errungen hatten, griffen sie nun die Antoniafestung und Herodes Palast an, die einzigen beiden Plätze der Stadt, in denen sich noch römische Truppen befanden. Nach harten Kämpfen wurden die römischen Legionäre besiegt und getötet.

In Vergeltung für die Niederlage in Jerusalem ließ der Prokurator Florus in Cäsarea viele Juden töten. Dadurch aber kam es zu einem allgemeinen Aufstand der Juden in ganz Palästina. Als von Antiochien aus eine starke römische Truppe nach Jerusalem marschierte, um die Stadt wieder der Kontrolle der Aufständischen zu entreißen, wurden sie in einem schmalen Tal nordwestlich von Beth-Horon von den jüdischen Kämpfern eingeschlossen. Die Juden griffen mit einer solchen Wut an, daß es nur wenigen Römern gelang zu entfliehen. Alle Waffen und Kriegsmaschinen – Schleudern, Katapulte, Rammböcke und anderes – fielen den siegreichen Juden in die Hände.

Die Antonia und andere herodianische Festungen wurden nun Waffenlager der Aufständischen, und Simon verbrachte seine meiste Zeit in diesen Lagern, um die Vorräte zu ordnen und gut zu lagern. Nur selten sah er seine Freunde aus der christlichen Gemeinde, obwohl er sie manchmal vermißte. Am meisten Kontakt hielt er noch mit Ruben, der ihn manchmal an seinen Entschluß, ein Jünger Jesu zu sein, erinnerte.

Im Frühling des Jahres 70 nach Christus übernahm der römische General Titus das Kommando über die römische Armee, mit der sein Vater Vespasian in Palästina auf dem Vormarsch gegen Jerusalem war. Vespasian, dem der Ruhm seiner Siege in Britannien vorausging, kehrte nach Rom zurück, um dort zum Kaiser gekrönt zu werden, während Titus mit großem Eifer in Palästina die Aufgabe in Angriff nahm, die sein Vater ihm hinterlassen hatte.

Ruben, der Levit, ging wie immer seinem Dienst im Tempel nach. Obwohl wegen der immer näherrückenden römischen Armee nicht zu sagen war, wie die Dinge ausgehen würden, bestanden die Priester darauf, daß der Tempeldienst nicht unterbrochen würde.

Die Spannung, die in der ganzen Stadt herrschte, wurde durch den lauten Ruf eines Widderhorns von der nördlichen Tempelmauer her unterbrochen. Simon, der in der neben dem Tempel gelegenen Antonia Aufseher der Waffenvorräte war, rannte zur Mauer hin. Hier traf er Ruben. „Was gibt es?“ fragte der Levit seinen Freund.

„Komm mit!“ antwortete Simon, der in voller Rüstung war und ein Schwert trug. Gemeinsam liefen sie die Stufen zur nördlichen Tempelmauer hinauf und wurden, oben angekommen, von Entsetzen ergriffen. Was sie sahen, konnte dem tapfersten Mann Furcht einjagen. Von Norden her marschierten zwei römische Legionen heran, die 5. und die 15., wie man an ihren Fahnen erkennen konnte. Zu diesen 10 000 Legionären kamen noch große Verbände von Hilfstruppen.

Als Simon, dem nun der Schweiß auf der Stirn stand, einmal nach Westen und Osten blickte, sah er voller Schrecken auch dort große Einheiten römischer Soldaten.

Von Westen her rückte die 12. Legion heran, und vom Osten her über den Ölberg die 10. Legion. Wie ein sich zusammenziehender Sturm rückten die Legionen von drei Seiten immer näher an die Stadt heran. Nur die vierte Seite nach Süden hin war offen geblieben.

Hätten sich die Verteidiger Jerusalems entschieden, nach Süden hin einen Ausfall zu wagen, wäre ihnen außer dem offenen Hirtenfeld kaum eine Möglichkeit geblieben, sich richtig zu entwickeln. Und auf dem offenen Feld wären sie ein leichtes Opfer der römischen Kavallerie geworden.

Als die Führer der Zeloten die Stärke der römischen Truppen und ihre Aufstellung erkannten, erteilten sie ihre Befehle. Johannes Gischala und Simon Bar Giora, die bisher Rivalen um den Oberbefehl über die Zeloten gewesen waren, wußten, daß sie nun zusammenarbeiten mußten. Gischala übernahm die Verteidigung des Tempelbezirks und der Anlagen nördlich und südlich davon, während Simon Bar Giora die Verantwortung für die westliche Oberstadt einschließlich der südlichen und nördlichen Mauern übernahm.

Die Zeloten vermuteten, daß der erste Angriff der Römer wohl der nördlichen Mauer gelten würde, die immer das schwächste Glied in der Befestigung Jerusalems gewesen war.

Nachdem die Römer ihre Lager aufgeschlagen hatten, begannen sie sofort Holz zu schlagen, zum Bau von Belagerungstürmen, um mit ihnen an die Mauern heranzufahren. Außerdem verloren sie keine Zeit, um ihre Katapulte und Schleudern aufzustellen und damit in die Stadt zu schießen.

Simon Zelotus schob seinen Freund, der ohne Rüstung war, wieder die Mauer hinunter, um ihn vor einem Zufallstreffer zu schützen. „Geh heim zu deiner Familie“, sagte er. „Dort bist du geschützter, und außerdem werden sie Angst haben.“

Doch Ruben weigerte sich, seinen Dienst im Tempel zu verlassen.

Die Belagerung Jerusalems, im Frühjahr begonnen, dauerte bis in den Sommer. Immer wieder versuchten die Römer, von den hohen fahrbaren Türmen aus auf die Mauern Jerusalems zu kommen und setzten ihre Rammböcke ein, um Breschen zu schlagen. Titus und seine Männer waren überrascht, mit welcher Tapferkeit die Juden kämpften, denen es immer wieder gelang, Belagerungstürme und andere Maschinen zu zerstören.

Nach langen harten Kämpfen war es den Römern endlich gelungen, auf die nördliche Mauer zu kommen. Von dort aus drangen sie in die Vorstadt ein, um die innere Mauer zu stürmen. Doch die Kämpfer Gischalas verteidigten voller Heldenmut die Festung Antonia und die Nordmauern des Tempels.

Dann wurde in Simons Abschnitt die zweite Mauer doch endlich von den Römern erstürmt, und ein heftiger Straßenkampf begann. Vier Tage lang gelang es den Zeloten, die Römer in den engen und winkligen Straßen und Gassen Jerusalems immer wieder aufzuhalten, bis sie sich endlich von Norden her zur inneren Mauer, die ursprünglich einmal die erste gewesen war, durchgekämpft hatten.

Hier mußte der römische General wieder neue Belagerungsmaschinen bauen lassen, um die Antoniafestung und das herodianische Grab des Hyrkanus, die Schlüsselstellungen für den Zugang zum Tempel, den Palast und die Oberstadt waren, zu erobern.

Mittlerweile gingen den Verteidigern und Bewohnern der Stadt die Lebensmittel aus. Schon längere Zeit versuchten sie immer wieder, bei Nacht durch die offene Südseite der Stadt ins freie Feld zu gelangen und von dort Gemüse, Kräuter usw. zu holen. Als die Römer das merkten, legten sie Trupps ihrer Soldaten in den Hinterhalt und fingen die Juden ab, die nachts herauskamen. Um die Verteidiger zu demoralisieren, ließen sie die Gefangenen dann im Blickfeld der Einwohner an Kreuzen aufhängen. Da die Römer auch keine Anstalt machten, die Gekreuzigten abzunehmen, wenn sie gestorben waren, begann bald von den verwesenden Leichen her ein schier unerträglicher Gestank über die Stadt hinwegzuziehen.

Als die Römer glaubten, zum endgültigen Angriff auf die Antonia ansetzen zu können, weil sie Maschinen groß genug gebaut hatten, war es den Zeloten inzwischen in aller Heimlichkeit gelungen, unter den Anfahrrampen für die großen Türme die Erde zu untertunneln und genug Holz nach dort zu schaffen. Als die Römer endlich nach siebzehn Tagen mühevoller Arbeit die Türme gegen die Mauern der Antonia rollten, rissen die Zeloten die hölzernen Abstützungen ihrer gegrabenen Tunnel ein, und die ausgehöhlte Erde brach unter der Last der Belagerungstürme zusammen. Die Türme sackten in die Erde ein oder stürzten um, und es gelang den Zeloten relativ leicht, sie von unten her in Brand zu setzen.

Titus mußte endlich einsehen, daß es ihm durch Erstürmung noch nicht gelingen würde, die starken Befestigungen der Antonia, des Tempels und der Oberstadt zu bezwingen. Er setzte also seine Hoffnung darauf, die Stadt auszuhungern und die Verteidiger durch Nahrungsmangel so sehr zu schwächen, daß sie kaum mehr kampffähig sein würden. Titus befahl also, rund um Jerusalem eine Mauer aus Holz zu errichten, die Tag und Nacht streng bewacht wurde. Nun war es niemand mehr möglich, auch nur noch kleine Mengen an Nahrungsmitteln in die Stadt zu bringen.

Als nach einigen Wochen die Römer dann die Antonia wieder angriffen, waren die Zeloten durch Hunger so geschwächt, daß sie die Festung nicht mehr verteidigen konnten. Sie fiel in die Hände der Römer.

Nun war es nur noch der geliebte Tempel, der die Stadt vor der endgültigen Einnahme durch die Römer schützte.

3. Kapitel

Simon Zelotus lag auf dem feuchten Boden eines Tunnels unterhalb des Tempels, wo Rubens Familie während der Zeit der Belagerung Schutz gefunden hatte. Sorgfältig verband Rubens Frau die Wunde an Simons Hüfte, die er während des Kampfes um die Antonia durch ein römisches Schwert erhalten hatte.

Immer noch hofften die den Tempel und die Oberstadt verteidigenden Zeloten auf ein Wunder, weil sie glaubten, Gott würde das Heiligtum nicht in die Hände der Heiden fallen lassen, sondern auf irgendeine Weise eingreifen.

Seit sechs Tagen schon bearbeiteten die römischen Rammen die Mauern des Tempels. Doch diese waren so mächtig, daß Titus fand, es sei unmöglich, sie zu zerstören. Als alle anderen Versuche, in den Tempel einzudringen, fehlgeschlagen waren, setzten sie endlich die mächtigen Tore in Brand. Als das Metall an den Toren zu schmelzen begann und das Holz darunter verbrannte, gelang es den römischen Kohorten endlich, durch die verbrannten Tore einzudringen. Unter fortwährenden Kämpfen bahnten sie sich ihren Weg durch die äußeren Höfe.

Eine Zeitlang leisteten die Zeloten im innersten Hof noch Widerstand, doch endlich, nachdem die meisten getötet oder schwer verwundet waren, wurde der Rest der Verteidiger überrannt. Es war der neunte Tag des Monats Ab, im Sommer des Jahres 70 nach Christus.

Ruben und seine Familie, die den verwundeten Simon mit sich führten, verließen unter größter Vorsicht den unterirdischen Gang, in dem sie sich bisher verborgen hatten, und eilten durch die vom Rauch der brennenden Häuser erfüllten Straßen südostwärts. Im Augenblick bestand in dieser Richtung die wenigste Gefahr, da sich die Anstrengungen und Aufmerksamkeit der römischen Truppen gegen den Tempel und die Oberstadt richteten.

Trotzdem durchstreiften plündernde Soldaten, vor allem von den Hilfstruppen, die Straßen, und von überall hörte man verzweifelte Schreie von Frauen und Kindern.

Simon Zelotus, Ruben und seine Familie wurden auf wunderbare Weise bewahrt. Es gelang ihnen, durch eine Bresche in der Mauer die Stadt zu verlassen und die Straße zu erreichen, die in die Wüste führte. Da die Römer die hölzerne Mauer, die sie um die Stadt gebaut hatten, nicht mehr bewachten. Mittlerweile war sie teilweise schon wieder eingerissen, weil die Soldaten das Holz für ihre Lagerfeuer verwendeten.

Als Ruben mit seiner Familie und Simon sich von der Stadtmauer her vorsichtig dem hölzernen Wall näherten, hörten sie plötzlich hinter sich lautes Tosen. Sie fuhren herum und blickten zurück. Da sahen sie, wie vom Moriah aus, wo das Heiligtum stand, eine riesige Feuerflamme zum Himmel emporschlug. Der Tempel, das großartigste Bauwerk der Welt, sank in Schutt und Asche.

Überall sahen sie nun Menschen aus der Stadt fliehen. Auch sie drehten sich wieder um und setzten ihren Weg in die Wüste Juda fort.

Es blieb Ruben und Simeon erspart, mit ansehen zu müssen, wie der siegreiche römische Feldherr die Tempelschätze plünderte, die sie hatten retten wollen.

Als der siegreiche Feldherr Titus nach seiner Rückkehr von Palästina in Rom einzog, führte er in seinem Triumphzug den siebenarmigen goldenen Leuchter aus dem Tempel, die silbernen Trompeten der Priester und viele andere wertvolle Gegenstände des Tempelschatzes mit sich.

In einem für Titus errichteten Triumphbogen, der heute noch in Rom in der Nähe des Kolosseums steht, wurden einige dieser Dinge festgehalten, zum Kummer all derer, die den Tempel geliebt hatten, und zum Schmerz von Menschen wie Simon und Ruben, deren Traum es gewesen war, die Schätze des Tempels zu retten.

Teil XII

Kreuzritter

326–1100 n. Chr.

1. Kapitel

Es war der Frühling des Jahres 326 nach Christus. Die Sonne schien von einem wolkenlosen Himmel auf die kleine Stadt Aelia Capitolina in der römischen Provinz Judäa.

Auch von der Bauweise her war die Stadt ganz einfach. Sie war angelegt wie ein römisches Lager und hatte nur zwei Hauptstraßen. Eine ging von Norden nach Süden, und die andere von Osten nach Westen, mit einem Stadttor am jeweiligen Ende der Straße. Außerdem gab es einen Aquädukt, ein Theater und, wie in jeder römischen Stadt, eine Anzahl öffentlicher Bäder. Das einzige Gebäude, das einigermaßen großartig erschien, war der bescheidene Tempel für den römischen Gott Jupiter, der an jener Stelle stand, an der früher der großartigste Tempel der Welt gestanden hatte.

Niemand, der die Geschichte der Stadt nicht kannte, wäre auf den Gedanken gekommen, daß unter dem Schutthaufen, auf dem die Stadt erbaut war, einmal die größte Stadt des Judentums gestanden hatte, die vor zwei Jahrhunderten von der Weltmacht Rom dem Erdboden gleichgemacht wurde.

Nachdem Titus Jerusalem erobert hatte, kämpften die Juden noch mehrere Jahrzehnte gegen das Römische Reich. Unter dem tapferen Bar Kochba versuchten sie noch einmal einen allgemeinen Aufstand. Doch als dieser von dem römischen Kaiser Hadrian mit grausamer Gewalt unterdrückt wurde, war es das letzte Mal gewesen. Nach der Niederlage der Juden bestimmte Kaiser Hadrian, daß der Name der heiligen Stadt ein für allemal ausgerottet werden sollte. Außerdem ließ er alle Reste der Mauern und Ruinen zerstören und dann das ganze ehemalige Stadtgebiet umpflügen.

Die neue Stadt (Aelia nach Hadrians Familie und Capitolina nach dem obersten römischen Gott Jupiter benannt) war vom Zeitpunkt ihrer Gründung an nur sehr wenig gewachsen. Allen Juden war es unter Todesstrafe verboten, die Stadt zu betreten oder sich ihr auch nur auf Sichtweite zu nähern.

Christen aus anderen Nationen durften die Stadt besuchen; und viele taten es, obwohl Hadrian den Geburtsort des Christentums dadurch entweiht hatte, daß er auf Golgatha, der Stelle der Kreuzigung Jesu, einen Tempel für die Liebesgöttin Venus errichten ließ.

An diesem Frühlingstag des Jahres 326 zog eine ganz besondere christliche Pilgergruppe nach dem verlassenen Jerusalem. Am westlichen Tor wurden sie vom römischen Bürgermeister und von einer Gruppe der vornehmsten Vertreter der Stadt ampfangen. Von den Einwohnern wurden sie jubelnd begrüßt und mit Blumen überschüttet.

Sieben silberne Trompeten verkündeten den Einzug in die Stadt. Und die Bürger, die einen guten Eindruck machen wollten, standen in ihren besten Kleidern am Straßenrand.

Die kleine Karawane war vom Meer her von einer Kohorte römischer Soldaten begleitet worden, eine sehr bescheidene Eskorte für eine kaiserliche Reisende, denn in der Kutsche, die den Mittelpunkt der Karawane bildete, fuhr die Kaiserin des römischen Weltreichs.

Als die vornehme Dame die Gardinen ein wenig beiseite schob und auf die Straße schaute, jubelte die Menge, aus Christen und Heiden bestehend, ihr zu. Viele waren auch aus den umliegenden Dörfern gekommen. Besonders für die Christen war sie so etwas wie eine Heldin und Heilige, denn Helena war die erste Person aus einer römischen Kaiserfamilie, die den christlichen Glauben annahm. Durch ihren Einfluß hatte sich auch ihr Sohn Konstantin, der kürzlich römischer Kaiser geworden war, zum christlichen Glauben bekehrt.

Was dies für die zukünftige religiöse und kulturelle Entwicklung der Welt bedeutete, konnte jetzt noch niemand wirklich übersehen. In späterer Zeit würde man dem Christentum einmal den endgültigen Verdienst oder die endgültige Schuld für den Untergang des Römischen Reiches geben.

Doch die einfachen Menschen, die an diesem Nachmittag an der Straße standen, wurden nicht von so weitreichenden Gedanken bewegt. Für sie war es staunenswert genug, daß die Kaiserin-Mutter sich auf die weite und beschwerliche Pilgerreise in das Land gewagt hatte, in dem ihr Erlöser lebte.

Begleitet wurde Helena von dem christlichen Bischof von Aelia Capitolina, dem ehrwürdigen Macarius. Dieser freundliche ältere Herr, der für seine Demut und seine Großherzigkeit gegenüber den Christen seines Bistums bekannt war, hatte die Kaiserin auf einem Kirchenkonzil in der Nähe von Konstantins Lieblingsstadt Byzanz kennengelernt.

Das erste offizielle Konzil war kurz nach der Geburt der christlichen Gemeinde in Jerusalem abgehalten worden. Dabei war es um die Fragen der gesetzlichen Reinigung und andere grundlegende Lehren gegangen, die zwischen den jüdischen Christen und den Christen aus den anderen Nationen entstanden waren. Jakobus, der Bruder Jesu, hatte in Gegenwart fast aller Apostel das Konzil geleitet. Seine Entscheidungen hatten der christlichen Gemeinde in nahezu dreihundert Jahren zum Wachstum und zur Ausbreitung in der damals bekannten Welt verholfen.

Doch während all dieser Zeit waren die Christen von den römischen Behörden auch oft grausam verfolgt und als Sündenböcke für soziale Mißstände hingestellt worden. Viele Tausende von Christen hatten den Märtyrertod sterben müssen. Deshalb war es durchaus keine Kleinigkeit, wenn nun ein römischer Kaiser Christ wurde und bestimmte, daß der christliche Glaube die in der römischen Welt bevorzugte Religion sei.

Doch schon vorher hatte der christliche Glaube das Römische Reich sehr weitgehend durchsetzt. Am Ende des ersten Jahrhunderts nach Christus gab es schon in jeder größeren Stadt des Römischen Reiches eine christliche Gemeinde; und am Ende des zweiten Jahrhunderts hatten die Missionare die Botschaft des Evangeliums schon bis Spanien, Britannien, Äthiopien und Indien getragen. Es ist nicht möglich, zu sagen, wie viele Christen es schon im Römischen Reich gab, als Konstantin sich zum Christentum bekehrte. Jedenfalls kann gesagt werden, es war eine Religion mit nicht gerade kleinem Einfluß.

Mit der Ausbreitung und dem größer werdenden Einfluß des Christentums waren auch neue Fragen unter den Gemeinden aufgetaucht, die dringend der Regelung bedurften. Als Konstantin sich nun zum Christentum bekehrte, richtete sich die Hoffnung auf ihn, die Möglichkeit zu schaffen, daß über diese dringenden Fragen entschieden wurde.

Da Konstantin in religiösen Fragen nur sehr schwach Bescheid wußte, berief er das erste allgemeine Kirchenkonzil nach dem Apostelkonzil in Jerusalem ein. Er ließ eine Einladung an alle Bischöfe und Patriarchen der christlichen Kirchen ergehen, sich in Nicäa, nahe Byzanz, zu treffen. Auf diesem Konzil wurde das Nicäische Glaubensbekenntnis herausgegeben, das für die nächsten fast zwei Jahrtausende die grundlegenden Richtlinien des christlichen Glaubens formulierte.

In diesem Konzil wurde auch der starke Wunsch laut, die Orte wiederzufinden, an denen die Ereignisse der Evangelien stattgefunden hatten, und sie zu beschützen. Es war Bischof Macarius, der Delegierte von Aelia Capitolina, der das Konzil zu einem solchen Entschluß beeinflußte. Ihm gelang es auch, die gläubige Kaiserin Helena dazu zu bewegen, sich um diese Angelegenheit zu kümmern. Sie war so sehr von dieser Sache begeistert, daß sie beschloß, selbst nach Palästina zu reisen. Mit dem Segen ihres Sohnes und kaiserlichen Geldmitteln ausgestattet, machte sie sich also auf die Reise ins Heilige Land.

Heute, als sie zum ersten Mal die Reste Jerusalems sah, die nicht einmal mehr Ruinen, sondern nur noch Trümmerhaufen waren, auf denen Aelia Capitolina erbaut worden war, stiegen ihr die Tränen in die Augen. Sie mußte sich große Mühe geben, ihre Fassung zu bewahren. Nie hatte sie erwartet, wie radikal die Auslöschung Jerusalems wirklich gewesen war. Unwillkürlich mußte sie an die Worte ihres Herrn und Erlösers denken, der gesagt hatte, es würde hier kein Stein auf dem anderen bleiben.

Bischof Macarius, der die freundliche Kaiserin schätzen gelernt hatte, lehnte sich ein wenig zu ihr herüber und blickte ihr in die Augen. Er war ein ehrwürdiger alter Mann von nahezu achtzig Jahren und kämpfte nun selbst mit den Tränen, als er ihre Reaktion sah. Er wußte genau, was sie fühlte, als er jetzt ihre Hände in die seinen nahm. Mit großväterlicher Güte versuchte er sie zu trösten:

„Die Dinge können hier nur noch besser werden", sagte er. „Die Heilige Stadt hat Zeiten großer Nöte durchmachen müssen. Sie kann nicht noch mehr leiden, als sie schon gelitten hat. Von heute an, und mit deiner Hilfe, liebe Herrin, werden die Dinge wieder besser werden."

Helena kämpfte tapfer mit den Tränen und trocknete ihre geröteten Augen mit dem Taschentuch. Die Kutsche fuhr nun langsamer und kam endlich vor einem bescheidenen Gebäude, welches das Zentrum der christlichen Gemeinde war, zum Stehen.

„Komm, meine Tochter", ermutigte der Bischof die Kaiserin. „Versuche fröhlich zu scin. Bedenke, viele meiner Leute haben viel getan, um deinen Besuch hier zu einem erfolgreichen und angenehmen zu machen."

Einer der Diener des Bischofs öffnete die Tür der Kutsche und verbeugte sich tief vor der Kaiserin, die nun völlig gefaßt und in ehrwürdiger Haltung herausstieg. Als sie die Straße betrat, wurde sie wieder von Trompetenklängen begrüßt, und unter dem Volk brach neuer Jubel aus. Helena gab sich alle Mühe, tapfer zu sein.

Die nächsten Tage waren welche von viel Vorstellungskraft und Entdeckungen, als der Bischof und die Kaiserin jeden kleinen Nebenweg der Stadt und die umliegenden Felder erforschten und dabei versuchten, sich dreihundert Jahre zurückzuversetzen. Mit Hilfe der Beschreibungen aus den Evangelien versuchten sie nun die Plätze zu finden, wo die einzelnen Ereignisse stattgefunden hatten.

Die Genauigkeit ihrer Entdeckungen wurde später von Christen vieler Generationen debattiert. Aber was sie taten war mehr, als einfach nur Vermutungen anzustellen. Ob alles korrekt war oder manches auch ungenau, wir sehen doch darin ein Verlangen, das in späteren Zeiten immer wieder gläubige Menschen ansporte, weite Reisen, Entbehrungen und oft auch Gefahren auf sich zu nehmen, um die Stadt kennenzulernen, in der die Gemeinde Jesu Christi geboren wurde.

Wenn das Römische Reich helfen konnte, die Plätze wiederzufinden, die in den heiligen Schriften erwähnt wurden, dann war die dafür gebrauchte Zeit und das ausgegebene Geld gut verwendet, dachte Helena, als sie über die Trümmer der heiligen Stadt schritt.

Betrübt wandte sie sich an ihren väterlichen Freund und flüsterte: „Hier wird es für mich direkt zu einem Schreckgespenst, zu wissen, daß ich eine Römerin bin, von dem Volk, das diese Vernichtung anrichtete. Nichts ist mehr von all den heiligen Orten übrig – kein Stein ist mehr auf dem anderen."

2. Kapitel

Die Reise, die von der Kaiserin Helena unternommen wurde, führte zur Errichtung vieler großartiger Bauten und Kirchen in der heiligen Stadt. Die Stadt erhielt ihren alten Namen Jerusalem wieder und wurde ein Ort, an den alle Christen in der Welt mit Ehrfurcht dachten. Die großartigen Bauten, die an den wiedergefundenen Plätzen entstanden, zogen Pilger aus der ganzen Welt an, die einmal an den Ort kommen wollten, wo die Wurzeln des Christentums zu finden waren.

Doch im Laufe der Zeit wurden dieselben Gebäude, die mit soviel Liebe gebaut worden waren, zur Ursache von Haß und Blutvergießen, wie kaum je in der Geschichte.

Zwischen dem 4. und 7. Jahrhundert n. Chr. wurden die Verbote für die Juden, die die Stadt betrafen, nach und nach aufgehoben, doch die Spannung zwischen den Christen und den ursprünglichen Einwohnern hörte nie auf. Dann kam eine Zeit, in der Palästina und Jerusalem von dem wieder zur Macht gekommenen persischen Reich besetzt waren. Für etwa dreihundert Jahre lag die Stadt unter dem starken Einfluß aus dem Osten.

Es war die Geburt einer weiteren Religion, die weder christlich noch jüdisch war, die einen neuen Höhepunkt des Unheils über Jerusalem brachte und einige Jahrhunderte der blutigsten Auseinandersetzungen, die je auf dem Boden Palästinas und Jerusalems ausgetragen wurden.

Es war im sechsten Jahrhundert, daß der Araber Mohammed aus Mekka unter dem gemischten Einfluß von polytheistischer und monotheistischer Religion aufwuchs. Der Polytheismus war die Religion der Menschen von Zentralarabien, während der Monotheismus die Religion der Juden und Christen war, die sich in Mekka und Umgebung niedergelassen hatten.

Angezogen von der jüdisch-christlichen Tradition und abgestoßen von den vielen Göttern der arabischen Stämme entwickelte Mohammed eine eigene Religion, den Islam. Sein Gott, so nahm er an, sei derselbe Gott wie der Gott von Abraham, Mose und Jesus. Mohammed, als „Prophet", stand allerdings in der ganzen Hierarchie über Jesus.

Da er behauptete, Visionen und Besuche von Engeln zu haben, erklärte Mohammed Mekka zur heiligsten aller Städte, Medina, das ihn, als er verfolgt wurde, aufgenommen und Schutz gewährt hatte, als zweitheiligste, und Jerusalem als dritte.

Er verehrte wie die Juden den Felsen von Moriah und träumte, er sei von dort aus in den siebenten Himmel, den Thronraum Gottes, getragen worden. Er lehrte, die Nachfolger der früheren Propheten hätten deren Lehren verfälscht oder mißachtet, und nun solle er, Mohammed, den Monotheismus in seiner reinen Form wieder unter den Arabern aufrichten.

Nach Mohammeds Lehre hatten Judaismus und Christentum beide die Wahrheit berührt und mußten deshalb geachtet werden. Aber sie wurden nun von Mohammeds neuer Lehre überlagert, die er angeblich als Offenbarung von Gott empfangen hatte und nun in dem heiligen Buch des Islam, dem *Koran,* niederschrieb.

Konflikte, die zwischen Juden und Arabern über Jerusalem entstanden, gingen zurück bis auf die Verheißungen, die Abraham von Gott über das Land empfangen hatte.

Die Araber, zu denen auch Mohammed gehörte, glaubten, sie seien Nachkommen von Abrahams erstem Sohn Ismael, und deshalb seien sie als Nachkommen des Erstgeborenen berechtigt, das Land und die heilige Stadt in Besitz zu nehmen.

Die Juden glaubten umgekehrt, ihr Anspruch auf Stadt und Land sei höher, da sie Nachkommen des verheißenen Erben Isaak sind. Isaak, so argumentierten sie, wurde von einer freien Frau, von Abrahams erster Frau Sarah, geboren, während Ismael der Sohn Hagars, einer ägyptischen Sklavin war.

Die Christen ihrerseits hatten auch Interesse an dem Land, da es in so enger Verbindung mit ihrem Herrn und Erlöser Jesus Christus stand. Durch dieses Interesse von drei Seiten war der Konflikt von vornherein vorprogrammiert. Und er wurde zu einem Krieg, der sich über Jahrhunderte hinzog.

Im Jahr 638 erreichten die Moslems Jerusalem und belagerten die Stadt. In den nächsten vier Jahrhunderten, als die Araber nicht nur Palästina eroberten, sondern ihnen auch tiefe Einbrüche in Europa gelangen, wuchsen die Ablehnung und der Haß den Arabern gegenüber von seiten der mächtigen westlichen Nationen und auch von der westlichen Kirche.

Unzählige Bücher sind geschrieben worden über die verworrene und blutige Geschichte dieser moslemisch-christlich-jüdischen Feindschaft, die ausartete in Grausamkeiten und Massakern in Europa und dem Nahen Osten, in jenen Generationen.

Doch es sind die Erfahrungen und Erlebnisse der einzelnen, an denen wir die Geschichte der Menschheit am besten verfolgen können. Es gibt jeweils unzählige solcher Schicksale, die mit der Entwicklung der Kultur der betreffenden Zeit verbunden sind, so daß irgendein Schicksal aus vielen ein Bild jener Zeit abgibt.

So war es auch mit dem jungen Engländer Douglas Bernard von Castlemont.

Es war der Januar des Jahres 1096 n. Chr. In der Taverne des Dorfes Castlemont an der Ostküste Englands saßen zwei Freunde beim warmen Feuer und bei großen Krügen von Bier.

Sie waren ein ungleiches Paar. Einer ein muskulöser siebzehnjähriger Bursche, der mit großen erwartungsvollen Augen in die Welt blickte, der andere ein behäbiger und langsam kahl werdender Mönch, wandermüde und voller Geschichten von einem guten Leben, das er hatte.

Der junge Douglas setzte seinen Bierkrug auf den Holztisch, stützte sein Kinn in die Hände und lauschte voller Staunen und Bewunderung, als sein Freund von seinen kürzlich erlebten Abenteuern berichtete. Er hatte im Auftrag der Kirche eine Reise nach Frankreich zum Konzil in Clermont gemacht. Der Mönch war der Begleiter des Bischofs der Wandermere-Diözese gewesen, zu der auch die Kirchgemeinde von Castlemont gehörte. Seine Begeisterung über das dort Erlebte konnte man an der Art ersehen, wie er erzählte.

„Ich bin zwar schon recht alt", begann Friar Bitten, und rückte seine Füße noch etwas näher an das Feuer, „doch ich war noch nicht geboren, als der wahnsinnige Kalif Al-Hakim die großartige Kirche zum Heiligen Grab in Jerusalem zerstörte. Doch von der Zeit an, da ich mich erinnern kann, hörte ich immer wieder von dieser schrecklichsten Gemeinheit der Araber. Nun, endlich, nachdem sie sich mehr als eine Generation lang wie ein alter zahnloser Hund benommen hat, wacht die Kirche auf. Mir scheint es, daß die heilige Mutter Kirche endlich doch noch das Schwert in die Hand nehmen wird, um gegen die schrecklichen Untaten der Sarazenen vorzugehen.

Douglas schob eine Strähne seines blonden Haars zurück und atmete scharf ein. Er war der Sohn und Erbe von Lord Castlemont, dessen Schloß sich auf dem Hügel über dem Dorf erhob. Douglas wurde in einer langen Linie mächtiger Krieger geboren, deren Wurzeln tief in die englische Geschichte zurückreichten bis zur Zeit der Angeln und Sachsen. Seit Jahrhunderten hatten seine Vorfahren gemeinsam mit Europäern vom Kontinent gegen die Moslems gekämpft, und zwar nicht nur in Spanien, Frankreich und Italien, sondern auch auf der anderen Seite des Mittelmeers in Nordafrika. Sein junges Leben lang hatte er immer davon geträumt, einmal in ihre Fußstapfen zu treten.

Erst vor einigen Monaten hatte man in Britannien davon gehört, daß die Seldschuken die heilige Stadt erobert hatten und dort eine Terrorherrschaft nicht nur ihren alten Feinden, den Juden, gegenüber aufrichteten, sondern auch gegen die Christen, die dort wohnten. Diese bisher letzte wütende Verfolgung von seiten der Moslems hatte nun zur Einberufung des Kirchenkonzils geführt.

Für den jungen Douglas war der Gedanke, daß es seine Generation sein könnte, die den Heiden die heilige Stadt Jerusalem wieder entreißen würde, ein größerer Gedanke als alle, die er bisher geträumt hatte.

„Du hättest Papst Urban an jenem Tag hören sollen, als er auf dem Feld vor den Toren Clermonts zu uns predigte", rief Bitten. „Noch nie habe ich solche Worte gehört. Es waren Worte, die jedes feige Herz tapfer machen mußten." Bittens Augen leuchteten, als er davon erzählte.

Da aus jedem christlichen Land Europas die kirchlichen Vertreter in großer Anzahl zum Konzil kamen und in diesem Fall auch die Vertreter der Fürsten, des Adels und der Städte eingeladen waren, hatte sich eine große Anzahl von Menschen versammelt, um dem Papst zuzuhören.

Bitten berichtete nun davon, wie glanzvoll die Versammlung gewesen war. Dann kam er auf Papst Urbans Predigt zurück und sagte: „Der Papst schloß mit den Worten: *Ich bin es nicht, der euch ermutigt, sondern es ist der Herr! Allen Anwesenden sage ich, und die nicht Anwesenden ermahne ich, aber Christus befiehlt: Nehmt das Kreuz auf, das einst auf Golgatha stand und durch das der Boden dort geheiligt ist, und zwar auch dann noch, wenn die Sarazenen, diese Ungläubigen, ihn entweiht haben. Nehmt das Kreuz auf! Ich sage – nein, Christus sagt: Nehmt das Kreuz auf und folgt Mir!*"

Während der Mönch die Worte des Papstes wiederholte,

schien im Herzen von Douglas eine helle Flamme zu brennen. Er schlug mit der Faust auf den Tisch. „Bitten", rief er, „das ist großartig! Was muß ich tun, um das Kreuz zu nehmen?"

Erstaunt blickte der Mönch ihn an und antwortete kopfschüttelnd: „Mein Junge, du bist nie Soldat gewesen."

„Während du auf Reisen warst, habe ich alle Prüfungen, die für einen Ritter nötig sind, bestanden", klärte Douglas ihn auf. „Ich wurde vom Herzog von Wandermere zum Ritter geschlagen."

Dem Mönch blieb vor Staunen der Mund offen stehen. Endlich sagte er: „Beim Blut Christi, ich müßte dir ja gratulieren, wenn du das nicht alles vollbracht hättest, als ich nicht anwesend war. Ich wollte doch dabeisein. Hoffentlich nimmt der heilige Simon dir das nicht übel."

Der heilige Simon war der Simon Zelotus, der mitgekämpft hatte, als Jerusalem gegen die Römer verteidigt wurde. In Britannien wurde überliefert, daß Simon, nachdem er Palästina verlassen hatte, nach Britannien gekommen sei, um hier zu missionieren. Andere Überlieferungen sagten allerdings, Simon sei nach Persien gegangen, um seinem Freund Juda Thaddäus dort bei der Missionsarbeit zu helfen.

Doch für die Engländer war er ihr Heiliger; und in seinem Namen hatten schon viele junge Männer das Schwert erhoben, um für das Christentum zu kämpfen.

Die Erwähnung seines Namens erfüllte das Herz des jungen Douglas mit Feuereifer. Er rief: „Ja, der heilige Simon wird stolz sein, weil ich bereit bin, für die heilige Stadt zu kämpfen, für die auch er schon kämpfte!"

Der Friar lächelte. „Du erinnerst mich an die Reaktion der Versammelten, nachdem der Papst seine Predigt beendet hatte", sagte er. „Sie wedelten mit den Armen in der Luft, stampften mit den Füßen und schrien: „Gott will es! Gott will es!"

Mittlerweile hatten sich eine Anzahl Bauern und Handwerker um die beiden versammelt und aufmerksam zugehört. Bei den letzten Worten des Mönchs war Douglas aufgesprungen, hatte seinen Bierkrug ergriffen und wollte gerade eine Toast auf die Worte des Mönchs ausbringen, als sich die Tür zum Gastraum öffnete.

Auf der Schwelle stand ein großer schlanker Mann mit breiten Schultern, der unter seinem roten Umhang einen Kettenpanzer trug. Ein breites Schwert hing an seiner Seite, und unter den Arm hatte er einen Helm geklemmt. Der fremde Ritter blickte sich kurz um und ging dann zu einem leeren Tisch in einer Ecke des Raumes.

Douglas hatte ihn sofort erkannt. „Es ist der *Sucher*", flüsterte er.

Der Mönch betrachtete den Ankömmling ruhig und bemerkte: „Sie sind schon eine seltsame Schar, diese Gral-Sucher."

„Er besucht meinen Vater ab und zu", erklärte Douglas. „Ich glaube, er wird von uns unterstützt."

Dies geschah mit allen wandernden Rittern, die auszogen, um heilige Reliquien zu suchen. Halb Krieger und halb Schatzsucher, unternahmen sie mit dem Segen der Kirche oft weite Reisen, um wertvolle Dinge zu finden. Diese Schätze konnten alles mögliche sein, von Gebeinen heiliggesprochener Menschen bis zu Holzstücken, die angeblich zum Kreuz Christi gehörten. Diese Dinge wurden dann von Menschen gekauft, die dadurch hofften, Vergebung ihrer Sünden zu erlangen, und wurden der Kirche gestiftet.

Die meisten Ritter, die auf solche Suche gingen, glaubten, sie täten dabei ein gutes christliches Werk, das dem Wohl der Seelen vieler Menschen diente. Auch die meisten Menschen der damaligen Zeit glaubten das. Deshalb genossen diese Ritter ein hohes Ansehen, da sie für ihre Aufgabe oft Leib und Leben riskierten und auch in wilde und fremde Länder reisten.

Ganz besonders begehrt und gesucht war in jener Zeit der sogenannte heilige Gral, der Becher oder Kelch, aus dem

Jesus und Seine Jünger beim letzten Passahmal oder ersten Abendmahl getrunken haben sollten. Deshalb nannte man diese Ritter auch oft die *Gral-Sucher.*

Der Ritter, der jetzt in der Ecke des Gastzimmers saß, war einer von diesen Suchern. Sein Name war Sir Hillary von Duford.

Douglas, der sich wieder gesetzt hatte, lehnte sich nun über den Tisch und flüsterte: „Glaubst du, er wird auch mit nach Jerusalem ziehen?"

Der Friar nickte ernst. „Du wirst es bald wissen, nämlich wenn er deinen Vater um Geld für die Reise bitten wird. Und dein Vater wird seine Bitte sicherlich nicht abschlagen, sondern großzügig sein."

3. Kapitel

Douglas von Castlemont war ein kräftiger junger Bursche, doch an die Anstrengungen weiter Reisen war er noch nicht gewöhnt. Die weitesten Ritte waren bisher die um seines Vaters Feudalbesitz, der knapp 20 Quadratkilometer hügeliges Küstenland umfaßte.

Zweimal war er mit seinem Vater, Lord Castlemont, nach London geritten, das rund 150 Kilometer südwestlich von ihrer Burg lag. Als Kind von acht Jahren, als er sein erstes eigenes Pferd erhielt, und mit vierzehn Jahren, als ihm ein eigens Schwert übergeben wurde, das in London bei einem der bekanntesten Waffenschmiede hergestellt war.

In den vergangenen drei Wochen jedoch waren seine untrainierten Muskeln bis aufs äußerste angestrengt worden, als er mit anderen Kreuzrittern quer durch Europa ritt.

Es war im späten August des Jahres 1096 n. Chr. Douglas war, unter der Aufsicht des strengen Sir Hillary Duford, einer der rund 1 500 Ritter, die sich mit 20 000 sorgfältig ausgewählten Fußsoldaten und einer großen Schar von Nichtkämpfern auf den ersten Kreuzzug in das Heilige Land begaben. Die Truppe bestand aus Rittern und Soldaten aus Frankreich, Italien, Spanien, England und Deutschland. Unter den Nichtkämpfern waren viele Priester, außerdem Laien, wie Ärzte und Handwerker, zur Unterstützung, und sogar eine ganze Anzahl Frauen und Kinder.

Wie Friar Bitten vermutet hatte, war Duford zum Herrn von Castlemont gekommen, um ihn um Geldmittel für diese Reise zu bitten.

Douglas' Vater hatte dem Drängen seines Sohnes nachgegeben, ebenfalls das Kreuz zu nehmen und sich dem Kreuzzug anzuschließen. Er hatte Sir Hillary die Geldmittel nur unter der Bedingung gewährt, daß der Ritter Aufsicht und Schutz über seinen Sohn übernehmen würde, bis dieser 21 Jahre alt war.

Am 1. Juli hatte der Bischof von Wandermere in der Kapelle von Schloß Castlemont in einer einfachen Zeremonie Douglas das begehrte Zeichen des neuen Ritterordens überreicht, ein einfaches rotes Stoffkreuz, das auf seinen Umhang genäht wurde und zeigte, daß er ein Kreuzritter war. Douglas hatte einen Eid des absoluten Gehorsams und der Hingabe schwören müssen, dann hatte ihm der Bischof die Hände aufgelegt und ihn unter Gebet zum Kreuzritter geweiht.

Die Kreuzritter aus Mitteleuropa sammelten sich in Köln und zogen von da aus durch Deutschland, Österreich, Ungarn und den Balkan nach Konstantinopel, der Hauptstadt des Byzantinischen Reiches. Unterwegs wollten sie noch mit weiteren Zügen, die von Lyon, Venedig und Rom kamen, zusammentreffen.

Was niemand hatte voraussehen können war, daß ein regelrechter Wahn für den Kreuzzug ausbrach, der auch das einfache Volk erfaßte. Unter Führung des französischen Mönchs Peter der Eremit und anderen sammelten sich mehrere große Scharen, jeweils 15 000–20 000 Menschen stark, und machten sich auf den Weg quer durch Europa nach Konstantinopel, um dann das heilige Land zu erreichen.

Zu dieser Zeit trafen auch noch Gerüchte in Europa ein, daß die Juden in Jerusalem und Palästina die Mohammedaner aufgehetzt hätten, die Christen zu töten, und daß deshalb die eigentlich Schuldigen die Juden seien. Die Kreuzzugsscharen aus dem einfachen Volk gerieten darüber in Wut und töteten in allen Städten und Gegenden, durch die sie kamen, alle Juden, deren sie habhaft werden konnten.

Keiner dieser Volks-Kreuzzüge, wie man sie nannte,

erreichte das heilige Land. Viele wurden schon in Ungarn, manche auf dem Weg durch den Balkan vernichtend geschlagen, weil sie überall plünderten und raubten und mordeten. Der Zug unter Peter dem Eremit erreichte Konstantinopel, setzte von da in das Gebiet der heutigen Türkei über und kam noch bis kurz vor Nicäa. Dort wurden sie von dem Seldschuken-Heer so vernichtend geschlagen, daß nur wenige von ihnen entkamen.

Endlich waren die 1500 echten Kreuzritter mit ihren 20000 Fußsoldaten, die sich bei Köln sammelten, bereit zum Abmarsch. Der Zug quer durch Deutschland begann.

Das Verhältnis zwischen Sir Hillary und Douglas von Castlemont entwickelte sich keinesfalls so, wie der junge Adlige es sich vorgestellt hatte. Sein Vater hatte gewollt, daß Sir Hillary die Aufsicht und den Schutz übernehmen solle, doch schnell entwickelte sich daraus fast ein Herren-Diener-Verhältnis.

Der Sucher schien ein Einzelgänger zu sein und schlug abends sein Lager gewöhnlich seitab von den anderen auf. Er erwartete, daß Douglas sich um das kleine Lagerfeuer kümmerte, auch sein Pferd mit betreute und die Verpflegung heranschaffte. Da Sir Hillary sehr schweigsam war, hatte Douglas noch kaum etwas über ihn erfahren. Wenn er doch einmal den Mut faßte, verschiedene Fragen zu stellen, bekam er nur kurze Antworten, die wenig besagten.

Douglas' Enttäuschung nahm noch zu, als er durch verschiedene Äußerungen des Ritters zu erkennen glaubte, daß es diesem gar nicht in erster Linie um die Befreiung des heiligen Landes und Jerusalems von den Ungläubigen ging, sondern vielleicht eher mehr um verborgene Schätze, die er dort zu finden hoffte. Vor allem schien ihn der Tempel und der Berg Moriah zu interessieren. Immer, wenn irgendwann unterwegs das Gespräch einmal auf den Moriah kam, bemerkte Douglas, daß Sir Hillary dann besonders aufmerksam zuhörte und sich sogar eifrig am Gespräch beteiligte.

Als sie eines Abends vor einer Stadt im Süden Deutschlands ihr Lager aufschlugen, faßte Douglas wieder einmal Mut und fragte nach dem schweigend eingenommenen Abendessen: „Sir Hillary, der Friar Bitten sagt, die Juden hätten die Moslems erst aufgehetzt, die Christen zu töten, und würden sie dabei auch noch unterstützen, und daß wir nicht nur nach Jerusalem gehen, um gegen die Sarazenen zu kämpfen, sondern auch gegen die Juden, die Christus getötet haben."

Der Gral-Sucher blickte Douglas nur kalt an, als wolle er sagen, warum belästigst du mich mit solchen Fragen. Doch Douglas gab noch nicht auf und fuhr fort: „Ich kann mir eigentlich nicht recht vorstellen, warum die Juden ihre eigenen Feinde, die Moslems, unterstützen sollten. Ich habe lange darüber nachgedacht, doch es macht für mich einfach keinen Sinn."

Als Sir Hillary nun endlich antwortete, geschah dies mit so kalter Stimme, daß es bei dem jungen Ritter fast eine Gänsehaut erzeugte. Der Gral-Sucher sagte: „Mache dir doch über solche Kleinigkeiten keine Gedanken, mein Junge. Die Juden und Araber sind alle Semiten. Ob sie sich gegenseitig helfen oder einander umbringen ist für uns völlig unwichtig. Wir haben ein Ziel und erfüllen unsere Aufgabe, und dabei werden wir beide umbringen."

Nun war es Douglas doch, als würde es ihm kalt den Rücken hinunterlaufen vor soviel Rücksichtslosigkeit. Er fragte sich, ob es Sir Hillary und anderen im Zug wirklich um die Befreiung der heiligen Stadt ging oder mehr um Rache, Totschlag und Beute.

4. Kapitel

Douglas freute sich darüber, herausgefunden zu haben, daß er mit seinem Idealismus nicht allein war. Was immer viele der älteren Ritter auch motivierte, ob Rassenhaß oder der Wunsch nach Beute und Reichtum, die meisten jüngeren hatten sich zum Kreuzzug gemeldet, weil sie Gott dienen wollten, so wie sie es verstanden.

Während viele der älteren Männer nicht nur nach Jerusalem zogen, um die Heiligtümer der Christenheit zu befreien, sondern auch, um sich an den Semiten zu rächen und Schätze zu finden, fand Douglas unter den jüngeren Rittern viele, denen es wie ihm um die Sache der Christenheit ging. Für diese Jüngeren war der erste Blick auf die heilige Stadt ganz besonders ergreifend.

Von Jaffa kommend, waren sie auf ihren Pferden durch das grüne Tal Ajalon in Richtung Jerusalem geritten und waren nun, wie alle Reisenden, tief beeindruckt von der Schönheit der Stadt. Aus dem ehemaligen lagerähnlichen kleinen Aelia Capitolina, das vor knapp 700 Jahren die Kaiserin Helena noch gesehen hatte, war inzwischen eine großartige Stadt mit prächtigen Kirchen, Moscheen und Palästen geworden, der man ansah, daß hier drei große Religionen abwechselnd regiert hatten.

Für die wahren Kreuzritter waren bestimmte Punkte der Stadt besonders bedeutungsvoll. Man konnte hier ein Stück sichtbare Geschichte in Stein und Metall ablesen, die von drei Zivilisationen erzählte, die zu verschiedenen Zeiten in der heiligen Stadt dominant gewesen waren. Doch gleichzeitig war daran der Konflikt zu sehen, um deswillen nun die Streiter des Christentums gekommen waren, um ihn endgültig für sich zu entscheiden.

Den westlichen Teil der Stadt überragte die großartige dunkle Kuppel der Grabeskirche, die wieder hergestellt worden war, seit die Moslems sie entweiht hatten. Ihr gegenüber, auf der Ostseite, stand auf dem Moriah der mit einer gewaltigen goldenen Kuppel emporragende moslemische Felsendom, der ein Ärgernis für alle Juden und Christen war, da durch ihn der Moriah, der Berg Abrahams und des Tempels Gottes, entweiht wurde. An dem Tor, das direkt vor den Kreuzrittern lag, sah man einen besonders hohen Turm, der ehemals Teil des herodianischen Palastes gewesen war und nun der *Davidsturm* genannt wurde.

Wenn Gebäude überhaupt Symbole waren, dann diese drei, innerhalb einer Stadt und das Bild dieser Stadt beherrschend, sicherlich. Für Douglas und seine jüngeren Kameraden jedenfalls symbolisierten sie die Sache, für die sie die weite Reise unternommen hatten und auch bereit waren zu sterben.

Als die Armee jetzt auf der weiten Ebene westlich der Stadt auf Jerusalem zu vorrückte, war aus Douglas' Herzen alle Frustration, die er während der Reise durch Sir Hillarys Einstellung empfunden hatte, verschwunden. Er fühlte sich plötzlich wieder wie an jenem Tag, als er in der Kapelle von Castlemont den Kreuzrittereid geschworen hatte und aus der Hand des Bischofs das rote Kreuz erhielt, das er auf seinem Umhang trug.

An jenem Tag hatte er sein Leben nicht für Haß und Habsucht zur Verfügung gestellt, sondern für ein heiliges Ziel und für die Wahrheit und Gerechtigkeit. Er konnte keine Verantwortung für die Motive anderer übernehmen, wollte aber selbst dem treu bleiben, was ihn bis nach Jerusalem gebracht hatte.

Vierzig Tage belagerten die Kreuzritter nun schon Jerusalem. Sie hatten ihre Belagerungsmaschinen an die Mauern und Türme vorgeschoben. Schwere Kämpfe mit den fatimidischen Moslems, die zur Zeit die Stadt beherrschten, und mit den Sarazenen, die die Mehrzahl der mohammedanischen Bewohner stellten, hatten noch keine Entscheidung gebracht. Wie die Römer vor rund 1000 Jahren hatten sie Rampen an den Mauern gebaut und hohe Schirme aus Holz, um sich dahinter vor den Speeren und Pfeilen der Feinde zu schützen.

Es war Freitag, 14. Juli 1099. Fast drei Jahre waren vergangen, seit Douglas Bernard von Castlemont zusammen mit seinem Beschützer Sir Hillary die Fahrt ins heilige Land begonnen hatte. Die lange anstrengende Reise hatte sie zunächst bis nach Konstantinopel und dann immer an der Ostküste des Mittelmeeres entlang nach Jaffa gebracht, von wo aus sie nach Jerusalem marschiert waren. In diesen drei Jahren war aus dem jungen Burschen Douglas ein Mann geworden, der 20 Jahre alt war und der sich mit seinen Kameraden in einem Kampf befand, von dem er immer geträumt hatte.

Drei Kreuzfahrer-Abteilungen stürmten an diesem schicksalsschweren Tag gegen die Stadt. Gottfried von Bouillon, der Herzog von Lothringen, war der Oberbefehlshaber des gesamten Heeres. Seine beiden Unterbefehlshaber waren Robert von Flandern und Raimond von Toulouse, beide als sehr tapfere Fürsten bekannt.

Douglas von Castlemont und Sir Hillary von Duford gehörten zur Abteilung von Robert von Flandern. Robert sollte mit seinen Truppen das Säulentor (heute Damaskustor) angreifen, während Gottfrieds Männer das auch an der Nordmauer befindliche Herodestor stürmen wollten. Raimonds Abteilung sollte vom Zion her die südliche Mauer angreifen.

Als Gottfrieds Soldaten einen riesigen Belagerungsturm an die Mauer rollten, versuchten die Sarazenen ihn mit

Steinschleudern und Griechischem Feuer zu bekämpfen. Damit der Turm nicht Feuer fing, hatten die Kreuzfahrer ihn mit Häuten von Kühen und Kamelen bespannt, die sie durch und durch naß gemacht hatten. Außerdem hatten sie auf ihrem riesigen Turm, der höher war als die Mauer, Katapulte aufgebaut, mit denen sie große Pfeile oder Steine verschießen konnten. Damit töteten sie die Sarazenen, die das Griechische Feuer bedienten.

Rund um die Mauer hatten die Kreuzfahrer außerdem noch einige kleinere Abteilungen aufgestellt, so daß die Sarazenen gezwungen waren, auch ihre Soldaten auf der gesamten Mauer zu verteilen, obwohl sie natürlich an den drei Stellen, wo der Hauptangriff zu erwarten war, auch stärkere Kräfte zusammengezogen hatten.

Gegen Mittag war es Gottfried gelungen, die Brücke des Belagerungsturms auf die Mauer zu legen. Ausgewählte Männer verteidigten die Einbruchsstelle so lange, bis über Leitern und über den Turm genügend weitere Angreifer zur Stelle waren, die die Sarazenen nach und nach zurückdrängen konnten.

Als vom Turm her der Einbruch auf die Mauer gelungen war, wurden auch die Männer Robert von Flanderns zum Angriff gesandt. Douglas, der sah, daß sie jetzt zum Sturm auf die Mauer antraten, blickte seinen Beschützer fragend an. Hier zeigte Sir Hillary das erste Mal seit den drei Jahren, die sie nun zusammen waren, etwas menschliche Regung. Er klopfte dem jungen Ritter auf die Schulter, zeigte dann auf die Leiter und sagte: „Du zuerst!"

Angespornt durch dieses indirekte Lob erhöhte sich Douglas' Mut noch. Er raste auf die an die Mauer gelegte Leiter zu und stürmte wie der Blitz hinauf. Das war so schnell gegangen, daß die Sarazenen oben dadurch völlig überrascht wurden. Douglas schwang sich mit einer letzten Anstrengung von der Leiter auf die Mauer und stürmte mit einem lauten Schrei auf die nächsten Verteidiger los. Er mußte sich gegen drei von ihnen wehren, um die Leiter zu verteidigen. Doch Sir Hillary erschien wenige Augenblicke später neben ihm auf der Mauer, und gemeinsam töteten sie die drei Sarazenen.

Gottfrieds Kämpfer waren mittlerweile schon bis auf die Straße vorgedrungen und trieben die Verteidiger immer weiter zurück. Auch die ersten Häuser in der Stadt brannten schon. Weil immer mehr Kreuzritter auch an ihrem Abschnitt nun schon über die Mauer kamen, stürmten Douglas und Sir Hillary die Treppe zur Straße hinunter. Sarazenen, die sich ihnen in den Weg stellten, wurden von ihnen besiegt. So tapfer kämpften die beiden Engländer, daß sie gemeinsam vierzig Sarazenen erschlugen.

An der Spitze ihrer nachdrängenden Kameraden stürmten sie durch den nördlichen Stadtteil auf den Tempelberg zu, dabei jeden Widerstand, der sich ihnen noch in den Weg stellte, schnell überwindend. Nach kurzer Zeit hatten die Kreuzritter den Moriah erreicht und erstürmten den Felsendom. Vor den Augen der entsetzten Feinde kletterten einige von ihnen bis zur Spitze der goldenen Kuppel und hißten dort die weiße Fahne mit dem blutroten Kreuz in der Mitte. Da sie nun am höchsten Punkt der Stadt flatterte, konnte sie von allen Seiten gesehen werden.

Als der Fatimiden-Statthalter, der verzweifelt versuchte, am Zion die südliche Stadtmauer gegen Reimonds angreifende Abteilung zu verteidigen, die Schreie seiner Leute hörte, drehte er sich um und starrte erschreckt zum Moriah hin. Er sah, daß im Norden der Stadt schon in den Straßen gekämpft wurde und daß seine Soldaten sich immer weiter vor den anstürmenden Kreuzrittern zurückzogen. Und vor allem ließ die Kreuzritterfahne auf dem Felsendom seinen Mut sinken.

Ein blutender Krieger stürzte in diesem Augenblick auf ihn zu. „Der Moriah mit dem Felsendom und der Moschee ist von den Feinden erstürmt“, meldete er. „Die verfluchten Ungläubigen haben unsere Heiligtümer entweiht.“

Ehe der Tag vorüber war, kapitulierten die Sarazenen.

Die Kreuzritter waren Sieger. Douglas säuberte sein blutiges Schwert und steckte es wieder in die Scheide. Sein Herz war voller Triumph über den errungenen Sieg.

Als Sir Hillary wieder zu ihm trat, klopfte er dem jungen Ritter anerkennend auf die Schulter, dann umarmten sich die beiden, zusammengeführt durch etwas, über das sie sich gemeinsam freuten – einen schwer erkämpften Sieg.

Nach mehreren Jahrhunderten war nun die heilige Stadt wieder in den Händen der Christen.

5. Kapitel

So schnell wie Douglas' Herz mit Triumphgefühl erfüllt gewesen war, wegen des großen Sieges, so schnell verspürte er nun Scham und Schrecken wegen der Grausamkeit der europäischen Soldaten. Noch vom Kampf voller Blutdurst, tobten sie durch Jerusalem und töteten, wen sie finden konnten, Moslems und Juden.

Die christlichen Einwohner der Stadt waren vom Statthalter der Fatimiden aus der Stadt vertrieben worden, als er hörte, daß die Kreuzfahrer auf Jerusalem vorrückten. Er vermutete, daß ihm die Christen bei einer Belagerung in den Rücken fallen könnten.

Die Kreuzfahrer wußten also, daß alle Menschen innerhalb der Stadt entweder Moslems oder Juden waren und veranstalteten deshalb ein grausames und sinnloses Massaker. Sie zerschlugen die Türen und rannten über Dächer und töteten alle, die vor ihnen flohen, Männer, Frauen und Kinder, ohne auf die Bitten um Gnade Rücksicht zu nehmen.

Douglas konnte Sir Hillary nirgends finden. Er konnte sich auch nicht vorstellen, daß der so auf seine Ehre bedachte Ritter sich an einem solchen Gemetzel beteiligen würde.

Eine Zeitlang war der junge Castlemont mit seinen Kameraden gelaufen. Doch als sie durch die Davidstraße rannten, blieb er zurück und stellte sich in einen Hauseingang. Seine Kameraden rannten an ihm vorbei zur jüdischen Synagoge im Zentrum der Stadt. Aus der Entfernung konnte Douglas nun gut erkennen, daß die Synagoge jetzt in Flammen aufging. Er hörte auch die Schreckensschreie, die zum Himmel stiegen, und wußte, daß sich sicher viele Juden in die Synagoge geflüchtet hatten, die jetzt mit verbrannten.

Bei diesem Gedanken wurde ihm fast übel, und er kämpfte mit einer Bewußtlosigkeit. „Heiliger Simon! Heiliger Herr und Erlöser!" stöhnte er. „Bitte hilf mir!" Da er sich so schwach fühlte, lehnte er sich an das Tor hinter ihm und bemerkte erschrocken, daß es nachgab. Im Gebäude hinter ihm hörte er jetzt leise Stimmen.

Da er kein Feigling war, wollte er nachsehen, wer sich da verbarg. Er zog sein Schwert und betrat vorsichtig das Haus. Im Inneren war ein Hof, und auf der anderen Seite konnte er schnelle Schritte hören, die nach oben eilten. „Wer ist da?" rief er laut. „Seid ihr Sarazenenkrieger, dann kommt heraus!"

Er erhielt keine Antwort, sondern hörte nur noch leise Schritte, die ganz verstummten. Mit gezogenem Schwert stieg er die Stufen hinauf, immer bereit, einen plötzlichen Angriff abzuwehren. Er meinte zu wissen, in welchem Raum er die Schritte gehört hatte. An der Wand hing eine brennende Fackel, die er in den ziemlich dunklen Raum hineinhielt. Da er niemand sah, betrat er vorsichtig den Raum, in der Hand, die den Schild mit dem roten Kreuz hielt, auch noch die Fackel, in der anderen das Schwert.

Doch es rührte sich nichts. Kein Sarazene griff ihn an. Nur ein leises Wimmern verriet, daß jemand anwesend sein mußte. Er stand ganz still, bis er noch ein leises Rascheln hörte, das aus der entferntesten Ecke des Raums kam. Als er sich der Ecke näherte, entdeckte er einen schmalen Spalt und riß die dazugehörige Tür auf. Erstaunt blickte er auf das Bild, das sich ihm bot.

In einem ganz kleinen Abstellraum hatten sich drei Personen ganz eng aneinandergepreßt. Da war ein alter patriarchalisch aussehender Mann mit einem langen weißen Bart und einem Gesicht voller Falten. Er umarmte einen kleinen Jungen mit einem hübschen Gesicht, der ihn mit großen erschrockenen Augen anblickte. Den anderen Arm hatte er um eine junge Frau gelegt, die ihr Gesicht an der Schulter des alten Mannes verbarg.

Als sie jetzt ihr Gesicht hob, blickte er auf eines der schönsten Mädchen, das er je gesehen hatte. Ihr Kopf war umgeben von rabenschwarzem Haar, das ihr lang über die Schultern hinabfiel.

Er wußte nicht, ob es sich um Araber oder Juden handelte, hatte aber Mitleid mit der verängstigten Familie. „Habt keine Angst", sagte er endlich. „Ich will euch nichts Böses tun."

Doch im gleichen Augenblick fragte er sich, was seine Kameraden sagen würden, die alle Einwohner der Stadt töteten. Sie würden vielleicht verwundert wissen wollen, welche Art von Ritter er denn sei, daß er die Feinde der Christen so schonte. Doch er brachte es nicht fertig, irgend etwas gegen sie zu unternehmen.

Douglas steckte sein Schwert in die Scheide und trat einige Schritte zurück. „Ich werde euch bestimmt nichts tun", versicherte er nochmals, obwohl er kaum annehmen konnte, daß sie ihn verstanden. „Bleibt hier, bis meine Kameraden in das Lager zurückgekehrt sind. Morgen werde ich wieder nach euch sehen."

Erstaunt blickte die Familie ihm nach, als er nun den Raum verließ, um auf die Straße zurückzukehren. Doch auf der Treppe hörte er, wie der alte Mann laut in klarem Englisch sagte: „Gepriesen sei der Gott Abrahams, Isaaks und Jakobs!"

Als er das Haus verließ, dachte Douglas: *Danke, heiliger Erlöser, es sind Juden.*

6. Kapitel

Sir Hillary hatte sich nicht an dem Massaker beteiligt. Darüber war Douglas nicht überrascht, denn er konnte sich nicht vorstellen, daß der stolze Ritter sich zu solchen Mordtaten hergeben würde. Doch als er hörte, wo er ihn finden konnte, wurde ihm das Rätsel, das den Mann umgab, nur noch größer.

Als er mehrere Male gefragt hatte, erfuhr er endlich, er könne seinen Beschützer auf dem Tempelberg finden. „Er ist mit den anderen *Gral-Suchern* im Felsendom", sagte ein fremder Ritter zu ihm.

Während der dreijährigen gemeinsamen Reise hatte Duford ab und zu ebenso geheimnisvolle Ritter getroffen, die auch noch andere Dinge im Sinn zu haben schienen, als den Ungläubigen die heilige Stadt wieder zu entreißen. Douglas hatte Sir Hillary nie gefragt, was er im Heiligen Land suchte, doch er fühlte, daß er diesem Rätsel jetzt etwas näher kommen würde.

Als er jetzt über den weiten Hof ging, der voller Rauch war von den Feuern, die noch immer in der Stadt brannten, auf den Felsendom zu, mußte er die großartige Architektur bewundern, die ihn hier umgab. Vor ihm erhob sich im letzten Licht der untergehenden Sonne die gewaltige Kuppel des Bauwerks. Das Gold, mit dem sie überzogen war, leuchtete durch den Sonnenuntergang rötlich. Von der Spitze des Domes wehte noch immer die Kreuzfahrerfahne.

Rundum sah er schlanke Säulen und Durchgänge, und die Harmonie aller Bauwerke, die hier auf dem Moriah standen, beeindruckte ihn tief. Der Felsendom selbst war ein riesiges Achteck, sah aber trotz seiner Größe recht spielerisch aus.

Douglas näherte sich den beiden Soldaten, die vor dem Eingang Wache standen. Sie kreuzten ihre Speere und verwehrten ihm so den Zutritt.

„Ich suche Sir Hillary von Duford“, erklärte Douglas ihnen. „Ich bin sein Diener.“

Die beiden blickten sich an. Endlich nickten sie und ließen ihn passieren, warnten ihn aber noch, nicht weiter zu gehen als bis zu den Arkaden, wenn er nicht ausdrücklich dazu aufgefordert würde. *Das ist ein seltsames Benehmen,* dachte Douglas. Das Geheimnis, das Sir Hillary und die anderen Gral-Sucher umgab, schien ihm immer rätselhafter zu werden. Vorsichtig öffnete er das riesige Tor und schlüpfte leise hinein.

Für einige Augenblicke blieb er im Schatten der Arkaden stehen, bis seine Augen sich an das sehr schwache Dämmerlicht gewöhnt hatten, das durch einige Fackeln erzeugt wurde. Erstaunt schaute er sich nun um. Das gesamte Bauwerk war eigentlich nur ein riesiger Raum, kaum möbliert, aber fein mit Ornamenten dekoriert. Der Boden war mit dicken Teppichen bedeckt. In der Mitte des Raumes war eine Felsspitze von ebenfalls achteckigem eisernen Gitterwerk umgeben. Die Felsspitze lag direkt unter der Mitte der riesigen Kuppel des Domes.

Sir Hillary hatte nicht übertrieben, als er einmal erwähnte, der Felsendom könne es an architektonischer Schönheit durchaus mit den Kathedralen Europas aufnehmen. Trotz aller Vielfalt strahlte das ganze Bauwerk gleichzeitig eine Einfachheit aus, die es sehr elegant wirken ließ.

Hier, wie in den jüdischen Synagogen, gab es keine Statuen noch Götzen irgendwelcher Art. Man konnte nicht anders als ehrfürchtig an das Göttliche denken, wenn man ruhig den gewaltigen Raum bewunderte. Selbst der größte

Hasser Mohammeds mußte hier einen tiefen Eindruck erhalten von dem, was das Bauwerk ausströmte.

Während er noch diesen Gedanken nachhing, wurde seine Aufmerksamkeit von einer Bewegung auf der gegenüberliegenden Seite des Domes erregt. Hinter den Säulen aus einer dunklen Ecke kamen eine ganze Anzahl Figuren hervor, ganz in Rot gekleidet. Die großen hohen Hüte, die sie trugen, bedeckten fast das ganze Gesicht. Douglas verbarg sich schnell hinter einer Säule und beobachtete schweigend, was geschah.

Schnell wurde ihm klar, daß es sich bei den Figuren nicht um irgendwelche Araber handelte, denn sie zogen jetzt um das achteckige Gitterwerk in der Mitte des Domes herum und sangen dabei etwas, das wie die Litanei europäischer Mönche klang. Jeder zweite von ihnen trug eine kleine brennende Fackel, so daß der Fels in der Mitte des Gitters nun gut zu erkennen war.

Douglas' Herz machte einen Sprung. Da war er, der berühmte Fels, um den die Menschen schon seit vielen Generationen kämpften. Viele erstaunliche Geschichten waren mit dem Fels verbunden – jüdische, christliche und mohammedanische. Abraham hatte hier Isaak opfern wollen und hatte den Widder gefunden, der mit den Hörnern im Dickicht hing. Jakob hatte hier die Leiter gesehen, die vom Himmel auf die Erde reichte. Das Allerheiligste des Tempels hatte ganz in der Nähe gestanden, und auf dem Felsen selbst waren unzählige Opfer von Tieren dargebracht worden, deren Blut hier in den Boden geflossen war. Und endlich behaupteten die Moslems, Mohammed sei von hier in einem Traum, in einer Vision zum Himmel emporgefahren.

All das ging dem jungen Castlemont durch den Kopf. Denn es war eine Sache, von all diesen Geschichten zu hören, und eine ganz andere, an dem Ort zu stehen, wo sie geschehen waren.

Doch wer waren diese geheimnisvollen Figuren mit den großen Hüten? Welches Interesse hatten sie an dem Fels, und was bedeuteten ihre schaurigen Gesänge? Douglas meinte, einige Worte verstehen zu können, sie klangen wie „Herr der Suche, segne uns. Gib uns Erfolg. Segne uns!" Doch ehe er mehr verstand, schien einer der Mönche, oder der Grals-Sucher (denn Douglas nahm an, daß sie es waren) ihn hinter der Säule entdeckt zu haben.

Der Gesang brach ab. Die Figuren steckten erst die Köpfe zusammen und flüsterten. Sie schienen sehr ärgerlich zu sein. Dann blickten sie zu ihm herüber, und einer von ihnen rannte wie ein roter Taufel auf ihn zu.

Doch es war kein Teufel, sondern Sir Hillary. Er schob seinen Hut zurück. Sein Gesicht war voller Zorn. „Wer hat dich hereingelassen?" fuhr er Douglas an.

„Die ... die Wachen", stammelte dieser.

Wütend blickte Sir Hillary zur Tür und schnaufte verächtlich. „Sie hätten das nie tun dürfen", grollte er. „Du gehörst nicht nach hier. Nicht in dieser Nacht."

„Es tut mir leid", antwortete Douglas. „Ich wußte nicht ..."

„Schon gut", unterbrach Sir Hillary ihn. „Du mußt jetzt gehen!" Mit diesen Worten führte er Douglas hinaus. „Warte im Hof auf mich!" befahl er noch. „Wir gehen zum Lager zurück, sobald unsere Versammlung vorüber ist."

Nun wandte sich der Gral-Sucher den Wachen zu und fuhr sie zornig an. Dann verschwand er wieder im Felsendom, um weiter an den Zeremonien teilzunehmen, die seltsamer zu sein schienen als vieles in der raucherfüllten Stadt.

7. Kapitel

Douglas wurde durch die Morgen-Trompete des Lagers aus tiefem Schlaf geweckt. Nach einer Nacht voller Unruhe war er endlich in den frühen Morgenstunden noch eingeschlafen.

Immer wieder hatten Bilder von den schrecklichen Ereignissen des gestrigen Tages vor seinen Augen gestanden; von den Kämpfen an der Mauer, von dem gnadenlosen Töten in den Straßen und Häusern nach der Erstürmung der Stadt, von der brennenden Synagoge und den Schreien der darin Verbrennenden, von den Toten auf den Straßen und von den Strömen von Blut, die in den Rinnsteinen flossen.

Er wußte, was Sir Hillary zu solcher Empfindlichkeit gesagt hätte: „So ist nun einmal der Krieg. Wenn du damit nicht fertig wirst, dann denke noch einmal über deine Berufung nach."

Aber das hatte Douglas im Laufe der Nacht wahrhaftig schon getan. Dabei waren seine Gedanken zwischendurch auch immer wieder zu den rotgekleideten Figuren mit den großen Hüten im Felsendom zurückgekehrt.

So sehr ihn diese Bilder und Gedanken auch bewegt hatten, ein weiteres ließ ihm noch weniger Ruhe. Nämlich das der sich umarmenden drei Menschen in der engen Abstellkammer des Hauses in der Davidstraße. Es war ein Bild, das er nicht vergessen konnte. Vor allem die Augen des Mädchens und des kleinen Jungen, aus denen Todesangst sprach, ließen ihn nicht in Ruhe.

Als die Trompete ihn jetzt geweckt hatte, wußte er, daß er sich an diesem Tag irgendwie um die Familie kümmern mußte. Doch das mußte er sehr vorsichtig tun, damit sie nicht von anderen entdeckt wurden, denn das konnte immer noch ihren Tod bedeuten. Außerdem würde auch er selbst von seinen Kameraden verachtet und vielleicht sogar streng bestraft werden, wenn herauskam, daß er eine jüdische Familie verschont und sogar ein wenig geschützt hatte, indem er lange im Tor ihres Hauses stehengeblieben war.

Wenn es jetzt zum Appell ging, würden die Aufgaben für den heutigen Tag verteilt werden, das wußte er. Er hoffte, einen Auftrag zu erhalten, der es ihm ermöglichen würde, die jüdische Familie zu besuchen. Einen Auftrag, der ihn in die Davidstraße oder wenigstens in ihre Nähe führen würde. Im stillen betete er zu dem heiligen Simon, er möge helfen, daß er heute einen solchen Dienst übertragen bekäme.

Zu seinem großen Erstaunen geschah während des Appells ganz genau das.

Am nächsten Tag wollte das siegreiche Kreuzheer eine große Siegesparade in der Stadt veranstalten. Dazu war es nötig, die Straßen von allen Trümmern, dem Schmutz und von vielleicht noch herumliegenden Leichen zu säubern.

Eine Anzahl Ritter wurden ausgewählt, die diese Arbeit überwachen sollten. Jeder von ihnen bekam eine bestimmte Straße zugeteilt, die bis zum Abend sauber sein mußte. Dazu erhielt jeder von ihnen, je nach Länge der zugeteilten Straße, eine Anzahl Gefangene und eine Anzahl der eigenen Fußsoldaten, die das Reinigen übernehmen sollten, während der jeweilige Ritter die gesamte Arbeit überwachte.

Auch Douglas von Castlemont war einer der Ritter, die zur Überwachung der Straßensäuberung eingeteilt wurden. Als er aber dann ausgerechnet die Davidstraße zugeteilt erhielt, wurde er von seiner Überraschung fast überwältigt.

Bald nach dem Frühstück zog Douglas mit seiner Gruppe von Soldaten und Gefangenen los, mit den nötigen Besen und Schaufeln ausgerüstet. Es dauerte nicht allzu lange, bis sie die Davidstraße erreichten. Nachdem er sich sorgfältig umgesehen hatte, welche Arbeit auf sie wartete, teilte er seine Schar in einzelne Gruppen ein und wies ihnen die Arbeit zu, die sie jeweils zu tun hatten. Dabei achtete er sorgsam darauf, daß bei jeder Gruppe auch genug Soldaten waren, die Waffen dabei hatten, damit sie die Gefangenen immer ausreichend bewachen konnten.

Als das alles getan war und er nochmals die einzelnen Gruppen kontrolliert hatte, ob sie auch fleißig arbeiteten, begann er unauffällig nach dem Haus zu suchen, in dem er gestern die jüdische Familie getroffen hatte. Gestern abend hatte er in der raucherfüllten Luft doch nicht alles so genau erkennen können. Er erinnerte sich aber noch genau daran, daß es ein Eckhaus gewesen war, und gegenüber hatte irgendeine Art Altar gestanden.

Zu seiner Erleichterung erkannte er es nach kurzer Zeit wieder. Es war ein großes, vornehmes Haus mit einem Eingang aus rosafarbenem Marmor. Und gegenüber stand ein kleines jüdisches Altarhäuschen, in dem normalerweise ein Lämpchen brannte.

Während er immer wieder auf der Straße hin und her ging, um die einzelnen Arbeitsgruppen zu überwachen, wartete er die Gelegenheit ab, da er unauffällig in dem Haus verschwinden konnte. Die Gelegenheit ergab sich bald, und schnell hatte er die Eingangstür wieder hinter sich geschlossen.

Er eilte durch den Hof und die Stufen hinauf. Nirgendwo war ein Zeichen von Leben zu sehen oder zu hören. Schon befürchtete er, es könnten andere Kreuzzügler doch noch in das Haus gekommen sein und die Familie entdeckt und umgebracht haben. Doch es waren auch keinerlei Anzeichen von Gewalttätigkeiten zu erkennen.

Als er den Raum erreichte, in dem er sie gefunden hatte, rief er freundlich: „Hallo! Ich bin es, Douglas Castlemont. Ich bin zurückgekommen, um zu sehen, ob alles in Ordnung ist!“

Doch es rührte sich nichts. Vielleicht fürchteten die Bewohner, jemand wollte ihnen eine Falle stellen. Deshalb ging er nun direkt auf den kleinen Abstellraum zu und öffnete die Tür. Ja, da hockten sie. Eng aneinandergedrängt, wie die Vögel im Nest.

„Es ist alles in Ordnung", sagte er und nickte ihnen freundlich zu.

Als sie erkannten, daß es tatsächlich der Ritter war, der sie am Tag zuvor am Leben gelassen hatte, entspannten sie sich. Doch der Großvater warf zunächst noch einen langen Blick an Douglas vorbei, um zu sehen, ob er auch allein gekommen war.

„Ich bin es nur. Niemand ist bei mir", beruhigte er sie. „Wollt ihr nicht herauskommen?"

Einer nach dem anderen kamen sie nun heraus. Der Großvater stöhnte, als er sich wieder gerade aufrichtete. Endlich standen sie vor dem Kreuzritter; noch ein wenig zaghaft, aber doch schon wesentlich vertrauensvoller als am Vortag.

„Du sprichst sehr gutes Englisch", sagte Douglas zu dem alten Mann. „Ich hörte dich gestern abend, als ich euch verließ, auf der Treppe noch zu Abraham und Isaak beten. Aber du tatest es in englischer Sprache. Vielleicht ja um meinetwillen, oder?"

Der alte Mann nickte. „Du hattest uns englisch angesprochen; und ich wollte, daß du hörst, daß wir dich verstanden hatten, obwohl keiner von uns dir antwortete."

„Woher kennst du unsere Sprache?" fragte Douglas.

„In dieser Stadt lernt man alle möglichen Leute kennen. Und es ist gut, ihre Sprachen zu lernen, wenn man die Möglichkeit dazu hat. Man weiß nie, wie man sie einmal gebrauchen kann."

Überrascht antwortete Douglas: „Bist du vielleicht ein Priester oder ein Gelehrter?" Er verbeugte sich und fuhr fort: „Ich fühle mich geehrt, dich kennenzulernen. Mein Name ist Douglas Bernard von Castlemont, aus England." Dabei streckte er seine Hand aus.

Der alte Mann übersah die Geste, antwortete aber ebenfalls mit einer leichten Verbeugung: „Ich bin Rabbi Sol Ben Kahana. Das ist meine Enkelin Adrianne, und das mein Enkel Israel."

Traurig blickte er sich im Raum um und fügte hinzu: „Leider haben wir nichts, was wir dir anbieten könnten, Castlemont – nichts außer unserem Dank."

Kopfschüttelnd sagte er: „Ich brauche auch nichts. Aber sagt mir, wann ihr das letzte Mal gegessen habt? Und seid ehrlich!"

Der kleine Junge antwortete schnell und stockend in Englisch: „Wir haben schon lange nichts mehr gegessen."

„Nun, nun, Israel", unterbrach ihn der Rabbi, „deine Schwester hat erst vor zwei Tagen noch ein Stück Brot gefunden."

„Ihr habt also seit zwei Tagen nichts mehr gegessen?" fragte Douglas.

Hier ergriff das Mädchen das Wort. „Seit eure Armee uns belagert, hat es nicht mehr sehr viel zu essen gegeben. In den letzten Tagen konnten wir gar nichts mehr erhalten, alles, was noch vorhanden war, bekamen die Soldaten. Und als ihr gestern die Stadt stürmtet, haben wir uns nur noch versteckt. Und wir können auch jetzt noch nicht auf die Straße gehen, weil wir für unser Leben fürchten müssen. Wie lange das noch dauern wird, wissen wir nicht."

Die üble Situation, in der sich die Familie befand, berührte sein Herz. Er wußte, daß er nun bald wieder gehen mußte, wenn seine Abwesenheit nicht bei seinen arbeitenden Gruppen auffallen sollte.

Deshalb versprach er nur noch: „Ihr werdet heute noch etwas zu essen bekommen. Ich werde noch vor Sonnenuntergang mit einem Bankett zurück sein."

Er verbeugte sich nochmals leicht und verließ nun schnell das Haus.

8. Kapitel

Als Douglas ein Bankett versprach, hatte er es mehr bildlich gemeint. Sicher würde es ihm gelingen, einige Nahrungsmittel für die Familie aufzutreiben, aber zu einem Festessen würde es wohl nicht reichen. Da schien es wirklich wie ein göttliches Eingreifen zu sein, dachte er, als sein Dienst für den späteren Nachmittag ihn dazu bestimmte, bei einem echten Bankett, das im Hof des Felsendoms stattfinden sollte, mitzuhelfen.

Er war mit seiner Gruppe schon am frühen Nachmittag mit der Säuberung der Davidstraße fertig. Als er die Gefangenen wieder zu den Bewachern brachte und nun im Lager nach übrigem Essen Ausschau halten wollte, wurde er am Lagereingang sofort beauftragt, sich zum Tempelberg zu begeben, um dort zu helfen.

Ein erstes Zeichen, daß die Kreuzritter nicht mehr die Angreifer waren, sondern die Herren in Jerusalem, wurde nun auf der Spitze des Felsendoms sichtbar. Wo am Morgen noch die Kreuzfahrerfahne geweht hatte, war jetzt auf der Spitze ein großes Kreuz errichtet worden. Der Felsendom war soeben in eine christliche Kirche umgewandelt und geweiht worden und sollte von nun an *„Templum Domini“* heißen, was *„Tempel des Herrn“* hieß.

Das Hauptquartier der europäischen Truppen wurde in der einige hundert Meter weiter südlich stehenden Al-Aksa-Moschee eingerichtet, die von nun an *„Palatium Salomonis“* heißen sollte, also *„Salomos Palast“*, da sie nicht allzuweit von dem früheren Königspalast entfernt stand.

Auch die Gänge und Höhlen unter dem Moriah, die nun von den Kreuzfahrern als Pferdeställe und Waffenlager benutzt wurden und in denen früher die Schätze des Tempels lagerten, erhielten nun den Namen *Salomos Pferdeställe.*

Das große Festmahl, bei dem einige ausgewählte junge Ritter die Aufsicht und das Auftragen der Speisen übernehmen sollten, war nur für die höheren Offiziere der Armee und für die führenden Geistlichen bestimmt, und – für die Gral-Sucher. Die Tatsache, daß diese letzte Gruppe dabei war, ließ diese Ritter noch geheimnisvoller erscheinen als bisher schon. Douglas nahm sich vor, ihnen besondere Aufmerksamkeit zu schenken.

Die Speisen wurden in einer schnell errichteten provisorischen Küche in der Nähe des *Palatium Salomonis* zubereitet. Auf dem Hof standen lange Tische, mit weißen Leinentüchern bedeckt, auf denen goldene und silberne Gefäße standen, die zum Teil erbeutet, zum Teil aber auch aus Europa mitgebracht worden waren.

Als die Zeit heranrückte, zu der das Mahl beginnen sollte, stellten sich die jungen Ritter in einer Reihe hinter der Haupttafel auf, um Spalier zu stehen, wenn die Festteilnehmer in zeremonieller Weise einzogen.

Als erstes kündigten die Trompeten die drei Truppenführer an: Gottfried von Bouillon, Robert von Flandern und Raimond von Toulouse. Sie trugen ihre weißen Kreuzfahrermäntel mit den roten Kreuzen darauf.

Hinter ihnen kam in einer vergoldeten Kutsche der Bischof von Lothringen, Gottfrieds Beichtvater, und ihm folgten eine Anzahl ausgewählte führende Geistliche aus allen europäischen Staaten, die am Kreuzzug teilnahmen.

Anschließend folgten noch eine ganze Reihe höherer Truppenführer, und am Schluß in ihren roten Mänteln, die sie schon in der Nacht im Felsendom getragen hatten, die Gral-Sucher. Sie kamen aus dem mit einer Silberkuppel gekrönten *Paladium Salomonis,* in dem sie sich bisher aufgehalten hatten. Als die Gral-Sucher das Gebäude verließen, um sich dem Zug anzuschließen, blieb die Tür ein Stück offen stehen. Douglas beschloß, einen Blick durch die offene Tür hineinzuwerfen, sobald sie die Speisen in Schüsseln aus der Küche holen sollten, die ja ganz in der Nähe des *Paladium Salomonis* stand.

Als er zum zweiten Mal zur Küche eilte, machte er einen kleinen Bogen, als müsse er jemand ausweichen. Dadurch gelang ihm der Blick durch das halb offene Tor. Er erkannte einige Tische, auf denen Bücher, Karten und Zeichnungen lagen, einige davon ausgebreitet bzw. geöffnet. Nun wurde sein Interesse noch größer. *Er mußte unbedingt hineingelangen und einen Blick auf die dort liegenden Papiere werfen,* dachte er, nur wußte er noch nicht, wie ihm das gelingen sollte, da vor dem offenen Tor Wachen standen.

Doch dann sollte das Mahl beginnen, und der Bischof von Lothringen würde zu Anfang ein Gebet sprechen. Dazu schlossen alle die Augen und senkten die Köpfe. Auch die Wachen taten das, und dies erschien Douglas als die Gelegenheit, unbemerkt in das *Paladium Salomonis* zu schlüpfen.

Als Douglas nun mit klopfendem Herzen im Inneren des Gebäudes stand, trat er vorsichtig an einen der Tische, die man von außen nicht sehen konnte. Interessiert betrachtete er die offen daliegenden Karten und Pläne und auch die geöffneten Bücher. Er hütete sich davor, etwas anzurühren. Doch ihn interessierte sehr, worum es hier eigentlich ging. Er sah Karten von Palästina, von Nordafrika, besonders von Ägypten, aber auf einem anderen Tisch auch solche von Arabien und Äthiopien.

Verwundert fragte er sich, was dies alles zu bedeuten hatte. Wenn die Gral-Sucher hier wieder auf der Suche nach etwas Besonderem waren, wonach suchten sie? Doch dann, am dritten Tisch, fiel ihm ein aufgeschlagenes Buch und eine Zeichnung auf. Auf beiden war ein großer Kasten zu sehen, auf dessen Deckel zwei Engel saßen, die sich anschauten. Solche Bilder hatte er in England schon gesehen.

Die Bundeslade des Volkes Israel, schoß es ihm durch den Kopf. Nun war ihm klar, wonach die Männer in den roten Gewändern hauptsächlich suchten. Deshalb auch die Pläne von Arabien und Äthiopien, denn auch Douglas hatte von den Überlieferungen gehört, daß die Bundeslade vielleicht von Prinz Menelik mit nach Äthiopien genommen worden war. Und eine andere Überlieferung besagte, Jeremia habe die Bundeslade, als die Babylonier Jerusalem eroberten, mit einigen treuen Leviten aus dem Tempel gerettet und in der arabischen Wüste versteckt.

Douglas wußte, daß er nun schnellstens wieder draußen erscheinen mußte, wenn sein Fehlen nicht auffallen sollte. Er wartete auf eine Gelegenheit dazu, die auch bald kam. Nach dem Gebet des Bischofs hielt nun Robert von Flandern noch eine kurze Rede, dann erhob sich der Bischof von Lothringen nochmals und verkündigte, daß die am nächsten Tag stattfindende Parade auf dem Platz vor der Grabeskirche enden würde. Anschließend würde man in der Kirche den ersten König des neugegründeten christlichen Königreichs Jerusalem krönen.

Bei diesen Worten erhob sich lauter Jubel bei den Anwesenden. Alle schrien wie im Takt: „Gottfried! Gottfried! Gottfried!" Die an den Tischen Sitzenden waren aufgesprungen, und auch alle anderen hatten sich Gottfried von Bouillon zugewandt. Auch die Wachen vor der Tür des *Paladium Salomonis* waren noch einige Schritte nach vorn gegangen, schwenkten ihre Lanzen und jubelten im Takt mit.

Das war die Gelegenheit für Douglas, hinter dem Rücken der Wachen das Gebäude unbemerkt wieder zu verlassen und mit einem kleinen Umweg wieder zur Küche zu eilen, wo er, als der Jubel vorüber war, eine der nächsten vollen Schüsseln ergriff und sie zum Tisch trug.

Unter anregendem Gespräch der Teilnehmer an den Tafeln begann nun das Mahl. Erst am Schluß erhob sich der Bischof nochmals. Er wandte sich nun besonders den Männern in den roten Gewändern zu, den Gral-Suchern. Er pries sie als Beispiel des wahren Kreuzfahrer-Geistes und als Menschen, die mit ihrer rastlosen Suche zum Ruhm der Kirche und zur höheren Ehre Gottes beitrugen.

„Von heute an", erklärte er, „sollt ihr Tempelritter genannt werden, Verteidiger des heiligen Berges. Jerusalem soll eure Heimat und euer Zentrum sein, obwohl ihr durch die ganze Welt zieht und nach dem größten Schatz sucht, der noch verloren ist. Ihr sollt nicht nach Europa zurückkehren, außer mit Aufträgen und für Besuche, bis euer Auftrag erfüllt ist und ihr das Objekt eurer eifrigen Suche gefunden habt und es zu Füßen der Kirche niederlegen könnt."

Die meisten Zuhörer dachten wohl jetzt, daß es sich bei dem Objekt, von dem der Bischof sprach, um den heiligen Gral handelte. Trugen die Männer in Rot doch sogar den Namen Gral-Sucher. Doch Douglas wußte es besser, nachdem er die Pläne, Zeichnungen und aufgeschlagenen Bücher im *Paladium Salomonis* kurz betrachtet hatte.

Die Männer, die nun den neuen Ritterorden der Tempelritter bildeten, suchten in der Hauptsache nicht den heiligen Gral, sondern die heilige Bundeslade Israels, einen viel größeren Schatz, als es der Gral jemals sein würde.

9. Kapitel

In der nächsten Zeit führte Douglas ein Doppelleben. Als die Kreuzfahrerverwaltung für Jerusalem und das Land rundum etabliert war, hatte er seinen Dienst auf dem Tempelberg oder in dessen unmittelbarer Nähe zu tun. In seiner freien Zeit fand er immer wieder Wege, um die jüdische Familie in der Davidstraße zu besuchen.

Ein Jahr später war fast ganz Palästina ein christliches Königreich. Da die drei großen Heerführer sich nicht einig waren, konnte Gottfried von Bouillon zunächst nicht zum König gekrönt werden, sondern war nur Oberbefehlshaber der Armee und der Statthalter des Königreichs, mit dem Titel *„Verteidiger des heiligen Grabes"*. Aber zum ersten Mal seit rund eintausend Jahren fremder Herrschaft und seitdem die Juden ihre Selbständigkeit verloren hatten, war Jerusalem wieder die Hauptstadt des Landes.

Soweit die Kreuzfahrer wußten, gab es keine Juden und Moslems mehr in der Stadt. Sie waren entweder geflohen, ehe das christliche Heer Jerusalem erreichte, oder bei dem Massaker am 14. Juli getötet worden. Da die Christen vor der Ankunft der Kreuzfahrer von dem Fatimiden-Statthalter aus der Stadt vertrieben wurden, war es eine menschenleere und desolate Stadt, als am Tag nach dem großen Festessen die Parade stattfand. Nur die Kreuzfahrer selbst und die mit ihnen gekommenen Geistlichen und sonstigen Begleiter waren anwesend.

Trotzdem feierten sie ihren großen Sieg ausgiebig und jubelten ihrem Führer zu, der nun zum Statthalter des neuen Königreichs ernannt worden war.

Da Jerusalem nun nicht länger eine Provinzstadt war, wirkte sie wie ein Magnet. Die christliche Einwohnerschaft kehrte zurück, und von Europa kamen laufend neue Menschen und Geldmittel als Hilfe in die Stadt, nach derem Besitz sich das Christentum schon seit Generationen gesehnt hatte.

Schon wenige Tage nach der Eroberung der Stadt begann der Umbau und die Verschönerung der Grabeskirche. Aus dem rechteckigen konstantinischen Bau wurde eine Kirche in Kreuzform, mit vier Hauptaltären unter einem Dach. Im Laufe der Zeit wurden noch weitere kleine Kapellen dazugebaut.

Geld für dieses Projekt kam von Europa reichlich, deshalb wurde auch das Innere der Kirche überaus prunkvoll ausgestattet. So geschah es auch mit den anderen Kirchen und Gebäuden, die in dieser Zeit gebaut wurden. Man wollte auch nach außen hin die christliche Überlegenheit über die einfacheren Bauten der Juden und Moslems zeigen.

Bis die Kreuzfahrer Jerusalem eroberten, war die Stadt geteilt in moslemische, jüdische und christliche Stadtteile. Doch eine solche Aufteilung war für die nächste Zeit nicht mehr notwendig, und so wurden bald Stadtteile der verschiedenen christlichen Religionen daraus.

Die Verwaltung der Stadt und des Landes wurde in ähnlich feudaler Weise organisiert, wie sie von Europa bekannt war. Das heißt, das Land gehörte entweder dem König oder der Kirche oder auch reichen Kaufleuten, die mitgeholfen hatten, den Kreuzzug zu finanzieren. Dieses Land wurde nun in Lehen aufgeteilt und an Adlige, hauptsächlich an Kreuzritter und deren Nachkommen, zur Verwaltung übergeben.

Der Statthalter und später der König teilte seine Autorität über das Land mit dem vom Papst eingesetzten lateinischen Patriarchen. Klöster und andere kirchliche Einrichtungen entstanden in der Stadt und außerhalb. Auch wurde das Land überall mit Kreuzritterburgen bebaut. Im Laufe der Zeit siedelten sich innerhalb Jerusalems in eigenen Stadtteilen viele christliche Religionen an. Da waren neben der katholischen Kirche die griechisch-orthodoxe Kirche, die Jakobiner, die georgische Kirche, die Nestorianer, die Armenier und andere.

Am Jaffator bauten die Kreuzritter ihre Festung, um dieses Tor besser verteidigen zu können, und bezogen darin auch den alten herodianischen Turm mit ein, der nun als Davidsturm bekannt war.

Für Douglas Bernard von Castlemont waren all diese Dinge von weniger Interesse, da er mit einer ganz privaten Mission beschäftigt war, einer Mission, die im Gegensatz zu seinen Pflichten als Kreuzritter und zu den Zielen der Kirche stand, da er einige „Feinde" des Christentums beschützte. Manchmal fragte er sich, ob er eigentlich noch ein richtiger Christ sei, ganz zu schweigen von einem guten Soldat.

Doch was sollte er tun? Er fühlte sich immer mehr mit der Kahanafamilie verbunden und mußte sich eingestehen, daß er Adrianne liebte. Die Lebensmittel, die er von dem Resten des Festessens beiseite gebracht hatte und mit in die Davidstraße nahm, waren nur der Anfang einer dauernden Versorgung mit Nahrungsmitteln und anderen Notwendigkeiten.

Seine Besuche im Haus, die immer häufiger und länger wurden, je mehr er mit der Familie vertraut war, mußten immer heimlich geschehen.

Von Rabbi Kahana wußte er, daß dieser eine große Last auf seinem Gewissen trug, weil er das Massaker an den Juden in der Synagoge überlebt hatte. Als er eines Tages kam und den alten Mann im Hof im Schatten sitzend fand, bemerkte er Tränen in seinen Augen. Respektvoll fragte er: „Sage mir, gibt es etwas, was ich für dich tun kann?"

Kopfschüttelnd und mit einem tiefen Seufzer antwortete der Alte: „Kannst du mir meine Synagoge wiedergeben und meine Gemeinde zurückbringen?"

Douglas empfand diese Worte als leisen Vorwurf und

entgegnete: „Rabbi, ich möchte, daß du weißt, daß ich nichts mit diesem schrecklichen Verbrechen zu tun hatte. Auch ich stimme nicht allem zu, was unsere Leute tun.“ Er fühlte sich bei dieser Verteidigung nicht wohl, denn er wußte, daß er für diese jüdische Familie trotzdem ein Fremder war.

Der alte Mann blickte wehmütig vor sich hin. „Rabbi“, flüsterte er. „Wie wünschte ich mir, man würde mich wieder so nennen.“ Erklärend fügte er hinzu: „Sieh, nicht nur diese Synagoge war mein Platz für Gottesdienste. Ich war der Oberrabiner für alle Jerusalemer Juden.“

Douglas war erstaunt. „Das habe ich nicht gewußt“, stammelte er.

„Siehst du“, nickte Kahana, „und deshalb frage ich mich, weshalb ich in ihrer schwersten Stunde nicht bei meinen Leuten gewesen bin.“

Beide Männer schwiegen, bis der Rabbi fortfuhr: „Ich hatte allen unseren Leuten, die noch nicht die Stadt verlassen hatten, befohlen, sie sollten in ihren Häusern bleiben und sich dort verstecken, wenn ihr in die Stadt eindringen würdet. Ich glaubte, auf diese Weise könnten sie eher verborgen bleiben, als wenn sie in der Synagoge ihre Anwesenheit quasi öffentlich hinausposaunten.“

„Aber sie haben dir nicht gehorcht“, stellte Douglas fest.

„Juden können sehr dickköpfig sein“, sagte der Rabbi leise lächelnd. „Nein, sie wollten sich nicht verstecken. Als ihr die Mauern stürmtet, beschlossen die Jüngeren, lieber tapfer in der Synagoge zu sterben, als sich wie Hunde jagen zu lassen. Als sie dann zur Synagoge gingen, schlossen sich alle anderen an.“

„Das tut mir leid“, flüsterte Douglas, der nicht wußte, was er sonst hätte sagen sollen.

„Daran solltest du lieber ihre Tapferkeit als ihre Torheit erkennen“, fuhr Kahana fort. „Auch mir tut es leid. Aber nur, weil ich nicht bei ihnen geblieben bin. Ich ging nochmals in die Synagoge und versuchte, sie nach Hause zu schicken, als ihr schon in den Straßen kämpftet. Dann bin ich zurückgegangen, um nach Adrianne und Israel zu sehen. Dann kamst du in unser Haus, mein Junge."

Douglas freute sich über die Anrede *mein Junge,* weil er nach und nach doch das Vertrauen der Familie zu gewinnen schien. Bei dem kleinen Israel war es ihm offensichtlich schon gelungen, denn der Junge hatte ihn sehr gern. Gerade jetzt kam er wieder gerannt und unterbrach die traurige Unterhaltung. „Douglas", rief er, „spiel mit mir!"

In der einen Hand hatte er einen Spielzeugsoldat, einen Sarazenen, den der Rabbi ihm vor einiger Zeit einmal auf dem Markt gekauft hatte. In der anderen hielt er eine kleine Puppe, die seine Schwester ihm gemacht hatte, als seine Mutter und sein Vater von den Moslems getötet wurden.

Zwar wurden die Juden von den Moslems toleriert, und die Fatimiden-Kalifen hatten ihnen sogar erlaubt, Geschäfte und Handswerksbetriebe zu eröffnen. Doch von Zeit zu Zeit kam es aus geringem Anlaß hier und da doch zu Judenverfolgungen; und bei einer solchen waren die Eltern von Adrianne und Israel getötet worden.

Adrianne hatte ihm damals, um den Jungen vom Verlust der Eltern abzulenken, eine Puppe in jüdischer Kleidung gemacht, die ein Schwert in der Hand trug. Seitdem ließ Israel die jüdische Puppe immer mit dem Sarazenenkrieger kämpfen, und natürlich gewann die jüdische Puppe immer.

Douglas begann mit dem Jungen zu spielen, da kämpften Juden gegen Sarazenen; und der Kleine wurde im Eifer des Gefechts immer lauter, bis der Großvater endlich mahnte: „Spiele bitte leiser, Israel. Die Sarazenen sind zwar fort, aber wir haben immer noch Feinde."

„Ja, Papa", nickte Israel gehorsam, und der Kampf wurde wesentlich leiser fortgesetzt.

Bald erschien auch Adrianne mit dem Essen, das sie auf einem Tablett brachte. Douglas sorgte zwar für die Nahrung, aber Adrianne bereitete sie geschickt zu. Alles sah so gut aus, daß Israel erwartungsvoll in die Hände klatschte.

Douglas liebte zwar den kleinen Israel und seinen Großvater auch, aber seine eigentliche große Liebe galt Adrianne. Und von dem Zeitpunkt an, da sie erschien, ließ er sie nicht mehr aus den Augen. Sie war wirklich eine Schönheit, wie er schöner noch keine junge Frau gesehen hatte.

Douglas war so von ihr gefangengenommen, daß er zusammenzuckte, als der Rabbi ihm jetzt zuflüsterte: „Deine Leute haben uns unsere Stadt genommen, willst du nun auch noch meine Enkelin erobern?"

Douglas wußte nicht, was er darauf antworten sollte. Er senkte den Blick und beschäftigte sich verlegen mit dem Spielzeugsoldat.

„Es ist unmöglich, das weißt du", mahnte der Rabbi.

„Was ist unmöglich?" fragte Douglas leise.

„Eine Verbindung von euch beiden", sagte der alte Mann. „Du und Adrianne, das ist unmöglich, mein Junge."

Douglas biß sich auf die Lippen und nickte. „Ich weiß das, Rabbi. Ich weiß es."

10. Kapitel

Die Abteilung der Kreuzfahrer, zu der Douglas gehörte, war aus dem Lager in die Stadt verlegt worden. Da sein Beschützer ein Gral-Sucher, ein Tempelritter, war, wie sie jetzt hießen, war er sehr nahe am Tempelberg stationiert.

Er sah Sir Hillary fast jeden Tag, da er immer noch als sein Diener fungierte. Die Tatsache, daß Hillary von dem alten Lord Castlemont als Beschützer für Douglas angeheuert war, hatte auf die militärische Stellung der beiden keinen Einfluß. Wegen Douglas' Jugend und Unerfahrenheit war Sir Hillary eben sein Vorgesetzter. Doch Douglas störte das kaum. Da sie jetzt in der heiligen Stadt wohnten, brachte ihn dies auf die Türschwelle der Tempelritter, wodurch er oft mehr zu wissen bekam als andere.

Er vermutete bald, daß die Suche nach der Bundeslade Israels schon seit Generationen die eigentliche Aufgabe der Gral-Sucher war und nur durch andere Symbole verschleiert wurde. Vielleicht waren die Geschichten und Legenden, die sich um den angeblichen heiligen Gral legten, auch nur zur Irreführung erfunden worden, damit man nicht auf den eigentlichen Zweck der Suche kam.

Douglas erinnerte sich an die verschiedenen Zeichnungen und Pläne, die er damals in der Al-Aksa-Moschee gesehen hatte. Darunter waren auch welche von bekannten Bauwerken gewesen. Was die Suche nach der Bundeslade allerdings mit Architektur zu tun haben sollte, verstand er nicht ganz, außer den Hinweisen, die er hier und da bei der Unterhaltung der Tempelritter aufschnappte, daß sie glaubten, die Bundeslade habe große Macht und habe die alte Gesellschaft zu großen architektonischen Meisterwerken und auch zu einigem technischen Fortschritt befähigt.

All das hätte Douglas' Leben kaum beeinflußt, hätte es dadurch für ihn nicht wichtige Zukunftsaussichten gegeben. Das zeigte sich heute, als er in Sir Hillarys Privatzimmer gerufen wurde.

Hillary war einer der angesehensten Tempelritter und nahm in diesem Jerusalemer Orden einen hohen Rang ein. Alle lokalen Angelegenheiten und auch das *Paladium Salomonis* standen unter seiner Verwaltung.

„Komm herein", sagte er freundlich, als der junge Castlemont auf der Türschwelle stand. Wie immer war Douglas von der würdigen Haltung des Ritters beeindruckt. Doch obwohl sie nun schon mehr als drei Jahre beisammen waren, fühlte der jüngere Mann, er werde den Älteren nie wirklich kennenlernen.

Hillary betrachtete den jungen Ritter aufmerksam und sagte dann: „In einem Monat etwa wirst du einundzwanzig Jahre alt."

Douglas nickte ein wenig stolz, daß dann die Zeit des Aufsichtsverhältnisses von Sir Hillary beendet sein würde.

„Du hast dich im Kampf und in allen anderen Aufgaben als tüchtiger Soldat bewiesen", sagte Hillary überraschend. „Und seit wir hier sind, bis du auch zum Mann herangereift. Ich bin stolz darauf, daß ich deine Erziehung mit überwachen durfte."

Douglas war über dieses Lob überrascht, denn außer dem einen Mal nach dem Sturm der Mauer, als sie sich umarmt hatten, waren von dem Tempelritter nie irgendwelche Gefühle ihm gegenüber gezeigt worden. „Vielen Dank, Herr", antwortete er. „Du bist für mich ein guter Lehrer gewesen."

Hillary nickte und blickte auf den Plan des Tempelbezirks, der ausgebreitet vor ihm auf dem Tisch lag. „Ich bin sicher, du hast erkannt, daß meine Brüder und ich nicht nur zum Zweck der Besetzung der Stadt Jerusalem hier sind", sagte er.

Douglas wußte sogar noch mehr als das. Er wußte, seit er damals bei dem Festessen die Pläne im *Paladium Salomonis* gesehen hatte, daß sie nach der Bundeslade suchten. Doch was der Tempelritter eben erwähnt hatte, war ja allgemein bekannt. Deshalb antwortete er: „Der Bischof erwähnte diese Tatsache doch bei dem Festmahl."

„Bis jetzt hat sich unsere Mission auf diesen Berg beschränkt", fuhr Hillary fort und zeigte auf den Plan. „Doch ein Teil der Ritter unserer Bruderschaft wird an andere Orte gehen."

Douglas erinnerte sich an die verschiedenen Karten, die er damals gesehen hatte, und platzte heraus: „Vielleicht nach Nordafrika?"

Überrascht fuhr Hillary auf. „Woher weißt du das?" fuhr er Douglas an.

Wie konnte er nur so töricht sein und eine solche Bemerkung machen, ärgerte sich Douglas. „Ich weiß es nicht, ich habe nur solche Gerüchte gehört", redete er sich heraus.

Mißtrauisch rollte der Tempelritter die Karte zusammen. Das gute Einvernehmen, das sich gerade zwischen ihnen aufbauen wollte, hatte wieder einen Rückschlag erlitten. „Nun, lieber Castlemont, was weißt du sonst noch?" fragte er.

Achselzuckend schützte Douglas Unwissenheit vor. „Sehr wenig, Herr", antwortete er. „Eure Aufgabe ist ein Geheimnis. Ich würde sie gern ergründen, bin aber wohl nicht klug genug dazu."

Hillary schien diesen Worten nicht recht Glauben zu schenken. „Du bist ein schlauer Bursche", murmelte er. „Es ist gut, daß ich nicht alles über dich weiß."

Innerlich stimmte Douglas ihm zu. Da gab es einiges, was besser sonst niemand wissen sollte. Doch das Doppelleben, das er führte, zerrte doch manchmal recht kräftig an seinen Nerven. Sogar jetzt, als er vor einem hochrangigen

Tempelritter stand, der mit ihm über weltbewegende Dinge sprach, mußte er an Adrianne und die Kahana-Familie denken. Er mußte einen Weg finden, sie sicher aus Jerusalem herauszubringen, damit er sich nicht mehr um sie zu kümmern brauchte.

Doch Sir Hillary war dabei, sein künftiges Leben noch komplizierter zu machen. „Ich möchte, daß du mit mir kommst, Castlemont“, sagte er. „In einem Monat bist du in dem Alter, in die Bruderschaft der Tempelritter aufgenommen zu werden, wenn du das möchtest. Sicher wäre das zunächst eine Aufnahme auf Probe, da du dich noch in verschiedenen Dingen bewähren müßtest. Doch du bist ein tapferer Soldat, und ich kann deine Treue bestätigen. Wenn du zusagst, dann werden wir unmittelbar nach deinem Geburtstag nach Afrika reisen.“

11. Kapitel

Voll von einander widerstreitenden Gefühlen eilte Douglas zum Kahana-Haus. Ihm war, als würden sein Kopf und sein Herz platzen wollen. Die Dinge, auf die er sich eingelassen hatte, schienen ihm über den Kopf zu wachsen. Seine Zukunft im allgemeinen und die Freundschaft mit der jüdischen Familie paßten nicht zusammen.

Das Angebot von Sir Hillary hatte er mit gemischten Gefühlen aufgenommen. Auf der einen Seite bedeutete es die Aussicht auf eine großartige Zukunft, größer als er sie sich je erträumt hätte. Als Tempelritter würde sein Hauptwohnort für viele Jahre in der heiligen Stadt sein, in der Nähe seiner geliebten Kahanas.

Auf der anderen Seite machte er sich Sorgen, die Stadt verlassen zu müssen, um nach Afrika zu gehen, auch wenn es nur für ein paar Monate sein sollte. Die Suche nach der Bundeslade, auch wenn er gern dabeigewesen wäre, hinderte ihn, für seine Freunde zu sorgen.

Was sollte überhaupt aus seinen Freunden werden? Irgendwann würden seine heimlichen Besuche bei ihnen entdeckt werden. Das würde weder ihnen guttun, noch konnte er sich das leisten. Als er sich jetzt der Davidstraße näherte, formten sich schwach die Umrisse eines Planes.

Das Wichtigste, was zuerst zu geschehen hatte, war, die Familie sicher aus der Stadt zu bringen. Aber auch wieder nicht zu weit weg, damit er sie ab und zu besuchen konnte. Denn eine andere Sache komplizierte alles noch: Er liebte Adrianne so sehr, daß er es nicht ertragen würde, sie nie wiederzusehen. Gewiß war ihm klar, daß sie nie würden heiraten können. Aber er konnte sie wenigstens von Zeit zu Zeit sehen.

Wie immer, blickte er erst vorsichtig um die Ecke, ehe er in die Davidstraße einbog. Unter dem Arm hatte er ein großes Bündel mit Nahrungsmitteln. Da sein Dienst für heute zu Ende war, würde er zum Abendessen bleiben.

Sol Ben Kahana und der kleine Israel befanden sich auf der Galerie, als Douglas den Hof betrat. Der Junge sah ihn zuerst und rannte freudig zu ihm. Douglas nahm ihn auf den Arm und fragte: „Wo ist deine Schwester?"

Es war der Rabbi, der antwortete: „Sie ist in der Küche."

„Ich bringe ihr das Bündel", sagte Douglas.

„Das überrascht mich nicht", lachte der alte Mann. „Ich sehe dich dann zum Abendessen."

Douglas hatte nicht oft Gelegenheit, mit Adrianne allein zu sein. Als er die Küche betrat, begrüßte er sie freudig. Auch ihr war anzusehen, daß sie sich über sein Kommen freute. Er setzte das Bündel mit den Nahrungsmitteln auf den Tisch und sagte: „Ich hatte heute ein Gespräch mit Sir Hillary. Es gibt Dinge, die wir mit der ganzen Familie besprechen müssen."

„Worum geht es?" fragte sie besorgt.

„Er fragte mich, ob ich ein Tempelritter werden möchte", erzählte er. „Das bedeutet, ich werde wahrscheinlich für viele Jahre hier in Jerusalem stationiert sein."

Erleichtert seufzte sie: „Oh, darüber bin ich froh. Für einen Augenblick dachte ich, du müßtest uns verlassen."

„Mein Dienst bei den Tempelrittern würde manche Reise nötig machen", erklärte er. „Das ist es, worüber ich mit euch sprechen möchte."

Adrianne war niedergeschlagen. Douglas bemerkte, daß Tränen in ihren Augenwinkeln standen, wenn sie das auch verbergen wollte. „Wer sind diese Tempelritter?" fragte sie unmutig. „Und was ist bei ihnen so wichtig, daß du reisen mußt?"

„Ihre Arbeit findet eher im Geheimen statt“, antwortete er. „Sie sind seit Jahrhunderten ein Teil der Kirche, wenn sie auch bisher einen anderen Namen trugen. Sie suchen nach wertvollen Dingen, die für das geistliche Leben unserer Leute wichtig sind.“

Er hatte wohl bemerkt, daß sie bei dem Wort *Kirche* zusammengezuckt war. Für sie und alle Juden war die christliche Kirche etwas, das mit Verfolgung und Leid zusammenhing.

„So, so“, sagte sie ein wenig ironisch. „Was soll denn gesucht werden? Willst du etwa Salomos Mienen finden und dem Papst dann die Edelsteine zu Füßen legen?“

Douglas schüttelte betrübt den Kopf. „Afrika ist unser Ziel, und Edelsteine suchen wir nicht.“

„Aha!“ rief sie und blickte ihn von der Seite an. „Ihr wollt also die Lade suchen, die heilige Bundeslade Israels!“

Wieder war ihr Ton ironisch. Doch Douglas wunderte sich über ihre schnelle Kombinationsgabe. Als er nicht antwortete, fuhr sie fort: „Was denkst du denn? Meinst du, uns wäre unsere eigene Geschichte nicht bekannt? Wir wissen wohl von der Königin von Saba und von der Überlieferung, daß die Bundeslade von ihrem Sohn Menelik nach Äthiopien gebracht worden sein soll. Aber steckt in der Geschichte soviel Wahrheit, daß man dafür Leib und Leben riskieren sollte?“

Jetzt sah er Tränen über ihre Wangen laufen. Er wollte zu ihr treten und sie trösten. Doch sie verweigerte ihm eine Umarmung und sagte: „Es gibt andere Dinge, die genauso wichtig sind wie die Bundeslade, und zwar direkt vor deiner Nase“, sagte sie. „Ich will dir sagen, wen du in all dieser Zeit bisher beschützt hast.“

Er wunderte sich, was sie meinen könnte, und schaute sie fragend an.

„Der alte Mann da draußen personifiziert in sich die Hoffnung Israels“, begann sie. Und nun offenbarte sie dem Ritter Geheimnisse, die so tief waren wie die der Tempelritter.

„Die Kahanalinie stammt von dem Bruder Moses ab, der Aaron hieß, und zwar durch die levitische Familie der Kohath. Es ist durchaus möglich, wenn wir Juden noch den Tempel und die Opfer hätten, daß mein Großvater heute der erbliche Hohe Priester Israels wäre, Douglas."

Tief erstaunt blickte Douglas schweigend auf den Tisch. Er wußte nicht, was er sagen sollte, so überrascht war er. Doch Adrianne legte sein Schweigen falsch aus und ärgerte sich. „Ich hätte wissen sollen, daß solche Dinge dir nichts bedeuten. Eure Leute haben ja alles zerstört, was Israel einmal gewesen ist."

„Wie kannst du so etwas sagen?" stöhnte er. „Habe ich euch nicht bewiesen, daß ich Interesse an euch habe und mich um euch sorge?"

Adrianne sah ein, daß sie sich geirrt hatte. Sie schmiegte sich an ihn und sagte: „Ich habe töricht geredet, vergib mir, Douglas. Aber sage mir, wie kommt es, daß du so viel für uns tust, wo deine Leute uns doch als ihre Feinde ansehen und uns hassen?"

Obwohl Douglas diese Frage schon länger erwartet hatte, wußte er nicht, was er antworten sollte. Ihm fielen nur die Worte ein, die er einmal als Kind gehört hatte. Er flüsterte: *„Vater, vergib ihnen, denn sie wissen nicht, was sie tun."*

Adrianne fuhr zurück. „Was hast du eben gesagt?" wunderte sie sich.

„Das waren die Worte, die Jesus Christus sprach, als Seine Feinde Ihn kreuzigten", antwortete er nachdenklich. „Ich habe sie einmal von unserem Kaplan Bitton gehört und habe lange nicht mehr an sie gedacht."

Als er die Überraschung des Mädchens sah, erklärte er schnell. „Meine Leute wissen auch nicht immer was sie tun. Sie können manchmal sehr böse und grausam sein, so wie alle anderen Menschen auch. Bitte beurteile nicht alle Christen nach den Gewalttaten, die hier in Jerusalem geschehen sind."

Doch Adrianne war über etwas ganz anderes empört. Sie fuhr ihn an: „Dieser *Jesus Christus,* von dem du sprichst, ist für uns *anathema,* (verflucht)! Wie kannst du es wagen, im Hause meines Großvaters Seinen Namen auszusprechen?“

Wieder einmal erkannte Douglas, welche Kluft zwischen ihnen bestand. Er trat einige Schritte zurück und antwortete: „Ich habe doch nur deine Frage beantwortet. Du fragtest, warum ich euch helfe. Ich bin ein Kreuzritter und habe einen Eid geschworen, Christus treu zu sein, barmherzig zu sein und Menschen in Not zu helfen. Und das habe ich getan.“

„Haben alle Kreuzritter diesen Eid geschworen?“ fragte sie bitter.

Ihre Frage traf ihn. „Ich weiß nicht, was Menschen manchmal antreibt“, seufzte er. „Aber mein Versprechen zu Christus war, Gerechtigkeit und Barmherzigkeit zu üben. Wie konnte ich euch da verlassen, als ich euch hier im Versteck fand? Das ist nicht, was Christus getan haben würde.“

Wieder zuckte sie zusammen, als er den ihr verbotenen Namen *Christus* aussprach. Kopfschüttelnd gab Douglas auf, ihr verständlich zu machen, was er empfand. Er dachte, es sei für den Augenblick das beste, zu gehen. Er sagte noch schwach: „Jesus war ein Jude, das weißt du. Und Seine ersten Nachfolger waren auch Juden. Wärst du damals in Jerusalem gewesen, als Er lebte, vielleicht wärst du Ihm auch nachgefolgt.“

Er drehte sich um und ging über den Hof zur Tür. Da erkannte das Mädchen, daß sie ihm weh getan hatte. „Douglas!“ rief sie. „Gehe nicht! Es tut mir leid!“

Er fuhr herum und sah, daß sie auf ihn zueilte. Er empfing sie in seinen Armen. „Du empfindest also keinen Haß gegen mich?“ fragte er.

„Ich, dich hassen? Niemals!“ weinte sie.

Douglas hatte sie fest an sich gezogen. „Vielleicht“, sagte er, „wenn du mich liebst, kommst du nach und nach auch dazu, meinen Herrn zu lieben.“

„Von Liebe habe ich aber nichts gesagt“, schnaufte sie.
„Dann sage mir, daß du mich nicht liebst“, forderte er, ohne sie loszulassen.
„Das kann ich aber auch nicht sagen“, stammelte sie.
„Dann sage besser gar nichts“, erklärte er und verschloß ihr den Mund mit einem Kuß, den sie stürmisch erwiderte.
Großvater und der kleine Israel sahen von der Galerie aus zu. Doch die beiden im Hof hatten alles andere vergessen.

12. Kapitel

Der Kuß, den Adrianne ihm gegeben hatte, erfüllte ihn so sehr mit Freude, daß er wenig auf den Weg achtete, als er zu seinem Quartier am Tempelberg zurückging. Als er jetzt im Dunkeln die Stufen emporlief, wollte er noch zu Sir Hillary gehen, um ihm zu sagen, er sei bereit, den Tempelrittern beizutreten.

Als er zur letzten Stufe kam, stand vor ihm eine dunkle Figur, die er übersehen hatte, weil an dieser Stelle sonst nie eine Wache stand. Ehe er etwas sagen konnte, schlug ihm die dunkle Figur mit der gepanzerten Faust derart hart auf die Brust, daß er rückwärts die Stufen hinunterstürzte.

Als er noch lag und nicht wußte, wie ihm geschehen war, kam das Phantom die Stufen herunter und fuhr ihn an. „Ich sollte dich hier auf der Stelle töten!"

Er kannte die Stimme. „Sir Hillary?" stöhnte er.

Der Tempelritter beugte sich nieder und riß ihn hoch. „Dein Vater hat mich dafür bezahlt, dich zu beschützen", sagte er. „Doch vor dir selbst kann ich dich nicht beschützen."

„Was habe ich getan?" fragte Douglas zornig.

„Ich habe nichts gesagt", ärgerte sich Hillary, „als du deine Abende allein verbrachtest. Denn auch ich bin am liebsten mit mir selbst allein. Ich habe auch nichts gesagt, als ich hörte, daß du oft in das ehemalige Judenviertel gehst, und dort in die Davidstraße. Doch nun hat man dein Geheimnis entdeckt, und ich kann dich nicht mehr beschützen, Castlemont. Gott mag dir beistehen."

Man hat mich also beobachtet, überlegte Douglas. Aber was genau wußte man? Hillary, der ihm ansah, was ihm durch den Kopf ging, sagte: „Ja, du bist immer in ein bestimmtes Haus gegangen, Castlemont. Es ist eine Sache, nicht damit einverstanden zu sein, wenn Wildgewordene eine Synagoge niederbrennen und Juden quälen. Das ärgert mich auch. Aber etwas ganz anderes ist es, den Feinden zu helfen."

Die Worte trafen Douglas wie ein Hammer. Irgend jemand wußte also, daß in einem bestimmten Haus in Jerusalem noch Juden lebten. „Herr! Gott!" rief Douglas. „Ich muß fort!"

Er wollte davonrennen, doch Hillary hielt ihn fest. „Bleib hier", warnte er. „Sei kein Narr. Du hast schon genug für diese Leute riskiert."

Doch Douglas riß sich los und rannte davon. Hillary folgte ihm. Das Tor stand weit offen, doch von drin hörte er Stöhnen und Schreien. „Adrianne!" rief er und rannte über den Hof.

Sir Hillary folgte nun dem jungen Ritter. Beide zogen sie ihre Schwerter. Was sie dann im Wohnraum sahen, würde für immer in Douglas' Gedächtnis eingebrannt bleiben. Sol Ben Kahana lag vor dem Abstellraum in einer großen Blutlache auf dem Boden. Ein riesiger Kreuzfahrer, einer der Anführer beim Anzünden der Synagoge, hielt Adrianne fest im Griff.

Douglas blieb stehen. Würde er jetzt mit dem Schwert zuschlagen, konnte er das Mädchen verletzen. „Laß sie los! In Christi Namen, laß sie los!" schrie er.

Doch der Barbar lachte nur. „Ich liebe das Gefühl einer Jüdin", spottete er. „Wolltest du sie ganz für dich allein haben?"

Jetzt mischte sich Sir Hillary ein: „Auf Befehl des Tempels, laß das Mädchen los!" forderte er.

„Ich bin ein Soldat, kein Tempelritter. Mir kannst du nichts befehlen!" schrie der Riese ihn an. Er hatte jetzt einen Dolch in der Hand, den er dem Mädchen in den Rücken setzte. „Wenn ihr mich angreift, ersteche ich sie“, drohte er.

Sir Hillary machte einen plötzlichen Schritt nach vorn, um den Riesen abzulenken. Dieser fuhr herum und legte damit seine Seite für Douglas bloß, der sofort mit dem Schwert zuschlug, genau in den Spalt an der Hüfte, der zwischen der gepanzerten Weste und der Panzerhose lag. Der Riese schrie auf, als ein breiter Strom Blut aus seiner Seite schoß.

Er fuhr nun zu Douglas herum, und diese Gelegenheit nahm Sir Hillary wahr, ihm eine tiefe Wunde in den Hals zu schlagen. Der riesige Barbar sackte zusammen, dabei gelang es ihm aber noch, seinen langen Dolch tief in den Rücken des Mädchens zu stoßen. Beide stürzten zu Boden.

Der riesige Kreuzritter hauchte sein Leben aus. Douglas kniete neben Adrianne nieder und nahm ihren Kopf in die Hände. Sie atmete nur noch ganz schwach und flüsterte: „Rette Israel, rette unseren kleinen Israel.“ Sie fiel zusammen und schloß die Augen. Ein breiter Blutstrom floß aus ihrer Rückenwunde.

Sir Hillary hatte inzwischen die Tür zu dem kleinen Abstellraum geöffnet und das zitternde Kind an sich gezogen. Wie eine stählerne Schildwache stand er da und gab sich Mühe, die Tränen zurückzuhalten.

„Stirb nicht, Adrianne“, weinte der junge Ritter. „Bitte, stirb nicht!“

Das Mädchen öffnete die Augen. Man konnte sehen, wie sie sich Mühe gab, noch einmal zu sprechen. „Ich liebe dich, Douglas“, kam es wie ein Hauch von ihren Lippen, dann starb sie.

13. Kapitel

Es regnete an dem Tag, als Douglas Bernard von Castlemont einen letzten Blick auf die heilige Stadt zurückwarf. Manches war schon neu gebaut worden, und in den nächsten Jahrzehnten würde noch vieles hinzukommen. Immer weitere Menschen würden aus Europa nachkommen und das Königreich der Kreuzfahrer stärken.

Der Kampf um die Königin aller Städte und um Palästina würde zwischen den Christen und Moslems weitergehen. Die Moslems würden die Stadt wieder erobern, aber die Christen würden sie zurückgewinnen, und für knapp einhundert Jahre würde der christlich-europäische Einfluß in Jerusalem und Palästina überwiegen.

Douglas ging nicht im Auftrag der Tempelritter nach Afrika, sondern er reiste nach England zurück, begleitet nur von zwei Menschen.

Sir Hillary von Duford, der seine Bereitschaft, ihn zu beschützen, und seine Freundschaft bewiesen hatte, als er den barbarischen Kreuzritter tötete, erwies sich nochmals als Beschützer. Er begleitete den jungen Ritter bis zur Küste, wo er sich im Hafen von Jaffa auf ein Handelsschiff begeben würde, das ihn nach England zurückbrachte.

Vor Douglas auf dem Sattel saß der kleine Israel Ben Kahana, der letzte Überlebende dieser jüdischen Familie. Nur Douglas und Hillary wußten, wer der Junge war; und nicht einmal der Tempelritter wußte, daß es sich bei dem kleinen Jungen um einen Nachkommen der Linie der Hohen Priester Israels handelte.

Sir Hillary hatte seine Autorität benutzt und Douglas von allem weiteren Dienst befreit. Zwar hätte der junge Ritter das in wenigen Wochen selbst tun können, wenn er 21 Jahre alt wurde. Doch er mußte sich um den kleinen Jungen kümmern, von dem die anderen annahmen, er würde zu ihm gehören. Es gab genug Kreuzfahrer, die Angehörige mit ins heilige Land gebracht hatten. Auch auf dem Schiff würde niemand nach dem Jungen fragen.

„Douglas", fragte der „ich werde also jetzt bei dir leben?"

„Ja, das wirst du", bestätigte Douglas, „und ich bin sehr froh darüber."

„Aber wohin gehen wir?" forschte der Junge weiter. „Mein Haus liegt dahinten."

Sir Hillary griff in das Gespräch ein und antwortete dem Jungen: „Du gehst nach England, Sohn, da wirst du mit einem großen Schiff über das Meer fahren. England ist ein feines Land, es ist grün und reich, und du wirst dort sehr glücklich sein."

Douglas lächelte Sir Hillary dankbar zu. Er hatte sich nun wieder gefaßt, und ihm war eine Geschichte eingefallen.

„Weißt du, vor langer Zeit ist ein anderer jüdischer Bursche nach England gekommen, so wie du", begann er. „Er war ein großer Krieger, der tapfer gekämpft hat, um euren Tempel zu retten, als der noch auf dem heiligen Berg stand. Aber er war auch ein Christ und hat in England von Jesus gepredigt."

„Wie war sein Name?" fragte der Junge, dessen Augen immer größer geworden waren.

„Simon Zelotus", sagte Douglas. „Wir in England nennen ihn den heiligen Simon."

Auch Sir Hillary mußte nun über den Eifer des Kindes lächeln. Der Junge holte aus seiner Tasche eine Figur heraus. Es war der kleine jüdische Soldat, den seine Schwester für ihn gemacht hatte und der immer mit dem Spielzeugsarazenen kämpfte.

„Du bist jetzt Simon", redete er die kleine Puppe an. „Dein Name ist heiliger Simon, und wir fahren jetzt nach England."

Intermezzo

Für dreizehn Jahrhunderte, vier vor den Kreuzzügen und neun seither, liegt der Fels von Moriah nun schon unter einer ihn einhüllenden Kuppel. In all dieser Zeit waren die Nachkommen Abrahams, der auf diesem Fels seinen Sohn opfern wollte, Isaaks und Jakobs Fremde an diesem Ort.

Die Leute, die den Felsendom gebaut hatten, herrschten mit der Ausnahme von einem knappen Jahrhundert auch über den Berg. Die Ausnahme war das Kreuzfahrerkönigreich, das genau beschaut nur für 88 Jahre existierte, nämlich von 1099 bis 1187 n. Chr. Dann wurde Jerusalem von Saladin wieder für den Islam erobert.

Für alle, außer den Moslems, war der Fels fast vergessen, weil alle den großen goldenen Dom bewunderten, der darüber stand und der für einige Zeit sogar einmal ein christliches Kreuz trug. Die Höhlen unter dem Dom, an denen schon David zu bauen begonnen hatte, wurden nun *Brunnen der Seelen* genannt, und die moslemischen Geistlichen gehen dahin, um zu beten.

Es sind große geschichtliche Namen in dieser Zeit mit Jerusalem und dem heiligen Berg in Verbindung zu bringen: König Richard Löwenherz, Saladin der Kurde, für dreihundert Jahre ägyptische Mamelukenkönige, Selim der Türke, dessen Reich für die nächsten vierhundert Jahre auch die heilige Stadt und alles Land ringsum mit einschloß.

Was die Juden anging, so wohnten immer nur wenige von ihnen in der heiligen Stadt. Die große Mehrheit von ihnen war zerstreut unter alle Nationen.

Das heilige Land selbst war den großen Weltreichen, zu denen es in dieser Zeit gehörte, nicht sehr wichtig und litt sehr unter der Vernachlässigung. Die einst kultivierten Gegenden wurden verlassen, und arabische Beduinen übernahmen das Land. Durch ihre Viehherden wurde das Land noch mehr zerstört und die fruchtbare Erde abgetragen und verstreut.

Das Land, das David und andere Psalmisten als grün und fruchtbar bezeichnen und von dem einmal gesagt wurde, daß darin Milch und Honig fließt, war am Ende der türkischen Herrschaft fast überall unfruchtbar und zum größten Teil zu brauner Wüste und Steppe verkommen.

Jerusalem selbst litt auch unter dem Verfall seiner Umgebung. Doch da hier die Heimat von drei Weltreligionen ist, kam immer noch ein wenig Geld durch die Reisenden in die Stadt, die nach hier kamen. Immer wieder fanden sich auch Geldgeber, die Kirchen, Moscheen oder Synagogen, die verfielen, wieder aufbauen ließen, so daß einiges von der alten Schönheit der heiligen Stadt immer erhalten blieb.

Christen, Moslems und Juden, die in die Stadt kamen, um zu bleiben, kämpften innerhalb der Mauern um jeden Quadratzentimeter, jede Mauer und jeden Torbogen, und als die Stadt auch außerhalb der Mauern zu wachsen begann, auch draußen um jedes Grundstück.

Als die Stadt und mit ihr die ganze Welt in das 20. Jahrhundert eintrat, war sie innerhalb der alten Mauern in ein christliches Viertel, ein moslemisches Viertel, ein jüdisches Viertel und ein armenisches Viertel aufgeteilt.

Beginnend im 18. Jahrhundert, durch das 19. hindurch und in das 20. hinein entwickelte sich unter den weltweit zerstreuten Juden langsam wieder so etwas wie ein neues Nationalbewußtsein. Zwar war es nie wirklich gestorben, aber nun schien es neu belebt zu werden. Wieviel davon aus dem immer mehr verbesserten Kommunikationssystem durch die moderne Technik und wieviel aus den alten jüdischen Schriften erwuchs, soll hier nicht diskutiert werden.

Jedenfalls spendeten reiche Juden in der ganzen Welt immer mehr Geld für ihr altes Heimatland und machten es dadurch mehr und mehr jüdischen Einwanderern möglich, dort zu überleben. Wenn die Zahl dieser Einwanderer im 18. und 19. Jahrhundert auch noch recht gering blieb.

Auch immer mehr Christen besuchten das heilige Land, da die Reisemöglichkeiten nach dort sich immer weiter verbesserten und kaum noch gefährlich waren.

Für die Juden war die heilige Stadt und der heilige Berg nie in Vergessenheit geraten. Wenn ihnen auch der Zugang zum Berg versperrt blieb, so kamen sie doch dorthin, wo noch ein Rest der alten Tempelmauer aus der Zeit des Herodes stand, und versammelten sich hier vor allem an jedem Sabbath, um für den Frieden Jerusalems und das Kommen des Messias zu beten. So eifrig und brennend waren ihre Gebete an diesem Rest der Tempelmauer, daß die Welt dazu kam, sie als die „Klagemauer“ zu bezeichnen.

Bis zur Mitte des 19. Jahrhunderts lebte niemand außerhalb der Mauern von Jerusalem, weil sich dort nur Vagabunden und plündernde Banditen herumtrieben. Als aber der erste tapfere Jude, Joseph Rivlin, draußen vor Jerusalem ein Anwesen erbaute und auch während der Nacht dort schlief, kam Begeisterung unter einwandernden Juden auf, und es entstand der Ort *Nachlat Schiva.*

Eine der bemerkenswertesten ersten jüdischen Siedlungen war *Jemin Mose,* nach einem anglo-jüdischen Geldgeber, Sir Moses Montefiore, so benannt. Nach und nach siedelten sich immer mehr Juden außerhalb der Mauern Jerusalems an und brachten eine „Rückkehr-nach-Zion-Bewegung“ ins Dasein, die Vorgängerin zum späteren Zionismus, der Palästina gründlich veränderte.

War bis zum 18. Jahrhundert der Herzensschrei der zerstreuten Juden gewesen: „Und nächstes Jahr in Jerusalem“, so hieß es jetzt: „Geht, geht nach Jerusalem, es ist Zeit!“

Überall in der Welt sammelten sich am Ende des 19. Jahrhunderts die Juden unter dem Banner von Theodor

Herzls „Welt-Zionisten-Bewegung“, und rund um den Planet hörte man sie sagen: „Wir haben lange genug gewartet. Wir gehen heim!“ Im Jahr 1897 wurden auf einer jüdischen Weltkonferenz in Basel sogar schon Pläne zur Errichtung eines jüdischen Staates gemacht.

Als die Türken, die bis dahin über Palästina geherrscht hatten, sich im 1. Weltkrieg mit den Deutschen Verbündeten, geriet durch ihre Niederlage Palästina unter britische Mandats-Herrschaft. Am 9. Dezember 1917 übergab die türkische Besatzung Jerusalem ohne Kampf an die vereinte englisch-arabische Streitmacht unter General Allenby. Nun war zum ersten Mal seit der Kreuzfahrerzeit das heilige Land wieder unter christlicher Regierung, und Jerusalem war wieder die Hauptstadt.

Kurz vor der Einnahme Jerusalems hatte die britische Regierung die bekannte Balfour-Erklärung herausgegeben, in der sie niederlegte, daß Palästina wieder zum nationalen Heim des jüdischen Volkes werden sollte. Diese Erklärung wurde fünf Jahre später auch vom Völkerbund übernommen.

Doch der Dom auf dem heiligen Berg überschattete immer noch den Fels darunter, und es hatte auch durch die hier erwähnten letzten Ereignisse keinen Riß im Dom noch im Fels gegeben. Doch in der internationalen Haltung zu einem jüdischen Heimatland hatte es einen Riß gegeben, der nach und nach immer größer wurde und dann eine Flut hindurchließ.

Und die Leiter vom Himmel ist bereit, ihr unteres Ende wieder auf den Moriah zu stellen.

Teil XIII

Altneuland

1949 n. Chr.

1. Kapitel

An einem ungewöhnlich nassen Augustnachmittag des Jahres 1949 blickte Reginald Cohen aus einem kleinen Fenster eines Flugzeugs, das der *London-Times-Company* gehörte, und fragte sich, ob die Maschine wohl sicher auf dem sehr schlechten Flughafen nördlich von Lydda, Israel, landen würde. Es war der erste „Übersee-Auftrag“ des Korrespondent-Bildreporters für die *Times.*

„Übersee“ war nur in dem Sinne zu verstehen, daß es über das Mittelmeer ging, während er bisher nur den Ärmelkanal nach Frankreich und Deutschland überquert hatte, und das schon viele Male. Er hatte in der letzten Zeit des 2. Weltkriegs von den Ereignissen in Frankreich und Deutschland berichtet. Dort war er durch einen Granatsplitter verwundet worden und hatte wegen großer Tapferkeit eine Auszeichnung erhalten.

Seit Ende des 2. Weltkriegs hatte sich die Aufmerksamkeit Englands und der ganzen Welt auf die Rückkehr der Juden in ihren neuen Staat Israel gerichtet. Im Jahr zuvor war eine Gruppe von Schreib- und Bildreportern nach Palästina gesandt worden, um alle Ereignisse, die mit der Staatsgründung zusammenhingen, genau festzuhalten. Und nun sollte er, Reg Cohen, einen umfangreichen bebilderten Bericht über die Heimkehr der Flüchtlinge in ihr altes Heimatland für die *Times* erstellen.

Nun, nach 46 Jahren, war der Traum von Theodor Herzl, dem Gründer des Zionismus, wahr geworden, den er in seinem Buch *Altneuland* niedergeschrieben und veröffentlicht hatte. Es war der Traum von Palästina, als Heimatland der Juden. Der Staat Israel war entstanden. Den letzten Anstoß dazu hatte die schreckliche Vernichtung von sechs Millionen Juden unter dem Naziregime von Adolf Hitler gegeben. Nun stand der Entschluß fest, in Israel einen Zufluchtsort für die Überlebenden zu schaffen.

Reginald Cohen war kein religiöser Mensch. Die Wurzeln seiner Familie hatten ihm einen anglikanischen Hintergrund gegeben, doch er war nur bis zu seiner Konfirmation in die Kirche gegangen und hatte sich danach von ihr ferngehalten.

Manchmal hatte man ihn darauf aufmerksam gemacht, daß es in seiner Vergangenheit auch einen jüdischen Einschlag gegeben haben mußte, denn Cohen war ein jüdischer Name. Doch ihm war eine solche Verbindung nicht bewußt, noch dazu, da auch nichts Semitisches an Reginalds äußerer Erscheinung zu erkennen war. Und ganz bestimmt wußte er sehr wenig über das Judentum.

Er war nach Israel gesandt worden, weil er mit der Kamera ein Künstler war. Und die Evakuierung und Wiederansiedlung der Holocaust-Juden verdiente das schärfste Auge und das künstlerischste Können, das in der großen *Times-Mannschaft* zu finden war. Es war kein Reporter mit Reg gekommen. Er würde selbst die Artikel schreiben, die zu seinen Bildern gehörten, denn er war auch ein guter Schreiber. Die Zeitung vertraute ihm, den besten und mit den richtigen Bildern ausgestatteten Bericht zu schreiben, den es in England über dieses Thema geben würde.

Als das Flugzeug über die letzten Meter der Landebahn rollte, sah Reginald einen kleinen Mann auf der anderen Seite des Flugfeldes warten. Es war ein älterer Herr mit einem breitkrempigen Hut und einem langen grauen Mantel. Reg erkannte in ihm einen kassidischen Juden, dessen langer Bart sorgfältig gepflegt war.

Dieser Flugzeugtyp wurde auch vom Militär geflogen und war deshalb nicht besonders bequem. Doch das machte

Reg nicht viel aus. Er war ein hartes Leben gewöhnt. Das Flugzeug rollte zum Aussteigeplatz, dort wurde der Laufsteg herangerollt, und Reg stieg auf den keineswegs perfekten Flugplatz der neugeborenen Nation hinunter.

Der Stock, den er trug, hätte zu einem eleganten Engländer gepaßt. Doch Reg war nicht elegant. Er brauchte den Stock als notwendiges Hilfsmittel, da er wegen seiner Kriegsverletzung hinkte.

Als der alte Mann ihn sah, winkte er ihm zu und sagte, als er näher kam: „Schalom! Sind Sie Herr Cohen?"

„Der bin ich", nickte Reg und schüttelte ihm die Hand. „Und Sie sind Rabbi Zachmann?"

„Nenne mich einfach Eban", sagte der Ältere lächelnd.

„Ich heiße Reginald, aber meine Freunde sagen einfach Reg."

„In Ordnung. Aber nun komm, unser Auto wartet. Sicher bist du müde. Wir haben ein feines Zimmer für dich."

„Werden wir in Haifa wohnen?" fragte Reg, als sie zum Auto gingen.

„Ja", antwortete der Rabbi. „Du wirst dich wohlfühlen in dem Zimmer mit Blick auf das Meer. Morgen gehen wir dann zum Hafen hinunter. Ich nehme an, du willst dort beginnen?"

Reg nickte. „Wie viele Schiffe werden kommen?"

„Mindestens ein halbes Dutzend jeden Tag", begeisterte sich Eban. „Es ist ein Erlebnis, das man nie wieder vergißt."

„Und wie viele Menschen kommen mit jedem Schiff?" fragte der Fotoreporter.

„Hunderte, manchmal sogar Tausende", erwiderte der Rabbi.

Sie erreichten das Auto, einen alten Mercedes. Als der alte Mann vom Parkplatz gefahren war, sagte er: „Weißt du, die Anzahl der jeweils Ankommenden ist gar nicht das Wichtigste, das wirst du morgen sehen, wenn du ausgeruht hast. Es gibt so viel, was ich dir zeigen möchte."

Es waren ungefähr 80 Kilometer vom Flughafen nach Haifa. Das alte Auto rumpelte über die kaputten Straßen. Endlich schien auch die Sonne, und es wurde schnell recht warm. Reg öffnete das Fenster und blickte in das grüne Land. Überall sah man Palmen, Obstgärten und bebaute Felder. Man konnte erkennen, daß die einwandernden Juden in den wenigen Jahren schon viel geschafft hatten.

Reg machte immer wieder Aufnahmen, obwohl sein Auftrag das hier noch gar nicht notwendig machte. „Diese Ruinen“, sagte er, und zeigte auf einige zerstörte Häuser, „sind sicher das Ergebnis eures Kampfes gegen die Araber.“

„Stimmt“, nickte der Rabbi. „Wir mußten um jede Mauer und jeden Grashalm kämpfen. Wir waren ja nur ein kleines Häufchen, inmitten von einem Meer von Arabern, die mit den modernsten Waffen ausgerüstet waren.“

Der Rabbi schwieg einen Augenblick, dann fuhr er fort: „Aber diese Ruinen dort stammen aus einer früheren Zeit. Es ist ungefähr 20 Jahre her, da haben unsere Leute zu Yom Kippur (das ist der große Versöhnungstag, der höchste Feiertag der Juden) an der Tempelwestmauer das Widderhorn geblasen. Es war uns damals nicht erlaubt und ist es bis heute nicht, den Tempelberg zu betreten.

Aber als wir an jenem Tag dort das Widderhorn bliesen, wurden die Araber darüber so ärgerlich, daß sie über uns herfielen und im ganzen Land viele von uns getötet wurden. Die Briten hatten große Mühe, die Ruhe wieder herzustellen und verboten uns dann, das Widderhorn an Yom Kippur zu blasen. Aber wir haben es trotzdem immer wieder getan.“

Da sie immer neue Zerstörungen sahen, meinte Reg kopfschüttelnd: „Es sieht ja an manchen Plätzen fast so übel aus wie in den früheren Kriegsgebieten Europas. Ich hätte nicht gedacht, daß es so schlimm ist.“

„Du mußt bedenken, daß hier nicht nur die wenigen Monate Krieg war, als wir im letzten Jahr unseren eigenen Staat ausriefen, sondern daß eigentlich schon seit mehr als zwanzig Jahren Bürgerkrieg im Land herrscht“, erklärte Eban.

„Die Araber haben jeden kleinen Vorwand und Streit jedesmal benutzt, um über uns herzufallen. Und wir mußten uns natürlich wehren.

Die britische Verwaltung hat immer versucht, den Ausgleich zwischen Arabern und Juden zu erhalten. Sie haben neue Straßen und Brunnen gebaut, und auch manche gute sanitäre Einrichtung. Aber das kam gewöhnlich nur unseren Feinden, den Arabern, zugute, wir gingen leer aus. Die Briten haben das stets damit begründet, daß wir Juden das alles ja auch allein schaffen würden."

Reg schaute den kleinen Mann von der Seite an, hatte aber nicht den Eindruck, daß dieser es bitter meinte und tadeln wollte. Er erzählte einfach nur. Ironisch fuhr Eban fort: „Das ist vielleicht auch der Grund, weshalb wir die Dinge dann selbst in die Hand genommen haben."

Eine Weile herrschte Schweigen. Dann fragte Reg: „Man sagte mir, du seist auch bei der Haganah, der jüdischen Verteidigungstruppe, gewesen."

„Das stimmt", nickte Eban stolz. „Ich wäre es noch, doch ich bin schon zu alt dazu. Wir Älteren haben damals Sandsäcke gefüllt, Schützengräben ausgehoben, Waffen und Munition geschmuggelt, damit die Jüngeren kämpfen konnten. Doch wenn es nötig wurde, haben wir auch selbst noch mitgekämpft."

„Ich habe mich noch nie näher mit den Fragen des Nahen Ostens beschäftigt", gestand Reg, „deshalb verstehe ich auch nicht recht, warum hier immer gestritten wird."

„Weil die Araber uns das kleine Stück Land nicht gönnen, das wir besitzen", erklärte Eban. Ihr Briten hattet Palästina zwischen uns und den Arabern aufgeteilt, ehe das Mandat zur Verwaltung des Landes erlosch. Doch als sie dann im Mai 1948 Palästina verließen und wir in dem uns zugesprochenen Teil des Landes einen eigenen Staat ausriefen, fielen die Araber sofort von allen Seiten über uns her.

Von Süden griff uns die ägyptische Armee an, von Osten die jordanische und von Norden die syrische; alle modern ausgerüstet. Dazu kamen noch die im Land wohnenden Araber. Wir sollten wieder ins Meer getrieben werden, und sie wollten ganz Palästina für sich haben. Unsere nur spärlich mit Waffen versehenen Leute kämpften heldenhaft gegen die Übermacht von drei modernen Armeen. Zu Anfang schienen wir kaum den arabischen Angriffen standhalten zu können, doch dann gelang es uns, sie an allen Fronten zurückzutreiben, und zwar sogar über die ursprünglich festgelegte Teilungsgrenze hinaus.

Als die Vereinten Nationen am 11. Juni 1948 forderten, die Kämpfe zu beenden, wurde ein sehr unsicherer Waffenstillstand erreicht. Aber wir besaßen nun mehr Land, als uns ursprünglich zugeteilt war, und das haben wir auch behalten."

Schweigend legten sie die restliche Wegstrecke zurück, bis sie Haifa schon sehen konnten. Da sagte der Rabbi plötzlich: „Weißt du, Reg, ich habe mit dir geredet wie mit einem Heiden, dabei bist du doch einer von uns, das sagt mir dein Name."

Schon oft hatte man Reginald Cohen darauf angesprochen, doch hier war es anders, fühlte er, denn hier war er selbst unter jüdischen Menschen und in dem Land, das sie bewohnten. Deshalb zuckte er nur mit den Schultern, wußte aber nicht, was er hätte sagen sollen.

„Morgen wirst du sehen, wie unsere Leute zu uns zurückkehren. Glaube mir, es war nicht einfach, Hunderttausende von Flüchtlingen aufnehmen zu müssen und dabei noch gegen eine riesige Übermacht um das Land kämpfen zu müssen. Morgen wirst du erkennen, Bruder Cohen, warum wir nie aufgeben."

2. Kapitel

Reginald Cohen schlief nicht sehr gut in dieser Nacht. Immer wieder mußte er über das nachdenken, was Rabbi Zachmann ihm gesagt hatte. War wirklich mehr an den alten religiösen Überlieferungen, und konnte irgendwo ein Stück jüdisches Erbe sein Leben mitbestimmen?

Wie fast alle Engländer hatte er als Kind die Geschichten der Bibel in der Anglikanischen Kirche gehört. Was er von Jesus hörte, hatte ihn immer mehr interessiert als die Geschichten des Alten Testaments. Aber nach seiner Konfirmation war davon kaum etwas übrig geblieben. Nur ein kleines silbernes Kreuz an einer Kette, das er damals geschenkt bekommen hatte, trug er heute noch um den Hals, wenn auch unter seiner Kleidung.

Als er jetzt vom Fenster auf das Meer hinausblickte, dachte er, es sieht heute wohl genauso aus wie vor tausend Jahren, als die Kreuzritter um das Land kämpften, oder wie vor zweitausend Jahren, als Jesus mit Seinen Jüngern durch das Land zog, oder wie vor dreitausend Jahren, als die Philister im Land die Herren waren und David Jerusalem eroberte, oder wie vor dreitausendfünfhundert Jahren, als Josua mit den Israeliten in dieses Land einzog, oder wie vor viertausend Jahren, als Abraham von Gott das Versprechen erhielt, oder ..."

Er wunderte sich selbst, wieviel er von diesen Dingen aus seiner Kinderzeit noch wußte, wenn er einmal ernstlich darüber nachdachte. Und er war sehr gespannt darauf, was ihm morgen begegnen würde.

Als Eban Zachmann den Gast am nächsten Morgen begrüßte, sah er sofort, daß dieser nicht gut geschlafen hatte, deshalb fragte er ihn gar nicht danach, sondern empfing ihn mit den Worten: „Wie wäre es jetzt mit einem guten Kaffee?"

„Den könnte ich jetzt wirklich gebrauchen", stimmte Reg zu. „Nur keinen Tee und Krümelkuchen heute morgen."

Als sie mit dem Fahrstuhl zum Frühstücksraum fuhren, fragte der Rabbi: „Hast du eine Familie?"

Reg lächelte. „Nur eine alte Mutter in einem kirchlichen Altenheim", sagte er. „Ich habe nie geheiratet, weil ich fast immer unterwegs bin." Während er sich jetzt vor Müdigkeit die Augen rieb, fragte er: „Habt ihr etwa Geister in euren Hotelzimmern?"

„Ha", kicherte der Rabbi. „Du bist also einigen unserer Phantome begegnet. Ich nehme an, du wirst noch mehr davon treffen."

„Ich sage dir, ganze Armeen davon sind heute nacht durch meinen Kopf marschiert. Ich kam nach Israel, um zu fotografieren, nicht um Zeitreisen zu machen."

„Ja, ja", lachte Eban, „wenn du dem Land eine Chance gibst, dann wird es dir die Vergangenheit und die Zukunft zeigen, aber am allereindrücklichsten die Gegenwart. Und vielleicht wirst du hier dir selber begegnen, Bruder Cohen."

3. Kapitel

Als Reg und Eban im Hafen von Haifa ankamen, hatte sich schon eine beträchtliche Menschenmenge versammelt, die auf die heute ankommenden Schiffe warteten. Es sollten diesmal nichr nur welche aus Europa kommen, sondern auch aus moslemischen Ländern Afrikas und Asiens. Seit dem Krieg des letzten Jahres zwischen Israel und den Arabern wurden die Juden in manchen dieser Länder wieder sehr verfolgt und unterdrückt. Deshalb zog es sie nun in großer Zahl von dort nach Israel.

Auch unter den Menschen, die hier warteten, waren viele, die noch nicht lange im Land lebten. Aber sie alle fühlten sich schon irgendwie als Volk zusammengehörig. Theodor Herzl hatte in seinem Buch *Altneuland* über den Aufbau eines israelischen Staates geschrieben: *„Wenn ihr es wollt, wird es kein Märchen bleiben."* Und man konnte hier sehen, daß es kein Märchen mehr war, sondern eine Tatsache.

Nach einiger Zeit hörte man vom Boot der Küstenwache, das im Hafen lag, eine Lautsprecherdurchsage: „Die Schiffe nähern sich Haifa. Sie werden in kurzer Zeit zu sehen sein. Das erste Schiff ist die *Theodor Herzl*!"

Es dauerte auch nicht mehr lange, da sah man am Horizont Masten auftauchen, und dann waren auch die Schiffe bald deutlich zu erkennen. Die Wartenden begannen zu singen und zu tanzen. Sie schwenkten Tücher und Fahnen und brachten auf vielerlei Weise ihre Freude zum Ausdruck.

Reg begann Bilder zu machen. Er fand so viele Motive, daß er sie gar nicht alle einfangen konnte. Staunend sagte er zwischendurch zu Eban: „Daß die Flüchtlinge auf solche Weise empfangen werden, hätte ich nie geglaubt.“

Es verging noch etwa eine Stunde, bis das erste Schiff auf Rufweite nahegekommen war. Auch die Flüchtlinge auf dem Schiff sangen, und die am Ufer Wartenden nahmen das Lied auf. Hier und da entdeckten sich schon Bekannte oder Verwandte, ehe das Schiff angelegt hatte, und riefen einander zu.

Als dann die ersten Flüchtlinge das Schiff verließen, spielten sich unbeschreibliche Szenen ab. Viele der Rückkehrer warfen sich zu Boden und küßten die Erde, als sie Land unter ihren Füßen verspürten. Menschen fielen sich in die Arme, die einen jubelten und lachten, die anderen weinten vor Ergriffenheit. Menschen, die sich völlig fremd waren, umarmten sich und tanzten miteinander.

Was man hörte, schien der babylonischen Sprachenverwirrung nahezukommen. Deutsch, Italienisch, Ungarisch, Polnisch, Russisch und Sprachen aus Afrika und Asien schwirrten durcheinander. Einzelne Gruppen hatten sich zusammengestellt und sangen.

Ein Volk, das zwei Jahrtausende in aller Welt zerstreut war, verachtet, verfolgt und unterdrückt, kehrte heim in das Land seiner Väter.

Der hartgesottene Reporter Reginald Cohen, der in seinem Beruf an vielen Schauplätzen schon manches miterlebt hatte und der glaubte, ihn könne nichts mehr beeindrucken, stand tief erschüttert, als er diese Szenen sah. Seine Kamera arbeitete ihm nicht schnell genug, um alles einzufangen, was ihm absolut wichtig erschien. Er drängte sich immer wieder durch die Menge, um noch mehr Bilder zu machen.

Ein junges Mädchen mit einem kleinen Koffer faßte ihn am Arm und sagte in holprigem Englisch mit starkem deutschen Akzent, sie habe Jahre im Konzentrationslager

Dachau verbracht und sei nun endlich angekommen. Ob er wisse, wo ihre Eltern seien, die sie hier erwarten wollten, sie wären in Buchenwald gewesen und ihr Name sei Oberstrom.

Reg antwortete: „Ich weiß es nicht, meine Liebe. Aber die Behörden werden sie finden. Wenn deine Eltern hier sind, werden sie euch auch zusammenbringen."

Er führte das Mädchen zu der Stelle, die ihm der Rabbi vorher gezeigt hatte. Hier wurden die Namen der Neuankommer auf große Tafeln geschrieben, und in der Nähe warteten auch die Angehörigen. Scheinbar war das Mädchen von einer ganzen Sippe erwartet worden, denn eine ganze Anzahl Leute fielen jubelnd über sie her. Die Oberstromsippe feierte. Und gleiches oder ähnliches wiederholte sich überall rundum, denn weitere Schiffe hatten angelegt, und immer mehr Flüchtlinge kamen an Land.

Reg schaute sich weiter um und machte immer mehr Bilder. Da stand plötzlich Rachel wieder neben ihm und bettelte: „Komm, Mister, mach ein Bild von meiner Familie."

„Das habe ich schon gemacht", antwortete Reg.

„Aber für mich noch eins", bettelte sie. „Ich möchte eins für mich haben."

„Also gut", willigte er ein und fragte sich, wie sie es wohl erhalten sollte.

Lachend stellte sich die ganze Sippe zum Gruppenbild auf. Das würde auch gut zu seinem Bericht passen, sagte er sich. Und natürlich würde er Rachel eines senden, wenn er wußte wohin.

Er mußte viele Hände der Familie Oberstrom schütteln. Dann stand Rachel wieder vor ihm. Sie drückte ihm ein gelbliches Stück Stoff in die Hand und sagte, auf die Rückseite habe ich meinen Namen und die Adresse geschrieben. Reg blickte kurz darauf und sah, daß es eine Straße in Nazareth sein mußte. Die Oberstroms gingen davon.

Als er das Stück Stoff umdrehte, sah er, daß ein gelber Stern darauf genäht war, der die Aufschrift *Jude* trug. Er wußte, daß die Juden in Deutschland dieses Zeichen auf den Straßen und auch in den Lagern hatten tragen müssen.

Der Rabbi stand jetzt wieder neben ihm. Auch er betrachtete den gelben Stern und sagte: „Das Mädchen hat dir ein wertvolles Erinnerungsstück geschenkt, und damit auch ein Stück ihres Herzens."

„Ich weiß", nickte Reg und kämpfte mit den Tränen. Um es nicht merken zu lassen, fügte er in geschäftsmäßigem Ton hinzu: „Ich brauche dringend eine Dunkelkammer, Eban. Ich möchte die Filme heute noch entwickeln und mit der nächsten Maschine nach London schicken."

4. KAPITEL

Es war ein wolkenloser Tag, als Eban und Reg von Haifa nach Jerusalem fuhren. „Fühl dich einfach für die nächsten Tage wie ein Tourist“, meinte der Rabbi.

„Gute Idee“, antwortete Reg. „Die Ankunft der Flüchtlinge gestern hat mir doch sehr zugesetzt.“

Eban sagte nichts, aber er wußte, daß manches in der heiligen Stadt seinem Freund noch ziemlich zusetzen würde.

Als sie auf der Höhe von Tel Aviv nach Osten abdrehten, wies Eban auf manche Punkte hin, die interessant waren. „Die Straße, auf der wir fahren, war letztes Jahr noch so gut wie unpassierbar.“ Er zeigte auf einen höheren Berg vor ihnen. „Das ist Latrun. Der Paß war besetzt von der Arabischen Legion aus Jordanien. Unsere Haganah mußte drei blutige Kämpfe um den Paß ausfechten, ehe wir ihn erobert hatten und der Weg nach Jerusalem frei wurde.“

Reg bat ihn, anzuhalten, weil er einige Bilder machen wollte. Dabei zeigte Eban auf bestimmte Stellen. „Siehst du diese schmalen Wege?“ sagte er. „Das waren Schmugglerstraßen, auf einigen konnten wir mit Autos fahren, aber manche waren nur mit Reittieren oder zu Fuß passierbar. Hier trugen Jungen und Mädchen der Haganah jahrelang unter ihrer Kleidung Waffen und Munition und Waffenteile nach Jerusalem.

Die Engländer wußten das und haben immer wieder Kontrollen gemacht. Wenn sie bei jemand Waffen oder Munition fanden, der konnte sogar zum Tode verurteilt werden. Aber sie mußten es tun, denn unsere Leute in Jerusalem wurden von den Arabern belagert und brauchten Waffen und Munition, um sich verteidigen zu können."

Einmal haben wir auf Befehl Ben Gurions einen großen Durchbruch gewagt und haben dazu alle arabischen Dörfer an dieser Nebenstrecke besetzt. Dann sind wir am 13. April mit 175 Lastwagen nach Jerusalem gefahren, am 17. mit 250 LKWs und am 20. nochmals mit fast 300. Das war der sogenannte Passahfest-Konvoi.

Nun konnte man schon Jerusalem erkennen, das majestätisch über den Felsbergen thronte, so wie es schon die Kreuzfahrer und ein Dutzend andere Eroberer im Laufe der Jahrhunderte gesehen hatten. Reg kannte viele Bilder davon, und trotzdem war er überrascht von diesem großartigen Anblick. Sie fuhren die Jaffa-Straße hinein durch eine Reihe belebter Vorstädte und bogen kurz vor der Altstadtmauer nach Süden ab zum Hotel *König David,* wo sie während ihres Aufenthalts in Jerusalem wohnen würden.

Als sie nach dem Mittagessen losgingen, nahm Eban nicht den direkten Weg zum Jaffator, sondern machte einen Umweg über das Künstlerdorf Jemin Mose, mit der berühmten Windmühle. Das Dorf lag auf einem Hügel direkt über dem Hinnomtal, wo in der Vergangenheit in Israel so vielen heidnischen Göttern geopfert wurde, vor allem dem Gott Moloch mit seinen Menschenopfern. Doch vom Hügel aus hatte man einen sehr schönen Blick auf die Altstadt Jerusalems.

„Dort steht die Grabeskirche", sagte Eban, „für die eure Leute vor tausend Jahren hier gekämpft haben. Direkt auf der anderen Seite siehst du den Felsendom. Wußtest du, daß die Araber ihn nach dem Muster eurer Grabeskirche gebaut haben und daß für einige Jahrzehnte sogar ein Kreuz auf seiner Spitze stand?"

Reg machte fleißig Bilder und sagte bewundernd: „Hier atmet jeder Stein Geschichte aus."

„Richtig", nickte Eban. „Sieh, die Mauern selbst sind

Zeugen der Vergangenheit. Von unten her kannst du die verschiedenen Zeitepochen erkennen. Wenn wir näher kommen, wirst du sehen, daß die herodianischen Steine als unterste Lage die größten, aber auch die am besten bearbeiteten sind und fast fugenlos ineinanderpassen. Darüber siehst du die byzantinischen. Sie sind nicht mehr ganz so groß, aber noch gut bearbeitet. Dann kommen die der Kreuzritterperiode. Da mußte schnell gebaut werden, und die Steine sind noch sehr grob. Und so geht es weiter.

Hinter der Altstadt siehst du den Skopus." Eban wies mit der Hand nach Nordosten. „Dort sind unsere neuesten Bauten. Da die Hebräische Universität und daneben das Hadassah-Krankenhaus. Du siehst, wir kümmern uns um unsere Leute."

Er nahm seinen jungen Freund am Arm und sagte: „Komm, laß uns nun in die Altstadt gehen."

„Die Zeitung hat mir fünf Tage bewilligt, in denen ich mich hier umsehen kann, wie ich will", sagte Reg, als sie im jüdischen Viertel saßen und eine Tasse Tee tranken. „Vielleicht können wir einen kleinen Plan machen, was wir in diesen Tagen anschauen sollten, und in welcher Reihenfolge. Bist du für heute noch nicht müde?"

Doch der alte Mann schüttelte nur den Kopf. „Obwohl ich mein ganzes Leben in Israel verbracht habe, macht mich nichts munterer, als wenn ich Besuchern unsere heilige Stadt zeigen kann."

„Na schön", freute sich Reg. „Wo ist der Markt? Ich wollte schon immer einmal einen Basar besuchen."

„Da müssen wir in Richtung Damaskustor gehen", erklärte Eban. „Wir sehen unterwegs auch einige der christlichen Stätten, wenn wir durch das Moslem-Viertel gehen."

„Durch das Moslem-Viertel", wunderte sich Greg; „einige unserer heiligen Plätze liegen im Moslem-Viertel?"

„Das hat alles mit der britischen Mandatsverwaltung und der Frontlinie zu tun, die beim Waffenstillstand existierte", sagte Eban. Mit einem Seufzer fuhr er fort: „Aber ihr könnt eure heiligen Stätten wenigstens besuchen. Stell dir vor, du wärest einer von uns und wolltest auf den Tempelberg gehen, unseren allerheiligsten Platz in unserer Stadt, und du müßtest akzeptieren, daß dir dies trotz aller Bemühungen nicht gestattet ist."

Reg schüttelte staunend den Kopf. „Ist das der Grund, weshalb eure Leute an der Westmauer des Tempels beten? Gehört habe ich schon davon, aber noch nie darüber nachgedacht."

Eban blickte nachdenklich in seine Teetasse. „Es gibt manches, was man erst richtig begreift, wenn man einmal nach Jerusalem kommt."

Reg dachte an die gestrigen Erlebnisse in Haifa und begann: „Wenn wir von diesen Dingen reden, würde ich dir gern eine Frage stellen. Ich weiß nur nicht ... Ich möchte dich nicht beleidigen ..."

Eban kicherte. „Ein alter Mann wie ich hat schon so viel erlebt, daß man ihn nicht mehr so schnell beleidigen kann."

„Also gut", sagte Reg, „du hast mich darauf hingewiesen, daß ich einen jüdischen Namen habe." Hier tat er etwas, was er noch nie getan hatte; er griff in seinen Kragen und holte das silberne Kreuz unter dem Hemd hervor. „Ich überlege ..."

„Ob du ein Christ sein kannst und gleichzeitig ein Jude", ergänzte der Rabbi den Satz.

„Stimmt genau", staunte Reg. „Wieso weißt du das?"

„Glaubst du denn, du bist der erste Christ, der nach hier kommt und seine jüdischen Wurzeln entdeckt." Leiser fuhr er fort: „Bedenke einmal, Herr Cohen, euer Jesus war auch ein Jude, und ebenso Seine ersten Jünger."

Reg wußte nicht, was er sagen sollte.

Eban lehnte sich näher zu ihm und sagte leise: „Ich weiß, Rabbis sollten so etwas nicht zugeben. Aber wirklich echte Christen kann ich nicht hassen oder ablehnen. Ich habe zu viel gesehen, um zu glauben, daß alle Nachfolger Jesu böse sind. Zu viele von ihnen sind gut zu unseren Leuten gewesen und haben ihr eigenes Leben riskiert, wenn sie Juden versteckten, zum Beispiel in Berlin oder in Frankfurt oder in anderen Städten. Sie haben uns Nahrung und Kleidung und Geld gegeben, wenn wir aus eigener Kraft nicht mehr hätten überleben können. Und außerdem sind es die Beschlüsse eurer christlichen Völker gewesen, die es uns ermöglicht haben, nach neunzehn Jahrhunderten wieder einen eigenen Staat zu gründen."

In den Augen des Rabbis glitzerten jetzt Tränen, als er fortfuhr: „Nein, junger Mann, du brauchst deinen christlichen Glauben nicht aufzugeben, um deine jüdischen Wurzeln zu finden. Erzähle niemand weiter, was ich jetzt sage: Aber ich glaube, wir sind mit dem Nazarener zu hart umgegangen. Wir hätten uns manche Nöte erspart, hätten wir besser zugehört, was Er eigentlich meinte."

„Aber wir Christen haben euch im Namen Jesu so viel Böses getan", seufzte Reg.

„Weißt du", sagte der Rabbi nachdenklich, „alle Völker haben manchmal Böses getan. Auch wir Juden haben unsere Feinde nicht immer barmherzig behandelt, wenn wir einmal gesiegt hatten, sondern manchmal recht grausam. Ich glaube, es gibt manches, was wir voneinander lernen können. Christen von Juden, und Juden von Christen."

Der Reporter trank einige Schlucke Tee und überlegte. „Weißt du, ich werde einen weiten Weg gehen müssen, wenn ich wieder zu meinem Glauben und meiner Kirche zurückkehren will."

Der Rabbi war nicht überrascht. Er hatte offensichtlich schon andere Menschen kennengelernt, die nur äußerlich den Namen Christ trugen. „Ich schlage vor, wir besuchen gemeinsam eure heiligen Plätze, wenn du dann auch mit zu den unseren gehst. Vielleicht können wir voneinander lernen."

5. Kapitel

In den nächsten Tagen durchstreiften sie die heilige Stadt innerhalb und außerhalb der Mauern von einer Ecke zur anderen. Er hatte viele gute Bilder gemacht, doch an manchen Tagen war es auch wolkig gewesen. Israel lag zwar ungefähr auf dem gleichen Breitengrad wie Kalifornien, doch in diesem August war das Wetter recht wechselhaft.

Heute war der letzte Tag in der Stadt. Am späten Abend mußten sie in Lydda sein, weil dann das Flugzeug auf ihn wartete. Reg blickte zum Fenster hinaus und sah nur klaren blauen Himmel.

Als Rabbi Eban an den Frühstückstisch kam, überfiel ihn der Reporter sofort mit den Worten: „Laß uns zum Tempelberg gehen. Den habe ich mir bis zuletzt aufgespart. Dort will ich den einzigen Farbfilm verwenden, den ich habe."

„In Ordnung", nickte der Rabbi. „Ich beeile mich mit dem Frühstück."

Bald waren sie auf dem Weg zum Jaffator. Von dort aus durch eine enge Straße zwischen dem christlichen und armenischen Viertel, kamen sie in des jüdische Viertel. Hier führte der Rabbi seinen Freund auf das Dach eines höheren Hauses, von wo aus er den Tempelberg und gleichzeitig die Klagemauer übersehen konnte.

Als Reg sich einige Augenblicke umgeschaut hatte, rief er: „Der Blick ist großartig. Ich habe drüben den Felsendom und dahinter den Ölberg und den jüdischen Friedhof. Sogar ein Stück vom Garten Gethsemane kann ich noch sehen. Und unter mir direkt die Klagemauer."

Wie ein begeistertes Kind begann er ein Foto nach dem anderen zu machen, wobei er jedesmal die Einstellung seines Objektivs veränderte. „Kannst du irgendwo Wolken sehen, Eban?" fragte er, während er durch den Sucher seiner Kamera blickte.

Der Rabbi schaute sich nach allen Seiten um. „Nicht ein einziges kleines Wölkchen", antwortete er.

Während Reg Bild auf Bild machte, begann der Rabbi wieder von der Geschichte des Landes zu reden: „Der Felsendom bedeckt das wichtigste Stück Land von ganz Israel. Unter ihm liegt die Tenne der Jebusiter, die David kaufte. Dort wurden in Salomos und Herodes Tempel die Opfer dargebracht. Doch die Geschichte beginnt noch viel früher. Abraham opferte dort Isaak; und man nimmt an, daß Jakob dort im Traum die Himmelsleiter sah.

Vielleicht haben die Araber gerade deshalb den Platz mit Beschlag belegt, weil sie wissen, daß es unser wichtigstes Heiligtum ist. Sie behaupten, Mohammed sei von hier aus zum Himmel emporgestiegen. Doch das ist nur in einer Vision geschehen. Er war in Mekka, als er sie hatte."

Reg wandte nun seine volle Aufmerksamkeit dem Rabbi zu und sagte: „Ich glaube, ich habe dich nie die ganze Geschichte erzählen lassen. Warum hassen euch die Araber so?"

Eban setzte sich auf die Mauer und blickte nachdenklich zum Moriah hinüber. „Es hat vor rund 4000 Jahren begonnen. Abrahams Frau Sarah gebar Isaak; das war der Sohn, den Gott verheißen hatte. Aber Ismael war der Erstgeborene. Er wurde von der ägyptischen Sklavin Hagar geboren. Beide Seiten haben nun ein Rechtsargument für sich, die Erbschaft zu beanspruchen, die Abraham hinterließ, nämlich die göttliche Zusage auf Kanaan, das heilige Land. Es hängt davon ab, welchem Argument du glauben willst. Wir sagen natürlich, daß Isaak der rechtmäßige Erbe ist, weil er der Abraham von Gott verheißene rechtmäßige Sohn ist. So sagt auch Mose schon.

Doch die Araber sehen es anders herum. Sie sagen, da Ismael der Erstgeborene war, steht ihm nach dem Gesetz das Erbe zu. Und da sie die Nachkommen Ismaels sind, gehöre Palästina ihnen.

Wie immer du die Sache sehen willst, aber hier ist seit Jahrtausenden der Stolperstein zwischen uns. Und ich glaube nicht, daß diese Sache mit menschlichen Argumenten zu lösen ist, so gut es andere Völker und auch die Vereinten Nationen mit ihren Vorschlägen auch meinen mögen. Denn hier ist Gottes Wille betroffen."

„Das ist ja eine ziemlich verwickelte Geschichte", sagte Reg kopfschüttelnd.

Eban nickte und fuhr fort: „Das ist aber noch nicht alles. Durch die gegenwärtige Demarkationslinie ist eigentlich noch nichts geregelt. Wir Juden beabsichtigen, eines Tages den Tempel wieder an dem Platz aufzubauen, wo er früher gestanden hat. Doch da steht heute der Felsendom der Moslems."

Reg blickte zum Moriah hinüber. „Aber da müßtet ihr ja vorher den Felsendom wegräumen. Würde das nicht wieder Krieg bedeuten?" wandte er ein.

„So sieht es aus", bestätigte Eban. „Und wir haben genug Radikale und Ungeduldige in unserem Volk, die darauf keine Rücksicht nehmen, sondern sofort mit dem Bau beginnen würden, wenn es nach ihnen ginge. Doch ich denke, es wird alles zu Gottes Zeit geschehen. Und wenn es geschieht, wird dadurch auch die Welt vereinigt werden. Der Prophet Jesaja sagt: *‚Mein Haus soll ein Haus des Gebets für alle Menschen sein.'* Und es sind Leute wie du und ich, Christen und Juden, durch die Gott Seinen Plan durchführen will."

Als sie gegen Mittag zum Hotel zurückgingen, sagte Reg: „Ich muß den heutigen Film noch entwickeln lassen. Ich reise nie gern mit einem unentwickelten Film. Außerdem halte ich Bilder und Film gern auseinander. Sollte etwas verloren gehen, habe ich immer noch das andere. Doch ich sehe, daß noch zwei Bilder übrig sind. Da könntest du mich einmal fotografieren, Eban, wenn wir einen guten Platz finden, damit ich meiner Mutter auch ein schönes Bild von Jerusalem mitbringen kann."

Er griff in die Tasche, um ein Taschentuch herauszuholen. Statt dessen hatte er den gelben Judenstern in der Hand, den Rahel ihm gegeben hatte. „Ach ja, der kleinen Rahel muß ich die versprochenen Bilder auch noch schicken", sagte er. „Dabei werde ich meinen Namen sehr groß auf den Absender schreiben, denn die ganze Familie hatte Schwierigkeiten, ihn auszusprechen."

Eban meinte: „Weißt du, Herr Cohen, daß du einen sehr ehrenvollen Namen trägst?"

„Jetzt willst du mich verulken", gab Reg zurück.

„Nein, ich meine es ernst. Weißt du nicht, daß Cohen eine Ableitung des alten namens Kohath ist; und das ist die Linie der Nachkommen Aarons, des Bruders von Mose", sagte Eban.

Als Reg ihn nur verständnislos anbickte, erklärte er: „Es ist durch die Abstammung von Aaron, von der Kohath-Linie, daß Israel seine Hohen Priester erhält."

„Und ist das wichtig?" fragte Reg.

„Wichtig?" seufzte Eban. „Es ist entscheidend. Ehe wir nicht wissen, wer heute unser Hoher Priester sein soll, und das herauszufinden ist durch die vielen Jahrhunderte, die vergangen sind, nicht leicht, können wir auch den Tempel nicht wieder benutzen."

Nun mußte Reg lächeln. „Ich wäre ja glücklich, euch helfen zu können, aber ich bin kein priesterlich veranlagter Mensch. Und einen Sohn habe ich auch nicht, den ich euch anbieten könnte."

Der Rabbi gab sich Mühe, sich über die Leichtigkeit, mit der sein Freund das Problem sah, nicht zu ärgern. Reg fuhr fort: „Und du meintest einmal, *Cohen* könnte zum Beispiel bei den Deutschen auch *Kahn* heißen, und bei anderen auch noch anders?"

„So ist es", bestätigte der Rabbi. „Ich glaube, die am meisten verbreitete Form des Namens finden wir unter den Orthodoxen, dort heißt der Name *Kahana.*"

„Kahana", meinte Reg, „der Name klingt gut."

„Schau hier", Eban zeigte mit der Hand auf eine schöne Toreinfahrt, die von Blumen umrankt war."

Reg nickte und stellte sich dort auf, und Eban machte die restlichen zwei Bilder des Films. „Sehr schön", bemerkte er dabei. „Das Haus ist mindestens in der Kreuzfahrerperiode erbaut, es kann aber auch noch älter sein. Die rosafarbene Marmorfassade macht sich großartig."

Epilog

Die Stadt Gottes

Das kleine Flugzeug der Londoner *Times* stieg steil in den Himmel und flog in westlicher Richtung davon. Reg blickte aus dem Fenster, um einen letzten Blick auf die Straße zu bekommen, die nach Jerusalem führte. Obwohl die Lichter der heiligen Stadt nicht zu sehen waren, hatten sich die Bilder davon doch unauslöschlich in Regs Herz eingebrannt.

Als er nun über die letzten Tage nachdachte, zog er zunächst Rachels Tuch mit dem kleinen gelben Stern mit der Aufschrift *Jude* aus der Tasche und legte es auf den Nachbarsitz. Dann nahm er das Kreuz ab, das er an einer Kette um den Hals trug, und legte es daneben. Eine ganze Zeit betrachtete er die beiden Symbole, ehe er sie wieder wegräumte.

Nun packte er die Bilder aus, die er geschossen hatte. Er hatte noch kaum Zeit gehabt, sie genauer zu betrachten. Als er dann zu den letzten kam, die an diesem Tag erst entstanden waren, freute er sich sehr darüber, daß die beiden Bilder, die Eban von ihm gemacht hatte, so gut geworden waren. *Mutter wird sich sehr darüber freuen,* dachte er.

Dann betrachtete er die anderen Bilder dieses Tages. Sie waren wunderbar. Die Stimmung war großartig gewesen. Es hatte durch die beiden bewölkten Tage vorher klares Wetter ohne Dunst gegeben, was in Jerusalem im Sommer sehr selten war. Der Tempelplatz mit dem Felsendom und dem

Ölberg dahinter war ganz besonders gut gelungen. Und über allen Bildern stand ein klarer tiefblauer Himmel, mit Ausnahme von einem.

Als er jetzt diese Aufnahme näher betrachtete, es war eine mit dem Teleobjektiv gemachte größere Aufnahme des Moriah mit dem Felsendom, fiel ihm am Himmel darüber etwas wie ein leichter Schatten im Blau auf. Verwundert betrachtete er das Bild näher. Nein, ein Fehler im Film konnte es nicht sein. Scharf dachte er nach. Nein, auch ein Wölkchen konnte es nicht sein, denn es war einfach keine vorhanden gewesen. Das wußte er genau.

Wieder betrachtete er das Bild lange und kam immer mehr zu der Überzeugung, es mußte etwas Reales sein, das dort gewesen sein mußte, als er fotografiert hatte. Und je länger er das schattenartige Gebilde betrachtete, um so mehr nahm es eine Form an. Ja – es waren ausgebreitete Flügel!

„Eban, du solltest das jetzt auch sehen können", flüsterte er. Ja, was sich da leicht verschwommen von dem klarblauen Himmel abhob, waren Flügel – irgendwie phantastisch, schützend, göttlich.

Es waren ausgebreitete schützende Flügel über dem heiligen Berg Moriah!